A Teoria e a Política Monetárias na Actualidade

A Teoria e a Política Monetárias na Actualidade

2017 • 4ª Edição

Abel L. Costa Fernandes
Paulo R. Tavares Mota

ALMEDINA

A TEORIA E A POLÍTICA MONETÁRIAS NA ACTUALIDADE

AUTORES
Abel L. Costa Fernandes
Paulo R. Tavares Mota
1ª Edição: Outubro, 2013

EDITOR
EDIÇÕES ALMEDINA, S.A.
Rua Fernandes Tomás, nºs 76-80
3000-167 Coimbra
Tel.: 239 851 904 · Fax: 239 851 901
www.almedina.net · editora@almedina.net

DESIGN DE CAPA
FBA.

PRÉ-IMPRESSÃO EDIÇÕES ALMEDINA, SA

IMPRESSÃO E ACABAMENTO
ACD Pint, S.A.
Novembro, 2017

DEPÓSITO LEGAL
433761/17

ALMEDINA | GRUPOALMEDINA

BIBLIOTECA NACIONAL DE PORTUGAL – CATALOGAÇÃO NA PUBLICAÇÃO
FERNANDES, Abel L. Costa, e outro

A teoria e a política monetárias na actualidade / Abel L. Costa Fernandes, Paulo R. Tavares Mota. – 4ª ed.
ISBN 978-972-40-7208-1

I – MOTA, Paulo R. Tavares

CDU 338

ÍNDICE

1. Sistemas de Trocas

"[money] *is first and foremost a store of value, an alternative to consumption and investment, a 'subtle device' through which the fear of the future takes its revenge on the hopes of the present.*"

Robert Skidelsky (1992, p. 543).

1.1. As Economias de Troca Directa

De acordo com a forma como se realizam as transacções económicas entre indivíduos, os sistemas económicos distinguem-se segundo dois tipos. Cronologicamente temos em primeiro lugar as chamadas economias de troca directa que correspondem a um estádio inicial e bastante imperfeito no desenvolvimento das sociedades humanas. Caracterizam-se pela ausência de moeda, isto é, de um instrumento que funcione como intermediário na realização das trocas comerciais. Em vez disso, as mercadorias e os serviços trocam-se directamente entre si. Muito embora seja caracteristicamente um modelo primitivo, é todavia possível encontrá-lo ainda hoje em dia, muito embora sem carácter generalizado, quer em alguns núcleos humanos dispersos por regiões menos desenvolvidas, quer no comércio internacional de certos países. A este último título, um exemplo é o comércio entre Cuba e a ex-União Soviética no qual estes países trocavam petróleo produzido pela URSS por açúcar cubano. Como veremos, as suas imperfeições haveriam de aguçar o engenho dos indivíduos na busca da solução que permitisse eliminar tais imperfeições e constrangimentos. E, foi assim, que se inventou a moeda, num acto de criação ditado por necessidades práticas, por sua vez sujeita historicamente a um processo de aperfeiçoamento que se prolongou por milénios até aos dias de hoje. O elemento mais notável deste processo evolutivo foi a desmaterialização da moeda, a ponto de hoje a moeda ser, sobretudo, um conceito e, portanto, revestir uma natureza intangível.

Uma economia de troca directa é altamente ineficiente pelos motivos que veremos adiante. Ela entrava a especialização do trabalho, seja entre pessoas, regiões ou países e, como tal, promove economias de subsistência, pobres por natureza, e incapazes, pois, de promover uma afectação óptima dos recursos produtivos conducente à maximização do nível de bem-estar dos indivíduos e dos povos.

Efectivamente, a condição necessária, que não suficiente, para a realização de trocas no seu seio, é a dupla coincidência de desejos. Quer isto significar que para que *A* e *B* transaccionem entre si, *A* deverá pretender vender o que *B* quer comprar e, ao mesmo tempo, *B* deve ter para vender o que *A* deseja comprar. Realmente, do que se trata na troca directa entre *A* e *B*, é o primeiro entregar a *B* a mercadoria *a* em troca de dele receber a mercadoria *b*, ou seja, troca-se a mercadoria *a* pela mercadoria *b*. Mas para que isso seja possível, é evidente que *A* deve querer *b* e *B* deve desejar *a*. Vejamos o seguinte quadro das dotações hipotéticas iniciais de cada um deles, correspondentes às suas ofertas, e as respectivas procuras.

Quadro 1-1: Possibilidades de Realização de Trocas

Indivíduos	Dotações Iniciais – Oferta	Preferências – Procura
A	a	b
B	c	a

O dados constantes do Quadro 1-1 implicam a não realização do negócio, não obstante A ter para vender o que B deseja comprar. Contudo, B não tem para vender o que A procura. Este último procura b, mas o sujeito B produz c. Portanto, a condição da dupla coincidência de desejos não é cumprida. O mesmo é o que resulta do Quadro 1-2. Aqui ninguém produz o que o outro procura.

Quadro 1-2: Possibilidades de Realização de Trocas

Indivíduos	Dotações Iniciais – Oferta	Preferências – Procura
A	a	b
B	c	d

Mas no Quadro 1-3 já se cumpre com a dupla coincidência de desejos.

Quadro 1-3: Possibilidades de Realização de Trocas

Indivíduos	Dotações Iniciais – Oferta	Preferências – Procura
A	a	b
B	b	a

A conceptualização da troca directa, e a esquematização da dupla coincidência de desejos que se acabou de fazer, manifestam outras duas importantes propriedades da troca directa: a) a não separação dos actos de compra e de venda, pois cada uma destas transacções torna inevitável a realização da outra e, por consequência, b) cada agente da transacção económica é simultaneamente vendedor e comprador.

Claro está que para haver dupla coincidência de desejos não basta que se verifique a condição referida atrás, na maneira simplificada como foi enunciada. As coisas são mais complicadas devido à não homogeneidade, isto é, à heterogeneidade das mercadorias. De facto, estas classificam-se segundo a espécie, e cada espécie desagrega-se em tipos. Não basta, pois, falar-se em café, pois há-o de pelo menos dois tipos, robusta e arábico, que, por sua vez, se distinguem internamente em função do local onde são produzidos: robusta de Angola, de Timor, do Vietname, e de tantos outros sítios que, por isso, apresentam características distintivas; o mesmo se passando com o arábico do Brasil, da Colômbia, da Costa Rica, etc. O mesmo é verdade com o petróleo, *brent* e *light,* o chá, o vinho, enfim, não existe nenhuma espécie de mercadoria que se resuma a um só tipo! A consequência é que a dupla coincidência de desejos se torna ainda mais difícil de cumprir. Uma das implicações desta constatação são os elevados custos de busca associados a uma economia de troca directa, os quais constituem uma manifestação de ineficiência económica.

Mas há outras dificuldades que têm o mesmo efeito de complicar as transacções económicas. Mesmo que se encontrem as mercadorias da mesma espécie e tipo, elas podem não apresentar as qualidades pretendidas: a cabeça de gado é demasiado velha ou demasiado nova, está debilitada ou, então, o cereal encontra-se deteriorado e impróprio para consumo.

A necessidade de verificar e avaliar a qualidade das mercadorias susceptíveis de serem transaccionadas impõe um outro custo significativo nas economias de troca directa, o de transacção, que igualmente prejudica o nível de eficiência com que é capaz de operar.

A probabilidade de haver dupla coincidência de desejos é também prejudicada pela perecibilidade, assim como pelo peso e volume das mercadorias. A perecibilidade das mercadorias significa que ao fim de algum tempo elas perdem capacidade para proverem os consumidores com os níveis de utilidade ambicionados; portanto, se as mercadorias se degradam rapidamente o tempo disponível para a busca da dupla coincidência de desejos diminui e reduz-se a probabilidade de ela se verificar. Pesos e volumes elevados têm o mesmo efeito prático pois reduzem o espaço geográfico dos respectivos mercados, tornando a transacção mais difícil de acontecer, e favorecendo-se com isso o surgimento de mercados autárcicos. O mesmo é verdade quando as mercadorias são indivisíveis; com esta expressão quer-se dizer que se fraccionadas em partes menores elas perdem atributos, no sentido que passam a ser incapazes de fornecer os mesmos níveis de utilidade. Um bovino esquartejado depois de abatido não é igual à soma das suas partes uma vez que deixa de poder realizar o conjunto de serviços que presta em vida ao agricultor nos seus trabalhos de campo; pelo contrário, o ouro, a prata e, em geral, todos os metais são perfeitamente divisíveis pois as suas qualidades não são estorvadas pelo fraccionamento em unidades menores.

Uma outra dificuldade se coloca a este tipo de economias. A enorme multiplicidade de preços existente na economia e também para cada mercadoria. De facto, em tal sistema todas as mercadorias funcionam como unidade de conta, ou seja, como instrumento da expressão do preço de cada bem em unidades de cada um dos outros que são produzidos e consumidos. Se houver três bens, sejam eles A, B e C, o bem A terá um preço em termos de unidades de B e outro em termos do bem C; por seu lado, B terá igualmente um preço em unidades de C. Isto é, havendo na economia um número N de bens, cada bem terá $(N-1)$ preços. E a economia, no seu conjunto, comportará o número de preços dado pela fórmula que se segue.

$$\textit{Número de Preços na Economia} = \frac{N(N-1)}{2} \qquad (1\text{-}1)$$

Portanto, se se produzirem 1 000 mercadorias, cada uma terá não um preço mas 999, um em termos de cada uma das outras. E, no conjunto, teremos 499 500 preços. É, sem dúvida, um sistema difícil de conhecer e de dominar, ademais sujeito a erros. Também daqui decorre que em tal organização não é possível haver um sistema de informação contabilística que sirva os fins de eficiência na gestão a que se destina.

Economias destas não permitem a especialização do trabalho e, por isso, tendem a ser economias de subsistência. Devido à dificuldade das trocas comerciais, cada qual é forçado a ser auto-suficiente em tudo o que respeite à satisfação das suas necessidades económicas. É agricultor para produzir os vegetais e cereais de que se alimenta, pastor para obter o leite, fiador e tecelão para conseguir o tecido a partir do qual, enquanto alfaiate, vai fazer as suas próprias roupas, não esquecendo nesta já longa enumeração o calçado e as armas. São, pois, economias muito pobres e desprovidas de meios para prosperarem e contribuírem para a felicidade dos povos.

Em suma, o sistema é imperfeito e precisa de evoluir, removendo-se-lhe as suas imperfeições. E é assim que, por pura necessidade, os seres humanos são levados a inventar a moeda!

1.2. As Economias Monetárias

1.2.1. *O Conceito de Moeda*

As economias monetárias surgem com a invenção da moeda. Mas o que é moeda? Inicialmente, nesta fase fundacional, há-de também ser uma mercadoria que a comunidade humana escolhe para assumir esse papel. O que a distingue de todas as demais é gozar do atributo de desejabilidade generalizada. Isto é, todos os sujeitos da comunidade anseiam possuí-la pois é símbolo de riqueza, de poder e de prestígio social. Daqui decorre uma consequência fundamental: todos estão dispostos a recebe-la em pagamento por qualquer outra mercadoria que vendam, não importa qual. Em suma, com a moeda rompe-se a necessidade de haver dupla coincidência de desejos, há separação dos actos de compra e de venda, e cada qual ou é vendedor ou comprador na transacção, com tudo o que isso implica para a facilitação das transacções económicas. E é esta capacidade que define o que é moeda.

Moeda é tudo aquilo que é geralmente aceite como meio de pagamento. Portanto, moeda não é nada em concreto! Não é nada que se identifique com uma forma ou com um qualquer material. Pelo contrário, a moeda define-se em termos funcionais, ou seja, da capacidade de algo para desempenhar aquela função de meio de pagamento geralmente aceite. Esta é uma função que só a moeda consegue desempenhar e que, por isso, lhe é exclusiva e bastante para a definir. Veja-se, a propósito, a Caixa 1.1 que documenta a utilização do tabaco como moeda nos campos de concentração da Segunda Guerra Mundial.

> "Vende-se o Mahorca: o Mahorca é um tabaco de refugo, em forma de lascas lenhosas, que está oficialmente à venda na *Kantine*, em pacotes de cinquenta gramas, contra entrega das "senhas-prémio" que a *Buna* deveria distribuir aos melhores trabalhadores. Esta distribuição acontece de forma irregular, com grande parcimónia e evidente iniquidade, pelo que a maior parte das senhas acaba, directamente ou por abuso de autoridade, nas mãos dos *Kapos*, e dos prisioneiros; todavia as senhas-prémio da *Buna* circulam no mercado do *Lager* com função de moeda, e o seu valor varia obedecendo rigorosamente às leis da economia clássica.
>
> Períodos houve em que por uma senha-prémio se pagou uma ração de pão, depois uma e um quarto, e mesmo uma e um terço; um dia chegou a ser cotada uma ração e meia, mas depois faltou o fornecimento de Mahorca na *Kantine*, e então, faltando a cobertura, a moeda caiu de repente para um quarto de ração. Outro período de alta deu-se por uma causa singular: o render da guarda no *Frauenblock*, com a chegada de um contingente de saudáveis raparigas polacas. Com efeito, sendo a senha-prémio válida (para os criminosos e para os políticos: não para os judeus, os quais, aliás não sofrem pela limitação) para uma entrada no *Frauenblock*, os interessados açambarcaram-nas activa e rapidamente: daí, a alta, que porém não durou muito tempo.

Entre os *Häftlinge* comuns, não são muitos os que procuram o Mahorca para uso pessoal; geralmente, sai do campo e acaba nas mãos dos trabalhadores civis da *Buna*. Trata-se de um esquema de "kombinacja" muito praticada: o *Häftlinge* economiza de alguma maneira uma ração de pão e investe-a em Mahorca; entra cautelosamente em contacto com um "apreciador" civil, que adquire o Mahorca efectuando o pagamento a pronto, com uma dose de pão superior à inicialmente fixada. O *häftlinge* come a margem de lucro e, põe de novo em reciclagem a ração que sobra. Especulações deste tipo estabelecem uma ligação entre a economia interna do *Lager* e a vida económica do mundo exterior: quando falhou acidentalmente a distribuição de tabaco à população civil de Cracóvia, o facto, ultrapassando a barreira de arame farpado que nos segrega do consórcio humano, teve repercussão imediata no campo, provocando uma nítida alta da cotação do Mahorca, e por consequência da senha-prémio."

Primo Levi, *Se Isto É Um Homem*

"Na Alemanha não havia moeda em circulação. O Mercado negro florescia e os cigarros eram o meio de troca aceite. Os professores do campo de deslocados recebiam cinco maços por semana de pagamento. O valor de um pacote de cigarros americanos em Berlim subiu de 60 para 165 dólares, uma oportunidade para os soldados das forças americanas de ocupação fazerem conversões e reconversões muito vantajosas dos cigarros que lhes eram, atribuídos: só nos primeiros quatro meses de ocupação aliada, as tropas dos Estados Unidos em Berlim enviaram para casa mais 11 milhões de dólares do que recebiam em salários... Em Braunscweig, com 600 cigarros podia-se comprar uma bicicleta, uma necessidade que não era menos importante na Alemanha do que em Itália, como Vitorio de Sica mostrou no seu inesquecível filme de 1948, Ladrão de Bicicletas."

Tony Judt, Pós Guerra – A História da Europa Desde 1945

Caixa 1-1: Como os Cigarros Foram Moeda Durante a II Guerra Mundial

A definição funcional de moeda contrasta assim com outra definição possível, mas de índole mais jurídica do que económica: a chamada definição legal de moeda. Nos termos desta conceptualização moeda é tudo aquilo que o governo decrete como tal. Contudo, os economistas recusam-na porque, mau grado os governos decidirem emitir e forçar o curso legal de qualquer coisa que decretam ser moeda, o público pode recusá-la enquanto meio de pagamento geralmente aceite. Um exemplo frequente na literatura são os *greenbacks*, moeda fiduciária denominada em USD e emitida pelo governo federal dos E.U.A. durante a guerra civil (1862) e até 1879, que deveria circular baseada tão só na confiança e no crédito do governo federal mas que o público recusou aceitar como meio de troca.

Contudo, a moeda é capaz de desempenhar outras funções, apenas que lhe não são exclusivas e até pode suceder, pelo menos em determinados momentos, que as desempenhe pior do que outros activos.

1.2.2. *As Outras Funções da Moeda*

O simples facto de a moeda ser meio de troca com aceitação generalizada, e de haver separação entre os momentos de venda (recebimento de moeda) e de compra (saída de moeda), leva-nos a concluir que ela não pode ser nada de imediatamente perecível, pois é importante que subsista até à nossa próxima compra. E porque esta cadeia de circulação da moeda é interminável, dos bolsos de uns para os de outros, o seu ciclo de vida deve ser infinito! Ou seja, a moeda tem que ser forçosamente capaz de desempenhar a função de reserva de valor! Por esta expressão pretende-se significar que a riqueza de um indivíduo, o seu poder aquisitivo, pode ser conservado e mantido na forma de moeda. Como também pode ser conservado na forma de activos imobiliários (terras e casas), mobiliários (acções, obrigações, *warrants*, ETFs, ETNs, ...), jóias, obras de arte, peles, porcelanas chinesas, e tantas outras coisas.

Para avaliar a eficiência com que a moeda desempenha esta função, devemos distinguir entre preço e valor da moeda. Qualquer que seja o sistema monetário o preço da moeda é constante e igual à unidade. Por isso, quando uma mercadoria é seleccionada como numerário o seu preço torna-se inequivocamente igual a 1. Portanto, a taxa de juro não é o preço do dinheiro![1] Mas o seu valor é o cabaz de bens e serviços que se pode comprar com uma certa quantidade de moeda. Formalmente, simbolizando por P o nível geral de preços, temos então:

$$\text{Valor da Moeda} = \frac{1}{P} \tag{1-2}$$

Já se vê que o valor da moeda varia inversamente com o nível geral de preços: $\frac{dVM}{dP} = -\frac{1}{P^2}$. Assim sendo, como reserva de valor a moeda não funciona a contento em períodos inflacionários, mas é preferível a outros activos em períodos deflacionários.

A unidade de conta é outra das funções não exclusivas que a moeda é capaz de desempenhar. Significa ela que o preço das mercadorias se pode exprimir em unidades monetárias, com a vantagem adicional de permitir agregar num só número montantes relativos a mercadorias distintas, como é o caso da contabilidade, prómovendo uma gestão eficiente da actividade económica. Mas nem sempre a moeda é o melhor instrumento para este efeito e é exactamente por

[1] É o preço do crédito.

isso que historicamente temos sido capazes de observar muitos países em que os preços passaram a ser expressos em moeda com curso legal noutros espaços político-geográficos, nomeadamente o USD, levando à *dolarização* dessas mesmas economias. Estão neste grupo, só para citar alguns dos casos mais recentes, o Brasil e Angola. Na verdade, a utilização como unidade de conta de uma unidade monetária distinta corresponde a um esforço de minimização das ineficiências económicas geradas pelas híper-inflações. Para efeitos de ilustração deste argumento, imaginemos um caso extremo em que, por virtude dessa híper-inflação, os preços mudam de minuto a minuto. Se os preços continuassem a ser expressos nas prateleiras dos supermercados nessa moeda era preciso ter um funcionário pago exclusivamente para mudar as etiquetas dos preços, gastando papel e cartuchos de tinta no processo. Para evitar estes custos, a melhor solução é exprimi-los numa outra unidade monetária que goze de maior estabilidade, procedendo à conversão desses preços na moeda nacional na caixa para efeitos de pagamento ou, ainda melhor, pagar as compras na unidade de conta em uso, o USD porventura, de maneira a minimizar os custos de transacção.

A última função desempenhada pela moeda é a de meio de pagamento diferido no tempo, ou seja, é um meio para a liquidação de débitos contraídos em períodos passados. Evidentemente que, em princípio, qualquer outro activo pode ser seleccionado para este fim, apenas que apresentam dificuldades de selecção e de verificação sobre se as respectivas quantidades e qualidade são as apropriadas. Parece, assim, que a moeda simplifica enormemente todo este processo, se bem que ela também apresente algumas dificuldades neste desempenho. Fundamentalmente, o de gerar redistribuições de rendimento não planeadas entre devedores e credores. Em ordem a que estas redistribuições não desejadas não aconteçam importa que as expectativas inflacionárias formuladas à data da contratação dos créditos/débitos se venham a revelar exactas quando confrontadas com a taxa de inflação efectivamente verificada durante o período do mútuo.[2]

À luz da definição funcional, as formas monetárias actuais são: *i*) as moedas metálicas; *ii*) as notas de banco; *iii*) os depósitos à ordem; *iv*) os cheques de viagem.[3] Note-se que os cartões de crédito e de débito, tal como os cheques, não são moeda à luz da definição funcional.[4] O cartão multibanco e os cheques são antes instrumentos de mobilização de depósitos à ordem, esses sim, moeda; enquanto o crédito não é moeda.

[2] Esta questão será suficientemente desenvolvida em capítulo próprio deste livro.

[3] Pelo menos no caso dos E.U.A.

[4] Ou de qualquer outra conceptualização ou agregado monetário.

1.2.3. *Moeda e Crédito*

Muitas vezes confunde-se moeda com crédito. Muito embora sejam variáveis intimamente relacionadas entre si, têm naturezas bem distintas. Desde logo se compreende que o crédito não pode ser moeda por lhe falhar a característica de meio de pagamento geralmente aceite.

O crédito é um contrato entre duas partes pelo qual, a troco de uma remuneração na forma de juros, alguém, o credor, transfere temporariamente para outro, o devedor, o uso de moeda que lhe pertence. Ademais, estamos em condições de demonstrar que o crédito não tem essa natureza, pois a ser considerado como tal levaria a uma duplicação de valores. Imaginemos que um Banco concede o crédito que lhe foi solicitado por um seu cliente, no montante de 1 000 unidades monetárias. O acesso ao respectivo valor faz-se por crédito dos montantes em causa na conta à ordem constituída em nome do cliente. As variações registadas no balanço desse Banco por força dessa operação são as indicadas na Figura 1-1 abaixo.

Figura 1-1: Alterações no Balanço do Banco que Concede Crédito

Variações no Balanço do Banco Comercial	
Activo	Passivo
$\Delta Créditos = +1\,000$	$\Delta Depósitos$ à $Ordem = +1\,000$

Quanto à sua composição, a moeda, simbolizada por M, foi definida como moeda de trocos, mais notas de banco (C)[5] e depósitos à ordem (DO). Logo, qualquer variação no seu montante é dada por $\Delta M = \Delta C + \Delta DO$. Assim, o resultado desta operação de crédito foi um aumento da quantidade de moeda em circulação em 1 000 u.m.. Se, pelo contrário, se considerasse o crédito (CR) como moeda, a relação imediatamente atrás seria $\Delta M = \Delta C + \Delta DO + \Delta CR$ e, por consequência, $\Delta M = \Delta DO + \Delta CR = 1\,000 + 1\,000 = 2\,000$ u.m.. Ou seja, estariamos a contabilizar duplamente o mesmo valor, segundo as duas formas em que ele deve ser registado contabilisticamente.

[5] Notas de banco e moeda de trocos (metálica) são representadas pelo símbolo C.

Questões de Escolha Múltipla

Considere o seguinte excerto no contexto de um campo de concentração da Segunda Guerra Mundial:

Vende-se o Mahorca: o Mahorca é um tabaco de refugo, em forma de lascas lenhosas, que está oficialmente à venda na Kantine* (cantina), *em pacotes de cinquenta gramas, contra entrega das "senhas-prémio" que a Buna* (Campo de trabalho do complexo de Auschwitz) *deveria distribuir aos melhores trabalhadores. Esta distribuição acontece de forma irregular, com grande parcimónia e evidente iniquidade, pelo que a maior parte das senhas acaba, diretamente ou por abuso de autoridade, nas mãos dos Kapos* (prisioneiros com funções administrativas), *e dos prisioneiros; todavia as senhas-prémio da Buna circulam no mercado do Lager* (campo) *com função de moeda, e o seu valor varia obedecendo rigorosamente às leis da economia clássica. Períodos houve em que por uma senha-prémio se pagou uma ração de pão, depois uma e um quarto, e mesmo uma e um terço; um dia chegou a ser cotada uma ração e meia, mas depois faltou o fornecimento de Mahorca na Kantine, e então, faltando a cobertura, a moeda caiu de repente para um quarto de ração.

Primo Levi, "Se Isto é um Homem"

Tendo em conta esta citação responda às 2 questões seguintes.

1. Qual das seguintes afirmações está correta?

- ☐ a) O tabaco nunca poderia ser considerado moeda neste contexto, porque tal não foi determinado pelo governo.
- ☐ b) O tabaco pode ser considerado moeda neste contexto, porque se tornou de aceitação generalizada como meio de pagamento.
- ☐ c) O tabaco nunca poderia ser considerado moeda neste contexto, porque tinha pouca liquidez.
- ☐ d) O tabaco nunca poderia ser considerado moeda neste contexto, porque a moeda tem que ser de metal.
- ☐ e) Nenhuma das alíneas anteriores está correta.

2. Qual das seguintes afirmações está correta?

- ☐ a) O valor da moeda é constante.
- ☐ b) O valor da moeda depende da quantidade de bens e serviços que podemos adquirir com uma unidade monetária.
- ☐ c) Oscilações significativas do valor da moeda não afetam a função de unidade de conta.
- ☐ d) Oscilações significativas do valor da moeda não afetam a função de reserva de valor.
- ☐ e) Duas das alíneas anteriores estão corretas.

3. Para que um bem possa ser usado como moeda deve:

- ☐ a) Ser emitido pelo governo.
- ☐ b) Ter cobertura em metal precioso.
- ☐ c) Ter aceitação generalizada.

- [ ] d) Ser indestrutível.
- [ ] e) Nenhuma das alíneas anteriores está correta.

4. Qual das seguintes alíneas não é função da moeda:

- [ ] a) Meio de pagamento.
- [ ] b) Reserva de valor.
- [ ] c) Fonte de rendimento.
- [ ] d) Unidade de conta.
- [ ] e) Nenhuma das alíneas anteriores está correta.

5. Moeda:

- [ ] a) É definida pelo material de que é feita.
- [ ] b) Torna uma economia mais eficiente.
- [ ] c) Apenas serve como meio de troca.
- [ ] d) Tem um preço: a taxa de juro.
- [ ] e) Nenhuma das alíneas anteriores está correta.

6. Para que algo seja considerado moeda, é necessário que:

- [ ] a) Tenha valor intrínseco.
- [ ] b) Seja meio de troca geralmente aceite.
- [ ] c) Seja feita de metal precioso ou convertível em algo precioso.
- [ ] d) Seja estabelecida como moeda através de legislação para o efeito.
- [ ] e) Duas das alíneas anteriores estão corretas.

7. Moeda:

- [ ] a) Tem um preço que sobe com a inflação.
- [ ] b) Tem um valor que é sempre constante.
- [ ] c) Tem um preço igual ao seu valor, por definição.
- [ ] d) Tem um valor que desce com a inflação.
- [ ] e) Nenhuma das alíneas anteriores está corretas.

8. Qual das seguintes afirmações está correta:

- [ ] a) O cartão de débito é considerado moeda à luz da definição funcional.
- [ ] b) A política monetária pode afetar o valor da moeda.

- [ ] c) O crédito pode ser considerado moeda.
- [ ] d) A função de unidade de conta é a função essencial da moeda.
- [ ] e) Duas das alíneas anteriores estão correctas.

9. Um ativo é considerado moeda se:

- [ ] a) For emitido pelo governo.
- [ ] b) Tiver cobertura em metal precioso.
- [ ] c) Tiver aceitação generalizada como meio de pagamento.
- [ ] d) Tiver liquidez.
- [ ] e) Se tiver valor intrínseco elevado.

10. Relativamente à definição funcional de moeda, é correto afirmar que:

- [ ] a) O agregado monetário M1 corresponde a essa definição.
- [ ] b) Só a moeda mercadoria não consegue cumprir essa função.
- [ ] c) Pode ser desempenhada por qualquer bem ou ativo que sirva de unidade de conta.
- [ ] d) A quase-moeda respeita essa definição, mas não o crédito.
- [ ] e) Duas das alíneas anteriores estão corretas.

2. A Evolução das Formas e dos Sistemas Monetários

> *"Just take a look at the magic words on any Bank of England note: 'I promise to pay the bearer on demand the sum of...'. Banknotes (which originated in the seventh-century China) are pieces of paper which have next to no intrinsic worth. They are simply promises to pay (hence their original Western designation as 'promissory notes'), just like the clay tablets of acient Babylon four millennia ago."*
>
> Niall Ferguson (2008, p. 28)

As primeiras formas de moeda foram mercadorias como cabeças de gado, conchas, sal e muitas outras generalizadamente desejáveis em si mesmas. Estamos, pois, num sistema monetário baseado na moeda mercadoria. A moeda é uma mercadoria seleccionada para assumir esse papel; logo, a moeda vale o que valer o seu conteúdo intrínseco. Por outras palavras, a forma monetizada apresenta-se com uma cobertura a 100% que lhe é dada pelo seu conteúdo material. Dito ainda de outra maneira: a moeda vale exactamente o que valer a mercadoria na qual ela se corporiza.

Contudo, moedas assim apresentam muitos dos inconvenientes da troca directa: a) peso e volume, b) perecibilidade, c) indivisibilidade, d) heterogeneidade, e) volatilidade do valor, f) elevados custos de transacção. Há, portanto, um vasto caminho a percorrer para aperfeiçoar o sistema monetário. Neste sentido, o passo seguinte é a adopção dos metais preciosos, com o que se evolui para os sistemas metálicos.

2.1. Os Sistemas Metálicos

Estes baseiam-se na utilização de um ou de ambos os metais preciosos: ouro e prata. Efectivamente, estes metais gozam de características privilegiadas para assumirem este papel:

a. Desejabilidade generalizada porquanto são símbolos de riqueza, de poder económico e de prestígio social em consequência da sua raridade e valor de troca;
b. Elevado valor por unidade de volume, especialmente o ouro, o que torna fácil o seu transporte entre locais diversos, e reduz os custos de armazenamento;
c. Não perecível, o que os habilita a conservar valor durante períodos de tempo infinitos;
d. Perfeitamente divisíveis, não perdendo por isso capacidade para fornecer utilidade quando fraccionados em unidades menores;
e. Disponibilidade de tecnologia barata para avaliação da qualidade e pesagem;
f. Estabilidade dos respectivos valores.

Estes metais começaram a circular como moeda no seu estado bruto, pepitas ou grãos guardados em pequenos sacos transportados pelos respectivos titulares. A cunhagem ainda se não faz em virtude da ausência de poderes políticos com autoridade necessária para esse efeito. Contudo, nessas formas brutas, a utilização dos metais implicava custos de transacção perfeitamente dispensáveis na forma de avaliação da qualidade e, depois, da sua pesagem. Importava eliminá-los, algo que se conseguiu quando a sua utilização em pagamentos passou a exigir tão só a simples contagem, ou seja, quando as moedas passaram a ser cunhadas sob a autoridade de um soberano.

2.1.1. *Os Sistemas Monometálicos*

Estes sistemas são baseados ou só no ouro ou só na prata. Uma vez que estas formas monetárias surgem a partir de metais com valores muito diferentes, o sistema monetário não realiza satisfatoriamente a sua função de "óleo lubrificante" das trocas comerciais, tendo em atenção que estas têm preços muito diversos. Para além das transacções com baixos preços, há-as cujos preços são médios e, por fim, outras onde são muito altos. No primeiro caso temos o bilhete de autocarro, o café, o selo de correio, o jornal e tantos outros; por contraste com o preço de um Ferrari, um avião, um navio, uma casa, e por aí fora. Pode-se assim imaginar a dificuldade de pagamento de uma transacção com um baixo preço se houvesse em circulação apenas moedas de ouro, e as dificuldades para pagar uma mercadoria com elevado preço se apenas houvesse moedas de prata. Em suma, para aperfeiçoar a moeda como veículo do sistema de trocas, há toda a conveniência em cunharem-se moedas nos dois metais de acordo com o princípio da especialização: as de prata vocacionadas para as de pequeno valor, e as de ouro destinadas às transacções de grande valor. É assim que o sistema monetário evolui para os sistemas bimetálicos, isto é, sistemas monetários baseados na circulação simultânea de moedas produzidas a partir de metais preciosos com valores distintos.

2.1.1.1. A Estabilidade do Preço da Moeda

Uma das características mais curiosas dos sistemas metálicos, sejam eles mono ou bimetálicos, consiste no facto de a cunhagem e fusão das moedas não serem um monopólio do soberano, a autoridade monetária de então. Qualquer cidadão tinha a liberdade de se dirigir à casa da moeda para aí monetizar esses metais ou, então, para os desmonetizar, a troco do pagamento de uma pequena importância conhecida por senhoriagem, ou mesmo gratuitamente como nos E.U.A. e no Reino-Unido (Friedman, 1989, p.1). A questão que se coloca é, pois, a de saber os fins que se pretendiam atingir com a livre cunhagem e fusão das moedas. Recordemo-nos que esses mesmos metais continuavam a ser transaccionados nos mercados dos metais preciosos e, como tal, eram aí cotados.

A livre cunhagem e fusão possibilitavam a arbitragem entre os metais monetizados e não monetizados, isto é, entre os mercados monetário e o dos metais de tal modo que se o preço do ouro não monetizado (1 libra correspondente a 0.80 onças *troy* de ouro) estivesse acima do seu preço enquanto metal monetizado (1 libra correspondente a 1 onça *troy* de ouro), as pessoas promoveriam a fusão das moedas para venda do seu conteúdo metálico no respectivo mercado, incrementando aí a oferta e promovendo, por via disso, a sua depreciação; e vice-versa no caso oposto. A arbitragem continuaria até ao ponto em que os preços nestes dois mercados regressassem ao valor de equilíbrio dado pela cotação oficial no mercado monetário: 1 libra correspondente a 1 onça *troy* de ouro. Os desvios desta relação seriam transitórios e temporários, assegurando-se consequentemente, *ceteris paribus*, a estabilidade do sistema monetário em vigor.

A garantia da estabilidade do preço do metal à sua cotação oficial é condição necessária mas não suficiente para haver estabilidade do valor da moeda. Contudo, espera-se destes sistemas monetários que também assegurem a estabilidade do nível geral dos preços e, por consequência, do valor da moeda. Mas como é que tal objectivo se consegue? Vamos eliminar a cláusula *ceteris paribus* que há instantes foi invocada.

Para já, importa-nos saber, sem termos por enquanto a preocupação de explorar esta matéria, que o nível geral de preços P é uma função positiva da quantidade de moeda em circulação M, tal que $P = f(M)$ e $\frac{dP}{dM} > 0$. Por outro lado, a taxa de variação da quantidade de moeda em circulação depende positivamente das quantidades produzidas desses metais quando este sistema monetário está em vigor. Admitindo que a indústria extractiva opera em mercados de concorrência perfeita e que, por isso, a curva da procura pelo metal com que se confronta cada empresa na indústria é infinitamente elástica ao nível do preço do ouro, podemos, através da figura seguinte, representar a solução óptima para o empresário que prossegue o objectivo de maximização dos lucros.

Figura 2-1: Quantidade Produzida de Ouro em Função do Nível Geral de Preços

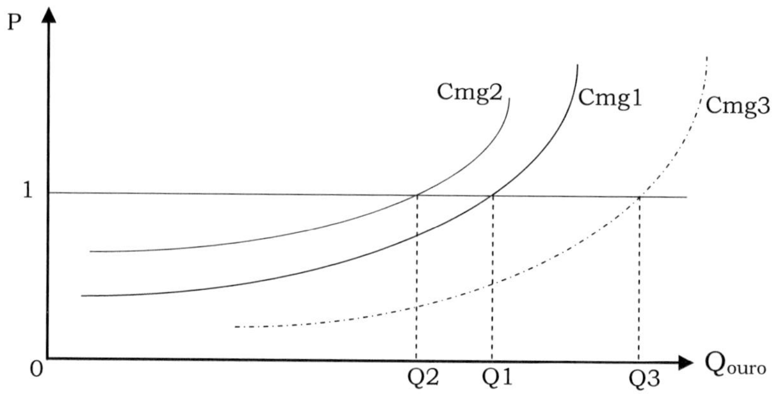

Para explicarmos a figura admitimos um nível geral de preços inicial a que corresponde a curva dos custos marginais Cmg_1. Para este custo marginal e para o preço fixo do ouro igual à unidade,[6] a quantidade de ouro que cada empresa de extracção deverá produzir é Q_1. Se, contudo, o nível geral de preços diminuir para um nível tal que implique o deslocamento da curva dos custos marginais para Cmg_3, em virtude, por exemplo, de progresso tecnológico generalizado, a produção de ouro por unidade de tempo aumenta para Q_3. Como resultado disso, a taxa a que o ouro e, por consequência, a quantidade de moeda em circulação se expandem aumenta, provocando a subida dos preços. Mas se tiver havido um aumento do nível geral de preços provocado por qualquer guerra, epidemia ou catástrofe de outra natureza, o acréscimo nos custos de produção, representados pela deslocação da curva dos custos marginais para Cmg_2, acarreta uma contracção na produção do metal para Q_2, acompanhada de uma contracção na taxa de crescimento da moeda o que, por seu turno, conduz a uma diminuição da taxa de inflação e, porventura, à deflação necessária se, entretanto, a taxa de

[6] Valor fixado arbitrariamente.

crescimento do PIB real exceder a da taxa de crescimento da massa monetária em circulação.[7]

2.1.2. *Os Sistemas Bimetálicos*

Historicamente apresentam-se em duas configurações distintas. Cronologicamente surge em primeiro lugar o sistema paralelo que, passado algum tempo, é substituído pelo padrão duplo.

2.1.2.1. O Padrão Paralelo

As moedas em circulação, cunhadas em ouro e em prata, circulam independentemente umas das outras, em resultado da ausência de uma relação de troca fixa entre elas. Portanto, 1 libra em ouro não corresponde necessariamente a 1 libra em prata; a taxa de câmbio entre elas é variável, tudo dependendo da cotação relativa dos metais não monetizados. Assim foi nos E.U.A. onde a Constituição de 1787 estabeleceu este sistema monetário. Evidentemente, o sistema é confuso e ineficiente. Importa, por consequência, dar um passo em frente, e nos E.U.A. tal sucedeu 5 anos depois, em 1792, por virtude da secção 11 do *Coinage Act* aprovado pelo Congresso naquele mesmo ano.

2.1.2.2. O Padrão Duplo

A diferença entre este padrão e o anterior é que agora as duas moedas passam a circular numa relação de troca fixa entre elas estabelecida por lei.[8] E segundo Martin (1977, p. 642) a moeda em prata representava a quase totalidade da moeda circulação.[9] Baseando-nos no exemplo norte-americano na sua fase inicial (1792-1834), 1 USD em prata continha 15 vezes mais peso desse metal do que 1 USD em ouro (371.25 *grains* de prata para 24.75 *grains* de ouro puro[10]). Em França o bimetalismo foi instituído em 1785 à taxa de 15.5:1; contudo só se tornou efectivo com a ascensão de Napoleão ao poder em 1803, mantendo aquela relação de troca inalterada até 1873 quando foi declarado o padrão-ouro (Friedman, 1989, p.8).

[7] O mecanismo e as correspondentes relações que explicam este efeito serão devidamente explicados em capítulo específico deste livro. Partimos do princípio que tal como os desenvolvimentos tecnológicos aumentam o rendimento potencial de pleno emprego por causa dos efeitos sobre as funções de produção, as catástrofes reduzem-no para valores inferiores ao potencial, abrindo assim caminho para a sua recuperação.

[8] Por determinação do já referido *Coinage Act* de 1792, a relação de peso entre prata e ouro puros era de 15:1, alterada para 16:1 em 1834 e vigorando até ao início da Guerra Civil em 1861.

[9] Tal como sucedia na Índia e na China. As moedas em ouro eram menos comuns por se destinarem a transacções de grande valor.

[10] Na verdade a moeda de prata de USD 1 era cunhada como uma liga onde entrava a prata e que deveria apresentar-se com um peso de 416 *grains* (Craig, 2011, p. 2).

A desvantagem que convencionalmente se aponta a este sistema é a sua instabilidade degenerando frequentemente num sistema de facto monometálico, seja de prata seja de ouro, fruto das flutuações do preço relativo dos metais não monetizados. Este efeito serve para ilustrar a chamada Lei de Gresham, assim designada no século XIX por H. D. Macleod inspirado no conselheiro financeiro da rainha Isabel I de Inglaterra, Thomas Gresham, que o terá descrito em 1558.[11] De facto, aquelas flutuações de preço, que traduzem um caso particular de aviltamento da moeda, criam incentivos à arbitragem entre os metais monetizados e não monetizados. Imaginemos por uns instantes que em determinada altura no mercado dos metais aquele preço relativo passa para 14:1, querendo isto significar a desvalorização do ouro em relação à prata. Dado o sistema de cunhagem existente, os indivíduos tenderiam a fundir as moedas de prata, com isso reduzindo a sua quantidade em circulação, vendendo a prata desmonetizada por troca com ouro também desmonetizado que, seguidamente, levariam à casa da moeda para cunhagem à taxa de câmbio oficial. Feitas as contas, com a quantidade de prata incorporada num dólar conseguiriam obter 1.0714 dólares em ouro.

Neste exemplo, o ouro monetizado está sobreavaliado relativamente à sua cotação enquanto metal desmonetizado, encontrando-se a prata na situação inversa. Neste sentido, diz-se na linguagem corrente que a moeda de ouro é a má moeda (o ouro monetizado está sobreavaliado) e a de prata é a boa moeda (a prata monetizada está subavaliada). O resultado é a "expulsão" da boa moeda da circulação (neste caso a de prata), que ficará reduzida à circulação da má moeda. A lei de Gresham enuncia-se, pois, do seguinte modo: *a má moeda expulsa a boa moeda da circulação*. E, se assim for, então, de facto, o sistema monetário será monometálico, do metal sobreavaliado, em vez de bimetálico como pretendido. Voltando ao caso americano atrás mencionado, como a cotação no mercado mundial de então estabelecia os preços relativos na razão de 15.5:1, de facto nos E.U.A. desse período vigorou um sistema monometálico assente na prata. Em 1834, fruto da reavaliação do ouro monetizado para 16:1, acontece exactamente o oposto: até 1862 teve-se, de facto, um sistema monometálico baseado no ouro, tanto mais que as novas descobertas nos E.U.A. contribuíram para a desvalorização deste metal relativamente à prata.

Convém, todavia, frisar os dois aspectos que se seguem:

a) Devido aos custos de transacção envolvidos, onde se incluem os de senhoriagem, a simples divergência entre os preços relativos nos dois mercados não determina necessariamente que haja arbitragem com as consequên-

[11] Fonte: Encyclopedia Britannica, consultada em http://www.britannica.com/EBchecked/topic/245850/Greshams-law.

cias inerentes; isso só sucederá se essa diferença for superior aos custos de transacção;

b) Uma vez que a arbitragem afecta a oferta e a procura dos metais em causa, a arbitragem tende a restabelecer a igualdade entre os preços relativos nos dois mercados ao seu nível oficial ainda antes de as moedas desaparecerem completamente da circulação.

Efectivamente, os dados históricos revelam uma grande estabilidade do preço relativo destes dois metais em todo o período que precede o abandono deste sistema, em torno de 15.5:1.

O aviltamento da moeda pode assumir outras modalidades, por exemplo: falsificação pelos soberanos que não têm ouro suficiente para financiarem as suas guerras; erosão do conteúdo metálico devido ao uso, e amputação de uma parte da moeda. A serrilha surge nas moedas metálicas precisamente com o objectivo de tornar visível o desgaste que elas sofrem por virtude do seu uso e, portanto, a sua perda de valor intrínseco. Hoje, quando ainda estão presentes, nada mais representam do que um simples resquício do passado.

A persistência nos esforços de aperfeiçoamento do sistema monetário concentra-se agora em minimizar a probabilidade de ocorrência da lei de Gresham. Isso é feito definindo a unidade monetária exclusivamente num único metal, ouro ou prata consoante os casos, e colocando em circulação moeda fiduciária, também dita de simbólica, para acomodar as necessidades de pagamento das transacções de baixo valor. Moeda fiduciária no sentido de que o valor facial, ou monetário, da moeda passa a ser maior que o seu valor intrínseco, ou seja, do seu valor enquanto mercadoria; moeda simbólica, no sentido de que o seu valor enquanto moeda depende do símbolo que lhe é aposto. Nos E.U.A. este sistema e, portanto, o fim do bimetalismo, acontece em 1873[12] por força da publicação do quarto *Coinage Act* que suspende a livre cunhagem e fusão da moeda de prata. Com isso passa-se para um novo sistema monetário, o padrão-ouro, especialmente entre os países do ocidente, e para novas regras de emissão deste novo tipo de moeda.

2.1.3. *O Padrão-Ouro*

No sistema do padrão-ouro a unidade monetária é definida em termos de uma certa quantidade de ouro com um certo grau de pureza. Não obstante, as transacções de baixo valor são suportadas por moeda simbólica, enquanto as de grande valor o são por notas de banco, assumindo estas ou não a qualidade de moeda representativa. A emissão de notas explica-se principalmente por razões

[12] Craig (2011, p. 6) considera que esta legislação apenas criou as condições conducentes à adopção do padrão-ouro que, assim, só se teria tornado efectivo nos E.U.A. em 1879, ano em que também todos os *greenbacks* teriam sido retirados da circulação.

de eficiência económica, traduzida na não utilização de recursos produtivos reais na circulação monetária para evitar os inerentes custos de oportunidade.

A moeda representativa não é fiduciária; a designação deve-se ao facto de ela ser livremente convertível em ouro à cotação oficial e, além disso, ter a sua emissão coberta a 100% em ouro mantido em reserva pelos bancos que procedem à sua emissão. Se, contudo, a cobertura fosse inferior a 100%,[13] consubstanciando o princípio da reserva fraccionária, tais notas deixariam de ser moeda representativa para passarem a circular como moeda fiduciária. Contudo, estas notas sem cobertura total em ouro circulavam também no período do padrão-ouro sempre que este era do tipo reserva fraccionária, na medida em que o público confiasse na capacidade de o banco emissor honrar o seu compromisso de remissão à cotação oficial.[14] Claro está que, sob estas reservas, o regime do padrão-ouro se revelava mais susceptível a crises de confiança no sistema bancário.

O Reino-Unido, na sequência da cunhagem do soberano de ouro, é o primeiro país a introduzir este sistema monetário em 1821, o Canadá fá-lo em 1853. Portugal foi o primeiro país da Europa a seguir a Inglaterra na adesão ao padrão-ouro como resposta aos problemas monetários e económicos da época. Segundo a Carta de Lei de Julho de 1854, a paridade foi definida em 1.7735 mg de ouro com um toque de 916 2/3 por real, ou 1.6257 mg de ouro fino.[15] A partir de 1870 verifica-se uma adesão generalizada dos países ao padrão-ouro (por exemplo, a Alemanha adere em 1873, a França em 1878 e os E.U.A em 1879), e o regime transformou-se num Sistema Monetário Internacional.[16]

2.1.3.1. Os Princípios da Emissão da Moeda Simbólica

Para além de a sua emissão e destruição passar a constituir um monopólio do tesouro, ou da autoridade monetária, consoante os casos, este deve submeter-se nessa função a uma restrição quantitativa: a emissão deverá sê-lo pelos montantes estritamente necessários à manutenção de boas condições nas transacções. Portanto, a quantidade que dela deve ser emitida é determinada pelas necessidades ditadas pelas transacções económicas para as quais se vocacionam.

A explicação para estes novos princípios está no receio fundado de a sua introdução poder gerar um processo inflacionário, seja pelo público tentado

[13] O que implica ser a quantida de moeda em circulação um múltiplo $K > 1$ das reservas em ouro.

[14] Quando esta confiança estava ausente, essas notas circulavam a desconto na medida do risco percebido.

[15] Ver Esteves e Ferramosca (2000).

[16] De novo, há autores, como Anna Schwartz (1987), que reportam a sua adopção a 1879. Nos E.U.A. é importante o *Gold Standard Act* de 1900 que reafirma e reforça o regime do padrão-ouro nesse país.

pela multiplicação de valor que o aparecimento destas moedas permite, seja pelos governos que as cunhariam para financiar despesas públicas desregradas.

Este tipo de moeda reduz, mas não elimina, os perigos a que se reporta a lei de Gresham. Durante os anos 60 e 70 do século XX, as moedas portuguesas de mais baixas denominações eram produzidas em cobre. O Chile é um dos mais importantes produtores mundiais deste metal, e nesses idos anos 70 sofreu fortíssimas convulsões políticas quer com a governação de inclinação marxista protagonizada pelo Presidente Salvador Allende, quer na sequência do golpe militar chefiado pelo general Pinochet. A produção de cobre nesse país foi por isso bastante perturbada, tendo como consequência uma forte diminuição da oferta de cobre nos mercados mundiais que conduziu a um aumento muito significativo do seu preço. Em tais condições, o valor intrínseco dessas moedas ultrapassou o seu valor facial, pelo que desapareceram rapidamente da circulação. As transacções de baixo valor passaram a desenrolar-se com grandes dificuldades; não havia moeda de baixas denominações para se pagarem transacções de pequenos valores, e também não as havia para se processarem os convenientes trocos. Estes passaram a ser dados em espécie, recebendo as pessoas coisas de que verdadeiramente não necessitavam, pelo menos naqueles precisos momentos. Nos correios os clientes recebiam selos como troco, que acabavam por perder ou ver deteriorados com o tempo; nos cafés ou nos quiosques recebiam rebuçados de baixa qualidade, que também se perdiam ou estragavam com o passar do tempo. Em suma, a economia, por força da lei de Gresham, passou a operar com níveis diminuídos de eficiência económica, e com efectivo aumento de preços para os que ficavam sujeitos a estas vicissitudes. Foi essencialmente por este motivo que desde então se observou uma alteração muito substancial no meio metálico circulante: as moedas, cada vez com menor peso para as mesmas denominações, passaram a ser produzidas com ligas metálicas de pouco valor. Agora, a probabilidade de ocorrência da lei de Gresham é muito menor!

2.1.3.2. As Regras de Jogo do Padrão-Ouro

Este sistema assenta em três regras fundamentais, conhecidas por regras do jogo. Qualquer uma das condições deve ser satisfeita, sem o que, de facto, este regime cessa de existir. Vejamos quais são:

1. A unidade monetária é definida, de forma irreversível, como uma certa quantidade de ouro com um certo grau de pureza;
2. Os agentes económicos gozam de total liberdade para exportar e importar ouro;
3. A autoridade monetária não neutraliza, ou esteriliza, o impacto de desequilíbrios das balanças de pagamento sobre a quantidade de moeda em circulação.

Os E.U.A. definiram em 1879 o dólar norte-americano como correspondendo a 23.22 *grains* de ouro, o que equivalia a um preço de USD 20.67 por onça *troy* fina,[17] enquanto a libra esterlina era definida como contendo 113.0016 *grains* desse mesmo metal.

A conjugação destes três requisitos dá lugar a um sistema monetário internacional assente num regime de taxas de câmbio fixas: o padrão-ouro internacional. A primeira condição serve para definir a taxa de câmbio oficial entre duas moedas, ou *peg* oficial, que deve ter carácter permanente por força da irreversibilidade da declaração. Atentando nos valores do parágrafo anterior, a taxa de câmbio GBP/USD era, pois, de 4.8665. A segunda condição estabelece os chamados pontos de entrada e de saída do ouro, ou seja, as margens de flutuação possíveis para a taxa de câmbio entre duas quaisquer moedas no sistema. Por fim, a terceira condição, dita qual o papel dos Bancos Centrais: basicamente um papel passivo em que acomodam esses impactos com o propósito de garantirem o funcionamento do mecanismo de ajustamento automático da balança de pagamentos no quadro deste regime de taxas de câmbio fixas.[18] A respeito desta terceira regra do regime note-se que intervenções discricionárias de política monetária pelo Banco Central só eram admitidas na condição de não se oporem, neutralizarem, ou esterilizarem, ao mecanismo natural de ajustamento, antes o devendo reforçar por se fazerem no mesmo sentido em que ele estivesse a operar. Por exemplo, perante défices da balança de pagamentos, o Banco Central deveria subir a taxa de redesconto, fomentando o reequilíbrio por via da entrada de capitais a curto-prazo no país, e poderia descê-la no caso oposto de haver superávites na mesma balança.

2.1.3.3. As Versões do Padrão-Ouro

O padrão-ouro veste ao longo do tempo várias roupagens, conhecidas por versões. A primeira versão é a que corresponde à sua fase inicial, entre 1821 e 1914, data em que eclodiu a Iª Grande Guerra. Por esta altura, o regime do padrão-ouro deixa de vigorar, de facto, que não *de jure*, por força da suspensão da segunda regra de jogo acima enunciada, o que se explica pela necessidade de os governos beligerantes se financiarem com recurso às suas reservas em ouro. Esse é o padrão-ouro amoedado caracterizado por haver cunhagem da moeda padrão, ou seja, da moeda em ouro, que também circulava embora numa percentagem mínima da quantidade total de moeda em circulação. A utilização de ouro como

[17] Uma onça *troy* fina equivale a 31.1034768 gramas.

[18] Não nos vamos alongar sobre esta dimensão tão controversa do padrão-ouro por não ser um aspecto relevante para os objectivos deste manual.

meio circulante não é eficiente do ponto de vista económico; quanto mais não seja, há perda de ouro por virtude do desgaste provocado pelo seu uso.

Quando o padrão-ouro é reposto em 1925 no Reino-Unido por força do *British Gold Standard Act* desse ano,[19] surge na versão ouro em barra; agora, o ouro não circula, mas as pessoas têm o direito de proceder à conversão das notas de banco em ouro à cotação oficial, pelo que as notas de banco, sejam elas representativas ou fiduciárias, são tão boas quanto ouro. Claro que a efectiva capacidade de conversão estava condicionada pelos pesos estandardizados das barras de ouro; portanto, só era efectivamente possível converter desde que se tivesse disponível em notas um montante igual ao valor da barra com o menor dos pesos em ouro, ou múltiplos dele. Finalmente, em Setembro de 1931 o Reino-Unido põe termo a este regime quando confrontado com saídas maciças de ouro do país. Nos E.U.A. isso mesmo acontece em 1933.[20]

A terceira versão do padrão-ouro é a cambial, na qual não há moedas padrão em circulação nem reservas próprias de ouro. Um país adopta esta versão quando ancora a sua moeda à de um outro que se encontre numa das duas outras versões, através de uma taxa de câmbio fixa com perfeita convertibilidade. Esta expressão significa que esse país se compromete a comprar e a vender qualquer quantidade da moeda do seu país de referência à taxa de câmbio oficial. Esta foi a solução encontrada por países que se encontravam no padrão de prata: as Índias britânicas em 1898, as Filipinas no dealbar do novo século, assim como o México e o Japão. Com esta forma do regime, os países gozam de pelo menos duas vantagens: a) poupam os recursos afectos à constituição de reservas em ouro ou prata; b) os activos nessa outra moeda depositados em bancos eram remunerados a uma certa taxa de juro, algo que não sucedia com as reservas em ouro. Contudo, a grande desvantagem eram as perdas a que os Bancos Centrais ficavam expostos no caso de a moeda de referência ser desvalorizada.

2.1.3.4. Limites do Padrão-Ouro à Estabilidade dos Preços

Para que o padrão-ouro permita a tão almejada estabilidade de preços numa economia em crescimento há que cumprir algumas condições que, por seu turno, traduzem custos reais. Segundo estimativas de M. Friedman (1951, p.210) seria necessário que o *stock* de ouro monetário crescesse a uma taxa anual de cerca de 4% para que, entre 1900 e 1950, houvesse estabilidade de preços nos

[19] Esta lei igualmente revoga oficialmente o padrão-ouro amoedado. O Reino-Unido é acompanhado nesta decisão pela Austrália e pela África do Sul.

[20] Uma das acusações feitas ao regime do padrão-ouro é que ele teria sido um dos grandes responsáveis pela grande depressão dos anos 30. Para evitar a depressão era necessária uma política monetária expansionista sem cabimento no padrão-ouro; pelo contrário, a sustentação deste exigia uma política de contracção e foi isso que aparentemente foi feito pelos Bancos Centrais.

E.U.A. no caso de o padrão-ouro estar nesse período em vigor.[21] Ora, a experiência histórica mostra que as reservas em ouro se expandiram a taxas bastante inferiores a 4% (Schwartz, 1987, p. 379). Nessas condições, dever-se-ia assistir a deflação, a não ser que o crescimento insuficiente do *stock* de ouro monetário fosse compensado pelo aumento na velocidade rendimento de circulação da moeda.

2.1.4. *O Papel-Moeda*

Em 1933 o padrão-ouro é definitivamente abandonado.[22] Nessa altura, e até hoje, o sistema monetário passa a basear-se exclusivamente no papel-moeda, ou moeda fiduciária, que circula com um valor intrínseco inferior ao seu valor facial e sem qualquer possibilidade de conversão oficial em ouro. Porém, o papel-moeda não é uma invenção do século XX; segundo as narrativas históricas, ele terá sido inventado na China no século X D.C., durante a dinastia Song, continuando a circular durante as dinastias Yuan e Ming, cabendo a esta última a decisão de o substituir por moeda mercadoria.[23] Em Portugal, Benevides (2012, pp.99-100) indica que o papel-moeda foi introduzido em 1797 e a ele se referindo como a "praga do papel-moeda cujo descrédito ia sempre em aumento...". Durante a ocupação do país pelas forças napoleónicas "o papel-moeda chegou a ter o desconto de 60 por 100. Depois de terminada a guerra o ágio baixou a 12, mas tornou outra vez a subir ...atingindo 75 por 100 em 1833.". Foi extinto em 1834, durante o governo de D. Pedro IV.

Contudo, por razões atinentes à psicologia dos agentes económicos, habituados desde sempre à circulação de moeda mercadoria, foi necessário evoluir com prudência para se evitarem rupturas bruscas com hábitos longamente arreigados, e facilitar uma transição suave e sustentável para o novo sistema monetário. É assim que o padrão do papel-moeda se apresenta em duas fases. A primeira delas, em vigor durante um período de tempo bastante curto, com a designação de papel-moeda ouro, e a segunda, aquela em que ainda hoje nos encontramos, com a designação de papel-moeda puro.

Com o padrão papel-moeda ouro, muito embora as notas de banco não fossem convertíveis em ouro, a unidade monetária continuava a ser definida como uma certa quantidade de ouro com um certo grau de pureza, e os bancos permaneciam obrigados a manter reservas nesse metal. Mas, como já percebemos, nada disto tinha consequências efectivas. Nos E.U.A. o *Gold Reserve Act* de 30 de

[21] Os pressupostos são uma taxa de crescimento média anual do PIB real de 3%, e de uma redução média anual de 1% na velocidade rendimento de circulação da moeda.

[22] Quanto a nós não é correcto associar-se o regime cambial resultante dos acordos de *Bretton-Woods* ao padrão-ouro, como uma sua versão.

[23] Vejam-se a descrição que Marco Polo (1818, pp.353-355) faz da moeda fiduciária na China durante a dinastia Yuan.

Janeiro de 1934 determina que o preço do ouro passe de USD 20.67 por onça para USD 35. No dia seguinte, o Presidente Franklin Roosevelt define 1 USD como contendo $15^{5/21}$ *grains* do ouro com a qualidade de referência. Aparentemente esta associação permanece até hoje inscrita na lei americana, muito embora sem quaisquer efeitos. Quando, por fim, esses requisitos são abandonados, transferimo-nos para o padrão papel-moeda puro que ainda hoje vigora. Em qualquer dos casos, a emissão e destruição do papel-moeda são monopólios das autoridades monetárias.

O processo de transição que se acabou de descrever assume que os sistemas monetários se desenvolvem gradualmente ao longo da linha do tempo, compondo uma cadeia evolutiva que nega qualquer probabilidade de sucesso a reformas monetárias que rompam com as experiências passadas. Esta concepção inscreve-se na Escola Austríaca representada pelo seu fundador, Carl Menger, e continuada neste domínio do saber por nomes como os de Georg Simmel e Ludwig Von Mises. A questão nuclear que aqui se coloca é saber quais as condições que devem estar presentes para que uma reforma monetária, como a adopção do papel-moeda, seja viável. Para Simmel (1990), a chave para que isso aconteça é a confiança do público na capacidade do governo para manter o valor real da moeda fiduciária; para tal impõe-se que a moeda fiduciária seja escassa. Este princípio é violado sempre que as autoridades monetárias promovem emissões excessivas de moeda que arrastam processos inflacionários, se não mesmo híper-inflacionários; verificando-se esta quebra de confiança, o público repudia a nova unidade monetária. Isto quer dizer que o combate à inflação, e a colocação da emissão de moeda sob a autoridade de Bancos Centrais independentes, sendo importantes por várias outras razões, é-o igualmente como condição *sina qua non* para a preservação do próprio sistema monetário e satisfação das funções económicas básicas que ele deve servir, nomeadamente a de facilitar as transacções económicas. Os contributos de Von Mises para esta questão encontram-se no que é conhecido por teorema da regressão com o qual ele conseguiu ultrapassar o problema da circularidade conhecido na literatura por círculo austríaco. Ele estabelece que o valor da moeda em qualquer instante do tempo é função da sua procura nesse mesmo período mas, por outro lado, essa procura depende do valor da moeda no período anterior. O que aqui se exprime é um mecanismo adaptativo na formação das expectativas do público quanto ao valor futuro da moeda, e essas são determinantes na aceitação ou rejeição de um novo sistema monetário. O teorema da regressão sobrevém por substituições sucessivas neste mecanismo de formação de expectativas que nos conduzem às experiências mais recuadas no tempo, de tal sorte que se conclui que as expectativas quanto ao valor futuro da moeda são determinadas pelo seu valor no passado mais longínquo. Por outras palavras, o lançamento com êxito do padrão papel-moeda depende criticamente da sua relação, por via de uma taxa de troca fixa, com sistemas anteriores baseados na moeda mercadoria.

Contudo, para que o papel-moeda conserve valor e o público guarde confiança nele e na autoridade emissora, outra importante condição se coloca. A emissão de moeda, contrariamente ao que sucedia nos sistemas anteriores, tem que acontecer num mercado monopolista, e é incompatível com mercados perfeitamente concorrenciais. Porque o custo de produção desta forma de moeda é basicamente zero, enquanto produz utilidade marginal positiva, a emissão em mercados perfeitamente concorrenciais iria ditar a sua emissão até ao nível em que a utilidade marginal fosse zero, ou seja, uma expansão da massa monetária em circulação conducente a processos híper-inflacionários implicando perda de confiança e destruição da economia monetária. Claro que a capacidade para emitir da parte do produtor monopolista também deve estar limitada e, por isso, a imposição da exigência de independência dos Bancos Centrais face aos poderes políticos.

Questões de Escolha Múltipla

1. Suponha que os países adotam o padrão-duplo mas com relações de troca diferentes entre o ouro e a prata. Assim, enquanto o país A adota uma relação de 1:1, o resto do mundo fixa essa mesma relação em 16.5:1. Neste caso:

- ☐ a) Não se observam quaisquer efeitos.
- ☐ b) O resto do mundo vai necessariamente transitar para um sistema monometálico baseado no ouro.
- ☐ c) Em A passa a vigorar, de facto, um sistema monometálico baseado na prata.
- ☐ d) Em A passa a vigorar, de facto, um sistema monometálico baseado no ouro.
- ☐ e) O resto do mundo vai necessariamente transitar para um sistema monometálico baseado na prata.

2. Qual das seguintes alternativas está correta?

- ☐ a) O Estado não tinha o monopólio na emissão da moeda simbólica.
- ☐ b) A moeda representativa tinha cobertura a 100% no metal definidor da moeda padrão.
- ☐ c) A moeda representativa está vocacionada para o pagamento de transações de baixo valor.
- ☐ d) A moeda representativa assumia a forma de notas de banco não convertíveis.
- ☐ e) Duas das alíneas anteriores estão corretas.

3. Em sistemas monetários metálicos, a livre cunhagem e fusão da moeda serve o propósito de:

- ☐ a) Acolher os princípios liberais de livre iniciativa e liberdade individual.
- ☐ b) Estabilizar o nível geral de preços.
- ☐ c) Estabilizar os preços dos metais preciosos nos dois mercados ao nível dos seus preços oficiais enquanto metais monetizados, controlando os efeitos da lei de Gresham.
- ☐ d) Obter receitas para o Estado na forma da cobrança da senhoriagem pela Casa da Moeda.
- ☐ e) Nenhuma das alternativas está correta.

4. A Lei de Gresham enuncia que:

- ☐ a) A moeda mais barata expulsa a moeda mais cara de circulação.
- ☐ b) A moeda sobrevalorizada expulsa a outra de circulação.
- ☐ c) A moeda boa expulsa a má de circulação.
- ☐ d) A moeda de prata expulsa a moeda de ouro de circulação.
- ☐ e) Nenhuma das alíneas anteriores está correta.

5. Qual das seguintes afirmações está correta?

- [ ] a) No Padrão-Ouro só houve a moeda produzida com ouro e moeda simbólica.
- [ ] b) O papel-moeda é convertível em metal precioso.
- [ ] c) No Padrão-Paralelo havia uma relação fixa de troca entre moedas de ouro e moedas de prata.
- [ ] d) Embora possa assumir diferentes formas, toda a moeda tem uma forma material.
- [ ] e) Nenhuma das alíneas anteriores está correta.

6. Moeda representativa:

- [ ] a) Pode ter uma cobertura inferior a 100%.
- [ ] b) Não tem vantagens relativamente ao uso de moeda-padrão.
- [ ] c) São moedas produzidas a partir de um único metal.
- [ ] d) É o único tipo de moeda de papel.
- [ ] e) Nenhum das alíneas anteriores está correta.

7. O aparecimento da atividade bancária:

- [ ] a) Não está relacionado com a evolução histórica das formas e sistemas monetários.
- [ ] b) Permitiu o aparecimento de novas formas monetárias.
- [ ] c) Marca a passagem de economia de troca direta para economia monetária.
- [ ] d) Identifica-se com a emissão de moeda metálica por parte de instituições de crédito.
- [ ] e) Nenhuma das alíneas anteriores estão corretas.

8. A aceitação pelo público de um sistema monetário baseado na moeda fiduciária (papel-moeda) assenta:

- [ ] a) Na confiança;
- [ ] b) Em Bancos Centrais monopolistas;
- [ ] c) Em governos que supervisionam a quantidade de moeda em circulação;
- [ ] d) No facto de constituir um meio de troca geralmente aceite;
- [ ] e) Em mercados emissores de moeda que operam em concorrência.

9. Qual das seguintes afirmações está correta?

- [ ] a) A Lei de Gresham enuncia que num sistema bi-metálico a moeda sobrevalorizada expulsa a subvalorizada do mercado.
- [ ] b) Os espécimes monetários que atualmente são considerados moeda à luz da definição funcional incluem os depósitos a prazo.
- [ ] c) No sistema monetário atual as reservas em ouro do Banco Central são o garante do valor da moeda em circulação.

- [ ] d) A principal função da moeda é a de unidade de conta.
- [ ] e) Todas as alíneas anteriores estão corretas.

10. No Padrão Paralelo:

- [ ] a) Utilizava-se apenas 1 metal para produção da moeda em circulação.
- [ ] b) Circulavam moedas de ouro e notas de banco não convertíveis.
- [ ] c) Moedas produzidas a partir de um metal podiam ser trocadas por moedas produzidas a partir de outro metal, numa razão de troca constante.
- [ ] d) Não havia maneira de poder observar-se a Lei de Gresham por aviltamento.
- [ ] e) Nenhuma das alíneas anteriores está correta.

3. A Condução da Política Monetária pelo Lado da Oferta de Liquidez – Os Agregados Monetários e a Oferta de Moeda

"A criação de crédito pelo sector privado funciona como os pares de matéria e antimatéria de Heisenberg. Dinheiro e dívida são criados em pares, do nada, existem durante um certo tempo e depois desaparecem, quando se recombinam. Pedir um empréstimo cria um par dinheiro-dívida; pagar o empréstimo destrói esse par."

George Cooper (2009, p. 56)

Neste capítulo procura-se conhecer o processo e os factores de criação e de destruição de moeda no actual sistema de papel-moeda. Na secção 3.1 apresentam-se os agregados monetários (moeda em sentido estrito – obedecendo à definição funcional aludida no Capítulo 1, e em sentido mais lato, tal como definidos pelo Banco Central Europeu, o BCE). Analisam-se, de seguida (secção 3.2), os determinantes do processo de criação e de destruição de moeda numa perspectiva estática, tendo em conta as repercussões imediatas de operações com expressão monetária, e verifica-se também se estes factores são capazes de reagir à intervenção do Banco Central. Na secção 3.3 considera-se o processo de criação e de destruição de moeda numa perspectiva dinâmica –, o que remete para o processo do multiplicador monetário.

3.1. Os Agregados Monetários

O BCE define os agregados monetários para a Zona Euro baseando-se numa definição harmonizada do:

i. Sector emissor de moeda
ii. Sector detentor de moeda
iii. Sector neutro em relação à moeda

O sector emissor de moeda (sector monetário) engloba as entidades que emitem activos monetários para o sector não monetário residente na Zona Euro, excluindo a Administração Central. Estas entidades designam-se de Instituições Financeiras Monetárias (IFM).[24] O sector detentor de moeda engloba todas as entidades que não sejam IFM ou a Administração Central. Deste sector fazem parte as instituições financeiras não monetárias, as administrações regionais e locais, os fundos da segurança social, as sociedades não financeiras e os particulares. A Administração Central é considerada um sector neutro em termos monetários, uma vez que embora não sendo uma entidade monetária emite activos que se consideram moeda em sentido lato como, por exemplo, os certificados de aforro. O Quadro 3-1 mostra a desagregação sectorial harmonizada dos agentes económicos portugueses utilizada nas estatísticas monetárias e financeiras da Zona Euro.

[24] Ver a lista das IFM no site do BCE.
http://www.ecb.int/stats/money/mfi/html/index.en.html

Quadro 3-1: Desagregação Sectorial das Sociedades Financeiras Portuguesas*

<table>
<tr><td colspan="5">Sector Residente</td></tr>
<tr><td rowspan="5">Sociedades Financeiras</td><td rowspan="2">Instituições Financeiras Monetárias (IFM)</td><td colspan="2">• Banco Central</td><td rowspan="2">Sector Monetário</td></tr>
<tr><td>Outras Instituições Financeiras Monetárias (OIFM)</td><td>• Bancos
• Caixas Económicas
• Caixas de Crédito Agrícolas Mútuo
• Fundos do Mercado Monetário</td></tr>
<tr><td rowspan="3">Instituições Financeiras Não Monetárias</td><td>Outros Intermediários Financeiros</td><td>• Fundos de Investimento (excepto fundos do mercado monetário)
• Sociedades de Capital de Risco
• Sociedades de Factoring
• Sociedades Financeiras de Corretagem
• Sociedades Financeiras para Aquisições a Crédito
• Sociedades Gestoras de Participações Sociais (do sector financeiro)
• Sociedades de Locação Financeira
• Intermediários Financeiros – outros</td><td rowspan="9">Sector Não Monetário Residente (SNMR)</td></tr>
<tr><td>Auxiliares Financeiros</td><td>• Agências de Câmbios
• Sociedades Corretoras
• Sociedades Gestoras de Fundos de Investimento
• Sociedades Gestoras de Patrimónios
• Auxiliares Financeiros – outros</td></tr>
<tr><td colspan="2">• Sociedades de Seguros e Fundos de Pensões</td></tr>
<tr><td colspan="2" rowspan="4">Administrações Públicas</td><td>Administração Central</td><td>• Estado
• Fundos e Serviços Autónomos</td></tr>
<tr><td>Administração Regional</td><td>• Açores
• Madeira</td></tr>
<tr><td>Administração Local</td><td>• Continente
• Açores
• Madeira</td></tr>
<tr><td colspan="2">Fundos da Segurança Social</td></tr>
<tr><td colspan="2">Sociedades Não Financeiras</td><td colspan="2">• Sociedades Não Financeiras Públicas
• Sociedades Não Financeiras Privadas</td></tr>
<tr><td colspan="2">Particulares</td><td colspan="2">• Famílias
• Instituições sem Fins Lucrativos ao Serviço das Famílias</td></tr>
<tr><td colspan="4">Emigrantes</td><td></td></tr>
<tr><td colspan="5">Sector não Residente</td></tr>
</table>

*Desagregação utilizada nas estatísticas monetárias e financeiras
Fonte: Banco de Portugal, Boletim Estatístico, Março de 2013

O Quadro 3-2 mostra a composição dos agregados monetários da Zona Euro definidos pelo BCE a partir das responsabilidades emitidas pelas IFM e pelas entidades pertencentes à Administração Central (Tesouro) da Zona Euro.[25]

[25] Ver também:
http://www.ecb.int/stats/money/aggregates/aggr/html/hist.en.html.

Quadro 3-2: Os Agregados Monetários da Zona Euro

Rúbricas Responsabilidades com carácter monetário das Instituições Financeiras Monetárias (IFM), da Administração Central (Tesouro) e dos Correios do conjunto de países que integram a Zona Euro para com o Sector Não Monetário Residente na Zona Euro, excluindo as Administrações Centrais.	**Agregados Monetários**		
	M1	**M2**	**M3**
Circulação Monetária	X	X	X
Depósitos à Ordem	X	X	X
Depósitos a Prazo até 2 anos		X	X
Depósitos com pré-aviso até 3 meses		X	X
Acordos de Recompra			X
Unidades de Participação em Fundos do Mercado Monetário			X
Títulos de Dívida com prazo até 2 anos			X

O agregado M1 é formado pelos meios imediatos de pagamento, ou moeda em sentido estrito (*narrow money*), correspondendo à definição funcional de moeda. É composto por:

- Circulação monetária: notas de banco e moedas metálicas emitidas e colocadas em circulação pelos Bancos Centrais da Zona Euro, na posse do sector não monetário residente. Por dificuldades de medição estatística incluem-se, também, as notas e moedas na posse da Administração Central e do sector não residente;
- Depósitos à ordem: responsabilidades monetárias – passivo das Outras Instituições Financeiras Monetárias (OIFM) da Zona Euro e dos Bancos Centrais da Zona Euro mobilizáveis à vista.

O agregado M2 engloba activos que não sendo moeda em sentido estrito têm um elevado grau de liquidez, e é composto por:

- M1;
- Depósitos a prazo até 2 anos: inclui os depósitos a prazo, os certificados de depósito e os depósitos de poupança (depósitos poupança-habitação, depósitos poupança-reformados, etc.) com aquela maturidade máxima;
- Depósitos com pré-aviso até 3 meses.

O agregado M3 é o agregado monetário em sentido lato (*broad money*) sendo composto por:

- M2;
- Acordos de recompra: operações de crédito tituladas entre as OIFM da Zona Euro e o sector não monetário residente na Zona Euro, excluindo

a Administração Central, em que o vendedor se obriga a recomprar os títulos após um certo período de tempo;

- Fundos do mercado monetário: fundos que investem um mínimo de 85% do seu valor líquido global em valores mobiliários e em depósitos bancários com maturidades máximas de 12 meses, ou em instrumentos de dívida transaccionáveis que possuam liquidez e tenham valor que possa ser determinado a qualquer momento;
- Títulos de dívida com prazo até 2 anos: obrigações de caixa, bilhetes do tesouro, certificados de aforro, obrigações do tesouro, etc., cujas maturidades não excedam aquele prazo.

Note-se que na Zona Euro as responsabilidades, isto é, passivos das OIFM com maturidades superiores a 2 anos não integram os agregados monetários.

A informação sobre os agregados monetários é disponibilizada pelo BCE no seu Boletim Mensal (ver Quadro 3-3 e Figura 3-1). Conforme se pode observar, os depósitos à ordem são a componente mais importante de M3 representado cerca de 40% deste agregado. A percentagem de depósitos com pré-aviso até três meses é de cerca de 20%, enquanto os depósitos a prazo até dois anos têm um peso de cerca de 19% no agregado M3. A circulação monetária (notas e moedas em circulação) representa apenas 9% de M3, e os acordos de recompra, as unidades de participação em fundos do mercado monetário, e títulos de dívida com prazo até 2 anos (rubricas exclusivas de M3) cerca de 12%. Verifica-se, assim, que actualmente a maior parte da moeda que existe em circulação é constituída por depósitos à ordem e, como se verá nas secções seguintes, é criada pelos bancos comerciais.

Quadro 3-3: Síntese dos Agregados Monetários

	Valor em percentagem do M3 em Fevereiro de 2013	Taxa de Crescimento Anual (%)					
		2012 1º Trim.	2012 2º Trim.	2012 3º Trim.	2012 4º Trim.	2013 Jan.	2013 Feb.
M1	**52.7**	**2.4**	**2.9**	**4.7**	**6.3**	**6.6**	**7.0**
- Circulação monetária	8.8	6.1	5.6	5.3	3.0	1.5	1.4
- Depósitos à ordem	43.9	1.7	2.3	4.6	7.0	7.7	8.2
M2-M1	39.6	2.5	2.5	1.3	1.6	1.7	0.8
- Depósitos a prazo até dois anos	18.3	3.0	2.1	-1.2	-2.1	3.0	-4.8
- Depósitos com pré-aviso até 3 meses	21.4	2.1	2.9	3.7	5.0	6.2	6.1
M2	**92.4**	**2.5**	**2.7**	**3.2**	**4.2**	**4.4**	**4.3**
M3-M2	7.6	0.0	2.6	1.5	-2.7	-6.1	-9.1
M3	**100**	**2.2**	**2.7**	**3.0**	**3.6**	**3.5**	**3.1**

Fonte: ECB, Boletim Mensal, Abril de 2013, p. 17.

Figura 3-1: Peso Relativo das Componentes de M3 em Fevereiro de 2013

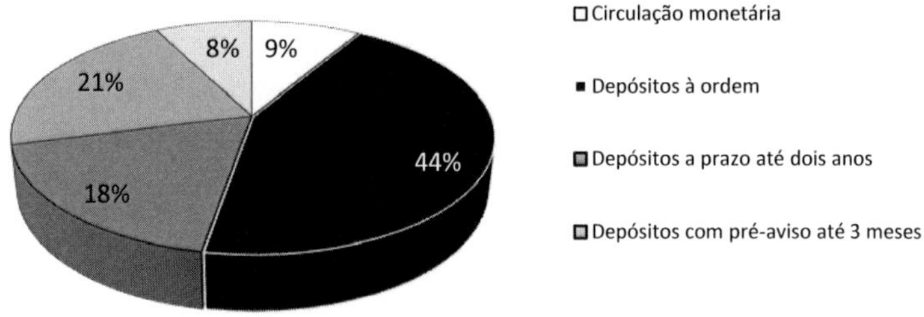

ECB, Boletim Mensal, Abril de 2013, p. 17.

3.2. O Modelo Estático de Criação de Moeda

Considere-se o Balanço Monetário do Eurosistema[26] formado a partir da consolidação dos balanços dos Bancos Centrais dos 19 países aderentes ao Euro e do balanço do BCE.

Quadro 3-4: O Balanço Monetário Consolidado do Eurosistema

Activo	Passivo
• Disponibilidades Líquidas sobre o Exterior (**DLX***) • Crédito do BC às Outras Instituições Financeiras Monetárias Relacionadas com as Operações de Política Monetária (**COIFM**). – Operações de *Open Market* de Cedência de Liquidez (**OCL**) - Operações Principais de Refinanciamento - Operações de Refinanciamento de Prazo Alargado - Operações Ocasionais de Regularização - Operações Estruturais – Facilidade Permanente de Cedência de Liquidez (**FPC**) • Títulos Emitidos por Residentes na Zona Euro (**TER**) • Crédito às Instituições Financeiras não Monetárias (**CIFNM***) • Crédito às Administrações Públicas (**CAP***)	• Circulação Monetária (**C**) • Reservas (**R**) – Depósitos à Ordem (incluindo as reservas obrigatórias) (**DO**) – Facilidade Permanente de Depósito (**FPD**) • Operações de *Open Market* de Absorção de Liquidez (**OAL**) – Operações Ocasionais de Regularização – Operações Estruturais • Depósitos à Ordem das Administrações Públicas Excepto Administração Central (**DOAP***) • Depósitos à Ordem da Administração Central (**DOAC***) • Diversos (**DIV***)

Notas:
1. * Identifica uma rubrica pertencente ao balanço consolidado do Eurosistema no caso em que uma rubrica de natureza análoga, mas de valor diferente, também exista no balanço consolidado das OIFM da Zona Euro.
2. Todas as rubricas, com a excepção de DIV* e DLX*, dizem respeito a operações efectuadas apenas entre residentes na Zona Euro.
3. As operações que envolvam entidades não residentes, excepto as operações que podem integrar a rubrica DLX*, incluem-se na rubrica DIV*, uma vez que os agregados monetários da Zona Euro apenas

[26] O balanço está apresentado de uma forma pedagógica no sentido de evidenciar apenas as rubricas com natureza monetária.

incluem rubricas com natureza monetária detidas por residentes na Zona Euro, excluindo a Administração Central.
3. Por dificuldades de ordem estatística, o agregado C acaba por incluir, também, as notas e moedas emitidas e colocadas em circulação pelos Bancos Centrais da Zona Euro na posse da Administração Central e do Sector não Residente.

Relativamente ao activo do Balanço, DLX* são as disponibilidades líquidas sobre o exterior do conjunto dos Bancos Centrais da Zona Euro, ou seja, activos denominados em moeda estrangeira, líquidos dos correspondentes passivos. As disponibilidades sobre o exterior incluem, entre outros activos: metais preciosos como ouro na forma física, e na forma não física como ETFs de ouro ou fundos que investem em ouro; créditos sobre não residentes na área do euro denominados em moeda externa representando as principais reservas cambiais do eurosistema; créditos sobre o FMI;[27] créditos sobre residentes na área do euro denominados em moeda externa e créditos sobre não residentes na área do euro denominados em euros. As responsabilidades para com o exterior incluem: as responsabilidades para com não residentes na área do euro expressas em moeda externa; as responsabilidades para com residentes na área do euro expressas em moeda externa; e as responsabilidades para com não residentes na área do euro expressas em euros, incluindo contas correntes e depósitos de Bancos Centrais, outros bancos e de entidades supranacionais.

COIFM respeita aos créditos concedidos pelo BCE às Outras Instituições Financeiras Monetárias (OIFM) relacionadas com as operações de política monetária. Inclui as operações de *open market* de cedência de liquidez, OCL, (da iniciativa do BCE) em que o BCE compra títulos com acordo de revenda (*reverse repos*) a título de: *i*) operações principais de refinanciamento; *ii*) operações de refinanciamento de prazo alargado; *iii*) operações ocasionais de regularização; e de *iv*) operações estruturais. COIFM inclui, ainda, a Facilidade Permanente de Cedência de Liquidez, FPC, da iniciativa das OIFM.

Os TER refere-se aos títulos emitidos por residentes na Zona Euro, quer sejam públicos quer privados, na posse do Eurosistema na sequência de operações definitivas; inclui títulos que são detidos para efeitos da condução da política monetária, e títulos detidos como portefólios de investimento. Esta rubrica engloba a carteira de títulos de dívida pública do Eurosistema adquiridos no mercado secundário incluindo, nomeadamente, os bilhetes do tesouro e as obrigações do tesouro, e inclui, também, certificados de dívida emitidos pelo BCE e comprados para efeitos de operações de gestão de liquidez de tipo *fine tuning*.

[27] Consiste em *drawing rights* dentro da tranche de reserva em termos líquidos, ou seja a quota nacional deduzida de saldos em euros à disposição do FMI. Inclui, ainda, *special drawing rights* (SDRs) e empréstimos ao abrigo de programas especiais.

É, ainda, nesta rubrica que se registam as *covered bonds* adquiridas pelo BCE ao abrigo do *Covered Bond Purchase Programme* (CBPP) implementado em Julho de 2009 e novamente em Novembro de 2011, no âmbito das medidas de *enhanced credit support* tomadas como reacção à recente crise financeira.

CIFNM* refere-se aos créditos concedidos pelos Bancos Centrais da Zona Euro às Instituições Financeiras não Monetárias (IFNM) da Zona Euro.

CAP* refere-se aos créditos concedidos às administrações públicas da Zona Euro pelos Bancos Centrais da Zona Euro, a título de facilidades de crédito ou compra de dívida pública em mercado primário. A partir de 1994 o BCE e os Bancos Centrais Nacionais que integram o Eurosistema deixaram de poder conceder estes créditos aos governos ou comprar dívida pública em mercado primário ou seja, não podem monetizar directamente os défices dos orçamentos dos Estados membros.

Relativamente ao passivo do balanço, C identifica a circulação monetária, já definida a propósito dos agregados monetários.

R diz respeito às reservas bancárias, constituídas por depósitos à ordem, DO, das OIFM da Zona Euro junto dos Bancos Centrais da Zona Euro. Estes depósitos podem ser obrigatórios, destinados a satisfazer as exigências de reservas mínimas legais, ou não obrigatórios. R inclui, ainda, a Facilidade Permanente de Depósito, FPD, da iniciativa das OIFM.

OAL são as operações de *open market* de absorção de liquidez (da iniciativa do BCE), em que o BCE vende títulos com acordo de recompra a título de operações ocasionais de regularização e de operações estruturais.

DOAP* são os depósitos à ordem das administrações públicas da Zona Euro, excepto os depósitos à ordem da Administração Central, e DOAC* são Depósitos à ordem da Administração Central da Zona Euro. Finalmente, DIV* é uma rúbrica de natureza residual que aglutina o valor líquido dos itens que não derivam das operações de política monetária, tais como capital próprio, reservas e outros passivos não monetários, líquidos de outros activos, como os activos fixos tangíveis e intangíveis, e outros créditos resultantes, por exemplo, da liquidez de emergência fornecida pelos Bancos Centrais Nacionais da Zona Euro aos bancos comerciais sob a forma de *Liquidity Emergency Assistance* (ELA).[28]

Do lado do passivo do balanço monetário sintético consolidado do Eurosistema emerge o importante conceito de base monetária,[29] *BM*. A base mone-

[28] Para mais pormenores relativamente às rúbricas do balanço consolidado do Eurosistema ver: http://www.ecb.int/press/pr/wfs/html/wfs-userguide.en.html.
O balanço consolidado do Eurosistema em 13 de Julho de 2012 pode ser consultado em: http://www.ecb.int/press/pr/wfs/2012/html/fs120717.pt.html.

[29] Conhecida ainda por *high powered money*.

tária, vista pela óptica da sua composição, é constituída pelas responsabilidades monetárias do Eurosistema, directamente sob o seu controlo, instituídas para com o Sector Não Monetário Residente, na forma de circulação monetária, C, e para com as OIFM na forma de reservas, R. Então, segundo a óptica da composição, a base monetária é igual a:

$$BM = C + R \tag{3-1}$$

Os factores de criação e de destruição da base monetária estão expressos na Equação (3-2) que resulta da resolução da equação do balanço consolidado do Eurosistema em ordem às rubricas que compõem a base monetária, $C + R$, tendo em conta que em virtude do método da digrafia o activo é necessariamente igual à soma do passivo com a situação líquida. Assim, segundo a óptica dos factores de criação e de uso:

$$BM = DLX^* + OCL + FPC + TER + CIFNM^* + CAP^* - OAL - FPD - DOAP^* - DOAC^* - DIV^* \tag{3-2}$$

Atente-se no facto de haver uma relação unitária e positiva entre a base monetária e os seus factores de criação, enquanto essa relação é unitária e negativa com os factores de uso ou destruição.

A Figura 3-2 mostra a evolução da base monetária na Zona Euro desde Janeiro de 2000. Conforme se pode observar, a BM cresce de forma sustentada desde 2001 até 2007, tendo a partir daí aumentado muito significativamente em virtude da reacção do BCE à recente crise financeira. De notar que, no período considerado, a base monetária cresceu cerca de três vezes em relação ao seu valor aquando da introdução do euro, um aumento notável quando comparado, por exemplo, com o aumento do PIB real (de cerca de 110%) no mesmo período (ver Figura 3-3). Estes gráficos constituem evidência de que a partir de 2008 a política monetária não foi apenas acomodatícia, mas antes foi no sentido de proporcionar toda a liquidez necessária para manter o bom funcionamento do sistema financeiro.

Figura 3-2: Base Monetária da Zona Euro

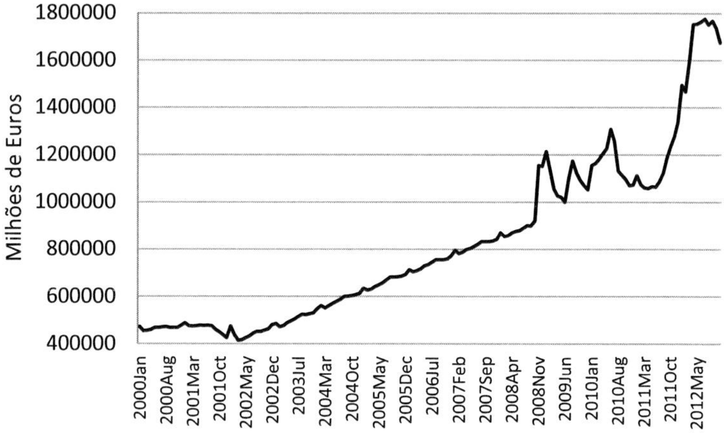

Fonte: BCE – dados mensais ajustados sazonalmente.

Figura 3-3: PIB Real da Zona Euro

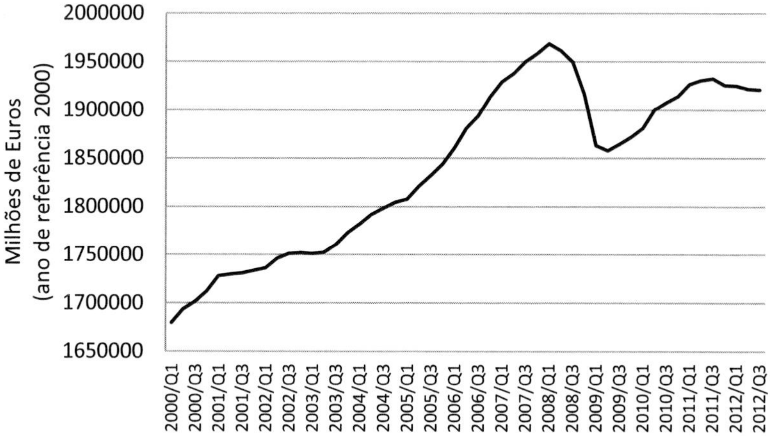

Fonte: BCE – dados trimestrais ajustados sazonalmente.

Considere-se agora o Balanço Monetário Sintético Agregado das OIFM dos 17 países da Zona Euro.

Quadro 3-5: O Balanço Monetário Sintético Consolidado das Outras Instituições Financeiras Monetárias da Zona Euro

Activo

- Disponibilidades Líquidas sobre o Exterior (**DLX****)
- Reservas (**R**)
  - Depósitos à Ordem (incluindo as reservas obrigatórias) (**DO**)
  - Facilidade Permanente de Depósito (**FPD**)
- Operações de *Open Market* de Absorção de Liquidez (**OAL**)
  - Operações Ocasionais de Regularização
  - Operações Estruturais
- Crédito à Administração Pública (**CAP****)
- Crédito às Instituições Financeiras Não Monetárias (**CIFNM****)
- Crédito às Empresas e aos Particulares (**CEP**)

Passivo

- Depósitos à Ordem do Sector não Monetário Residente Excepto Administração Pública (**DOSNMR**)
- Depósitos à Ordem da Administração Pública Excepto Administração Central (**DOAP****)
- Depósitos à Ordem da Administração Central (**DOAC****)
- Depósitos a Prazo do Sector Não Monetário Residente Excepto Administração Pública (**DPSNMR**)
- Depósitos a Prazo da Administração Pública Excepto Administração Central (**DPAP****)
- Depósitos a Prazo da Administração Central (**DPAC****)
- Crédito do BC às Outras Instituições Financeiras Monetárias Relacionadas com as Operações de Política Monetária (**COIFM**).
  - Operações de *Open Market* de Cedência de Liquidez (**OCL**)
    - Operações Principais de Refinanciamento
    - Operações de Ref. de Prazo Alargado
    - Operações Ocasionais de Regularização
    - Operações Estruturais
  - Facilidade Permanente de Cedência de Liquidez (**FPC**)
- Unidades de Participação em Fundos do Mercado Monetário (**UPFMM**)
- Acordos de Recompra (**AR**)
- Títulos de Dívida com Prazo até 2 Anos (**TD**)
- Diversos (**DIV****)

Nota:
1. ** Identifica uma rubrica pertencente ao balanço consolidado das OIFM da Zona Euro no caso em que uma rubrica de natureza análoga (mas de valor diferente) também existe no balanço consolidado do Eurosistema.
2. Todas as rubricas, com a excepção de DIV** e DLX**, dizem respeito a operações efectuadas apenas entre residentes na Zona Euro.
3. As operações que envolvam entidades não residentes, excepto as operações que podem integrar a rubrica DLX**, incluem-se na rubrica DIV**, uma vez que os agregados monetários da Zona Euro apenas incluem rubricas com natureza monetária detidas por residentes na Zona Euro, excluindo a Administração Central.

Relativamente ao Activo, DLX** são as disponibilidades líquidas sobre o exterior das OIFM da Zona Euro, ou seja, disponibilidades sobre o exterior, deduzidas das responsabilidades para com o exterior.

CAP** inclui os créditos concedidos às Administrações Públicas da Zona Euro pelas OIFM da Zona Euro.

CIFNM** são os créditos concedidos pelas OIFM da Zona Euro às IFNM da Zona Euro.

CEP engloba os créditos concedidos pelas OIFM da Zona Euro às empresas e particulares da Zona Euro.

Relativamente ao Passivo, DOSNM são os depósitos à ordem do Sector não Monetário Residente na Zona Euro, excepto os depósitos à ordem das Administrações Públicas (note-se que depósitos à ordem do Sector Não Residente incluem-se na rubrica DIV**).

DOAP** são os depósitos à ordem das Administrações Públicas da Zona Euro, excepto os depósitos à ordem da Administração Central.

DOAC** são os depósitos à ordem da Administração Central da Zona Euro.

DPSNM são os depósitos a prazo até dois anos e os depósitos com pré-aviso até 3 meses do SNMR, excepto Administrações Públicas (Note-se que os referidos depósitos na posse do Sector não Residente incluem-se na rubrica DIV**).

DPAP** são os depósitos a prazo até dois anos e depósitos com pré-aviso até 3 meses das Administrações Públicas da Zona Euro, excepto a Administração Central.

DPAC** são os depósitos a prazo até dois anos e depósitos com pré-aviso até 3 meses da Administração Central da Zona Euro.

UPFMM inclui as unidades de participação em fundos do mercado monetário detidas pelo SNMR, excepto a Administração Central.

AR inclui os acordos de recompra de títulos entre as OIFM da Zona Euro e SNMR, excepto a Administração Central.

TD engloba os títulos de dívida até dois anos (excepto títulos do mercado monetário) detidos pelo SNMR, excepto a Administração Central.

DIV** é uma rubrica de natureza residual que aglutina os itens com uma natureza não monetária, envolvendo o capital próprio e outros passivos não monetários, líquidos de outros activos. Os outros passivos englobam: depósitos à ordem do sector não residente na Zona Euro; depósitos a prazo até dois anos, e depósitos com pré-aviso até 3 meses do sector não residente na área do Euro; depósitos a prazo superiores a 2 anos, e depósitos com pré-aviso superior a 3 meses; e os títulos de dívida com prazo superior a 2 anos.

Consolidando os dois balanços anteriores temos o balanço monetário consolidado e sintético das IFM da Zona Euro.[30]

[30] Ver o balanço das instituições financeiras monetárias da Zona Euro em ECB (2012, p. S11): http://www.ecb.int/pub/pdf/mobu/mb201207en.pdf

Quadro 3-6: O Balanço Monetário Sintético Consolidado das Instituições Financeiras Monetárias da Zona Euro

Activo	Passivo
• Disponibilidades Líquidas sobre o Exterior (**DLX=DLX*+DLX****) • Crédito às Instituições Financeiras não Monetárias (**CIFNM=CIFNM*+CIFNM****) • Crédito às Empresas e aos Particulares (**CEP**) • Títulos Emitidos por Residentes na Zona Euro (**TER**) • Crédito às Administrações Públicas (**CAP=CAP*+CAP****)	• Circulação Monetária (**C**) • Depósitos à Ordem do Sector Não Monetário Residente excepto Administrações Públicas (**DOSNM**) • Depósitos à Ordem das Administrações Públicas excepto Administração Central (**DOAP=DOAP*+DOAP****) • Depósitos à Ordem da Administração Central (**DOAC=DOAC*+DOAC****) • Depósitos a Prazo do Sector Não Monetário Residente excepto das Administrações Públicas (**DPSNM**) • Depósitos a Prazo das Administrações Públicas excepto Administração Central (**DPAP**) • Depósitos a Prazo da Administração Central (**DPAC**) • Unidades de Participação em Fundos do Mercado Monetário (**UPFMM**) • Acordos de Recompra (**AR**) • Títulos de Dívida com Prazo até 2 Anos (**TD**) • Diversos (**DIV=DIV*+DIV****)

Nota:
1. Todas as rubricas, com a excepção de DIV e DLX, dizem respeito a operações efectuadas apenas entre residentes na Zona Euro.
2. As operações que envolvam entidades não residentes, excepto as operações que podem integrar a rubrica DLX, incluem-se na rubrica DIV uma vez que os agregados monetários da Zona Euro apenas incluem rubricas com natureza monetária detidas por residentes na Zona Euro, excluindo a Administração Central.
3. Por dificuldades de ordem estatística, o agregado C acaba por incluir, também, as notas e moedas emitidas e colocadas em circulação pelos Bancos Centrais da Zona Euro na posse da Administração Central e do Sector não Residente.

A partir do Balanço Monetário Sintético Consolidado das Instituições Financeiras Monetárias da Zona Euro obtemos os agregados monetários M1 e M2 segundo as ópticas da composição e das fontes de criação e de uso.

M1 é composto por circulação monetária, C, depósitos à ordem do SNMR, DOSNM, e por depósitos à ordem das Administrações Públicas excepto Administração Central, DOAP. Então, segundo a composição:

$$M1 = C + DOSNM + DOAP \tag{3-3}$$

Os factores de criação e de uso do agregado M1 estão expressos na Equação (3-4), que resulta da resolução da equação do balanço monetário sintético consolidado das Instituições Financeiras Monetárias da Zona Euro em ordem à composição do M1 $(C + DOSNM + DOAP)$:

$$M1 = DLX + CIFNM + CEP + TER + CAP - DOAC - DPSNM - \\ - DPAP - DPAC - UPFMM - AR - TD - DIV \tag{3-4}$$

A Figura 3-4 mostra a evolução do agregado M1 da Zona Euro. Digno de nota é o aumento muito significativo, embora temporário, da sua taxa de crescimento após a falência do banco de investimentos americano *Lehman Brothers* em Setembro de 2008. Tal dinâmica ficou a dever-se a um aumento da taxa de crescimento da circulação monetária e à diminuição dos *spreads* entre as taxas das diversas maturidades dos depósitos a prazo e dos depósitos à ordem.

Figura 3-4: Evolução do Agregado M1 na Zona Euro

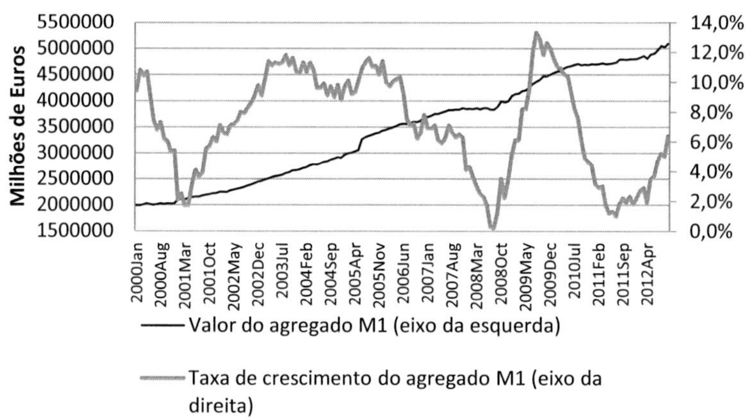

Fonte: BCE. Agregado monetário M1 da Zona Euro (Dados mensais ajustados sazonalmente).

M2 é composto por M1, por depósitos a prazo do SNMR, e por depósitos a prazo das Administração Públicas excepto Administração Central:

$$M2 = M1 + DPSNM + DPAP \tag{3-5}$$

Seguindo a mesma metodologia, os factores de criação e de uso do agregado M2 estão expressos na Equação (3-6):

$$M2 = DLX + CIFNM + CEP + TER + CAP - DOAC - DPAC - UPFM - AR - TD - DIV \quad (3\text{-}6)$$

Já o agregado M3 é, segundo a óptica da composição, igual a:

$$M3 = M2 + UPFMM + AR + TD + \textit{Responsabilidades da Administração Central para com o SNMR} \quad (3\text{-}7)$$

As 4 primeiras rubricas são obtidas a partir do balanço das Instituições Financeiras Monetárias da Zona Euro, mas temos ainda que adicionar as responsabilidades *quase monetárias* emitidas pela Administração Central para com o SNMR na área do Euro, que não constam no referido balanço.

A Figura 3-5 mostra a evolução recente do agregado M3 da Zona Euro. O aumento da taxa de crescimento deste agregado entre 2001 e 2003 explica-se pelo aumento da preferência por activos mais líquidos num contexto de incerteza acrescida.[31] A descida muito significativa da taxa de crescimento de M3 após o colapso do *Lehman Brothers* deveu-se ao aumento da incerteza no mercado monetário, que fez com que os bancos tentassem obter liquidez, nomeadamente junto do BCE, mas sem a usaram para a concessão de crédito, antes depositando-a junto do próprio BCE.

[31] Ver ECB – Monthly Bulletin, October 2011.

Figura 3-5: Evolução do Agregado M3 na Zona Euro

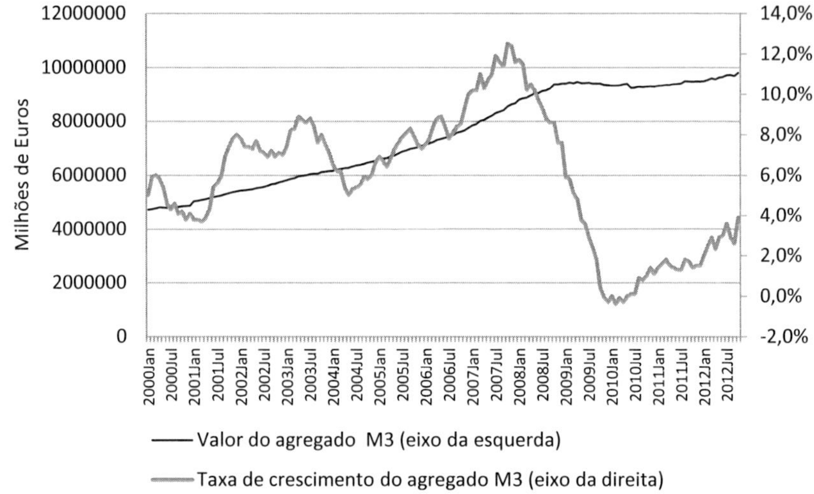

Fonte: BCE. Agregado monetário M3 da Zona Euro
(Dados mensais ajustados sazonalmente. Fonte: BCE).

3.3. O Modelo Dinâmico de Criação de Moeda

Num sistema monetário de reserva faccionária, o processo de criação de moeda é igualmente influenciado pelos bancos comerciais através da concessão de crédito. O Banco Central tem, no entanto, um papel importante ao emitir e controlar a base monetária e ao fixar a taxa das reservas mínimas legais que os bancos devem observar.

Para se compreender o processo de criação e de destruição de moeda vamos considerar um modelo simples do sistema bancário, ao qual se vão acrescentando pressupostos no sentido de o tornar mais realista.[32]

3.3.1. *Sistema Bancário em Mercado Monopolista*

Considerem-se os seguintes pressupostos:

1. Existe um só banco comercial (Banco A) e um Banco Central emissor.
2. O SNMR possuiu preferência total por depósitos à ordem, *DOSNM*. Não há circulação monetária nem depósitos a prazo. O activo do banco comercial é constituído exclusivamente por reservas, *R*, e por crédito ao sector não monetário, *CSNM* (CEP, CAP** e CIFNM).

[32] O modelo da oferta de moeda do multiplicador monetário foi originalmente apresentado por Brunner (1961), e por Brunner e Meltzer (1964).

3. Sobre as responsabilidades monetárias do banco comercial, DOSNM, incide uma taxa de reserva mínima legal $r^l = 1\%$.[33]
4. O banco comercial não constitui reservas de segurança, nem existem reservas operacionais.
5. O banco comercial esgotou a sua capacidade de concessão de crédito, *i.e.*, as suas reservas excedentárias, R^X, definidas como as reservas em excesso do somatório das reservas legais, de segurança e operacionais são iguais a zero.
6. Admite-se, ainda, que toda a oferta de crédito do banco comercial encontra procura no mercado do crédito, *i.e.*, o banco comercial concede crédito pelo montante das suas reservas excedentárias (negligencia-se aqui o papel da procura de crédito).

3.3.1.1. *Processo Dinâmico de Criação de Moeda*

Partindo-se de uma situação inicial de equilíbrio, entendida como aquela em que o Banco Comercial detém apenas as reservas mínimas legais ao nível exigido, admita-se que o Banco Central pretende aumentar a liquidez interbancária tendo como objectivo aumentar a quantidade de moeda em circulação. Para isso compra bilhetes do tesouro a título definitivo no montante de 100 u.m. ao Banco Comercial A (operação 0).

Variação do Balanço do Banco Central		Variação do Balanço do Banco A	
Activo	Passivo	Activo	Passivo
$(0)\Delta CSNM$ *(bilhetes do tesouro)* $= +100$	$(0)\Delta R$ $R^X = +100$	$(0)\Delta R$ $R^X = +100$ $(0)\Delta CSNM$ *(bilhetes do tesouro)* $= -100$	

O Banco Central adicionou ao seu activo bilhetes do tesouro no montante de 100 u.m., e pagou esta compra criando uma responsabilidade sobre si próprio na forma de reservas excedentárias, R^X. Após a operação (0), o Banco A obteve uma capacidade adicional de concessão de crédito no montante de 100 u.m.

Considere-se, agora, que o Banco A concede crédito para a aquisição de habitação ao Srº António no valor de 100 u.m. (operação 1). Note-se que um banco comercial concede crédito a um cliente creditando-lhe a conta de depósitos à

[33] Desde 1 de Janeiro de 1999 (entrada em vigor do euro) até 18 de Janeiro de 2012, a taxa de reserva mínima obrigatória foi de 2%. Em 18 de janeiro de 2012, integrado num pacote de medidas de resposta à crise da Zona Euro, o BCE reduziu a taxa de reserva mínima obrigatória para 1%.

ordem nesse mesmo banco. O Sr. António usa o crédito para comprar a habitação ao Sr. Manuel no montante de 100 u.m. (operação 2). O balanço seguinte mostra o registo das operações 1 e 2:

Variação do Balanço Banco A

Activo	Passivo
$(1)\Delta CSNM_{Sr.António} = +100$	$(1)\ \Delta DOSNM_{Sr.\ António} = +100$
	$(2)\ \Delta DOSNM_{Sr.\ António} = -100$
	$(2)\ \Delta DOSNM_{Sr.\ Manuel} = +100$

O Banco A tem agora que constituir reservas legais no montante de 1% do seu volume de depósitos à ordem, ou seja $R^L = 1\% \times 100 = 1$. Ficando com uma capacidade de concessão de crédito adicional pelo montante das reservas excedentárias ($R^X = 100 - 1\% \times 100 = 99$). A variação da situação do banco comercial A após a operação 2 é a descrita no balanço seguinte.

Variação da Situação do Banco A Após a Operação 2

Activo	Passivo
$\Delta CSNM = 0$	$\Delta DOSNM$
$\Delta CAP = -100$	$\Delta Sr.Manuel = 100$
$\Delta CEP = +100$	
$\Delta R = 100$	
$\Delta R^L = 1$	
$\Delta R^X = +99$	
Variação do Total do Activo = 100	Variação do Total do Passivo = 100

Considere-se que, seguidamente, o Banco A concede crédito para a aquisição de habitação ao Sr. José no valor de 99 u.m. (operação 3). O Sr. José usa o crédito para comprar a habitação ao Sr. Joaquim no montante de 99 u.m. (operação 4)

Variação do Balanço do Banco A

Activo	Passivo
$(3)\Delta CSNM_{Sr.\ José} = +99$	$(3)\ \Delta DOSNM_{Sr.\ José} = +99$
	$(4)\ \Delta DOSNM_{Sr.\ José} = -99$
	$(4)\ \Delta DOSNM_{Sr.\ Joaquim} = +99$

O Banco A constitui reservas legais no montante de 1% do seu volume de depósitos à ordem, ou seja $R^L = 1\% \times (100 + 99) = 1.99$. Ficando com uma capacidade de concessão de crédito adicional pelo montante das reservas excedentárias ($R^X = 100 - 1\% \times (100 + 99) = 98.01$). A variação da situação do banco comercial A após a operação 4 é a descrita no balanço seguinte.

Variação do balanço do Banco A Após a Operação 4

Activo	Passivo
$\Delta CSNM = 99$	$\Delta DOSNM$
$\Delta CAP = -100$	$\Delta Sr. Manuel = 100$
$\Delta CEP = +100 + 99$	$\Delta Sr. Joaquim = 99$
$\Delta R = 100$	
$\Delta R^L = 1 + 0.99 = 1.99$	
$\Delta R^X = +98.01$	
Variação do Total do Activo = 199	Variação do Total do Passivo = 199

Posteriormente, o Banco A concede crédito para a aquisição de habitação ao Sr. João no valor de 98.01 u.m. (operação 5).[34] O Sr. João usa o crédito para comprar a habitação ao Sr. Luís no montante de 98.01 um (operação 6).

Variação do Balanço do Banco A

Activo	Passivo
$(5)\Delta CSNM_{Sr.\ João} = +98.01$	$(5)\ \Delta DOSNM_{Sr.\ João} = +98.01$
	$(6)\ \Delta DOSNM_{Sr.\ João} = -98.01$
	$(6)\ \Delta DOSNM_{Sr.\ Luis} = +98.01$

O Banco A constitui reservas legais no montante de 1% do seu volume de depósitos à ordem, ou seja $R^L = 1\% \times (100 + 99 + 98.01) = 2.9701$, ficando com uma capacidade de concessão de crédito adicional pelo montante das reservas excedentárias ($R^X = 100 - 1\% \times (100 + 99 + 98.01) = 97.0299$).

[34] Note-se que o processo de criação de depósitos pode ser despoletado, quer por empréstimos, tal como ilustrado aqui, quer pela via de investimentos realizados pelo Banco Comercial A. Se a procura por empréstimos por parte do SNMR for baixa, o banco investirá em activos financeiros. Supondo que os vendedores dos activos financeiros são clientes do Banco A, o banco pagará a aquisição dos activos creditando a conta de depósitos à ordem dos vendedores, dando origem a um processo de criação de depósitos à ordem em tudo idêntico ao até aqui mencionado.

A situação do banco comercial A após a operação 6 é a descrita no balanço seguinte.

Variação do Balanço do Banco A Após a Operação 6

Activo	Passivo
$\Delta CSNM = 197.01$	$\Delta DOSNM$
$\Delta CAP = -100$	$\Delta Sr.Manuel = 100$
$\Delta CEP = +100 + 99 + 98.01$	$\Delta Sr.Joaquim = 99$
$\Delta R = 100$	$\Delta Sr.Luis = 98.01$
$\Delta R^L = 1 + 0.99 + 0.9801 = 2.9701$	
$\Delta R^X = +97.0299$	
Variação do Total do Activo = 297.01	Variação do Total do Passivo = 297.01

Este processo continuará até que as reservas excedentárias se extingam. Neste modelo, a variação dos depósitos à ordem do sector não monetário é igual à soma dos n termos de uma progressão geométrica de razão $1 - r^L$, e cujo primeiro termo é igual à variação da base monetária, ou seja, do primeiro depósito:

$$\begin{aligned}\Delta DOSNM &= 100 + 99 + 98.01 + \cdots \\ &= 100 + 100(1 - 1\%) + 100(1 - 1\%)^2 + 100(1 - 1\%)^3 + \cdots + 100(1 - 1\%)^n \\ &= 100[(1 - 1\%)^0 + (1 - 1\%)^1 + (1 - 1\%)^2 + (1 - 1\%)^3 + \cdots + (1 - 1\%)^n] \\ &= \lim_{n\to\infty} 100 \times \frac{1 - (1 - 1\%)^n}{1 - (1 - 1\%)} \\ &= 100 \times \frac{1}{1\%} = 10\,000\end{aligned} \tag{3-8}$$

e o multiplicador dos depósitos à ordem (o rácio entre a variação total dos depósitos à ordem por unidade de variação da base monetária) é:

$$m_{DOSMN} = \frac{\Delta DOSNM}{\Delta BM} = \frac{1}{1\%} = \frac{10\,000}{100} = 100 \tag{3-9}$$

Uma outra forma de calcular o montante criado de DOSNM, e deduzir o valor do multiplicador dos depósitos é considerar a equação da base monetária, e exprimi-la em termos de variações desde o momento imediatamente anterior à operação de perturbação (0) até ao final do desenrolar do processo do multiplicador.

$$\Delta BM = \Delta R + \Delta C \tag{3-10}$$

$$\Delta BM = \Delta R^L + \Delta R^X + \Delta C$$

$$\Delta BM = r^L \times \Delta DOSNM + 0 + 0$$

$$\Delta DOSNM = \frac{1}{r^L} \times \Delta BM$$

$$\Delta DOSNM = \frac{1}{1\%} \times 100 = 10\,000$$

Ora o multiplicador dos depósitos à ordem é:

$$m_{DOSMN} = \frac{\Delta DOSNM}{\Delta BM} = \frac{1}{r^L} = \frac{1}{1\%} = 100 \tag{3-11}$$

De acordo com a Equação (3-12) uma operação de política monetária implementada pelo BCE, e na base dos pressupostos que temos vindo a considerar, que faça aumentar a base monetária em EUR 1 origina um aumento dos depósitos à ordem da economia em $m_{DOSMN} =$ EUR 100.

Já a variação do crédito ao sector não monetário é igual à soma dos termos de uma progressão geométrica de razão $1 - r^L$, e cujo primeiro termo é :

$$\begin{aligned} \Delta CSNM &= -100 + 100 + 99 + 98.01 + \cdots \\ &= 100(1-1\%) + 100(1-1\%)^2 + 100(1-1\%)^3 + \cdots 100(1-1\%)^n \\ &= \lim_{n\to\infty} 100(1-1\%) \times \frac{1-(1-1\%)^n}{1-(1-1\%)} \\ &= 100 \times \frac{1-1\%}{1\%} = 9\,900 \end{aligned} \tag{3-12}$$

Ou, com base na configuração do balanço construído sobre tais pressupostos simplificadores:

$$\Delta CSNM = \Delta DOSNM - \Delta R^L \tag{3-13}$$

$$\Delta CSNM = \Delta DOSNM - r^L \times \Delta DOSNM$$

$$\Delta CSNM = \Delta DOSNM(1 - r^L)$$

$$\Delta CSNM = (1 - r^L)\frac{1}{r^L} \times \Delta BM$$

$$\Delta CSNM = \frac{1-1\%}{1\%} \times 100 = 9\,900$$

Neste caso, o multiplicador do crédito é:

$$m_{CSNM} = \frac{\Delta CSNM}{\Delta BM} = \frac{1-r^L}{r^L} = \frac{1-1\%}{1\%} = 99 \qquad (3\text{-}14)$$

As Figuras 4-6 e 4-7 mostram a expansão cumulativa das reservas legais e dos depósitos à ordem, na sequência de uma variação de 100 u.m na base monetária, admitindo uma taxa de reserva mínima legal de 1%.

Figura 3-6: Dinâmica das Reservas

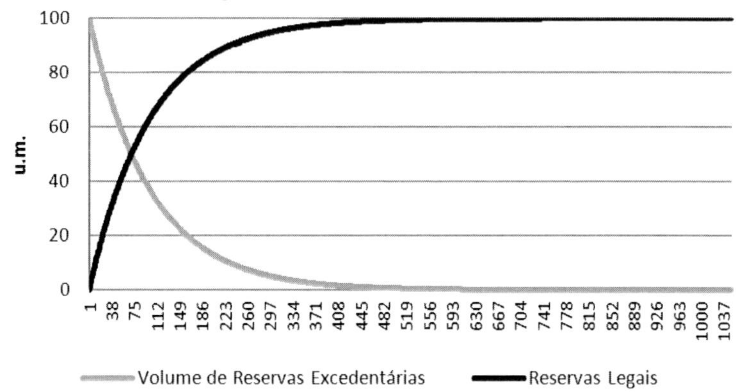

Figura 3-7: Dinâmica dos Depósitos à Ordem do SNMR

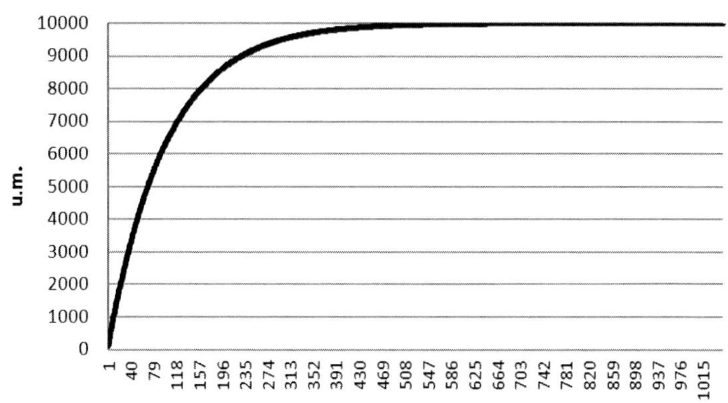

3.3.2. *Sistema Bancário em Mercado Perfeitamente Concorrencial*

3.3.2.1. Processo de Criação de Moeda

Admita-se que se verificam os pressupostos do Modelo 1, mas agora considere-se que existem *N* bancos comerciais. Considere-se, ainda, uma situação inicial em que todos os bancos comerciais esgotaram a sua capacidade de concessão de crédito, *i.e.*, $R_i^X = 0, \ \ \forall i, com\ i = A, B, C \dots N$, mas em que todos eles satisfazem as exigências de constituição de reservas mínimas legais.

Admita-se, de novo, que o Banco Central compra bilhetes do tesouro sem acordo de recompra no montante de 100 u.m. ao banco comercial A.

Variação do Balanço do Banco Central

Activo	Passivo
$(0)\Delta CSNM$ *(bilhetes do tesouro)* $= +100$	$(0)\Delta R$ $R^X = +100$

Variação do Balanço do Banco A

Activo	Passivo
$(0)\Delta R$ $R^X = +100$ $(0)\Delta CSNM$ *(bilhetes do tesouro)* $= -100$	

Após a operação (0), o Banco A obteve uma capacidade adicional de concessão de crédito no montante de 100 um. Considere-se que o Banco A concede crédito para a aquisição de habitação ao Srº António no valor de 100 um (operação 1). O Sr. António usa o crédito para comprar a habitação ao Sr. Manuel no montante de 100 u.m. (operação 2). Admita-se, agora, que o Sr. Manuel é cliente do Banco B.

Variação do Balanço do Banco A

Activo	Passivo
$(1)\Delta CSNM_{Sr.António} = +100$ $(2)\Delta R = -100$	$(1)\ \Delta DOSNM_{Sr.\ António} = +100$ $(2)\ \Delta DOSNM_{Sr.\ António} = -100$

Variação do Balanço do Banco B

Activo	Passivo
$(2)\Delta R = +100$	$(2)\ \Delta DOSNM_{Sr.\ Manuel} = +100$

O Banco B tem agora que constituir reservas legais no montante de 1% do seu volume de depósitos à ordem, ou seja $R^L = 1\% \times 100 = 1$, ficando com uma capacidade de concessão de crédito adicional pelo montante das reservas excedentárias ($R^X = 100 - 1\% \times 100 = 99$). A situação do Banco comercial A após a operação 2 é a descrita no balanço seguinte:

Variação do Balanço do Banco A Após a Operação 2

Activo	Passivo
$\Delta CSNM = 0$ $\Delta CAP = -100$ $\Delta CEP = +100$ $\Delta R = 0$	$\Delta DOSNM = 0$
Variação do Total do Activo = 0	Variação do Total do Passivo = 0

e a situação do Banco A mais o Banco B é:

Variação dos Balanços dos Bancos A + B pós a Operação 2

Activo	Passivo
$\Delta CSNM = 0$ $\Delta R = 100$ $\Delta R^L = 1$ $\Delta R^X = 99$	$\Delta DOSNM$ $\Delta Sr.\ Manuel = +100$
Variação do Total do Activo = 100	Variação do Total do Passivo = 100

O Banco A esgotou a sua capacidade de concessão de crédito. O Banco B adquiriu uma nova capacidade de concessão de crédito pelo montante das reservas excedentárias, $R^X = 99$.

Considere-se agora que o Banco B concede crédito ao Sr. José no valor de 99 u.m. (operação 3). O Sr. José usa o crédito para comprar a habitação ao Sr. Joaquim no montante de 99 u.m. (operação 4). Admita-se que o Sr. Joaquim é cliente do Banco C.

Variação do Balanço do Banco B

Activo	Passivo
(3)$\Delta CSNM_{Sr.José} = +99$	(3) $\Delta DOSNM_{Sr.\ José} = +99$
(4)$\Delta R = -99$	(4) $\Delta DOSNM_{Sr.\ José} = -99$

Variação do Balanço do Banco C

Activo	Passivo
(4)$\Delta R = 99$	(4) $\Delta DOSNM_{Sr.\ Joaquim} = +99$

O Banco C tem agora que constituir reservas legais no montante de 1% do seu volume de depósitos à ordem, ou seja $R^L = 1\% \times 99 = 0.99$, ficando com uma capacidade de concessão de crédito adicional pelo montante das reservas excedentárias ($R^X = 100 - 1\% \times 99 = 98.01$). A situação do Banco comercial B após a operação (4) é a descrita no balanço seguinte.

Variação do Balanço do Banco B Após a Operação 4

Activo	Passivo
$\Delta CSNM = 99$	$\Delta DOSNM_{Sr.\ Manuel} = +100$
$\Delta R = 1$	
$\Delta R^L = 1$	
$\Delta R^X = 0$	
Variação do Total do Activo = 100	Variação do Total do Passivo = 100

e a situação do Banco A mais o Banco B, mais o Banco C é:

Variação dos Balanços dos Bancos A + B + C pós a Operação 4

Activo	Passivo
$\Delta CSNM = 99$	$\Delta DOSNM = 199$
$\Delta R = 100$	
$\Delta R^L = 1.99$	
$\Delta R^X = 98.01$	
Variação do Total do Activo = 199	Variação do Total do Passivo = 199

Conforme se pode verificar através do exemplo dado, cada Banco comercial perde a capacidade de concessão de crédito após conceder o primeiro crédito, uma vez que esgota as suas reservas excedentárias, passando essa capacidade para um outro banco. Admitindo sempre que os bancos concedem crédito pelo montante das reservas excedentárias e que o processo é levado ao seu termo onde as reservas excedentárias do sistema são zero, somos levados a concluir que a estrutura de mercado do sistema bancário não tem qualquer influência sobre o mecanismo do multiplicador. É, portanto, indiferente considerar um sistema bancário perfeitamente concorrencial ou um sistema monopolista.

3.3.2.2. Processo de Destruição de Moeda

Considere-se, agora, na sequência do processo do multiplicador descrito atrás, que o Banco A esgotou a sua capacidade de concessão de crédito. As suas reservas são totalmente compostas por reservas legais.

Admita-se adicionalmente que a o Banco A liquida um empréstimo que havia contraído antes ao abrigo de uma operação principal de refinanciamento no montante de 100 u.m., valor este que já inclui os respectivos juros vencidos à taxa de juro 1%. O balanço seguinte mostra as variações introduzidas pela operação de reporte, a operação (0).

Variação do Balanço do Banco Central

Activo	Passivo
(0) $\Delta COIFM$ $\Delta OCL = -99$	$(0)\Delta R = -100$ $\Delta DIV^{*} = +1.00$

Variação do Balanço do Banco A

Activo	Passivo
$(0)\Delta R = -100$	$(0)\Delta COIFM$ $\Delta OCL = -99$ $(0)\Delta DIV^{**} = -1$

O Banco A tem agora um défice de reservas mínimas legais no montante de 100. Admita-se que o Banco A não pode pedir emprestado ao Banco Central para cobrir a deficiência de reservas obrigatórias. Nestas circunstâncias, uma forma de obter reservas é vender activos mobiliários (por exemplo, obrigações do tesouro) no montante de 100 u.m. (operação 1). Se o comprador pagar através da sua conta de depósitos à ordem no Banco B, a consequência é uma redução das reservas e dos depósitos em 100 u.m. no Banco B.

Variação do Balanço do Banco A

Activo	Passivo
$(0)\Delta R = -100$ $(1)\Delta R = +100$ (1) $\Delta CSNM = -100$ *(obrigações do tesouro)*	$(0)\Delta COIFM$ $\Delta OCL = -99$ $(0)\Delta DIV^{*} = -1$

Variação do Balanço do Banco B

Activo	Passivo
$(1)\Delta R = -100$	$(1)\Delta DOSNM = -100$

O Banco B, que se encontrava sem reservas excedentárias, tem uma variação negativa de depósitos à ordem no montante de 100 u.m., mas a redução das reservas mínimas legais devido à redução de depósitos à ordem é apenas igual a $1\% \times 10\ 0 = 1$ u.m. O Banco B terá que obter reservas adicionais vendendo activos (operação 2). Se o comprador pagar através da sua conta de depósitos à ordem no Banco C, a consequência é uma redução das reservas e dos depósitos em 99 u.m. no Banco C.

Variação do Balanço do Banco B

Activo	Passivo
(1)$\Delta R = -100$ (2)$\Delta R = +99$ (2) $\Delta CSNM = -99$ *(obrigações do tesouro)*	(1)$\Delta DOSNM = -100$

Variação do Balanço do Banco C

Activo	Passivo
(2)$\Delta R = -99$	(2)$\Delta DOSNM = -99$

O Banco C, que se encontrava sem reservas excedentárias, tem uma variação negativa de depósitos à ordem no montante de 99 u.m., mas a redução das reservas mínimas legais devido à redução de depósitos à ordem é apenas igual a $1\% \times 99 = 0.99$ u.m.. O Banco C terá que obter reservas adicionais vendendo activos (operação 3). Se o comprador pagar através da sua conta de depósitos à ordem no Banco D, a consequência é uma redução das reservas e dos depósitos em 98.1 u.m. no Banco D.

Variação do Balanço do Banco C

Activo	Passivo
(2)$\Delta R = -99$ (3)$\Delta R = +98.1$ (3) $\Delta CSNM = -98.1$ *(obrigações do tesouro)*	(2)$\Delta DOSNM = -99$

Variação do Balanço do Banco D

Activo	Passivo
(3)$\Delta R = -98.1$	(2)$\Delta DOSNM = -98.1$

A variação dos depósitos à ordem do sector não monetário é igual a:
$\Delta DOSNM = -100 - 99 - 98.01 - \cdots = -10\,000$ u.m..

o que significa que o multiplicador dos depósitos (Equação (3-12) é válido nas duas direcções; criação e destruição de moeda sob a forma de depósitos à ordem.

3.3.3. *O Modelo com Preferência do SNMR por Circulação Monetária*

Eliminemos agora um dos pressupostos simplificadores, passando a admitir que o SNMR prefere ter os seus activos repartidos entre depósitos à ordem, DOSNM, e circulação monetária, C. isto significa que por cada crédito concedido pelo sistema bancário, o SNMR levanta parte do montante, o que constitui uma fuga para circulação monetária no processo de criação de depósitos, exprimindo a preferência do público. Considere-se que a circulação monetária é especificada em função dos DOSNM, e que o coeficiente de preferência do público por circulação monetária é $k = \frac{C}{DOSNM} = 0.2$.

Considere-se, de novo, que as reservas excedentárias, R^X, do sistema bancário são iguais a zero e que o Banco Central compra bilhetes do tesouro a título definitivo no montante de 100 u.m. ao Banco comercial A (operação 0).

Variação do Balanço do Banco Central		Variação do Balanço do Banco A	
Activo	Passivo	Activo	Passivo
(0)$\Delta CSNM$ (obrigações do tesouro) $= +100$	(0)ΔR $R^X = +100$	(0)ΔR $R^X = +100$ (0)$\Delta CSNM$ (obrigações do tesouro) $= -100$	

Após a operação (0) o Banco A obteve uma capacidade adicional de concessão de crédito no montante de 100 um. Considere-se que o Banco A concede crédito para a aquisição de habitação ao Srº António no valor de 100 u.m. (operação 1). O Sr. António vai deter este montante, repartido por circulação monetária e por depósito à ordem, da seguinte forma:

$$100 = \Delta C + \Delta DOSNM$$

$$100 = 0.2 \times \Delta DOSNM + \Delta DOSNM$$

$$\Delta DOSNM \cong 83.3;\ \Delta C \cong 16.7$$

pelo que vai levantar 16.7 u.m. da sua conta de depósitos à ordem (operação 2).

Variação do Balanço do Banco A

Activo	Passivo
(1)$\Delta CSNM$ $\Delta CEP_{Sr.\ António} = 100$ (2)$\Delta R = -16.7$	(1) $\Delta DOSNM_{Sr.\ António} = +100$ (2) $\Delta DOSNM_{Sr.\ António} = -16.7$

O Banco A tem agora que constituir reservas legais no montante de 1% do seu volume de depósitos à ordem, ou seja $R^L = 1\% \times 83.3 = 0.833$, ficando com uma capacidade de concessão de crédito adicional pelo montante das reservas excedentárias $(R^X = 83.3 - 1\% \times 83.3 = 82.467)$. A situação do Banco comercial A após a operação 2 é a descrita no balanço seguinte.

Variação do Balanço do Banco Após a Operação 2

Activo	Passivo
$\Delta CSNM = 0$	$\Delta DOSNM = 83.3$
$\Delta CAP = -100$	$\Delta DOSNM\ Sr. António$ =83.3
$\Delta CEP_{Sr.António} = +100$	
$\Delta R = 83.3$	
$\Delta R^L = 0.833$	
$\Delta R^X = 82.467$	
Variação do Total do Activo =83.3	Variação do Total do Passivo =83.3

O Banco A concede, depois, crédito para a aquisição de habitação ao Sr. Manuel no valor de 82.467 u.m. (operação 3). O Sr. Manuel vai desejar deter esse montante repartido por circulação monetária e por depósitos à ordem, da seguinte forma:

$$82.467 = 0.2 \times \Delta DOSNM + \Delta DOSNM$$

$$\Delta DOSNM = 68.7225; \ \Delta C = 13.7445$$

pelo que vai levantar 13.7445 u.m. da sua conta de depósitos à ordem (operação 4).

Variação do Balanço do Banco A

Activo	Passivo
(3)$\Delta CSNM$	(3) $\Delta DOSNM_{Sr.\ Manuel} = +82.467$
$\Delta\ CEP_{Sr.\ Manuel} = 82.467$	(4) $\Delta DOSNM_{Sr.\ Manuel} = -13.7445$
(4)$\Delta R = -13.7445$	

O Banco A tem agora que constituir reservas legais no montante de 1% do seu volume de depósitos à ordem, ou seja $R^L = 1\% \ (83.3 + 68.7225) = 1.5202$, ficando com uma capacidade de concessão de crédito adicional pelo montante das reservas excedentárias ($R^X = 69.5555 - 1\% \times 152.0225 = 68.0353$).

A situação do Banco comercial A após a operação 3 é a descrita no balanço seguinte.

Variação do Balanço do Banco Após a Operação 3

Activo	Passivo
$\Delta CSNM = 0$	$\Delta DOSNM$
$\Delta CAP = -100$	$\Delta Sr. António$ =83.3
$\Delta CEP_{Sr\ António} = +100$	$\Delta Sr. Manuel$ =68.7225
$\Delta CEP_{Sr\ Manuel} = +82.467$	
$\Delta R = 69.5555$	
$\Delta R^L = 1.5202$	
$\Delta R^X = 68.0353$	
Variação do Total do Activo =152.0225	Variação do Total do Passivo =152.0225

Neste caso, no final do processo, entendido como aquele em que as reservas excedentárias se esgotam, havendo apenas reservas mínimas legais, a variação dos depósitos à ordem do sector não monetário é:

$$BM = R + C \tag{3-15}$$

$$\Delta BM = \Delta R + \Delta C$$

$$\Delta BM = \Delta R^L + \Delta R^X + \Delta C$$

$$\Delta BM = r^L \times \Delta DOSNM + 0 + k \times \Delta DOSNM$$

$$\Delta BM = \Delta DOSNM \times (r^L + k)$$

$$\Delta DOSNM = \frac{1}{r^L + k} \times \Delta BM$$

$$\Delta DOSNM = \frac{1}{1\%+20\%} \times 100 = 476.19$$

e a variação da circulação monetária:

$$\Delta C = k \times \frac{1}{r^L + k} \times \Delta BM \tag{3-16}$$

$$\Delta C = \frac{k}{r^L+k} \times 100 = 95.24$$

Neste modelo é ainda possível calcular o multiplicador do agregado monetário M1, para além de outros:

$$\Delta M1 = \Delta DOSNM + \Delta C \tag{3-17}$$

$$\Delta M1 = \frac{1}{r^L + k} \times \Delta BM + \frac{k}{r^L + k} \times \Delta BM$$

$$\Delta M1 = \frac{1 + k}{r^L + k} \times \Delta BM$$

$$\Delta M1 = \frac{1+20\%}{1\%+20\%} \times 100 = 571.43$$

Conforme se pode verificar a partir da Equação (3-16), o efeito do multiplicador dos depósitos à ordem atenua-se quando se considera a preferência do SNMR por circulação monetária. O mesmo acontece relativamente ao multiplicar de M1. No Modelo 1 o agregado M1 corresponde aos depósitos à ordem, enquanto no Modelo II, M1 é composto por circulação monetária e pelos depósitos á ordem. A Figura 3-8 ilustra a dinâmica do M1 nos dois modelos para os primeiros vinte créditos concedidos pelo sistema bancário. Conforme se pode observar, o ritmo de criação de M1 reduz-se significativamente em virtude da fuga do sistema bancário para circulação monetária.[35]

Figura 3-8: O Efeito sobre a Dinâmica do M1 da Fuga para Circulação Monetária

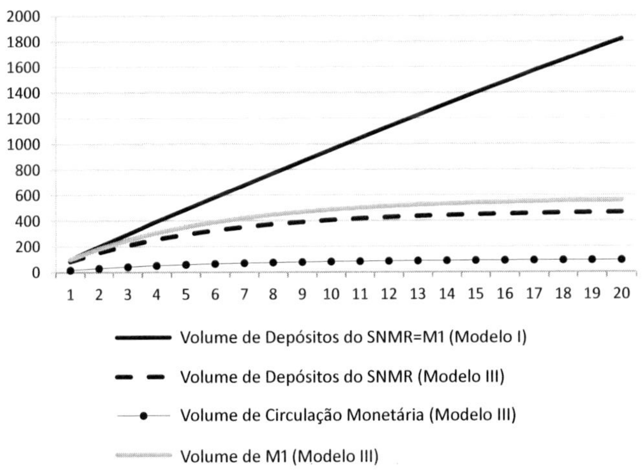

[35] Aliás, $\frac{\partial M1}{\partial k} = \frac{\Delta BM(r^L-1)}{(r^L-1)^2} < 0, com\ r^L < 1.$

Também o valor acumulado dos créditos concedidos pelo sistema bancário se reduz devido à fuga para circulação monetária:

$$\Delta CSNM = \Delta DOSNM - \Delta R^L \tag{3-18}$$

$$\Delta CSNM = \Delta DOSNM - r^L \times \Delta DOSNM$$

$$\Delta CSNM = \Delta DOSNM(1 - r^L)$$

$$\Delta CSNM = (1 - r^L)\frac{1}{k + r^L} \times \Delta BM$$

$$\Delta CSNM = \frac{1-1\%}{1\%+20\%} \times 100 = 471.43$$

Neste caso, o multiplicador do crédito é:

$$m_{CSNM} = \frac{\Delta CSNM}{\Delta BM} = \frac{1-r^L}{k+r^L} = \frac{1-1\%}{1\%+20\%} = 4.714 \tag{3-19}$$

3.3.4. *O Modelo com Constituição de Reservas de Segurança*

Admitam-se todos os pressupostos dos modelos anteriores, e acrescente-se agora a existência de reservas de segurança constituídas pelos Bancos comerciais.

Considere-se que as reservas de segurança são especificadas em função dos DOSNM, e que a taxa de reserva de segurança expressa em função dos depósitos à ordem é: $r^S = \frac{R^S}{DOSNM} * 100 = 0.5\%$.

Neste caso, a variação total dos depósitos à ordem é iguala a:

$$BM = R + C \tag{3-20}$$

$$\Delta BM = \Delta R + \Delta C$$

$$\Delta BM = \Delta R^L + \Delta R^S + \Delta R^X + \Delta C$$

$$\Delta BM = r^L \times \Delta DOSNM + r^S \times \Delta DOSNM + 0 + k \times \Delta DOSNM$$

$$\Delta BM = \Delta DOSNM \times (r^L + r^S + k)$$

$$\Delta DOSNM = \frac{1}{r^L + r^S + k} \times \Delta BM$$

$$\Delta DOSNM = \frac{1}{1\%+0.5\%+20\%} \times 100 = 465.12$$

e a variação da circulação monetária é:

$$\Delta C = k \times \frac{1}{r^L + r^S + k} \times \Delta BM \qquad (3\text{-}21)$$

$$\Delta C = \frac{20\%}{1\%+0.5\%+k} \times 100 = 93.02$$

E a variação do M1:

$$\Delta M1 = \Delta DOSNM + \Delta C \qquad (3\text{-}22)$$

$$\Delta M1 = \frac{1+k}{r^L + r^S + k} \times \Delta BM$$

$$\Delta M1 = \frac{1+20\%}{1\%+0.5\%+20\%} \times 100 = 558.14$$

Relativamente ao Modelo III, conclui-se que o multiplicador monetário (por exemplo do M1) atenua-se quando os Bancos constituem reservas de segurança.

Relativamente ao valor acumulado dos créditos concedidos pelo sistema bancário quando o processo do multiplicador se esgota, temos:

$$\Delta CSNM = \Delta DOSNM - \Delta R^L \text{-} \Delta R^S$$

$$\Delta CSNM = \Delta DOSNM - r^L \times \Delta DOSNM - r^S \times \Delta DOSNM$$

$$\Delta CSNM = \Delta DOSNM(1 - r^L - r^S)$$

$$\Delta CSNM = (1 - r^L - r^S)\frac{1}{k + r^L + r^S} \times \Delta BM$$

$$\Delta CSNM = \frac{1-1\%-0.5\%}{1\%+20\%+0.5\%} \times 100 = 458.14 \qquad (3\text{-}23)$$

Neste caso, o multiplicador do crédito é:

$$m_{CSNM} = \frac{\Delta CSNM}{\Delta BM} = \frac{1 - r^L - r^s}{k + r^L + r^s} = \frac{1 - 1\% - 0.5\%}{1\% + 20\% + 0.5\%} = 4.581 \qquad (3\text{-}24)$$

3.3.5. *O Modelo com Preferência do SNMR por Depósitos a Prazo*

Considere-se, finalmente, que o SNMR tem preferência por depósitos a prazo, DPSNM, para além dos depósitos à ordem e da circulação monetária. Admita-se que a estrutura dos depósitos é estável, e que os depósitos a prazo são se podem exprimir em função dos depósitos à ordem: $t = \frac{DPSNM}{DOSNM}$. Admita-se neste exemplo que $t = 3$. Considere-se, ainda, que o Banco Central define uma taxa de reserva mínima legal sobre depósitos a prazo de r_{DP}^{L}. No caso da Zona Euro, a taxa de reserva mínima legal, quer sobre os depósitos a prazo quer sobre os depósitos à ordem, é igual a 1%.

$$\Delta BM = \Delta R + \Delta C \qquad (3\text{-}25)$$

$$\Delta BM = \Delta R^L + \Delta R^S + \Delta R^X + \Delta C$$

$$\Delta BM = r_{DO}^{L} \times \Delta DOSNM + r_{DP}^{L} \times \Delta DPSNM + r^S \times \Delta DOSNM + 0 + k \times \Delta DOSNM$$

$$\Delta BM = r_{DO}^{L} \times \Delta DOSNM + r_{DP}^{L} \times t \times \Delta DOSNM + r^S \times \Delta DOSNM + 0 + k \times \Delta DOSNM$$

$$\Delta BM = \Delta DOSNM \times (r_{DO}^{L} + r_{DP}^{L} \times t + r^S + k)$$

$$\Delta DOSNM = \frac{1}{r_{DO}^{L} + r_{DP}^{L} \times t + r^S + k} \times \Delta BM$$

$$\Delta DOSNM = \frac{1}{1\% + 3 \times 1\% + 0.5\% + 20\%} \times 100 = 408.16$$

Verifica-se que o multiplicador dos depósitos à ordem se reduz, quando o SNMR tem preferência por depósitos a prazo.

A variação da circulação monetária é nestes casos:

$$\Delta C = \frac{k}{r_{DO}^{L} + r_{DP}^{L} \times t + r^S + k} \times \Delta BM \qquad (3\text{-}26)$$

$$\Delta C = \frac{20\%}{1\% + 1\% \times 3 + 0.5\% + 20\%} \times 100 = 81.63$$

e a variação do M1:

$$\Delta M1 = \Delta DOSNM + \Delta C \qquad (3\text{-}27)$$

$$\Delta M1 = \frac{1 + k}{r_{DO}^{L} + r_{DP}^{L} \times t + r^S + k} \times \Delta BM$$

$$\Delta M1 = \frac{1 + 20\%}{1\% + 1\% \times 3 + 0.5\% + 20\%} \times 100 = 489.80$$

E neste caso é também possível deduzir o multiplicador dos depósitos a prazo e o multiplicador de M2. A variação dos depósitos a prazo é:

$$\Delta DPSNM = t \times \Delta DOSNM \tag{3-28}$$

$$\Delta DPSNM = \frac{t}{r_{DO}^{L}+r_{DP}^{L}\times t+r^{S}+k} \times \Delta BM$$

$$\Delta DPSNM = \frac{3}{1\%+1\%\times 3+0.5\%+20\%} \times 100 = 1224.49$$

e a variação do M2:

$$\Delta M2 = \Delta DOSNM + \Delta DPSNM + \Delta C \tag{3-29}$$

$$\Delta M2 = \frac{1+t+k}{r_{DO}^{L}+r_{DP}^{L}\times t+r^{S}+k} \times \Delta BM$$

$$\Delta M2 = \frac{1+3+20\%}{1\%+1\%\times 3+0.5\%+20\%} \times 100 = 1714.29$$

No que diz respeito ao multiplicador do crédito:

$$\Delta CSNM = \Delta DOSNM + \Delta DPSNM - \Delta R \tag{3-30}$$

$$\Delta CSNM =$$

$$= \Delta DOSNM + t \times \Delta DOSNM - r_{DO}^{L} \times \Delta DOSNM - r_{DP}^{L} \times t \times \Delta DOSNM - r^{S} \times \Delta DOSNM$$

$$\Delta CSNM = \Delta DOSNM \times (1 + t - r_{DO}^{L} - r_{DP}^{L} \times t - r^{S})$$

$$\Delta CSNM = (1 + t - r_{DO}^{L} - r_{DP}^{L} \times t - r^{S}) \times \frac{1}{r_{DO}^{L}+r_{DP}^{L}\times t+r^{S}+k} \times \Delta BM$$

Pelo que:

$$m_{CSNM} = \frac{\Delta CSNM}{\Delta BM} = \frac{(1-r_{DO}^{L}) + t\times(1-r_{DP}^{L}) - r^{S}}{r_{DO}^{L}+r_{DP}^{L}\times t+r^{S}+k} \times \Delta BM$$

O Quadro 3-5 oferece um resumo do valor dos multiplicadores monetários associados a cada um dos modelos.

Quadro 3-7: Os Multiplicadores Monetários

Multiplicador (m)	Modelos I e II Sistema bancário em mercado perfeitamente concorrencial ou sistema bancário monopolista	Modelo III Preferência por circulação monetária	Modelo IV Constituição de reservas de segurança	Modelo V Com depósitos a prazo
Depósitos à ordem (m_{DOSNM})	$\frac{1}{r^L}$	$\frac{1}{r^L + k}$	$\frac{1}{r^L + r^S + k}$	$\frac{1}{r^L_{DO} + r^L_{DP} \times t + r^S + k}$
Depósitos a prazo (m_{DPSNM})	-	-	-	$\frac{t}{r^L_{DO} + r^L_{DP} \times t + r^S + k}$
Circulação monetária (m_C)	-	$\frac{k}{r^L + k}$	$\frac{k}{r^L + r^S + k}$	$\frac{k}{r^L_{DO} + r^L_{DP} \times t + r^S + k}$
M1(m_{M1})	$\frac{1}{r^L}$	$\frac{1 + k}{r^L + k}$	$\frac{1 + k}{r^L + r^S + k}$	$\frac{1 + k}{r^L_{DO} + r^L_{DP} \times t + r^S + k}$
M2(m_{M2})	$\frac{1}{r^L}$	$\frac{1 + k}{r^L + k}$	$\frac{1 + k}{r^L + r^S + k}$	$\frac{1 + t + k}{r^L_{DO} + r^L_{DP} \times t + r^S + k}$
Depósitos Totais (m_{DT})	$\frac{1}{r^L}$	$\frac{1}{r^L + k}$	$\frac{1}{r^L + r^S + k}$	$\frac{1 + t}{r^L_{DO} + r^L_{DP} \times t + r^S + k}$
Crédito ao SNMR (m_{CSNM})	$\frac{1 - r^L}{r^L}$	$\frac{1 - r^L}{r^L + k}$	$\frac{1 - r^L - r^S}{r^L + r^S + k}$	$\frac{(1 - r^L_{DO}) + t \times (1 - r^L_{DP}) - r^S}{r^L_{DO} + r^L_{DP} \times t + r^S + k}$
Reservas Legais	1	$\frac{r^L}{r^L + k}$	$\frac{r^L}{r^L + r^S + k}$	$\frac{r^L}{r^L_{DO} + r^L_{DP} \times t + r^S + k}$
Reservas de segurança	-	-	$\frac{r^S}{r^L + r^S + k}$	$\frac{r^S}{r^L_{DO} + r^L_{DP} \times t + r^S + k}$

Questões de Escolha Múltipla

1. No dia 7 de Agosto de 2011 o Jornal de Negócios noticiava: *O BCE vai comprar obrigações no mercado secundário de forma 'activa'. O Banco Central promete ser ativo no seu programa de compra de dívida pública de países do Euro, mas não indica explicitamente se vai comprar obrigações de Itália ou de Espanha.*

Na sequência destas operações e no âmbito do modelo estático de criação de moeda:

☐ a) A base monetária aumenta na sequência da compra das obrigações pelo BCE aos bancos comerciais.

☐ b) A base monetária diminui na sequência da compra das obrigações pelo BCE aos bancos comerciais.

☐ c) Aumenta o valor da rubrica OCL se a compra das obrigações pelo BCE aos bancos comerciais for a título definitivo.

☐ d) Aumenta o valor do balanço do BCE.

☐ e) Duas das alíneas anteriores estão corretas

2. No âmbito do modelo estático de criação de moeda, qual das seguintes alternativas não está correta?

☐ a) Um banco comercial cria moeda quando paga vencimentos aos seus funcionários.

☐ b) Um banco comercial cria moeda quando adquire computadores.

☐ c) Uma operação de cedência de liquidez pelo Banco Central não cria moeda no imediato.

☐ d) As operações de cedência de liquidez entre o banco central e as OIFM podem assumir várias modalidades, entre as quais as de acordos de recompra e de operações definitivas.

☐ e) Um depósito em notas no balcão de um banco faz aumentar o valor do agregado M1.

3. O Banco Central norte-americano anunciou que vai vender 400 mil milhões de dólares de obrigações de curto prazo e comprar de longo prazo no mesmo valor. É a chamada "Operação Twist", em que substitui as maturidades mais curtas por prazos mais longos para aliviar a pressão sobre os juros dessas obrigações.

Jornal de Negócios, 21 de Setembro de 2011.

Se o BCE decidisse implementar uma operação análoga, no âmbito do modelo estático de criação de moeda, qual das seguintes afirmações está correta?

☐ a) A base monetária aumentaria.

☐ b) O valor do M2 aumentaria.

☐ c) As reservas excedentárias dos bancos aumentariam.

☐ d) O valor do balanço do BCE aumentaria.

☐ e) Nenhuma das alíneas anteriores está correta.

4. Qual das seguintes alternativas está correta?

- [ ] a) A base monetária é obtida a partir do balanco das OIFM.
- [ ] b) As disponibilidades líquidas sobre o exterior das OIFM são um fator de criação de base monetária.
- [ ] c) O agregado M2 é obtido exclusivamente a partir do balanço do Banco Central.
- [ ] d) O agregado M3 não pode ser obtido exclusivamente a partir dos balanços das instituições financeiras monetárias.
- [ ] e) Nenhuma das alíneas anteriores.

5. O BCE satisfaz as necessidades de liquidez do sistema bancário via operações de *open market* em que compra títulos com acordo de recompra. No âmbito do modelo estático de criação de moeda, qual das seguintes afirmações está correta?

- [ ] a) No momento da cedência da liquidez a rubrica OCL aumenta assim com as reservas bancárias.
- [ ] b) No momento da cedência da liquidez a rubrica de Crédito à Administração Pública (CAP) aumenta assim com as reservas bancárias.
- [ ] c) Quando o BCE revende os títulos, a rubrica de reservas não sofre alteração.
- [ ] d) Esta operação faz diminuir o valor do balanço das OIM.
- [ ] e) Nenhuma das alíneas anteriores está correta.

6. No âmbito do modelo estático de criação de moeda:

- [ ] a) A compra a residentes da zona Euro de títulos de dívida pública de países *periféricos* da Zona Euro pelo BCE em mercado secundário provoca um aumento da base monetária.
- [ ] b) A compra de ativos denominados em dólares pelo Banco de Portugal a um banco comercial faz aumentar o valor do agregado M1.
- [ ] c) A concessão de crédito à habitação por um banco comercial a um particular faz aumentar o agregado M2 mas não o agregado M3.
- [ ] d) A compra de certificados de aforro por um particular ao balcão dos correios faz aumentar o agregado M3
- [ ] e) Duas das alíneas anteriores estão corretas.

7. Na sequência da recente crise nos mercados financeiros, e apesar dos elevados montantes injetados pelo Banco Central Europeu nos bancos comerciais da Zona Euro, os bancos não estão a expandir o crédito concedido às empresas e aos particulares. Nestas circunstâncias, e tudo o resto constante, é de esperar:

- [ ] a) Uma diminuição da base monetária.
- [ ] b) Uma diminuição das reservas excedentárias dos bancos.
- [ ] c) Uma diminuição do valor do multiplicador do crédito concedido ao sector não monetário residente.
- [ ] d) Uma diminuição das reservas totais dos bancos.
- [ ] e) Todas as alíneas anteriores estão corretas.

8. Qual das seguintes não é um fator de criação de M3?

- ☐ a) DLX.
- ☐ b) OCL.
- ☐ c) CEP.
- ☐ d) CAP.
- ☐ e) CIFNM.

9. Relativamente aos agregados monetários na Zona Euro, qual das seguintes afirmações está correta?

- ☐ a) As unidades de participação em fundos do mercado monetário detidas pela Administração Central fazem parte de M3.
- ☐ b) Há depósitos à ordem da Administração Central que fazem parte de M1.
- ☐ c) Todos os títulos de dívida com prazo até 2 anos fazem parte de M2.
- ☐ d) Depósitos com prazo superior a 2 anos fazem parte de M3.
- ☐ e) Nenhuma das alíneas anteriores está correta.

10. No âmbito do modelo estático de criação de moeda, qual das seguintes alternativas não está correta?

- ☐ a) O pagamento de salários por um banco comercial cria moeda.
- ☐ b) A compra de equipamento de escritório por um banco comercial faz aumentar o agregado M2.
- ☐ c) A venda de divisas por um banco comercial ao banco central faz aumentar o agregado M3.
- ☐ d) A concessão de crédito por um banco comercial a um particular faz aumentar os agregados monetários.
- ☐ e) A compra de certificados de aforro por um particular faz diminuir os agregados M1 e M2.

Tendo em conta o seguinte excerto responda às duas questões seguintes.

Presidente da República disse hoje compreender a resistência da Alemanha a uma intervenção ilimitada do Banco Central Europeu (BCE), mas voltou a defender a ideia, dizendo esperar que Mário Draghi (o novo presidente) "não esteja marcado pela sua nacionalidade italiana".

"...Mas, argumentou o chefe de Estado português, os estudos que têm vindo a ser feitos mostram que "em tempos de crise não há uma correlação entre a base monetária e a totalidade dos meios de pagamento em circulação".

Ou seja, em momentos de crise, 'aquilo que são notas e moedas em circulação e depósitos no BCE descola da totalidade da moeda em circulação que pode eventualmente provocar inflação, a totalidade dos meios de pagamento'."

Diário de Notícias, 11 de Novembro de 2011.

11. Quando o Presidente fala em "*notas e moedas em circulação e depósitos no BCE*" está a referir-se:

- ☐ a) Ao agregado M1.
- ☐ b) Ao agregado M2.
- ☐ c) Ao agregado M3.
- ☐ d) À base monetária.
- ☐ e) Nenhuma das alíneas anteriores está correta.

12. Qual das seguintes alternativas lhe parece mais correta?

- ☐ a) Na recente crise financeira assistiu-se a uma diminuição do valor do multiplicador monetário.
- ☐ b) A recente crise financeira não provocou efeitos significativos sobre valor do multiplicador monetário.
- ☐ c) É a teoria monetarista que está subjacente à ligação entre a base monetária e os meios de pagamento em circulação.
- ☐ d) Duas das alíneas anteriores estão corretas.
- ☐ e) Nenhuma das alíneas anteriores está correta.

13. No âmbito do modelo estático de criação de moeda, qual das seguintes operações gera uma variação em M3?

- ☐ a) Compra pelo Banco Central de títulos de dívida pública com prazo até 2 anos no mercado aberto.
- ☐ b) Depósito de notas por um particular na sua conta à ordem num banco comercial.
- ☐ c) Concessão de crédito por um banco comercial a um particular destinado ao consumo.
- ☐ d) Compra de títulos de dívida pública com 1 ano de maturidade por um particular a um banco comercial.
- ☐ e) Duas das alíneas anteriores estão corretas.

14. Qual das seguintes grandezas não faz parte dos agregados monetários na Zona Euro?

- ☐ a) Títulos de dívida com prazo até 2 anos emitidos pela Administração Central e detidos por particulares.
- ☐ b) Unidades de participação em Fundos do Mercado Monetário detidas por Caixas Económicas.
- ☐ c) Títulos de dívida com prazo até 2 anos emitidos por bancos e detidos por Sociedades Não Financeiras Públicas.
- ☐ d) Depósitos com pré-aviso até 3 meses detidos por Instituições Financeiras Não Monetárias.
- ☐ e) Duas das alíneas anteriores.

15. A Base Monetária:

- ☐ a) É na ótica da composição igual à circulação monetária mais os depósitos à ordem.
- ☐ b) É na ótica da composição igual à circulação monetária mais as reservas.

- [ ] c) Segundo a ótica dos fatores de criação não depende de DLX*
- [ ] d) Não é controlada pelo Banco Central.
- [ ] e) Nenhuma das alíneas anteriores está correta.

16. Relativamente ao modelo dinâmico de oferta de moeda:

- [ ] a) A estrutura do sistema bancário é relevante para o desenrolar do processo do multiplicador.
- [ ] b) O multiplicador monetário funciona quer no sentido da criação de moeda quer no sentido da sua destruição.
- [ ] c) O valor da base monetária altera-se com o desenrolar do processo do multiplicador.
- [ ] d) Duas das alíneas anteriores estão corretas.
- [ ] e) Nenhuma das alíneas anteriores está correta.

17. No modelo mais completo do multiplicador monetário, durante o processo multiplicador há:

- [ ] a) Um aumento da base monetária.
- [ ] b) Um aumento da circulação monetária e diminuição das reservas legais.
- [ ] c) Uma diminuição das reservas excedentárias.
- [ ] d) Uma diminuição das reservas de segurança.
- [ ] e) Nenhuma das alíneas anteriores está correta.

18. Relativamente ao modelo dinâmico de oferta de moeda:

- [ ] a) O multiplicador do agregado M1 do modelo com depósitos a prazo é uma função positiva do coeficiente de preferência por circulação monetária.
- [ ] b) Um aumento da taxa de reserva de segurança faz diminuir todos os multiplicadores à exceção do multiplicador das reservas de segurança.
- [ ] c) No modelo mais completo do multiplicador se a taxa de reserva mínima legal for igual a zero, os bancos têm uma capacidade infinita de criação de depósitos.
- [ ] d) Duas das alíneas anteriores estão corretas.
- [ ] e) Nenhuma das alíneas anteriores está correta.

19. O multiplicador do agregado M2 com depósitos a prazo é:

- [ ] a) Sempre uma função negativa do coeficiente de presferência por depósitos a prazo.
- [ ] b) Uma função positiva do coeficiente de preferência por depósitos a prazo, para valores plausíveis dos parâmetros do multiplicador.
- [ ] c) Uma função negativa do coeficiente de preferência por liquidez, para valores plausíveis dos parâmetros do multiplicador.
- [ ] d) Sempre uma função positica do coeficiente de preferência por liquidez.
- [ ] e) Nenhuma das alíneas anteriores está correta.

20. Relativamente ao multiplicador monetário, pode afirmar-se que:

- ☐ a) É através deste que a autoridade monetária controla a oferta de moeda.
- ☐ b) Depende exclusivamente, quer direta quer indiretamente, das decisões do sector não monetário residente.
- ☐ c) Pode ser influenciado pela rentabilidade dos depósitos à ordem e os depósitos a prazo, mas não pela rentabilidade de outros ativos.
- ☐ d) Só se altera na sequência de uma variação da oferta de moeda.
- ☐ e) Nenhuma das alíneas anteriores está correta.

21. O multiplicador dos depósitos à ordem depende:

- ☐ a) Positivamente da taxa de reserva de segurança.
- ☐ b) Negativamente da instabilidade económica, política e do grau de desconfiança relativamente ao sistema bancário.
- ☐ c) Positivamente da taxa mínima de reserva legal.
- ☐ d) Positivamente da taxa de remuneração dos depósitos a prazo.
- ☐ e) Positivamente da dimensão da economia paralela.

22. Suponha o modelo do multiplicador na sua versão mais completa. Qual das seguintes questões está correta:

- ☐ a) O valor das reservas legais cresce ao longo do desenrolar do processo do multiplicador.
- ☐ b) O valor da base monetária cresce ao longo do desenrolar do processo do multiplicador.
- ☐ c) O valor das reservas totais é constante ao longo do desenrolar do processo do multiplicador.
- ☐ d) A variação total das reservas legais aumenta quando aumenta o coeficiente de preferência por liquidez
- ☐ e) Duas das alíneas anteriores estão corretas

23. No modelo do multiplicador mais completo, o efeito de um aumento no coeficiente de preferência por circulação sobre o multiplicador de M1:

- ☐ a) É indeterminadao para valores plausiveis dos parâmetros do multiplicador.
- ☐ b) Depende do valor do coeficiente de preferência por circulação.
- ☐ c) É sempre positivo.
- ☐ d) Depende do valor das taxas de reserva e da preferência relativa do público por depósitos a prazo;.
- ☐ e) Só é negativo no caso da preferência por depósitos a prazo for superior a 1.

24. No modelo do multiplicador monetário mais completo estudado, o coeficiente de preferência por liquidez:

- ☐ a) Não influencia o multiplicador de M1.
- ☐ b) Afeta sempre positivamente o multiplicador de M1.
- ☐ c) Afeta o multiplicador dos depósitos à ordem mas não o multiplicador de M2.

- [ ] d) Não influencia o efeito multiplicador sobre os depósitos a prazo.
- [ ] e) Nenhuma das alíneas anteriores está correta.

25. Qual das seguintes alternativas está correta?

- [ ] a) Um aumento do coeficiente de preferência por circulação monetária provoca uma diminuição do multiplicador do agregado M1 no modelo com depósitos a prazo, para valores plausiveis dos parâmetros do multiplicador.
- [ ] b) Um aumento da taxa de reserva de segurança provoca um aumento do multiplicador do crédito.
- [ ] c) O multiplicador do crédito concedido ao setor não monetário residente depende do grau de concorrência do sistema bancário.
- [ ] d) Um aumento da taxa mínima de reserva legal incidente sobre depósitos à ordem provoca um aumento do multiplicador dos depósitos a prazo.
- [ ] e) Nenhuma das alíneas anteriores está correta.

Questões de Resposta Aberta

1. Numa dada economia existe apenas um único tipo de depósitos – os Depósitos à Ordem (DO) – sobre os quais incide uma taxa de reservas legais de 10%. O coeficiente de preferência por liquidez (C/DO) é de 0.5. O Banco Central resolve aumentar a liquidez do sistema bancário em 1 milhão de euros, usando como instrumento a transação de títulos de dívida pública, a título definitivo.

a) Derive analiticamente o multiplicador do crédito.

b) Qual a variação que ocorre em M1 após esgotado o efeito multiplicador?

2. Da estrutura de um dado sistema monetário são conhecidos os seguintes elementos:

- Existem dois tipos de depósitos, depósitos à ordem (DO) e depósitos a prazo (DP), sobre os quais incidem taxas mínimas de reservas legais r_{DO}^{L}; e r_{DP}^{L};
- O coeficiente de preferência por circulação (k) foi estimado em função dos depósitos à ordem sendo igual a 2.
- A estrutura de depósitos bancários é constante e os depósitos à ordem representam 20% dos depósitos totais;
- Taxa de reserva mínima legal incidente sobre os depósitos à ordem é igual a 6%;
- Em cada momento de constituição de reservas, o acréscimo de reservas legais constituídas sobre os depósitos à ordem é idêntico ao acréscimo de reservas legais associadas aos depósitos a prazo;
- A autoridade monetária injetou liquidez no montante de 20 000 u.m.

Nota: Arredonde a solução final às unidades.

a) Qual a variação nos depósitos à ordem após esgotado o efeito multiplicador?

b) Qual a variação total do crédito concedido pelas OIFM após esgotado o efeito multiplicador?

c) Esgotado o efeito multiplicador, qual a variação registada pelas reservas legais?

3. Admita-se que o sector não monetário detém moeda sob a forma de circulação e um único tipo de depósitos. Nesta economia o valor do multiplicador do crédito é 3,1(6). O Banco Central comprou, a título definitivo, obrigações do tesouro às OIFM. Em resultado dessa alteração, as OIFM passaram a dispor de reservas excedentárias no montante de 5 milhões euros, que aplicaram na concessão de crédito a empresas e particulares. Após esgotado o processo multiplicador a variação das reservas foi de 830 000 euros.

a) Qual o valor da taxa de reserva legal incidente sobre os depósitos?

b) Qual seria o efeito sobre a massa monetária de uma ação de política monetária que resultasse num aumento das reservas em 5 milhões euros (findo o processo multiplicador). Derive analiticamente o multiplicador que relaciona as reservas com a massa monetária.

4. São conhecidos os seguintes elementos da estrutura do sistema bancário de uma economia:

- Existem três tipos de depósitos bancários (D_1, D_2, D_3) sobre os quais incidem taxas de reserva mínima legal (r_1=15%, r_2=10%, r_3=2%);
- D_1 e D_2 representam, respetivamente, 25% e 5% dos depósitos totais (DT);
- O coeficiente de preferência por circulação monetária é estimado em 20% do crédito concedido a cada momento;
- Ocorre uma variação na base monetária igual a 20 000 u.m., na sequência do pagamento, pela Administração Central, de equipamento de saúde através da emissão de um cheque s/ a sua conta no Banco Central. O beneficiário do cheque deposita-o num banco comercial.

a) Determine o montante do primeiro crédito concedido pelo sistema bancário.

b) Calcule a variação da circulação monetária até se esgotar o efeito multiplicador.

5. O Banco Central resolveu alterar o coeficiente de reservas mínimas legais sobre o único tipo de depósitos existente na economia (D). Em resultado dessa alteração, as OIFM passaram a dispor de reservas excedentárias livres no montante de 5 milhões de euros que aplicaram na concessão de crédito a empresas e particulares.

Sabe-se, ainda, que:

- Coeficiente de preferência por liquidez é estável.
- Antes da alteração da taxa de reservas mínimas legais o balanço das OIFM apresentava os seguintes valores:

OIFM	
$R_D^L = ?$	$DO = 100\,000\,000$
$R^X = 0$	
$CSNM = ?$	

- O (primeiro) crédito resultante da aplicação das reservas excedentárias livres originou um aumento dos depósitos em 3 571 428 euros.
- Em resultado da alteração da taxa de reservas mínimas legais, e após esgotada a capacidade adicional de concessão de crédito, o balanço das OIM passou a apresentar um valor total de Depósitos de 111 111 111 euros.

a) Qual o impacto imediato da alteração da taxa de reservas mínimas sobre o balanço das OIM?

b) Determine:

b.1) a nova taxa de reservas mínimas legais.

b.2.) a taxa de reservas mínimas legais antes da sua alteração.

c) Complete os balanços monetários das OIM antes e após a alteração da taxa de reservas mínimas legais.

4. O Problema do Controlo do Multiplicador Monetário e da Base Monetária pelo Banco Central

"It is widely recognized that the monetary stock is jointly determined by the action of the monetary institutions, through their control of the ratio of reserves to deposits and the monetary base, and the nonbanking sectors, through the public's desired proportions of currency and deposits."

William Becker (1975, P. 57)

4.1. O Multiplicador Monetário

O multiplicador monetário, definido sobre a base monetária,[36] é o rácio entre o valor dos agregados monetários e o valor da base monetária.

Figura 4-1: O Multiplicador Monetário

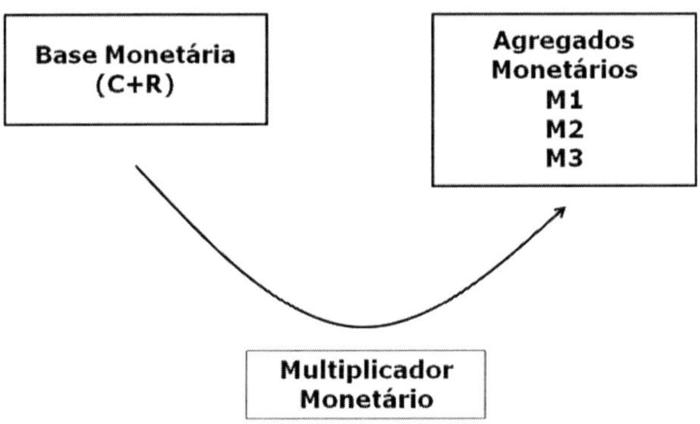

[36] Estes multiplicadores podem, também, ser definidos apenas sobre as reservas do sistema.

Atente-se, por exemplo ao multiplicador dos depósitos à ordem do modelo do multiplicador monetário mais completo (Modelo 5):

$$m_{DO} = \frac{1}{r^L_{DO} + r^L_{DP} \times t + r^S + k} \quad (4\text{-}1)$$

Para a determinação do valor do multiplicador monetário concorrem as decisões de um número diversificado de agentes económicos tais como o Banco Central (que determina as taxas mínimas de reserva legal incidentes sobre depósitos à ordem, r^L_{DO}, e sobre depósitos a prazo, r^L_{DP}), as OIFM que determinam a taxa de reserva de segurança, r^S, e o SNMR que determina o coeficiente de preferência por circulação monetária, *k*, e o coeficiente de preferência por depósitos a prazo *t*.

O Banco Central não tem influencia directa sobre o coeficiente de preferência por circulação monetária, *k*,[37] e sobre o coeficiente de preferência por depósitos a prazo, *t*, que dependem essencialmente das decisões do sector não monetário residente.

De entre os factores que determinam o coeficiente de preferência por circulação monetária no curto-prazo, definido como o rácio entre a circulação monetária e os depósitos à ordem, destacam-se:[38]

- **A taxa de remuneração dos depósitos à ordem**
  O coeficiente de preferência por circulação monetária é uma função negativa da taxa de remuneração dos depósitos à ordem. De facto, um aumento da taxa de remuneração dos depósitos à ordem deverá aumentar o custo de oportunidade da detenção de notas e moedas fazendo aumentar a procura por depósitos à ordem.
- **A taxa de remuneração dos depósitos a prazo e dos activos financeiros**
  O coeficiente de preferência por circulação monetária é uma função positiva da taxa de remuneração dos depósitos a prazo e dos activos financeiros. O facto de os depósitos a prazo e à ordem serem substitutos mais próximos do que a circulação monetária e os depósitos a prazo faz com que um aumento da taxa de remuneração dos depósitos a prazo induza uma diminuição dos depósitos à ordem, tendo um efeito negligenciável sobre a circulação monetária, cuja necessidade para as transacções do dia-a-dia se mantém.[39] A mesma lógica se aplica em relação ao aumento da remuneração de aplicações em activos financeiros como, por exemplo, as obrigações.

[37] Cagan (1965) defende que coeficiente de preferência por liquidez é o principal factor de instabilidade do multiplicador monetário e, consequentemente, da oferta de moeda no curto-prazo.
[38] Ver para mais pormenores Hess (1971), Becker (1975) e Kohn (1976).
[39] Becker (1975).

- **O volume das transacções efectuadas no comércio a retalho, e a inovação financeira ao nível dos sistemas de pagamento**
  Tradicionalmente verifica-se um aumento do coeficiente de preferência por circulação monetária quando há um aumento do volume de transacções no comércio a retalho. Este rácio tenderia a variar sazonalmente, aumentando na época do Natal e nas férias de verão em virtude do aumento das transacções de baixo valor. A disseminação do pagamento através de cartão de débito e de crédito no comércio a retalho tem, no entanto, esbatido esta relação. Assim, o coeficiente de preferência por circulação monetária depende, também negativamente, do grau de sofisticação do sistema bancário e de pagamentos. As inovações ao nível do sistema de pagamentos têm determinado uma tendência de descida deste coeficiente.
- **A taxa de poupança**
  O coeficiente de preferência por circulação monetária depende positivamente da taxa de poupança. A justificação assenta no facto dos depósitos a prazo serem um importante veículo de poupança, o que faz com que um aumento da poupança cause um aumento dos depósitos a prazo e uma diminuição da circulação monetária e dos depósitos à ordem. Uma vez que os depósitos à ordem e a prazo são substitutos mais próximos do que os depósitos a prazo e as notas e moedas, o rácio entre a circulação monetária e os depósitos à ordem tende a aumentar.[40]
- **O rendimento e o consumo**
  Um aumento do rendimento real origina um aumento da procura por depósitos à ordem levando a uma diminuição do coeficiente de preferência por circulação monetária enquanto o consumo, dependente do *rendimento permanente*, não reage na mesma proporção.[41] Por outro lado, um aumento do rendimento real deverá fazer aumentar menos a preferência por circulação monetária do que por depósitos à ordem, uma vez que o aumento do consumo deverá incidir mais em bens de maior valor pagos preferencialmente com cartão de débito ou de crédito.[42]
- **A taxa de inflação.**
  Já um aumento da taxa de inflação deverá fazer aumentar o coeficiente de preferência por circulação monetária uma vez que para manter o mesmo volume de compras de bens e serviços as pessoas necessitam de ter mais notas e moedas.[43] Tendo em conta, também, que os depósitos a prazo ofe-

[40] Becker (1971).
[41] Hess (1971).
[42] Kohn (1976).
[43] Kohn (1976).

recem uma melhor protecção do que os depósitos à ordem em relação à inflação, é de esperar a existência de uma relação positiva entre a inflação e o coeficiente de preferência por circulação monetária.

- **A confiança no sector bancário**
  A existência de rumores, fundados ou infundados, sobre a solidez dos bancos comerciais, pode levar a uma *corrida aos bancos* em que as pessoas, receando a falência de um ou mais, de imediato se precipitam para o levantamento dos depósitos – fazendo aumentar significativa e rapidamente o coeficiente de preferência por circulação monetária. Embora se possa pensar que dado o papel dos Bancos Centrais como garantes da liquidez dos bancos, pela via das operações de *open-market*, do canal do redesconto, e da facilidade permanente de cedência de liquidez na Zona Euro, as corridas aos bancos são coisas do passado, a verdade é que ainda recentemente assistimos a um exemplo do género em Inglaterra com o Banco *Northern Rock*. Na sequência dos problemas criados no sistema financeiro pela crise do mercado de hipotecas de *sub-prime* nos Estados Unidos, este banco foi alvo de uma corrida tendo sido nacionalizado em Fevereiro de 2008.
- **A importância da economia paralela**
  Quanto maior for o peso da economia paralela no conjunto da actividade económica de um país, maior deverá ser o rácio das circulação monetária sobre os depósitos à ordem. A economia paralela engloba as transacções económicas não registadas oficialmente (quer sejam as transacções sobre bens e serviços não facturados, ou ilegais como o tráfico de droga). Neste tipo de transacções a liquidação é muitas vezes efectuada através de circulação monetária para evitar deixar provas da sua realização. Assim, quanto maior a importância da economia paralela maior a procura por notas e moedas. O aumento dos impostos pode, ainda, fazer aumentar o incentivo para não os pagar fazendo com que aumente o número de transacções efectuadas em notas e moedas que são mais difíceis de serem observadas pela administração fiscal.

E de entre os factores que determinam o coeficiente de preferência por depósitos a prazo contam-se:

- **O diferencial entre a taxa de juro dos depósitos a prazo e à ordem**
  Naturalmente um aumento da taxa de remuneração dos depósitos a prazo relativamente aos depósitos à ordem origina, tudo o resto constante, um aumento da procura por depósitos a prazo em detrimento dos depósitos à ordem fazendo aumentar o coeficiente de preferência por depósitos a prazo.

- **A taxa de poupança, nível de rendimento e de riqueza**
  A elasticidade dos depósitos a prazo em relação à taxa de poupança, rendimento e riqueza é maior do que a correspondente elasticidade dos depósitos à ordem, pelo que existe uma relação positiva entre o coeficiente de preferência por depósitos a prazo e a taxa de poupança, o nível de rendimento e a riqueza.
- **A rentabilidade de instrumentos financeiros sucedâneos dos depósitos a prazo (por exemplo acções e obrigações).**
  A elasticidade da procura de depósitos a prazo em relação às taxas de juro de outros activos destinados à poupança e transferência de poder aquisitivo do presente para o futuro é maior do que a respectiva elasticidade dos depósitos à ordem que são mais procurados para a realização de pagamentos. Assim, um aumento da taxa de rentabilidade dos activos financeiros deverá fazer diminuir o coeficiente de preferência por depósitos a prazo.

Relativamente à taxa de reserva de segurança, r^S, o Banco Central não tem controlo sobre esta variável. A decisão sobre a sua fixação depende de uma comparação entre os custos e os benefícios para os bancos comerciais associados à constituição e mobilização deste tipo de reservas.[44] Alguns factores que influenciam o valor desta taxa são:

- **A sasonalidade do fluxo de depósitos**
  Quanto maior a instabilidade do fluxo de depósitos, maior o risco de um banco vir a ter uma insuficiência de liquidez no futuro sendo obrigado a vender activos financeiros, a pedir empréstimos a taxas de juro elevadas, a enfrentar uma corrida ao seus depósitos, ou até a entrar em processo de falência. Por isso, quanto maior a volatilidade do fluxo de depósitos maior a procura por reservas de segurança.
- **A taxa de juro *overnight***
  Quanto maior a taxa de juro de muito curto-prazo do mercado monetário (a designada taxa de juro *overnight*) maior o custo de oportunidade da imobilização de liquidez por parte dos bancos ao abrigo de reservas de segurança e, portanto, menor a constituição dessas reservas.
- **O custo da liquidez obtida junto do Banco Central**
  Quanto maior o custo da liquidez obtida junto do Banco Central, quer pela via das operações de *open-market*, quer pela via do redesconto ou das facilidades permanentes de cedência de liquidez na Zona Euro, maior a procura por reservas de segurança.

[44] Ver Frost (1971).

- **As oportunidades de concessão de crédito ao SNMR**
  As decisões dos bancos comerciais na fixação do valor óptimo das reservas de segurança podem dificultar a condução da política monetária por parte do Banco Central. Por exemplo, numa situação de armadilha de liquidez a falta de oportunidades para a concessão de crédito pode originar que a liquidez cedida ao sistema bancário pelo Banco Central fique *estacionada* nos bancos comerciais, ou no próprio banco central sob a forma de depósitos remunerados (como aconteceu após a falência do Lehman Brothers em Setembro de 2008), não permitindo a expansão do crédito.[45]

Já no que se refere às taxas mínimas de reserva legais, elas são fixadas unilateralmente pelo Banco Central estando, por isso, asseguradas as correspondentes estabilidades e controlo. Mas, mesmo assim, a eficácia deste instrumento pode ser posta em causa pela instabilidade de t se: *i*) a taxa mínima de reserva legal incidente sobre depósitos à ordem for diferente da taxa mínima de reserva legal incidente sobre depósitos a prazo; nestas circunstâncias as OIFM podem influenciar o valor das reservas obrigatórias criando incentivos para aplicação de fundos nos depósitos aos quais está associada uma taxa de reserva legal mais baixa; *ii*) a taxa de reserva mínima legal for mais baixa para um montante de depósitos num banco comercial até um determinado limite e mais alta a partir desse limite (como acontece nos E.U.A.); neste caso uma transferência de depósitos de um banco de grande dimensão para um pequeno banco originaria uma diminuição das reservas obrigatórias do sistema bancário; *iii*) as OIFM criarem incentivos para que o SNMR aplique as suas poupanças em activos menos líquidos, não sujeitos à constituição de reservas obrigatórias por parte dos bancos.

4.2. A Base Monetária

A base monetária é exclusivamente obtida a partir das rubricas do balanço do Banco Central (ver o Balanço sintético do Eurosistema na secção 3.2). Contudo, o Banco Central não tem, a todo o instante, um controlo absoluto sobre todas a rubricas do seu balanço, pelo que não consegue controlar totalmente a base monetária. A sua capacidade de controlo da base monetária é mais forte sobre períodos de tempo comparativamente mais longos, do que sobre períodos de tempo mais curtos. Isto é assim porque sobre períodos de tempo relativamente mais longos o Banco Central tem a possibilidades de reagir aos desvios que detecte nos valores efectivos relativamente aos por si pretendidos e planeados.

Por exemplo, as notas e moedas chegam ao sector não monetário residente pela via dos bancos comerciais, mas as preferências deste sector pela liquidez

[45] Frost (1971).

desempenham um papel importante para a determinação da circulação monetária. O controlo da base desenrola-se principalmente pela via das reservas, mas mesmo assim o controlo não é absoluto a todo o momento.

Considerando os factores de criação e de uso da base monetária (ver Equação (3-2), quer a rubrica DLX* quer a rubrica DOAP e DOAC podem ser uma importante fonte de descontrolo momentâneo da base monetária. Desde logo a variação dos depósitos à ordem das administrações públicas (rubricas DOAP e DOAC) resulta das decisões de política orçamental, por exemplo na forma de aumento ou diminuição da carga fiscal, que não é determinada pelo Banco Central. Já a variação das disponibilidades líquidas sobre o exterior (DLX*) resulta da medida e do sentido da intervenção do Banco Central no mercado cambial em função das exigências ditadas pelo regime cambial em vigor.

4.2.1. *O Regime Cambial e o Controlo da Base Monetária*

Num regime de câmbios perfeitamente flexíveis a taxa de câmbio flutua livremente no mercado cambial de forma a equilibrar a procura e a oferta de divisas. O Banco Central tem uma intervenção residual no mercado cambial pelo que as DLX* não são uma fonte importante de descontrolo da base monetária. Já num regime de câmbios com taxas fixas, como o regime do padrão-ouro, ou com paridades ajustáveis, como nos exemplos históricos do regime de *Bretton-Woods* e do Sistema Monetário Europeu, o Banco Central é chamado a intervir no mercado cambial, comprando ou vendendo divisas, sempre que a taxa de câmbio de mercado ameace ultrapassar as bandas de flutuação definidas em torno da paridade central, o chamado *peg* central ou oficial, de forma a garantir o objectivo de estabilidade cambial.[46]

Nestas circunstâncias, o valor das DLX* depende destas intervenções no mercado cambial, para além dos saldos registados na balança de pagamentos, pelo que, na ausência de políticas monetárias compensatórias realizadas no mercado monetário (operações de esterilização, ditas também de neutralização), o valor da base monetária e, pela via do multiplicar monetário, o dos agregados monetários, são influenciados pela necessidade de assegurar a estabilidade da taxa de câmbio.

A título de ilustração considere-se um exemplo em que dois países A e B decidem fixar o valor das respectivas moedas à taxa de câmbio oficial, o *peg*, de $\bar{E}_{A/B}$ (a taxa de câmbio central entre ambas as moedas, expressa como o

[46] Evidentemente, sob o regime de taxas de câmbio fixas do padrão-ouro não são intervenções dos Bancos Centrais uma vez que as margens de flutuação são endógenas assim como os mecanismos de ajustamento. Contudo, era habitual a sua realização em ordem a apressar o processo de ajustamento.

número de unidades monetárias da moeda de B por unidade monetária da moeda do país A). Adicionalmente, as margens de flutuação são definidas $x\%$ acima e abaixo da paridade central, representadas pelas linhas horizontais que partem de $(1 \pm x\%)\bar{E}_{A/B}$, o que implica que a taxa de câmbio de mercado é livremente flutuante no interior destas margens, mas não as pode ultrapassar em qualquer sentido; para tanto, os Bancos Centrais são chamados a intervir quando a taxa de câmbio cotada no mercado atinge os valores limite consentidos e definidos, como se disse, por tais margens. Ou seja, a margem superior representa a apreciação (depreciação) máxima permitida à moeda de A (de B), enquanto a margem inferior representa a depreciação (apreciação) máxima permitida à moeda de A (de B). Quando se atinge a margem superior há intervenções dos Bancos Centrais em apoio da moeda de B, concretizadas pela oferta infinitamente elástica da moeda de A àquela cotação e procura da de B, e quando se atinge a margem inferior verifica-se o oposto, ou seja, procura infinitamente elástica da moeda de A à taxa de câmbio correspondente à margem inferior.

A Figura 4-2 a) ilustra as condições vigentes no mercado cambial relativas a estas duas moedas. O eixo vertical quantifica a taxa de câmbio de mercado, $E_{A/B}$, enquanto o eixo horizontal representa a quantidade de unidades monetárias de A aí transaccionadas. A posição da curva da procura e de oferta[47] da moeda do país A depende: *a*) do comércio internacional; *b*) dos movimentos internacionais de capitais; e *c*) das intervenções dos Bancos Centrais dos países A e B.

O equilíbrio inicial de mercado ocorre sobre o ponto 1 para uma taxa de câmbio de equilíbrio $\ddot{E}_{1,A/B}$, no interior das margens consentidas de flutuação, ainda que para um valor distinto do *peg* oficial. Admita-se, porém, que a competitividade da economia do país A se deteriora conduzindo a curva da procura pela sua moeda no mercado cambial para a esquerda, ou seja, para $D_2^{Moeda\ de\ A}$. Se o regime cambial vigente fosse o de taxas de câmbio perfeitamente flutuantes, a nova taxa de câmbio de equilíbrio no mercado seria $\ddot{E}_{2,A/B}$ traduzindo uma forte depreciação da moeda do país A relativamente à de B. Contudo, não sendo este o regime celebrado, os Bancos Centrais vão intervir no mercado comprando a quantidade de moeda de A necessária para estabilizar a sua cotação à taxa de câmbio que define a margem inferior, a troco da moeda de B que é correspondentemente vendida. Neste exemplo, a quantidade comprada da moeda de A pelas autoridades oficiais é igual a Q_aQ_b unidades, como se vê na figura. Para ambos os países isto representa variações nas respectivas DLX*: para A uma diminuição das suas reservas em moeda de B, a moeda forte, e para B um

[47] De facto, em rigor, o traçado da curva da oferta contém uma zona descendente correspondente a valores mais altos da taxa de câmbio, não se apresentando, portanto, com inclinação sempre positiva.

aumento das suas reservas em moeda de A, a moeda fraca. Em termos potenciais isto representa um problema para ambos os países, a saber: a) a eventualidade de perdas continuadas nas DLX* de A, sintoma de que a sua taxa de câmbio está sobreavaliada e de que os mecanismos automáticos de ajustamento não funcionam; b) e a possibilidade de perdas para o balanço do Banco Central de B na eventualidade de a moeda de A ser desvalorizada.

Obviamente, o exercício seria conduzido de modo simétrico se a taxa de câmbio do mercado atingisse a margem superior, caso em que os papéis seriam invertidos.

Figura 4-2: Efeito da Perda de Competitividade do País A

a) Mercado Cambial

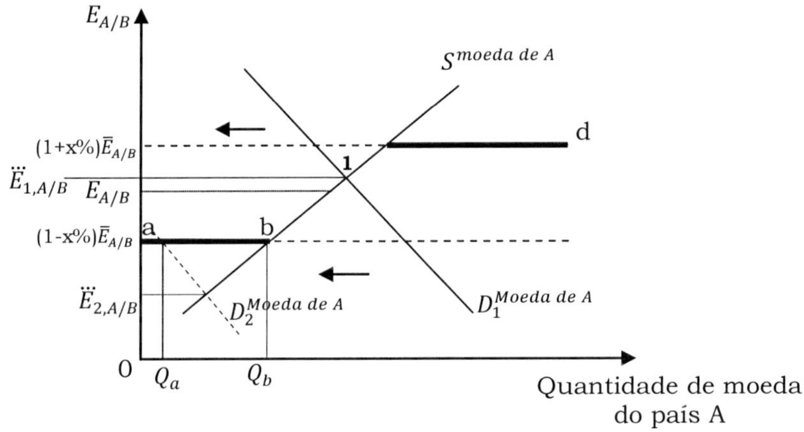

Repare-se agora no que acontece no mercado monetário do país A ilustrado na Figura 4-2 b). Admita-se uma situação inicial de equilíbrio sobre o ponto 1 com uma taxa de juro de equilíbrio igual a i_1^*. A intervenção do Banco Central do país A comprando moeda de A e vendendo moeda de B determina uma redução da base monetária pela via da variação negativa de DLX* e, consequentemente, uma redução do *stock* nominal de moeda na economia pela via do multiplicador monetário (admite-se mais uma vez que não há esterilização da intervenção no mercado cambial).[48] A curva da oferta de moeda desloca-se para a esquerda,

[48] O país A poderia conduzir uma política de esterilização no mercado monetário que consistiria numa operação de cedência de liquidez que neutralizasse o efeito da variação negativa das DLX* sobre a base monetária. Contudo, dessa maneira não se produziriam os ajustamentos necessários para restaurar o equilíbrio da balança de pagamentos, o país perderia continuamente divisas (moeda do país B), pelo que a situação a longo-prazo não seria sustentável (ver secção 14.1)

e o novo equilíbrio ocorre sobre o ponto 2 com uma taxa de juro i_2^* mais elevada. Assim, o país A perde a autonomia na condução da política monetária, que passa a estar adstrita à manutenção da taxa de câmbio ao seu nível oficial, isto é, ao equilíbrio externo. E, de facto, uma das mais importantes características, para efeitos de política económica dos países com taxas de câmbio fixas ou de paridades ajustáveis, é a indisponibilidade de políticas monetárias autónomas.

b) Mercado Monetário do País A

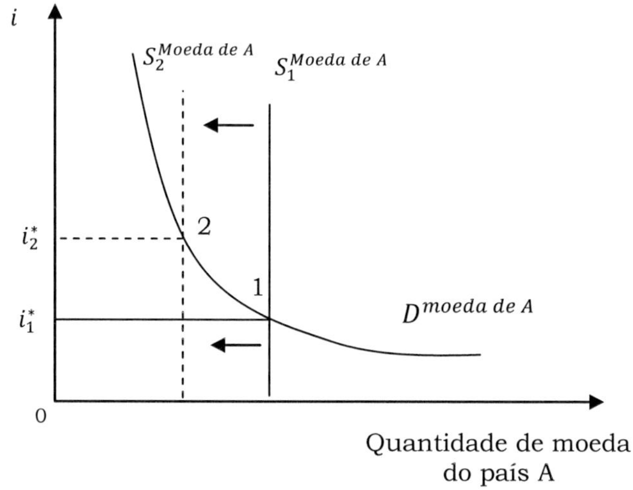

4.2.2. *O Financiamento da Despesa Pública e a Base Monetária*

Considere-se a restrição orçamental das Administrações Públicas:

$$G_t + i_t D_{t-1} = T_t + \Delta D_t + \Delta BM_t \quad (4\text{-}2)$$

De acordo com a Equação (4-2) as despesas primárias das Administrações Públicas, G_t, mais as despesas com o serviço da dívida, $i_t D_{t-1}$, terão que ser financiados por: *i*) receitas fiscais e para-fiscais, por taxas, multas e coimas, e por receitas patrimoniais como juros de aplicações mobiliárias, rendas de imóveis ou alienação de participações em empresas, todas elas representadas no seu conjunto por T_t, isto é, pelas receitas efectivas; *ii*) por nova emissão de dívida pública; ou *iii*) pela emissão de base monetária, ΔBM_t.

Admita-se que para um determinado ano os gastos adicionais das Administrações Públicas na aquisição de bens e serviços ascendem a 150 milhões de euros, e que o valor adicional das receitas previstas e contabilizadas em T_t é de apenas 50 milhões de euros. O saldo orçamental, que antes se encontrava equilibrado, apresenta agora um défice previsto de 100 milhões de euros que tem que ser financiado. Considere-se de seguida o impacto sobre a base monetária e, consequentemente sobre a inflação de três alternativas de financiamento: *i*) cobrança de impostos adicionais; *ii*) nova emissão de dívida pública; *iii*) criação de base monetária.

4.2.2.1. Financiamento Através da Cobrança de Impostos Adicionais

Admita-se que o governo cobra impostos adicionais no montante de 100 milhões de euros, $\Delta T_t = 100$ (operação 1). O governo recebe o valor dos impostos cobrados ao SNMR e deposita o montante na sua conta junto do Banco Central. A consequência é uma diminuição dos depósitos do SNMR nos bancos originando uma diminuição das reservas bancárias pelo mesmo valor. Assim, a operação 1 origina uma diminuição da base monetária em 100 milhões de euros:

$$\Delta BM = \Delta R = -\Delta DOAC = -100$$

Considere-se agora que o governo efectua o pagamento dos bens e serviços aos fornecedores (operação 2). O tesouro paga os bens e serviços adquiridos aos fornecedores, através de cheque, que estes depositam nos seus bancos comerciais. Os depósitos à ordem do SNMR aumentam no valor de 100 milhões de euros assim como as reservas bancárias. A operação 2 dá origem a um aumento da base monetária no valor de 100 milhões de euros:

$$\Delta BM = \Delta R = -\Delta DOAC = +100$$

Tendo em conta as operações 1 e 2, e conforme se pode observar nos balanços seguintes, o financiamento dos gastos públicos através de impostos não gera um aumento da base monetária e, por consequência, também não produz um aumento da massa monetária pela via do efeito multiplicador. Na verdade, quem financia a aquisição dos bens e serviços é o SNMR; as Administrações Públicas assumem-se apenas como intermediários. Tendo em conta a relação existente no longo-prazo entre a quantidade de moeda em circulação e a inflação, a desenvolver no Capítulo 7, esta forma de financiamento dos gastos públicos não é inflacionária.

Variação do Balanço do Banco Central

Activo	Passivo
	(1) $\Delta R = -100$ (1) $\Delta DOAC = +100$ (2) $\Delta R = +100$ (2) $\Delta DOAC = -100$

Variação do Balanço das OIFM

Activo	Passivo
(1) $\Delta R = -100$	(1) $\Delta DOSNM = -100$
(2) $\Delta R = +100$	(2) $\Delta DOSNM = +100$

Variação do Balanço do SNMR

Activo	Passivo
(1) $\Delta DOSNM = -100$	(1) $\Delta Dívidas\ ao\ Estado = -100$
(2) $\Delta DOSNM = +100$ (2) $\Delta Créditos\ sobre\ o\ Tesouro = -100$	

Variação do Balanço do Tesouro

Activo	Passivo
(1) $\Delta DOAC = +100$ (1) $\Delta Créditos\ sobre\ o\ SNMR = -100$	
(2) $\Delta DOAC = -100$	(2) $\Delta Débitos\ a\ fornecedores = -100$

4.2.2.2. *Financiamento Através da Emissão de Nova Dívida Pública*

Admita-se, agora, que as Administrações Públicas decidem financiar o défice orçamental no montante de 100 milhões de euros através da emissão de obrigações do Tesouro com maturidade a 10 anos, $\Delta D_t = 100$.

Considere-se uma operação 1 em que as Administrações Públicas vendem obrigações do tesouro ao SNMR. O governo recebe do SNMR o valor obtido com a venda e deposita o montante na sua conta junto do Banco Central. A consequência é uma diminuição dos depósitos do SNMR nos bancos, levando a uma diminuição das reservas bancárias pelo mesmo valor. Assim, a operação 1 origina uma diminuição da base monetária em 100 milhões de euros.

Considere-se, de seguida, que as Administrações Públicas efectuam o pagamento dos bens e serviços aos fornecedores através de cheque que estes depositam (operação 2). Os depósitos à ordem do SNMR aumentam em 100 milhões de euros, assim como as reservas bancárias. A operação 2 dá origem a um aumento da base monetária no valor de 100 milhões de euros.

$$\Delta BM = \Delta R = -\Delta DOAC = 100$$

Tendo em conta o efeito líquido das operações 1 e 2, e conforme se pode observar nos balanços seguintes, o financiamento dos gastos públicos através da venda de obrigações do tesouro ao SNMR não gera um aumento da base monetária, nem um aumento da massa monetária pela via do multiplicador. As Administrações Públicas apenas trocam dívidas a fornecedores por uma dívida para com os detentores das obrigações do Tesouro. Tal como no caso anterior, o recurso a empréstimos junto do SNMR para financiar os gastos públicos não é inflacionário.

Variação do Balanço do Banco Central

Activo	Passivo
	(1) $\Delta R = -100$ (1) $\Delta DOAC = +100$ (2) $\Delta R = +100$ (2) $\Delta DOAC = -100$

Variação do Balanço das OIFM

Activo	Passivo
(1) $\Delta R = -100$ (2) $\Delta R = +100$	(1) $\Delta DOSNM = -100$ (2) $\Delta DOSNM = +100$

Variação do Balanço do SNMR

Activo	Passivo
(1) $\Delta DOSNM = -100$ (1) $\Delta Créditos\ sobre\ o\ Tesouro = +100$ (2) $\Delta DOSNM = +100$ (2) $\Delta Créditos\ sobre\ o\ Tesouro = -100$	

Variação do Balanço do Tesouro

Activo	Passivo
(1) $\Delta DOAC = +100$ (2) $\Delta DOAC = -100$	(1) $\Delta Empréstimos\ do\ SNMR = +100$ (2) $\Delta Débitos\ a\ fornecedores = -100$

4.2.2.3. Financiamento Através da Criação de Base Monetária

Admita-se, finalmente, que as Administrações Públicas financiam o défice através da emissão e venda de obrigações do tesouro com maturidade de 10 anos directamente ao Banco Central, implicando uma variação da base monetária $\Delta BM_t = 100$. Esta operação designa-se por monetização directa do défice orçamental.

As Administrações Públicas recebem do Banco Central o valor obtido com a venda e depositam o montante na sua conta junto do próprio Banco Central. Esta operação não origina nenhuma variação da base monetária:

$$\Delta BM = \Delta CAP - \Delta DOAC = 0$$

Considere-se depois que as Administrações Públicas efectuam o pagamento dos bens e serviços aos fornecedores (operação 2). Os depósitos à ordem do SNMR aumentam no valor de 100 milhões de euros assim como as reservas bancárias. A operação 2 dá origem a um aumento da base monetária no valor de 100 milhões de euros:

$$\Delta BM = \Delta R = -\Delta DOAC = +100$$

Tendo em conta o efeito líquido das operações 1 e 2, e conforme se pode observar nos balanços seguintes, o financiamento dos gastos públicos através da venda de obrigações do tesouro directamente ao Banco Central gera um aumento da base monetária no montante de 100 milhões de euros. Tendo em conta o mecanismo do multiplicador e a relação existente entre a massa monetária e a inflação, a monetização directa de um défice orçamental persistente pode gerar um processo inflacionário.

Variação do Balanço do Banco Central

Activo	Passivo
(1) $\Delta CAP = +100$	(1) $\Delta DOAC = +100$ (2) $\Delta R = +100$ (2) $\Delta DOAC = -100$

Variação do Balanço das OIFM

Activo	Passivo
(2) $\Delta R = +100$	(2) $\Delta DOSNM = +100$

Variação do Balanço do SNMR

Activo	Passivo
(2) $\Delta DOSNM = +100$ (2) $\Delta Créditos\ sobre\ o\ tesouro = -100$	

Variação do Balanço do Tesouro

Activo	Passivo
(1) $\Delta DOAC = +100$ (2) $\Delta DOAC = -100$	(1) $\Delta Empréstimos\ do\ BC = +100$ (2) $\Delta Débitos\ a\ fornecedores = -100$

Por essa razão o BCE está impedido pelo Artº 104 do Tratado de Maastricht de comprar obrigações do tesouro em mercado primário. O BCE pode, no entanto, comprar obrigações do Tesouro em mercado secundário, e esse tipo de operação, como se constatou no capítulo anterior gera, também, um aumento da base monetária.

Questões de Escolha Múltipla

1. Indique qual das seguintes afirmações está correta:

- ☐ a) As operações de *open market* constituem um fator autónomo de liquidez.
- ☐ b) As facilidades permanentes de liquidez são um fator autónomo de liquidez.
- ☐ c) O controlo que o Banco Central tem sobre a base monetária é menor num regime de câmbios fixos relativamente a um regime de câmbios flutuantes.
- ☐ d) Uma operação de cedência de liquidez não afeta o valor do balanço do Banco Central.
- ☐ e) Mais do que uma das alíneas anteriores está correta.

2. O financiamento da despesa pode gerar tensões inflacionistas quando é feito:

- ☐ a) Através da coleta de impostos.
- ☐ b) Com a alienação de património do Estado.
- ☐ c) Com a emissão de dívida pública que é adquirida pelas famílias.
- ☐ d) Com a emissão de dívida pública que é adquirida pelo Banco Central ainda que em mercado secundário.
- ☐ e) Nenhuma das alíneas anteriores está correta.

3. Qual das seguintes afirmações está correta?

- ☐ a) O Banco Central tem um controlo absoluto sobre a base monetária uma vez que esta é uma rubrica do seu balanço.
- ☐ b) Através da fixação das taxas mínimas de reserva legal o Banco Central exerce um controlo absoluto sobre o multiplicador monetário.
- ☐ c) Os fatores autónomos de liquidez (FAL) são uma fonte de estabilidade da base monetária.
- ☐ d) A política orçamental é uma fonte de perturbação da base monetária.
- ☐ e) Nenhuma das alíneas anteriores está correta.

4. Qual das seguintes afirmações está correta?

- ☐ a) O Banco Central controla de forma absoluta a base monetária, num regime de câmbios fixos.
- ☐ b) O multiplicador monetário é mais estável no curto prazo que no longo prazo.
- ☐ c) No imediato, uma operação realizada entre OIFM e sector residente não monetário afeta a base monetária, mas não os agregados monetários.
- ☐ d) O coeficiente de preferência por liquidez tende a reduzir-se num contexto de forte instabilidade política e social.
- ☐ e) Todas as afirmações anteriores estão incorretas.

5. Qual das afirmações está correta:

- [ ] a) O Banco Central controla a base monetária sobretudo através dos fatores autónomos de liquidez (como por exemplo DLX*).
- [ ] b) O multiplicador monetário é bastante estável e previsível no curto prazo.
- [ ] c) O Banco Central exerce um controlo total sobre o crédito concedido às OIM (COIM).
- [ ] d) No curto prazo a base monetária é perfeitamente controlável pelo Banco Central dado que é constituída por rubricas do seu balanço.
- [ ] e) Nenhuma das alíneas anteriores está correta.

6. Tendo em conta os modelos do multiplicador monetário abordados nas aulas, qual das afirmações está correta:

- [ ] a) O coeficiente de preferência por circulação monetária depende positivamente do rendimento.
- [ ] b) Quanto maior o grau de sofisticação do sistema de pagamentos maior o coeficiente de preferência por circulação monetária.
- [ ] c) O coeficiente de preferência por depósitos a prazo depende negativamente do rendimento.
- [ ] d) A taxa de reserva de segurança é determinada pelo Banco Central.
- [ ] e) Nenhuma das alíneas anteriores está correta.

7. Qual das seguintes questões está correta?

- [ ] a) O financiamento da despesa pública através da cobrança de impostos gera inflação.
- [ ] b) A aquisição de títulos de dívida pública pelo Banco Central em mercado secundário afeta a base monetária.
- [ ] c) O financiamento da despesa pública através da emissão e colocação de dívida pública não gera inflação.
- [ ] d) As alíneas b) e c) estão corretas.
- [ ] e) Nenhuma das alíneas anteriores está correta.

8. Suponha que o Banco Central concedeu financiamento para pagar a dívida pública do seu país. Na sequência desta operação, é natural que:

- [ ] a) Diminua a base monetária.
- [ ] b) Aumentem os impostos.
- [ ] c) Surjam tensões inflacionistas.
- [ ] d) A independência do Banco Central esteja assegurada.
- [ ] e) Os mercados financeiros (e em particular as empresas de *rating*) vejam esta medida como sendo positiva para a estabilidade financeira e monetária do país.

9. O financiamento do défice público pode gerar tensões inflacionistas quando é feito:

☐ a) Através da coleta de impostos.

☐ b) Com a alienação de património do Estado.

☐ c) Com a emissão de dívida pública que é adquirida pelas famílias.

☐ d) Com a emissão de dívida pública que é adquirida pelo Banco Central.

☐ e) Nenhuma das alíneas anteriores está correta.

10. Qual das seguintes questões está correta?

☐ a) O coeficiente de preferência por circulação monetária depende positivamente da importância da economia paralela.

☐ b) A taxa de reserva de segurança depende negativamente da instabilidade dos fluxos de depósitos.

☐ c) O coeficiente de preferência por depósitos a prazo depende negativamente da taxa de poupança.

☐ d) Duas das alíneas anteriores estão corretas.

☐ e) Nenhuma das alíneas anteriores está correta.

5. Instrumentos e Objectivos de Política Monetária

> *"The institutional framework of the single monetary policy is based on two fundamental principles that are indispensable for sound monetary policy-making. First, the central bank's mandate shall focus clearly and unambiguously on maintaining price stability. Second, the central bank shall be independent."*
>
> European Central Bank (2011b)

Neste capítulo, a nossa preocupação é perceber como é concebida e executada a política monetária em ordem a atingir os objectivos que a justificam. Preocupar-nos-emos ainda em ilustrar estes aspectos com base na experiência e práticas do Banco Central Europeu e da Reserva Federal norte-americana, pois em muitas situações relevantes se apresentam com características distintas.

5.1. Estratégia e Táctica de Política Monetária

A concepção e condução da política monetária exigem uma estratégia e uma táctica. A estratégia consiste na identificação dos objectivos finais de política monetária, bem assim como na análise do conjunto da informação relativa às variáveis económicas e monetárias que influenciam o comportamento da variável seleccionada como objectivo final. Pelo contrário, a táctica refere-se à escolha dos processos, ou meios, que possibilitam ao Banco Central realizar com sucesso a sua estratégia, cabendo neste conceito tanto os instrumentos de política monetária quanto os seus objectivos operacionais e intermédios.

O Banco Central Europeu (BCE) erige como sua estratégia os dois elementos seguintes: a) estabilidade dos preços no médio-prazo enquanto objectivo final de política monetária e, b) análise dos riscos à estabilidade dos preços assente em dois pilares de informação: a análise económica e a análise monetária.

Portanto, o objectivo final de política monetária na Zona Euro é a estabilidade dos preços. Este objectivo é de tal modo importante que constitui a única obrigação a que o BCE está subordinado pelos seus estatutos. Este primeiro elemento da estratégia é definido quantitativamente como consistindo numa variação anual do índice harmonizado de preços ao consumidor (HICP[49]) próxima, mas inferior, a 2%, a ser atingida no médio-prazo. Este valor quantitativo significa, de facto, que tanto a inflação quanto a deflação violam a estabilidade dos preços e, por isso, são indesejáveis.[50] Justamente, 2% é a taxa de variação anual no nível geral de preços que o BCE considera ser a margem suficiente para controlar o risco de deflação sem, ao mesmo tempo, fazer perigar o da inflação.[51]

Figura 5-1: Comportamento da Taxa de Inflação na Zona Euro[52]

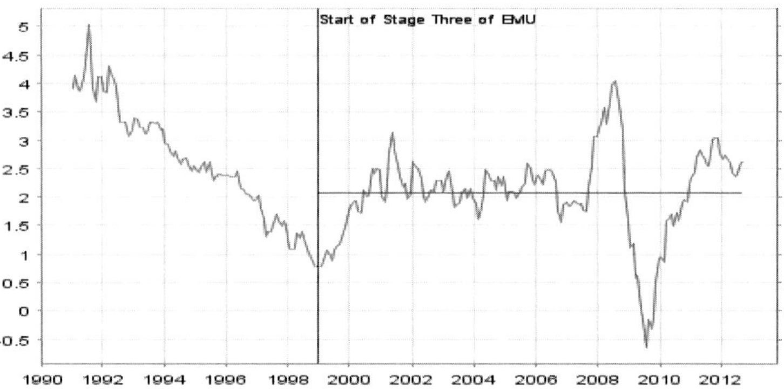

Taxa Média de Inflação medida pelo HICP desde 1999

O ênfase colocado no médio-prazo significa que sobre períodos de tempo mais curtos a taxa de inflação pode divergir, embora não excessivamente, do objectivo estabelecido, sem que isso obrigue o BCE a intervir para corrigir tais desvios. Um dos benefícios deste menor constrangimento temporal é o nível acrescido de flexibilidade permitido ao Banco Central e que este poderá usar, por exemplo, para auxiliar a política orçamental a estabilizar o PIB real[53] ou,

[49] *Harmonized Index of Consumer Prices.*

[50] Pode-se, pois, concluir que há simetria nesta estratégia de política monetária.

[51] Há duas outras explicações para a escolha deste valor, a acrescentar à já referida: 1ª) controlar o risco de o HICP sobre-estimar a verdadeira taxa de inflação; 2ª) controlar o risco de haver diferenciais significativos nas taxas de inflação entre países, a ponto de alguns deles serem constrangidos a viver com taxas de inflação muito baixas, senão mesmo em deflação.

[52] Fonte: Eurostat. Para os anos anteriores a 1996 a taxa de inflação está calculada na base de índices nacionais de preços no consumo não harmonizados.

[53] Do mesmo modo, políticas monetárias orientadas para a estabilização dos preços no curto-prazo poderão ter impactos significativos nas variáveis reais, PIB e emprego, responsáveis por gerarem

então, em apoio da solvência do sistema bancário ou, ainda, como parte activa na resolução dos problemas económicos e financeiros resultantes de crises da dívida soberana.

Quadro 5-1: Composição e Pesos no HICP[54]

Componentes	*Pesos Relativos (%)*	
Soma	*100*	
Preços de Bens		**58.0**
- Alimentos não Processados	7.3	
- Alimentos Processados	11.9	
- Bens Industriais Não Energia	29.3	
- Energia	9.6	
Preço de Serviços		**42.0**
- Serviços de Habitação	10.2	
- Transportes	6.6	
- Comunicação	3.3	
- Recreação e Serviços Pessoais	14.9	
- Diversos	7.1	

O segundo elemento da estratégia consiste na recolha, sistematização, avaliação e relacionamento da informação que o BCE considera relevante para que o Conselho de Governadores, a quem compete deliberar sobre a política monetária, possa formar a sua opinião sobre o comportamento das variáveis capazes de afectar a estabilidade dos preços, habilitando-o a tomar decisões fundamentadas. As análises económica e monetária reconhecem que as ameaças à estabilidade dos preços têm a sua origem numa grande diversidade de factores com diferentes incidências ao longo do horizonte temporal. Os resultados obtidos com as duas análises são confrontados entre si de modo a obter-se uma perspectiva unificada, consistente e coerente sobre as ameaças aos preços, que sirva para se definir uma política monetária credível.

A articulação de ambos os elementos que formam a estratégia do BCE está esquematizada na figura abaixo.

sobre períodos de tempo mais longos instabilidade no nível geral de preços. Este será muito provavelmente o caso na presença de choques do lado da oferta, como foram os choques petrolíferos dos anos 70.

[54] Valores aplicados em 2010. Fonte: ECB (2011, p.65).

Figura 5-2: Articulação entre os Elementos da Estratégia do BCE

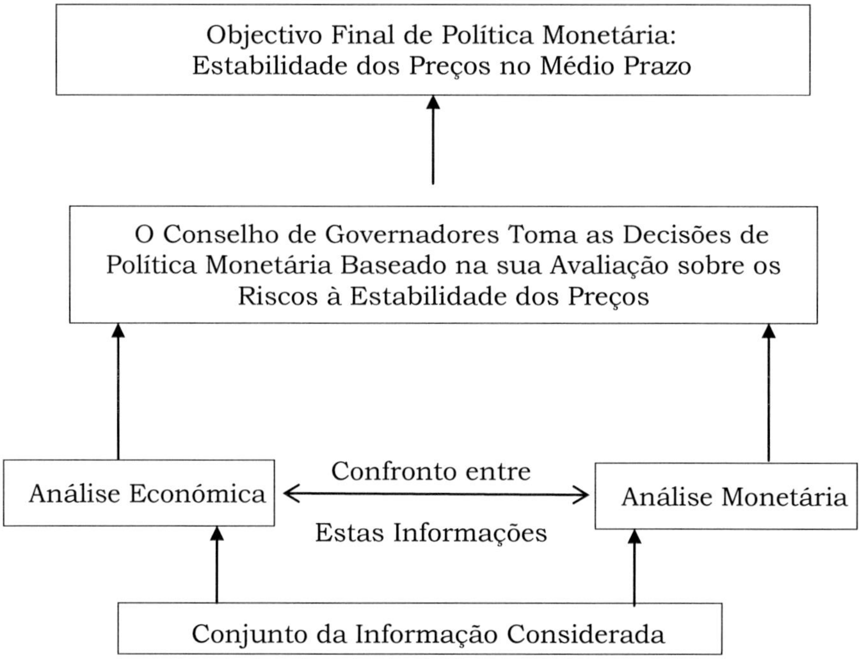

A análise económica tem na devida consideração que a relação entre a procura e a oferta nos mercados dos bens, dos serviços e dos factores de produção pode afectar os preços no curto e médio-prazos. Assim sendo, neste pilar o BCE procura informar-se sobre: a evolução do PIB real, as condições da procura e da oferta no mercado do trabalho, um amplo conjunto de indicadores de preços e de custos, a política orçamental e a balança de pagamentos, os efeitos potenciais dos choques que atinjam a Zona Euro. Cabe também neste pilar analisar a informação pertinente aos mercados financeiros, nomeadamente o comportamento dos preços dos activos financeiros na medida em que, por um lado, as perturbações verificadas nesses mercados se podem transmitir aos mercados reais e, daí, aos preços e, por outro, porque dessa informação se pode concluir àcerca das expectativas dos agentes financeiros quanto ao comportamento futuro dos preços e do PIB real. A partir da análise económica, os serviços do BCE produzem projecções macroeconómicas atinentes às variáveis de interesse que servem para sintetizar em torno de aspectos importantes, de forma coerente e útil para efeitos da política monetária, informação tão abundante e onde, naturalmente, se inclui a relativa à taxa de inflação.[55]

[55] Para exemplo de projecções ver, por exemplo http://www.ecb.europa.eu/pub/pdf/other/ecbstaffprojections201209en.pdf.

A análise monetária concentra-se nas ameaças à estabilidade dos preços no longo-prazo. Isso porque, de acordo com o que a teoria económica estabelece, a inflação é um fenómeno essencialmente monetário e, portanto, as variáveis reais só podem ter um impacto temporário e transitório sobre a taxa de inflação, contrariamente ao que sucede com o comportamento da oferta de moeda que determina efeitos permanentes. A quantidade de moeda em circulação funciona, pois, como uma verdadeira âncora para a orientação da política monetária no longo-prazo. Nestas condições, o Banco Central Europeu definiu uma valor de referência desejado para a taxa anual de crescimento de M3 que, contudo, sendo meramente indicativo, não obriga aquele Banco Central a tomar medidas para eliminar eventuais desfasamentos entre o valor de referência e os valores verificados. Essa taxa de referência é de 4.5%, e foi determinada tendo em conta as previsões quanto às variações seculares na taxa de crescimento do rendimento real e da velocidade rendimento de circulação, e o objectivo definido para a taxa de inflação. Este pilar da estratégia consiste na análise minuciosa dos desenvolvimentos verificados ou esperados nos mercados monetário e de crédito, tendo em vista a antecipação dos seus impactos prováveis sobre a taxa de inflação. A análise prospectiva desenvolve-se a partir de estudos econométricos fundados nos modelos da teoria económica aplicável. A escolha de M3 a fim de servir este propósito, em alternativa a M1 e a M2, justifica-se pela sua maior estabilidade relativa o que, por outro lado, se compreende pelo elevado grau de substitutabilidade entre os componentes que lhe são específicos e os depósitos que integram os dois outros agregados. Contudo, O Banco Central Europeu atribui de facto cada vez menos importância à taxa de crescimento de M3 para atender cada vez mais à análise da evolução das suas componentes e suas possíveis consequências.

Os objectivos finais atribuídos ao FED são explicitados na emenda introduzida em 1977 ao *Federal Reserve Act* de 1913. Segundo ela, compete ao Conselho de Governadores do Banco Central dos Estados-Unidos e ao FOMC (*Federal Open Market Committee*)[56] fomentar, de forma efectiva, os objectivos da maxi-

[56] O FOMC reúne-se habitualmente oito vezes ao ano para definir a política monetária do FED. É constituído, com direito a voto, pelos sete membros do Conselho de Governadores do FED e, ainda, pelo Presidente da Reserva Federal de Nova York e, em regime rotativo, com mandatos de um ano, pelos Presidentes de quatro Bancos da Reserva Federal. Contudo, todos os Presidentes dos Bancos da Reserva Federal participam nas suas discussões, mesmo quando não tenham direito a voto. A presidência deste Conselho cabe ao Presidente do Conselho de Governadores. No exercício das suas competências, o FED goza de independência face ao poder político. A sua relação com o Congresso resume-se ao envio de dois relatórios anuais e a duas audições ao Presidente do FED, em Fevereiro e em Junho. O Presidente dos E.U.A. tem apenas competências para nomear os membros do Conselho de Governadores da Reserva Federal e os respectivos Presidente e Vice-Presidente, sujeito à ratificação do Senado. Os mandatos destes últimos são de quatro anos, enquanto os dos demais membros do Conselho de Governadores são de catorze anos não renováveis.

mização sustentável do emprego, da estabilidade dos preços e de taxas de juro moderadas no longo-prazo. Para tanto, o meio consagrado consiste em, no longo-prazo, promover o crescimento do crédito e dos agregados monetários de acordo com o crescimento do potencial produtivo da economia. No que a este último aspecto diz respeito, tal como sucede com o Banco Central Europeu, estamos perante a explicitação de uma regra nos objectivos para a condução da política monetária.[57] O objectivo para a taxa anual de inflação, definido pela Reserva Federal é de 2%, avaliado pelo índice de preços no consumo com exclusão dos preços dos bens alimentares e da energia.[58]

Ao enunciar outros objectivos para além da estabilidade de preços, percebe-se que o mandato do FED é algo distinto do do BCE. Contudo, apesar disso, a estabilidade dos preços é, de facto, também para os norte-americanos, o principal objectivo na medida em que se entende que é condição necessária para que os restantes possam ser atingidos. Da leitura e interpretação do mandato do FED compreende-se que não se atribui à política monetária qualquer capacidade para afectar os valores potenciais de longo-prazo tanto do crescimento económico quanto do emprego pois é reconhecido que estes são determinados por factores reais. De facto, no que respeita ao PIB e ao emprego, o que se espera da política monetária é que seja um instrumento de estabilização ao longo do ciclo económico, minimizando os desvios do PIB real em relação ao seu valor potencial.[59]

5.1.1. *Os Instrumentos de Política Monetária*

A política monetária é despoletada pela activação dos respectivos instrumentos. Estes agrupam-se em vários tipos, consoante a sua natureza. A primeira classificação que se faz distingue entre instrumentos quantitativos, ou gerais, e instrumentos qualitativos, também conhecidos por selectivos. Os primeiros nomeiam-se assim porque afectam as condições gerais de liquidez em todos os mercados económicos, podendo assim influenciar o comportamento da economia no seu conjunto. Quanto aos selectivos, têm como propósito influenciar as condições de crédito prevalecentes em certos mercados alvo, e só nesses, como, por exemplo, no da habitação, no automóvel, no mercado de capitais, e em outros que facilmente se podem identificar.

Não obstante o que se acaba de escrever, o objectivo desta secção são apenas e tão só os instrumentos gerais, a saber: a) o redesconto; b) as operações de mercado aberto; c) as facilidades permanentes; d) as reservas mínimas legais.

[57] Matéria que será devidamente abordada em capítulo próprio.

[58] *Core Price Index for personal consumption expenditures.*

[59] O *output gap*.

Modernamente apontam-se também as estratégias de comunicação como um instrumento de política monetária de fundamental relevância. Vamos procurar estudar cada um destes nos seus aspectos mais significativos.

5.1.1.1. A Taxa de Redesconto

O redesconto é o mecanismo mais antigo à disposição dos Bancos Centrais para estes influenciarem a liquidez das OIFM. Inicialmente, e a isso se deve a designação que ostenta, as OIFM financiavam-se junto do Banco Central descontando aí os títulos de crédito em carteira com a melhor qualidade,[60] mormente letras e livranças que, por sua vez, elas próprias haviam já previamente descontado à sua clientela. O Banco Central adquiria-os a desconto, aplicando para isso a respectiva taxa de redesconto. O que se espera no âmbito deste instrumento é que as solicitações de financiamento variem negativamente com a taxa de redesconto. Ou seja, quando esta aumenta, a procura de liquidez junto do Banco Central deve baixar, consubstanciando uma política monetária restritiva; pelo contrário, se o Banco Central pretende conduzir uma política monetária expansionista, então espera-se que baixe a taxa de redesconto para estimular a procura de crédito pelas OIFM junto de si.

Hoje em dia a expressão redesconto utiliza-se com uma acepção muito ampla pois, de facto, abarca várias modalidades de concessão de crédito às OIFM pelo Banco Central, e não estritamente o associado ao redesconto tal como enunciado atrás. Desta forma, quando as OIFM se endividam junto do Banco Central, as reservas do sistema aumentam, diminuindo quando estes mesmos débitos são liquidados. Para exemplificar como convém, admitamos que um Banco se financia por via do redesconto em EUR X. As alterações dos balanços nas datas de constituição e de liquidação deste empréstimo, são as que constam nos balanços abaixo, e evidenciadas respectivamente nas linhas a) e b).

Δ Balanço do Banco Central

a)	COIFM[61]	+X	R[62]	+X
b)	COIFM	-X	R	-X

Δ Balanço da OIFM

a)	R	+X	DBC[63]	+X
b)	R	-X	DBC	-X

Importa ter presente que o redesconto não serve somente como instrumento de política monetária, mas igualmente como um mecanismo de que o Banco Central se socorre para cumprir com a sua muito importante função de garante

[60] Em termos dos respectivos riscos de crédito.

[61] Crédito do Banco Central às OIFM.

[62] Reservas das OIFM junto do Banco Central.

[63] Dívidas das OIFM ao Banco Central.

de última instância da estabilidade do sistema financeiro, evitando situações de insolvência que possam lançar dúvidas quanto à capacidade de as instituições bancárias cumprirem com as suas obrigações perante a clientela.

A avaliação dos pontos fortes e fracos dos vários instrumentos de política monetária faz-se seguindo certos indicadores, quais sejam: a) a dimensão, b) a precisão, c) a flexibilidade, e d) os efeitos publicitários. O indicador dimensão significa a capacidade de um instrumento para ter um impacto significativo nas variáveis objectivo da política monetária, sejam elas taxas de juro ou agregados monetários. Ora, porque os balanços das OIFM revelam que o financiamento destas junto do Banco Central tem um peso diminuto no conjunto dos recursos financeiros que mobilizam, não é de esperar que através deste instrumento os Bancos Centrais consigam produzir efeitos significativos. O mesmo acontece com a precisão que é, pois, um ponto fraco deste instrumento; na verdade, a variação da liquidez induzida pela manipulação da taxa de redesconto depende da maior ou menor reacção das OIFM a a essas alterações. Os Bancos Centrais não têm condições para prever, com a segurança que convém à condução de uma política monetária responsável, qual a elasticidade da procura de reservas perante variações na taxa de redesconto. Uma vez que a taxa de redesconto é fixada administrativamente, a tendência é para que ela tenha um carácter de permanência superior àquelas cujos valores são determinados pelo mercado. Sendo assim, as alterações que nelas ocorrem não são factos triviais, merecendo por isso grande repercussão entre os órgãos da comunicação social. Ou seja, a sua relativa rigidez acaba por funcionar como uma vantagem, a de possuir efeitos publicitários significativos, ajudando a transmitir ao público, claramente e com rapidez, as orientações de política monetária prosseguidas pelo Banco Central, facilitando ainda a formação das expectativas dos agentes económicos conformes àquelas orientações. Facilmente daqui se conclui que em ordem a manter esta vantagem, o instrumento taxa de redesconto não pode exibir grande flexibilidade, isto é, sofrer alterações amiúde. Na verdade, as modificações na taxa de redesconto propendem a acompanhar as das taxas de juro oficiais.

A existência deste instrumento esteve envolvida em alguma polémica, de onde naturalmente haveriam de surgir propostas para a sua reforma. A ideia subjacente é a de que este instrumento, se não devidamente gerido, pode ser utilizado pelas OIFM em benefício próprio e em prejuízo das orientações da política monetária, enfraquecendo-a. Segundo os proponentes da chamada teoria do lucro, dada a relativa rigidez desta taxa, seria normal que com desusada frequência ela se situasse abaixo das taxas de juro de mercado. Uma vez que o objectivo dos Bancos é a maximização dos seus lucros, eles tenderiam nesses momentos a financiarem-se junto do Banco Central para conceder crédito às taxas de juro mais altas de mercado, minimizando custos e maximizando receitas financeiras. Nestas circunstâncias, sempre que o Banco Central prosseguisse operações de mercado aberto traduzindo uma política monetária restritiva com a inerente subida das taxas de juro do mercado, as OIFM reagiriam solicitando níveis acrescidos de financiamento por via do redesconto. Em suma, a política monetária sairia enfraquecida porque a liquidez que a autoridade monetária estaria a retirar ao sistema por meio da utilização de outros instrumentos, especialmente pelas operações de mercado aberto, estaria a ser simultaneamente devolvida pelo redesconto. O que o Banco Central estaria a tirar com uma mão, estaria a conceder com a outra! A proposta dos adeptos desta teoria era a eliminação pura e simples do redesconto, por forma a repor toda a eficácia do Banco Central na prossecução das suas orientações. Esta solução radical não teve merecimento porque, como atrás já se disse, o redesconto é também uma importante válvula de segurança do sistema, tal como devidamente enfatizado pelos proponentes da teoria das necessidades. Uma solução para esta questão foi a de se considerar o acesso ao redesconto não como um direito das OIFM, mas antes como um privilégio convenientemente tipificado que se lhes concede. A diferença entre estes dois entendimentos reside na circunstância de que um direito não pode ser coarctado pelo Banco Central que, se assim fosse, se veria sempre obrigado a conceder o crédito rogado. Pelo contrário, o entendimento segundo o qual o acesso a ele é um privilégio implica que o Banco Central é livre de deliberar como entender a respeito desse pedido, concedendo-o ou negando-o, pela totalidade ou pela parte. Por outro lado, esta taxa tem acompanhado os movimentos nas taxas de juro oficiais, tendo ademais as autoridades monetárias deliberado que elas se deveriam manter sistematicamente acima dessas.

5.1.1.1.1. O Redesconto nos E.U.A. e na Zona Euro

Fruto do desenvolvimento dos demais instrumentos de política monetária, nomeadamente das operações de mercado aberto, actualmente pode-se dizer que o redesconto perdeu o carácter de instrumento de política monetária, existindo antes como mecanismo de última instância para garantia da solvência das instituições de crédito do sistema. Na zona euro ele apresenta-se sob a designação de *Emergency Liquidity Assistance* (E.L.A.).

O mecanismo do redesconto vigora nos E.U.A. desde 1913 com a publicação da *Regulation A: Loans to Depository Institutions*, e que se encontra incorporada no *Federal Reserve Act.*[64] Uma das suas características a reter é a possibilidade de, sob determinadas condições recentemente estabelecidas (2010) um indivíduo, ou sociedade, poder aceder a este mecanismo, e não apenas as instituições de

[64] Ver http://www.frbdiscountwindow.org/generalinfo.cfm?hdrID=14&dtlID=.

depósito que fazem parte do sistema da Reserva Federal, no caso de as perturbações financeiras a que estiverem sujeitos terem capacidade para infligir graves impactos na economia. Em geral, o financiamento é de curto-prazo e destina-se a permitir às instituições de depósito ultrapassarem problemas temporários de liquidez causados por factores que lhes são internos ou externos.

Estão convencionadas quatro linhas de crédito: a) crédito primário; b) crédito secundário; c) crédito sazonal; d) crédito de emergência.

O crédito primário é concedido, por norma, numa base de muito curto-prazo, geralmente *overnight*, a instituições de depósito exibindo uma sólida situação financeira. O prazo do financiamento poderá ser de algumas semanas se no entender do Banco da Reserva Federal essa instituição não tiver condições para se financiar no mercado a taxas de juro razoáveis. A concessão deste tipo de crédito é imediata, e em ordem à sua atribuição o Banco Central não exige, desde 9 de Janeiro de 2003, que a instituição de depósito em causa procure primeiro outras fontes de financiamento. A Reserva Federal não requer que o pedido seja fundamentado, nem tão pouco qualquer documentação de suporte, e os fundos assim obtidos podem ser livremente utilizados em quaisquer aplicações.[65] O crédito primário é o que, no conjunto dos quatro, se apresenta com a maior importância, o que explica que frequentemente se utilize a expressão taxa de redesconto para, de facto, designar a taxa de juro aplicável no crédito primário. Com excepção da taxa praticada no crédito sazonal, esta é a mais baixa das praticadas pelo mecanismo do redesconto; em todo o caso, para impedir os receios expostos pela teoria do lucro, ela é sempre superior ao da taxa objectivo dos fundos federais; neste momento, a taxa de juro do crédito primário é de 0.75%.[66]

O crédito secundário é atribuído a instituições de depósito não elegíveis para a concessão de crédito primário por enfrentarem graves problemas de liquidez. Por norma, tem maturidades de muito curto-prazo. Todavia, em situações excepcionais segundo a avaliação feita pela Reserva Federal, o crédito é atribuído a mais longo-prazo para lhes permitir o tempo julgado necessário para a boa resolução dos seus graves problemas financeiros. A concessão destes empréstimos está condicionada ao cumprimento de vários requisitos, e os fundos obtidos não podem ser utilizados na expansão dos activos da instituição devedora. A taxa de juro praticada é maior do que a aplicável ao crédito primário; actualmente ascende a 1.25%.

[65] Também desde 9 de Janeiro de 2003.

[66] A taxa de juro objectivo dos fundos federais situa-se entre 0% e 0.25% neste momento (27 de Novembro de 2012).

O crédito sazonal é dirigido a pequenas e médias instituições de depósito que sofrem movimentos sazonais significativos nos montantes dos depósitos recebidos e nos pedidos de concessão de crédito. Especificamente, dirige-se a bancos com forte penetração nos sectores agrícola e turístico. A maturidade destes empréstimos é superior ao praticado nos dois tipos precedentes de maneira a evitar que esses bancos sejam forçados a constituir carteiras com uma participação relativamente elevada de activos líquidos que limitassem a sua capacidade para conceder crédito aos agentes locais fora desses períodos. Para poderem beneficiar desta linha de crédito, os bancos têm previamente que obter o seu acesso a ele, comprovando a sua elegibilidade. As instituições de depósito com uma deficiente estrutura de capitais, nomeadamente falta de liquidez, não são elegíveis para crédito sazonal. A taxa de juro aplicável é flutuante em função das taxas de juro cotadas no mercado; neste momento[67] é de 0.05% e é uma média de taxas de juro de mercado seleccionadas.

Por seu lado, o crédito de emergência é atribuído sob circunstâncias excepcionais e particularmente exigentes a indivíduos e a empresas que não sejam instituições de depósito e que, segundo juízo feito pelo Banco da Reserva Federal, não disponham de fontes de financiamento alternativas, e cuja falta de liquidez é capaz de causar graves danos à economia. No entanto, na sequência da aprovação do *Dodd-Frank Wall Street Reform and Consumer Protection Act (Dodd-Frank Act)*, de 21 de Julho de 2010, a Reserva Federal só está autorizada a conceder este tipo de crédito de forma indirecta, ou seja, desde que se cumpram algumas condições, quais sejam, que se trate de um programa com um vasto número de entidades elegíveis, sob aprovação do Secretário do Tesouro e que tenha como finalidade injectar liquidez no sistema financeiro.

[67] Desde 10 de Setembro de 2014.

Quadro 5-2: Taxas de Redesconto Actualmente em Vigor[68]

Current Discount Rates			
District	Primary Credit Rate	Secondary Credit Rate	Effective Date
Boston	0.75%	1.25%	02-19-2010
New York	0.75%	1.25%	02-19-2010
Philadelphia	0.75%	1.25%	02-19-2010
Cleveland	0.75%	1.25%	02-19-2010
Richmond	0.75%	1.25%	02-19-2010
Atlanta	0.75%	1.25%	02-19-2010
Chicago	0.75%	1.25%	02-19-2010
St. Louis	0.75%	1.25%	02-19-2010
Minneapolis	0.75%	1.25%	02-19-2010
Kansas City	0.75%	1.25%	02-19-2010
Dallas	0.75%	1.25%	02-19-2010
San Francisco	0.75%	1.25%	02-19-2010

Como se escreveu atrás, a concessão de assistência de emergência à liquidez das instituições de crédito da zona euro não cabe no perímetro da política monetária. A sua concessão, assim como os respectivos custos e riscos, cabem em exclusivo aos Bancos Centrais nacionais, e qualificam-se para a ela aceder os Bancos que não tenham acesso a outras fontes de liquidez, na condição de serem solventes e de aqueles problemas serem temporários e não estruturais. Todavia, os Bancos Centrais nacionais são obrigados a comunicar a concessão destas linhas de financiamento ao Banco Central Europeu nos dois dias úteis seguintes. A taxa de juro que remunera este financiamento é de 1.55% actualmente, significativamente acima da taxa de juro praticada nas operações principais de refinanciamento. Nos termos do artigo 14.4 dos Estatutos do Sistema Europeu de Bancos Centrais e do Banco Central Europeu, o Conselho de Governadores está autorizado a restringir o acesso ao mecanismo se considerar que a sua utilização põe em perigo a consecução dos objectivos de política monetária, e desde que haja uma maioria de pelo menos dois terços de votos expressos nesse sentido. A 4 de Fevereiro de 2015, o Conselho de Governadores do Banco Central

[68] Fonte: http://www.frbdiscountwindow.org/currentdiscountrates.cfm?hdrID=20&dtlID=51. Esta série de valores iguais é reproduzida da fonte oficial atrás referida pois, apesar da redundância numérica, reflecte os arranjos institucionais vigentes. Por um lado, as taxas de redesconto devem ser definidas por cada um dos distritos da Reserva Federal atendendo às condições específicas no território coberto por cada uma delas; por outro, as mesmas tendem a ser definidas de forma coordenada no quadro do conjunto do sistema da Reserva Federal em condições onde prevalece a simetria de choques em todo o território dos E.U.A.

Europeu declarou suspensa a utilização como colateral pelos Bancos gregos de títulos de dívida pública emitidos pelo respectivo Estado, assim como de outros títulos emitidos com garantia do Estado grego; em consequência desta decisão, os Bancos gregos deixaram de ter acesso às linhas normais de financiamento do Banco Central Europeu, passando a partir daí a suprir as suas necessidades de liquidez acedendo a uma linha aberta pelo E.L.A. com um valor máximo fixado em 59.50 mil milhões de euros.

5.1.1.2. As Operações de Mercado Aberto

As operações de mercado aberto são o mais importante dos instrumentos de política monetária. Isso deve-se às suas vantagens comparativas que, em termos da taxinomia aludida acima, se apresentam superiores em relação a todos os outros instrumentos quanto à dimensão, precisão e flexibilidade. A sua única desvantagem está na falta de efeitos publicitários relevantes. Efectivamente, no que respeita à dimensão, com as operações de mercado aberto as autoridades monetárias podem provocar as variações que pretendam, grandes ou pequenas, nos objectivos operacionais; por isso mesmo elas servem para conduzir tanto políticas monetárias defensivas como ofensivas, estas ditas também de dinâmicas. Esta distinção entre tipos de políticas monetárias é importantes porque põe em destaque as motivações das autoridades monetárias e, eventualmente, a intensidade das medidas de política monetária tomadas.

Por política monetária defensiva entendemos aquela que se destina a eliminar os desvios entre os objectivos previamente definidos e prosseguidos pelas autoridades monetárias, e os valores efectivamente verificados para eles. Estes desvios são comuns porque toda a política monetária é conduzida na base de previsões quanto à procura e à oferta de liquidez pelo sistema bancário que, muito naturalmente, podem não se verificar exactamente. Portanto, é preciso que o Banco Central intervenha para corrigir erros e recolocar a política monetária na trajectória por si pretendida. Estas são as operações de *fine-tuning* ou, em português, de regularização. Já as operações ofensivas, ou dinâmicas, destinam-se a executar novas orientações de política monetária, permitindo passar de uma política monetária expansionista para outra que seja contraccionista e vice-versa, ou, então, alterar a intensidade com que são prosseguidas. Quando a Reserva Federal e o BCE foram ao longo do tempo reduzindo gradualmente as suas taxas de juro oficiais para os níveis actuais, estavam a pôr em prática políticas monetárias ofensivas.

A precisão é outro dos apanágios deste instrumento, o que quer dizer que o Banco Central consegue provocar alterações nos valores das variáveis objectivo nos montantes exactos a que aspira. Por último, a flexibilidade resulta da possibilidade de as orientações de política monetária poderem ser rapidamente alteradas por recurso a este instrumento; dito de outro modo, a política monetária pode ser restritiva durante a manhã e tornar-se expansionista à tarde.

5.1.1.2.1. A Sistematização das Operações de Mercado Aberto

As operações de mercado aberto formam um conjunto assaz heterogéneo, classificável segundo vários parâmetros. Desde logo, a sistematização pode-se fazer segundo as operações específicas e em concreto que realizam tal conjunto, prosseguindo com o impacto que têm sobre a liquidez do mercado (absorção ou cedência), discricionariedade das operações, forma, maturidades, frequência e procedimentos adoptados. Podemos ilustrar tudo quanto se acaba de escrever com base no caso concreto do BCE que apresentamos no quadro seguinte.[69]

Quadro 5-3: A Sistematização das Operações de Mercado Aberto, o Caso do BCE

As Operações de Mercado Aberto	**Tipos de Transacções**		**Maturidade**	**Frequência**	**Procedimento**
	Cedência de Liquidez	Absorção de Liquidez			
Operações Principais de Refinanciamento (MRO)	Operações Reversíveis	-	1 semana	Semanal	Leilões Normais
Operações de Refinanciamento a Prazo Alargado (LTRO)	Operações Reversíveis	-	3 meses	Mensal	Leilões Normais
Operações Ocasionais de Regularização	Operações Reversíveis	Operações Reversíveis	Não Normalizado	Não Regular	Leilões Rápidos
	Swaps Cambiais	*Swaps* Cambiais			
	-	Constituição de Depósitos a Prazo Fixo Remunerados			Procedimentos Bilaterais
Operações Estruturais	Operações Reversíveis	Emissão de Certificados de Dívida	Normalizado /Não Normalizado	Regular e Não Regular	Leilões Normais
	Transacções Definitivas (compra)	Transacções Definitivas (venda)	-	Não Regular	Procedimentos Bilaterais

Da leitura da primeira coluna deste quadro percebemos imediatamente que há quatro operações classificáveis como de mercado aberto. Algumas delas servem exclusivamente para injectar liquidez no sistema bancário, tal como sucede com as operações principais de refinanciamento e também com as de refinan-

[69] Fonte: http://www.ecb.int/mopo/implement/intro/html/index.en.html.

ciamento a prazo alargado. Contudo, outras há que servem quer para injectar liquidez quer para a absorver, isto é, reduzi-la, sendo assim tanto com as operações ocasionais de regularização como com as operações estruturais. Por sua vez, a liquidez em causa tanto pode sê-la na moeda com curso legal no território onde o Banco Central exerce as suas competências, o EURO, como em moeda estrangeira para garantir a boa fluidez do sistema internacional de pagamentos e o desenvolvimento dos fluxos reais entre países. Este segundo desiderato atinge-se por meio dos *swaps* cambiais.[70] Quanto à forma, as operações podem revestir várias modalidades, desde os *repos* ou *reverse repos*,[71] passando pelas operações de compra e de venda definitivas de títulos mobiliários, pela emissão de certificados de dívida pelo Banco Central e, por último, pelo direito que a este se reconhece de, nos casos que em seu entender o justifiquem, obrigar as contrapartes[72] à constituição nele de depósitos remunerados. No que respeita aos prazos das operações,[73] em alguns casos eles estão pré-estabelecidos, razão porque se mantêm inalterados quaisquer que sejam as operações em concreto. Em outras situações, porém, o Banco Central necessita de flexibilidade para cumprir eficazmente as suas funções e, quando assim é, os prazos não são normalizados, antes a autoridade monetária os estabelece discricionariamente conforme o aconselhem as circunstâncias. A frequência dessas operações pode igualmente estar sujeita a regras, e se estas não existirem, então a frequência depende da discricionariedade da autoridade monetária. As operações principais de refinanciamento realizam-se semanalmente, enquanto as de prazo alargado acontecem mensalmente;[74] têm, pois, um carácter regular. Já as operações ocasionais de regularização, ou de *fine tuning*, têm frequência não regular, pois efectuam-se apenas e só quando o Banco Central entende que elas se justificam no quadro de políticas monetárias defensivas. Por fim, os procedimentos são os dos leilões normais, o dos leilões rápidos e o dos procedimentos (acordos) bilaterais.

5.1.1.2.1.1. As Operações Principais de Refinanciamento

As operações principais de refinanciamento são as mais importantes por ser principalmente através delas que o BCE fornece liquidez às OIFM, nor-

[70] Estes *swaps* cambiais têm sido realizados nas moedas fortes: USD, JPY e CHF, e com particular incidência no decurso da recente crise financeira ainda em curso. Um *swap* cambial é a combinação de duas transacções cambiais com datas valor diferentes, uma à vista (*spot*) e outra a prazo (*forward*).

[71] Respectivamente, operações reversíveis e operações reversíveis inversas (ver Fernandes et al., Almedina, 2013).

[72] Designação dada aos Bancos com acesso directo às operações conduzidas pelo Banco Central.

[73] As respectivas maturidades.

[74] Claro que a autoridade monetária tem toda a capacidade para, se assim o entender, alterar os prazos e a frequência das operações.

malmente com o intuito de atingir o valor objectivo definido para a taxa de juro *overnight*[75] e de sinalizar as orientações de política monetária. Em condições excepcionais de crise, ou de ameaça de crise financeira que ponha em risco a solvabilidade e a confiança do público no sistema bancário, o Banco Central vale-se também destas operações para disponibilizar a liquidez compatível com o regular funcionamento do sistema bancário. São operações regulares, de frequência semanal e com maturidade também semanal. Estas operações fazem-se contra entrega de garantias ao Banco Central por parte das OIFM de forma a protegê-lo do risco de crédito.[76]

As operações principais de refinanciamento cumprem-se através de leilões normais lançados pelo BCE para uma determinada oferta de liquidez, e anunciados previamente segundo um calendário pré-estabelecido. De novo, em circunstâncias excepcionais, como aquelas que correm desde Outubro de 2008,[77] o BCE pode decidir disponibilizar liquidez às contrapartes em regime de *full-allotment*, o que implica oferecer toda a liquidez procurada à taxa fixa por si determinada. Com taxa de juro fixa, as contrapartes limitam-se a licitar a quantidade de liquidez que desejam. Mas se o sistema for o de taxa variável, as contrapartes licitam tanto a liquidez quanto a taxa de juro que pretendem pagar para a conseguir. Há sempre rateio na condição de a procura de liquidez exceder a sua oferta. A experiência mostrou haver tendência para sobre-licitação quando os leilões são a taxa fixa, e sub-licitação quando feitos a taxas variáveis. O BCE começou por adoptar o sistema de taxas fixas, passando para o de taxas variáveis em 27 de Junho de 2000, regressando de novo ao leilão a taxas fixas na operação de 15 de Outubro de 2008, situação que ainda se mantém neste momento.

Em leilões a taxa variável as autoridades monetárias podem sinalizar as suas orientações divulgando a taxa de juro mínima que estão dispostas a aceitar. Começam por satisfazer as licitações mais favoráveis, aquelas que oferecem taxas de juro mais altas, evoluindo progressivamente para as licitações a taxas de juro sucessivamente mais baixas até se ter esgotado a oferta. A taxa de juro mais baixa à qual tenha havido adjudicação e, portanto, aquela com a qual a oferta se esgota é a taxa marginal de colocação.

[75] Avaliada em termos da EONIA (*Euro Overnight Index Average*) que resulta de um *fixing* calculado a partir das taxas correspondentes praticadas no mercado monetário inter-bancário a uma certa hora dos dias úteis.

[76] Perante a crise da dívida soberana no seio da zona euro, os requisitos exigidos pelo BCE relativamente à qualidade do colateral nas operações de financiamento que realiza às contrapartes do sistema têm sido relaxados, de maneira a garantir o adequado fluxo de liquidez.

[77] Data das primeiras medidas tomadas pelo BCE suscitadas pela crise financeira na sequência da falência do *Lehman Brothers*.

Quando as licitações se fazem a taxas variáveis é preciso saber se prevalecem as normas do leilão americano ou se, diversamente, se aplica o leilão holandês. Se for o leilão americano isso implica que as taxas de juro efectivamente suportadas pelas contrapartes são as que licitaram e às quais lhes foi adjudicada liquidez, implicando que pagarão diferentes taxas de juro pela liquidez obtida; se, todavia, se aplicar o leilão holandês, a taxa de juro será a mesma para todos e também para todas as adjudicações de liquidez, e igual à taxa marginal de colocação. O BCE aplica o leilão holandês, sendo este preferido à alternativa porque aumenta a probabilidade da colocação das emissões. Para tornar o sistema mais eficiente, o Banco Central publica todas as semanas as necessidades de liquidez por si previstas para o sistema bancário para o período até ao dia anterior à liquidação da operação principal de refinanciamento seguinte.

Quadro 5.4: Exemplo de Um Leilão a Taxa Variável

O BCE, numa das suas operações principais de refinanciamento semanal, decide colocar uma oferta de EUR 150 milhões a taxa de juro variável, segundo o sistema de leilão holandês. Há 3 contrapartes que apresentam propostas: os Bancos A, B e C.

Taxas de Juro Licitadas - %	Montantes em milhões de Euros				
	Banco A	Banco B	Banco C	Total das Propostas	Propostas Acumuladas
2.45	5	0	0	5	5
2.40	7	9	6	22	27
2.35	10	10	12	32	59
2.30	17	15	20	52	111
2.25	20	25	25	70	181
2.20	32	35	40	107	288

Todas as propostas acima de 2.25% são satisfeitas. A satisfação destas propostas implica a adjudicação de EUR 111 milhões. Restam, portanto, EUR 39 milhões para colocar. As propostas à taxa de juro de 2.25% somam EUR 70 milhões. Portanto, só é possível satisfazer $\frac{39}{70} * 100 = 55.714\%$ da procura a esta taxa, com o que a oferta se esgota. A taxa marginal de colocação é, pois, 2.25%. Licitações a taxas inferiores a esta não são satisfeitas.

Colocação à Taxa Marginal					
Taxa de Juro - %	Banco A	Banco B	Banco C	Adjudicado	
2.25	11.14286	13.92857	13.92857	39	

Colocação da Oferta					
Taxa de Juro - %	Banco A	Banco B	Banco C		
2.45	5	0	0	5	5
2.40	7	9	6	22	27
2.35	10	10	12	32	59
2.30	17	15	20	52	111
2.25	11.14286	13.92857	13.92857	39	150
Total Adjudicada a Cada Contraparte	50.14286	47.92857	51.92857		150

Uma vez que se trata de um leilão holandês, todos pagam a taxa única de 2.25%. Se o leilão fosse do tipo americano, cada contraparte pagaria as taxas de juro diferenciadas correspondentes a cada uma das fracções adjudicadas.

Em termos do registo nos balanços apresentados no capítulo 4, esta operação dá origem aos seguintes movimentos:

Balanço Consolidado do Eurosistema

Activo	Passivo
$\Delta COIFM$ ΔOCL $= +150$	$\Delta R = +150$

Balanço Consolidado das OIFM

Activo	Passivo
$\Delta R = +150$	$\Delta COIFM$ ΔOCL $= +150$

Balanço Consolidado das IFM

Activo	Passivo

$$\Delta M1 = \Delta M2 = \Delta M3 = 0$$
$$\Delta BM = +150$$

Verifica-se que uma operação de *open market* de cedência de liquidez não tem um efeito imediato nos agregados monetários, mas faz aumentar a base monetária.

Admita-se, agora, que passado uma semana os bancos comerciais terão que devolver a liquidez emprestada e pagar um juro calculado à taxa de colocação marginal de 2.25%

Banco (contraparte)	Montante a pagar pelos bancos comerciais na maturidade (Milhões de Euros)
A	$50.14286 \times \left(1 + \frac{0.0225}{52}\right) = 50.16456$
B	$47.92857 \times \left(1 + \frac{0.0225}{52}\right) = 47.94931$
C	$51.92857 \times \left(1 + \frac{0.0225}{52}\right) = 51.95104$
Total	150.0649

Os balanços seguintes mostram o impacto da operação de reporte do acordo de recompra:

Balanço Consolidado do Eurosistema

Activo	Passivo
$\Delta COIFM$ $\Delta OCL = -150$	ΔR $= -150.0649$ ΔDIV^{**} $= +0.0649$

Balanço Consolidado das OIFM

Activo	Passivo
ΔR $= -150.0649$	$\Delta COIFM$ $\Delta OCL = -150$ ΔDIV^{*} $= -0.0649$

Balanço Consolidado das IFM

Activo	Passivo

$$\Delta M1 = \Delta M2 = \Delta M3 = 0$$

$$\Delta BM = -150.0649$$

O quadro que se segue reproduz o calendário indicativo das operações regulares para o primeiro semestre de 2013:[78] anúncio dos leilões, colocação e liquidação das operações de refinanciamento.

Calendário Indicativo das Operações de Regulares de Leilão do Eurosistema de 2013.[79]

	Janeiro 2013		Fevereiro 2013		Março 2013		Abril 2013		Maio 2013		Junho 2013
01 ter		01 sex		01 sex		01 seg		01 qua		01 sáb	
02 qua	OPR an.	02 sáb		02 sáb		02 ter	OPR coloc.	02 qui	OPR liq.	02 dom	
03 qui	OPR coloc./OPR liq.	03 dom		03 dom		03 qua	OPR liq.	03 sex		03 seg	OPR an.
04 sex		04 seg	OPR an.	04 seg	OPR an.	04 qui		04 sáb		04 ter	OPR coloc.
05 sáb		05 ter	OPR coloc.	05 ter	OPR coloc.	05 sex		05 dom		05 qua	OPR liq.
06 dom		06 qua	OPR liq.	06 qua	OPR liq.	06 sáb		06 seg	OPR an.	06 qui	
07 seg	OPR an.	07 qui		07 qui		07 dom		07 ter	OPR coloc.	07 sex	
08 ter	OPR coloc.	08 sex		08 sex		08 seg	OPR an.	08 qua	OPR liq.	08 sáb	
09 qua	OPR liq.	09 sáb		09 sáb		09 ter	OPR coloc.	09 qui		09 dom	
10 qui		10 dom		10 dom		10 qua	OPR liq.	10 sex		10 seg	OPR an.
11 sex		11 seg	OPR an.	11 seg	OPR an.	11 qui		11 sáb		11 ter	OPR coloc.
12 sáb		12 ter	OPR coloc.	12 ter	OPR coloc.	12 sex		12 dom		12 qua	OPR liq.
13 dom		13 qua	OPR liq.	13 qua	OPR liq.	13 sáb		13 seg	OPR an.	13 qui	
14 seg	OPR an.	14 qui		14 qui		14 dom		14 ter	OPR coloc.	14 sex	
15 ter	OPR coloc.	15 sex		15 sex		15 seg	OPR an.	15 qua	OPR liq.	15 sáb	
16 qua	OPR liq.	16 sáb		16 sáb		16 ter	OPR coloc.	16 qui		16 dom	
17 qui		17 dom		17 dom		17 qua	OPR liq.	17 sex		17 seg	OPR an.
18 sex		18 seg	OPR an.	18 seg	OPR an.	18 qui		18 sáb		18 ter	OPR coloc.
19 sáb		19 ter	OPR coloc.	19 ter	OPR coloc.	19 sex		19 dom		19 qua	OPR liq.
20 dom		20 qua	OPR liq.	20 qua	OPR liq.	20 sáb		20 seg	OPR an.	20 qui	
21 seg	OPR an.	21 qui		21 qui		21 dom		21 ter	OPR coloc.	21 sex	
22 ter	OPR coloc.	22 sex		22 sex		22 seg	OPR an.	22 qua	OPR liq.	22 sáb	
23 qua	OPR liq.	23 sáb		23 sáb		23 ter	OPR coloc./ORPA an.	23 qui		23 dom	
24 qui		24 dom		24 dom		24 qua	OPR liq./ORPA coloc.	24 sex		24 seg	OPR an.
25 sex		25 seg	OPR an.	25 seg	OPR an.	25 qui	ORPA liq.	25 sáb		25 ter	OPR coloc./ORPA an.
26 sáb		26 ter	OPR coloc./ORPA an.	26 ter	OPR coloc./ORPA an.	26 sex		26 dom		26 qua	OPR liq./ORPA coloc.
27 dom		27 qua	OPR liq./ORPA coloc.	27 qua	OPR liq./ORPA coloc.	27 sáb		27 seg	OPR an.	27 qui	ORPA liq.
28 seg	OPR an.	28 qui	ORPA liq.	28 qui	OPR an./ORPA liq.	28 dom		28 ter	OPR coloc./ORPA an.	28 sex	
29 ter	OPR coloc./ORPA an.			29 sex		29 seg	OPR an.	29 qua	OPR liq./ORPA coloc.	29 sáb	
30 qua	OPR liq./ORPA coloc.			30 sáb		30 ter	OPR coloc.	30 qui	ORPA liq.	30 dom	
31 qui	ORPA liq.			31 dom				31 sex			

Notas:

1) Os feriados do TARGET2 são indicados a vermelho.
2) Os períodos de manutenção de reservas mínimas estão separados por uma linha dupla.
3) OPR: operação principal de refinanciamento; ORPA: operação de refinanciamento de prazo alargado; an.: anúncio; coloc.: colocação; liq.: liquidação.

[78] Está disponível o calendário para todo o ano, como é de norma.
[79] Fonte: http://www.ecb.int/press/pr/date/2011/html/pr110520_1_tender2013.pt.pdf.

A taxa marginal de colocação nas operações principais de refinanciamento atingiu um dos seus valores mais altos em 9 de Julho de 2008, com 4.25%; a partir daí, o Conselho de Governadores do BCE tem-na reduzido sucessivamente até ao valor mínimo que prevalece nesta data, 0.05%.[80]

5.1.1.2.1.2. Operações de Refinanciamento a Prazo Alargado

O objectivo deste mecanismo de injecção de liquidez é permitir a constituição de um portefólio de maturidades, evitando que toda ela se vença a uma semana. A maturidade normal é de 3 meses, porém, o BCE decidiu, desde Outubro de 2008, admitir maturidades mais longas: 6 meses, 12 meses, e mesmo duas operações a 36 meses, estas com opção de liquidação antecipada.[81] Além disso, neste quadro de excepção, são admitidas operações destas com frequências e maturidades irregulares, e não só necessariamente mensais e sujeitas a um calendário pré-estabelecido.[82]

Por norma, com estas operações a mais longo-prazo, o BCE não pretende emitir sinais ao mercado quanto às suas orientações de política monetária e, por isso, não pretende controlar a respectiva taxa de juro; pelo contrário, posiciona-se como tomador das taxas de juro correspondentes. Mas, mais uma vez, as circunstâncias anómalas que se vivem, fez com que o Conselho de Governadores tomasse a decisão de fazer estes leilões a taxa de juro fixa[83] e com *full allotment*.

5.1.1.2.1.3. As Operações Ocasionais de Regularização

Sobre o significado e conteúdo destas operações não há muito mais a acrescentar ao que já foi dito. Isso sim, pela sua relativa complexidade, vale a pena ilustrar

[80] Este movimento descendente foi interrompido em 13 de Abril e 13 de Julho de 2011 quando subiram para, respectivamente, 1.25% e 1.50%, voltando de novo a baixar a partir de então até ao nível actual apontado no texto acima. Outras medidas tomadas no período com o mesmo intuito de injectar a liquidez necessária para estabilizar o sistema financeiro e financiar a economia, foi o alargamento no número de contrapartes. Na verdade, o número médio de contrapartes que participavam nas operações de refinanciamento era de 360 antes da crise, passando depois disso para mais do que 800, entre as quais se inclui o *Bank of International Settlement* (BIS). Adicionalmente foram diminuídas as exigências quanto aos títulos admitidos como colateral pelo BCE, facilitando o acesso ao financiamento das contrapartes (ECB, *Monthly Bulletin*, 2010, pp. 59-74).

[81] Por deliberação do Conselho de Governadores de 8 de Dezembro de 2011 foi lançada uma operação com maturidade aproximada de 13 meses (ECB, 2011, pp.190-193).

[82] Desde logo as duas operações a 36 meses.

[83] Muito embora a operação a 3 meses efectuada em 28 de Abril de 2010 o tenha sido a taxa de juro variável. A taxa de juro fixa aplicável pode ser a média das taxas de juro fixas vencidas para as operações principais de refinanciamento ocorridas até à maturidade das operações de refinanciamento a prazo alargado.

como se concretizam as operações de *swaps* cambiais de absorção de liquidez.[84] O exemplo que se segue tem esse propósito.

Quadro 5-5: Exemplo de *Swap* para Absorção de Liquidez

EXEMPLO DE *SWAP* CAMBIAL A TAXAS VARIÁVEIS PARA ABSORÇÃO DE LIQUIDEZ

O Banco Central decide *colocar EUR 250 milhões numa operação* swap *contra USD a taxa variável*, ao prazo correspondente à operação *forward. A taxa de câmbio spot é EUR/USD 1.4545.*

	Licitações das Contrapartes				
Pontos *Swap* (*1000)	Banco 1	Banco 2	Banco 3	Total das Propostas	Propostas Acumuladas
8.50	1	2	0.5	3.5	3.5
8.46	2.5	3.5	1	7	10.5
8.42	3	4	1.5	8.5	19
8.38	20	25	35	80	99
8.34	35	30	37	102	201
8.30	40	42	40	122	323
8.26	43	52	63	158	481
8.22	50	55	78	183	664

São satisfeitas todas as licitações até à taxa de 8.34 pontos *swap*. À taxa de 8.30 pontos *swap* vai haver rateio para satisfazer a oferta remanescente no montante de EUR 49 milhões. A este valor, a oferta remanescente é apenas suficiente para satisfazer $\frac{49}{122} * 100 = 40.16\%$ da procura. Portanto, o resultado do rateio a esta taxa é como segue abaixo.

	Colocação à Taxa Marginal			
Pontos Swap (*1000)	Banco 1	Banco 2	Banco 3	Total das Propostas
8.30	16.06557	16.86885	16.06557	49

Na operação à vista, o Banco Central recebe EUR 250 milhões, vendendo, em contrapartida USD 363.625 milhões. A taxa marginal de colocação foi de 8.30 pontos *swap*, ou seja, em termos *outright*, uma cotação a prazo de EUR/USD 1.4628 =(1.4545+0.00830). Na data de vencimento *forward* da operação o Banco Central vende EUR 250 milhões e compra, em contrapartida, USD 365.70 milhões.

5.1.1.2.1.4. As Operações Estruturais

As operações estruturais acontecem sempre que o BCE entenda proceder a ajustamentos na posição estrutural do euro-sistema face ao sector financeiro, numa base regular ou não regular, recorrendo para isso às operações específicas à sua disposição.

[84] A diferença em relação a uma operação destas de injecção de liquidez está na inversão na ordenação das licitações.

Quadro 5-6: Valorimetria dos Certificados de Dívida do Banco Central

CERTIFICADOS DE DÍVIDA
São emitidos pelo Banco Central para absorver liquidez em contexto de operações ocasionais de regularização. São obrigações de cupão zero transaccionadas a desconto, na base de 360 dias. Seja VN o respectivo valor nominal, r a taxa de juro, N a maturidade, e t_0 o momento presente, tal que N≤360. Então o preço de mercado em t_0, simbolizado por P_{t_0} é:[85] $$P_{t_0} = \frac{VN}{1+\frac{N}{360}r}$$

5.1.1.2.2. Os Leilões

Como se escreveu atrás, os leilões podem ser normais ou rápidos. A diferença está, como muito bem se depreende, no tempo que requerem para a sua execução e certificação. Nos leilões normais o anúncio dos resultados ocorre cerca de 2 horas após terminado o prazo para a submissão de propostas e a certificação dos resultados acontece, no máximo, 24 horas após o anúncio do leilão; no caso dos leilões rápidos o anúncio dos resultados acontece nos 90 minutos seguintes à apresentação das propostas e a certificação dos resultados é imediata. Em qualquer dos dois casos, percorrem necessariamente seis fases que de seguida discriminamos.

Quadro 5-7: As Fases de um Leilão

Fases	Caracterização
1	Anúncio do Leilão
2	Preparação e Apresentação das Propostas pelas Contrapartes
3	Compilação das Propostas pelo Euro-sistema
4	Resultado da Colocação e Anúncio dos Resultados
	a. Decisão de colocação pelo BCE b. Anúncio dos resultados da colocação
5	Certificação dos Resultados Individuais da Colocação
6	Liquidação das Transacções

A figura que se segue mostra o cronograma dos leilões normais (ECB, 2006, p.24).

Figura 5-3: Cronograma de um Leilão Normal

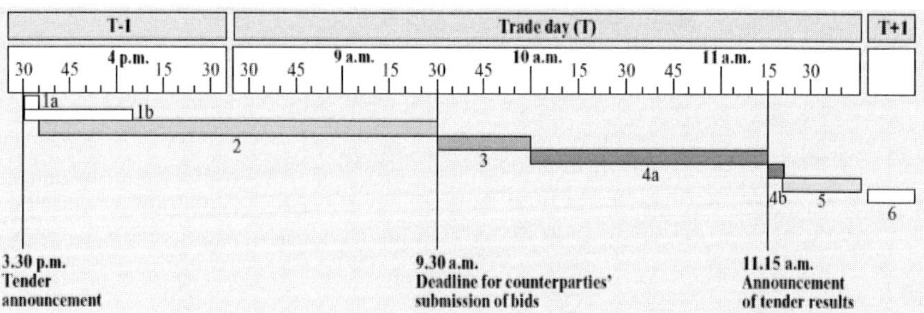

[85] Neste caso a data da emissão.

A figura anterior deve ser comparada com a que se segue e que se aplica a um leilão rápido (ECB, 2006, p.25).

Figura 5-4: Cronograma de um Leilão Rápido

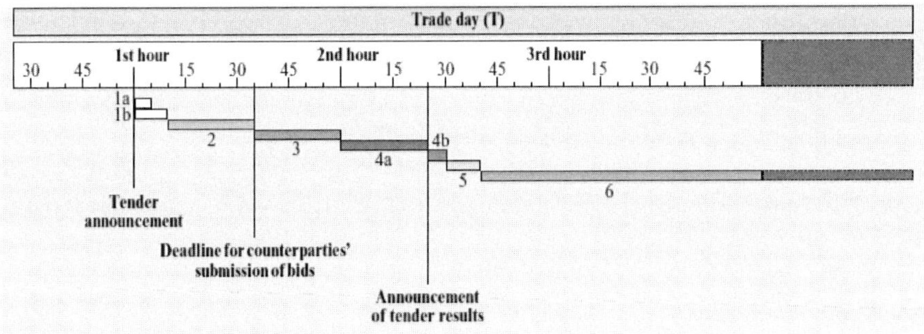

5.1.1.3. *As Facilidades Permanentes*

Como já vimos antes, os Bancos Centrais não controlam os seus objectivos a todo o instante. Sobre prazos curtos tende a haver desvios entre eles e os valores efectivamente registados para as variáveis de interesse. Dado o tempo necessário para a autoridade monetária reagir, tais desvios tendem a ser anulados sobre períodos de tempo comparativamente mais longos. Por isso a afirmação segundo a qual os Bancos Centrais controlam os seus objectivos não no muito curto-prazo, mas sobre prazos relativamente mais longos.[86] Mas enquanto o FED[87] tende a recorrer a operações ocasionais de regularização, o BCE confia essencialmente em mecanismos automáticos de estabilização. Entre estes estão as facilidades permanentes que, contudo, preenchem outros fins importantes.

Há duas facilidades permanentes, ambas associadas a operações *overnight* por iniciativa das contrapartes. Uma delas é a tomada pelo BCE de depósitos das contrapartes a esse prazo a uma taxa de juro fixa, o que significa que a procura de liquidez pela autoridade monetária é infinitamente elástica a essa taxa. A outra, é aquela pela qual as contrapartes se podem financiar junto do Banco Central a uma taxa de juro fixa, qualquer que seja o montante envolvido, contra a apresentação de colaterais; portanto, a oferta de fundos pelo BCE é infinitamente elástica a essa taxa. Estas duas taxas de juro estão indexadas à taxa de juro das operações principais de refinanciamento que funciona para elas como um verdadeiro *peg*. Quer dizer, as taxas de juro activas e passivas das facilidades permanentes

[86] Note-se que estamos a falar em períodos mais longos em termos comparativos, ou relativos, o que é substantivamente diferente de longo-prazo. Em todos os casos trata-se de períodos de muito curto-prazo.

[87] O Banco Central dos E.U.A. – *Federal Reserve Bank.*

são encontradas somando-se e subtraindo-se à taxa de juro de referência, o *peg*, os *spreads* decididos pela autoridade monetária. Os *spreads*[88] são uma variável de decisão do BCE podendo, por isso, ser alterados a todo o tempo e, também, serem distintos entre si. Actualmente, e desde Setembro de 2014, a taxa de juro passiva está em -0.20%[89] e a activa em 0.30%. Estas duas taxas de juro são sempre colocadas a níveis mais desfavoráveis do que as cotadas no mercado.

A Caixa 5-1 ilustra o impacto da utilização das facilidades permanentes de liquidez nos balanços monetários das IFM da Zona Euro.

Caixa 5 -1: Impacto das Operações no Âmbito das Facilidades Permanentes de Liquidez

Para cumprir o requisito de reservas mínimas legais, o banco A solicita liquidez ao BCE ao abrigo da facilidade permanente de cedência de liquidez, pelo prazo de *overnight* no montante de um milhão de euros. Admita-se que a taxa de juro da facilidade permanente de cedência de liquidez é de 0.75%.[90] Esta operação dá origem aos seguintes movimentos:

Balanço Consolidado do Eurosistema		Balanço Consolidado das OIFM		Balanço Consolidado das IFM	
Activo	Passivo	Activo	Passivo	Activo	Passivo
ΔFPC $= +1\,000\,000$	ΔR $= +1\,000\,000$	ΔR $= +1\,000\,000$	ΔFPC $= +1\,000\,000$		

$$\Delta M1 = \Delta M2 = \Delta M3 = 0$$
$$\Delta BM = +€1\,000\,000$$

Passado 24 horas, o Banco A devolve a liquidez mais o juros, pelo que o impacto nos balanços será:

Balanço Consolidado do Eurosistema		Balanço Consolidado das OIFM		Balanço Consolidado das IFM	
Activo	Passivo	Activo	Passivo	Activo	Passivo
$\Delta COIFM$ ΔFPC $= -1\,000\,000$	ΔR $= -1\,000\,020.83$ $\Delta DIV^{**} = +20.83$	ΔR $= -11\,000\,020.83$	$\Delta COIFM$ ΔFPC $= -1\,000\,000$ $\Delta DIV^{*} = -20.83$		

$$\Delta M1 = \Delta M2 = \Delta M3 = 0$$
$$\Delta BM = -\text{EUR}1\,000\,020.83$$

[88] No passado estes *spreads* já atingiram 1.00%. Além disso, em 1 e em 22 de Janeiro de 1999 o diferencial para a taxa de juro passiva era de 1% e de 1.50% para a taxa de juro activa.

[89] Este valor foi decidido para desencorajar os depósitos das contrapartes no BCE, uma vez que se tratava de uma forte tendência envolvendo nos últimos anos valores historicamente muito elevados e sem paralelo no passado, em prejuízo de aplicações alternativas de maior interesse para as economias, mormente a oferta de crédito. Fonte dos dados http://sdw.ecb.europa.eu/reports.do?node=100000131.

[90] Ver http://www.ecb.int/home/html/index.en.html

O que este mecanismo efectivamente faz é construir uma margem de flutuação limitada nos seus extremos pelas taxas de juro activa e passiva, e no interior da qual a taxa de juro *overnight* do mercado pode livremente flutuar, sem todavia as poderem ultrapassar pela lógica intrínseca aos mecanismos de mercado.[91] A margem de flutuação constituída tende a ser tanto menor quanto menor for a volatilidade das taxas de juro *overnight* no mercado monetário inter-bancário desejada pelo Banco Central.

Figura 5-5: Relação entre Principais Taxas de Juro do BCE[92]

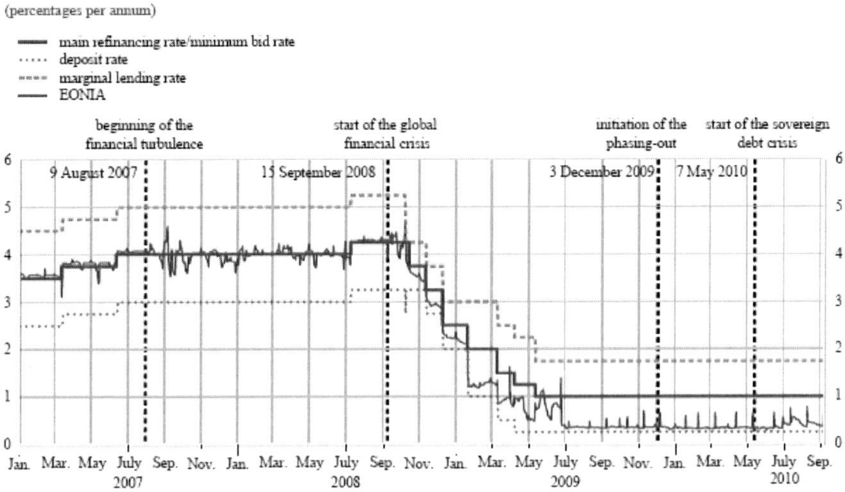

Sources: Bloomberg and ECB.
Note: The EONIA (euro overnight index average) is an effective overnight rate computed as a weighted average of all overnight unsecured lending transactions in the interbank market initiated within the euro area by contributing panel banks.

Ilustramos abaixo, por meio da representação adequada, o funcionamento deste mecanismo automático de estabilização da taxa de juro. A curva a negro carregado representa a oferta total de liquidez.[93] A figura revela que a taxa de juro de mercado é livremente flutuante no interior das margens mas que as não pode ultrapassar em qualquer sentido.

[91] A não ser episodicamente e em circunstâncias de extraordinária volatilidade do mercado.

[92] Fonte: ECB (2010, p.64)

[93] Acima da taxa de juro activa não é possível emprestar-se porque se pode sempre contratar qualquer quantidade de liquidez ao preço mais baixo praticado pelo Banco Central; do mesmo modo ninguém deposita a taxas inferiores à taxa de juro passiva fixada pelo Banco Central porque tem sempre a possibilidade de depositar qualquer montante àquela taxa.

Figura 5-6: Implicações das Facilidades Permanentes na Taxa de Juro de Mercado

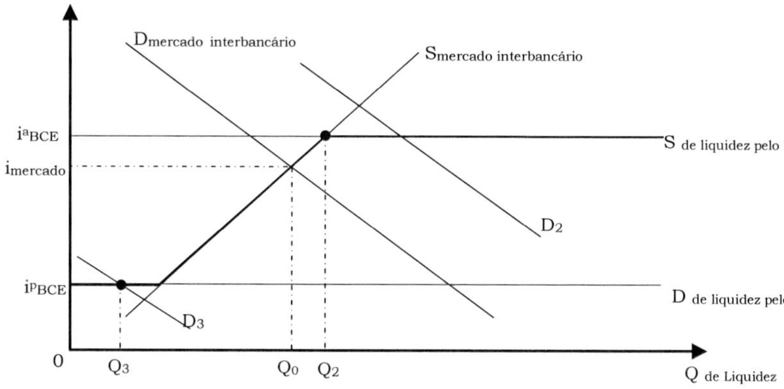

5.1.1.4. As Reservas Legais

As reservas legais são um instrumento tradicional de política monetária cuja utilização tem vindo a diminuir nas últimas décadas, a ponto de terem sido de todo abandonadas ou significativamente reduzidas em alguns países importantes. De um modo ou de outro, os exemplos abundam, entre os quais os da Zona Euro, E.U.A.,[94] Canadá, Austrália, Reino-Unido, Nova-Zelândia, Japão e Suíça.[95]

Utilizando os nossos parâmetros habituais de referência, as reservas legais, ou obrigatórias, entendidas como a capacidade de o Banco Central fixar, com carácter imperativo, as taxas mínimas de reserva a que as OIFM ficam obrigadas sobre as respectivas responsabilidades monetárias, carecem de flexibilidade e de precisão; em contrapartida, têm dimensão e efeitos publicitários. Falta-lhes flexibilidade porque alterações nelas acarretam custos de ajustamento significativos para os Bancos, muito especialmente quando se trata de as aumentar no quadro de políticas monetárias restritivas: a recomposição dos balanços e o custo de oportunidade decorrente da imobilização de fundos em aplicações comparativamente pouco rentáveis, mesmo na eventualidade de os Bancos Centrais as remunerarem. Como consequência, não só as suas alterações são infrequentes como igualmente nunca efectuadas por montantes inferiores a um determinado valor, seja, por exemplo, 0.50%, para que os custos sejam justificáveis pelos benefícios associados. Quanto à precisão, perante uma redução no seu montante, há a possibilidade de os Bancos reagirem na forma de um incremento das reservas

[94] Foram introduzidas pela primeira vez nos E.U.A., a nível nacional, em 1863 com base no *National Bank Act.*

[95] Veremos com o pormenor suficiente os exemplos do BCE e do FED.

de segurança com o que anulam, pelo menos parcialmente, a expansão da capacidade de concessão de crédito procurada pela autoridade monetária. Existe dimensão no pressuposto, por via de regra satisfeito, de essas modificações se aplicarem a todos os Bancos do sistema, o que depende do contexto institucional vigente. Os efeitos publicitários são fruto directo da falta de flexibilidade.

5.1.1.4.1. As Funções das Reservas Mínimas Legais[96]

Ao longo da história, as reservas legais têm desempenhado duas funções. Em primeiro lugar, a de garante da liquidez e solvabilidade do sistema bancário, contribuindo para consolidar a confiança do público no sistema bancário e, por via dele, no sistema monetário em geral. Contudo, ao longo dos tempos houve uma série de circunstâncias que diminuíram a importância destas reservas no preenchimento desta função, tais como: a) a constatação de que por si só não conseguiam evitar pânicos e corridas aos bancos; b) a assunção pelos Bancos Centrais da condição de emprestadores de última instância dos Bancos do sistema; c) o aparecimento de câmaras de compensação que baixaram as necessidades de imobilização de fundos por parte dos bancos; d) a aprovação de legislação pela qual os depósitos passaram a beneficiar de seguros.

Em segundo lugar, as reservas têm, de vários modos, servido de instrumento de política monetária. Assim, enquanto a política monetária foi conduzida pelo lado da oferta, tendo como objectivos operacionais e intermédios, respectivamente, a base monetária e um dos agregados monetários,[97] as taxas de reserva mínima legais afectavam o multiplicador monetário numa relação inversa. Políticas monetárias expansionistas eram servidas por reduções nelas e vice-versa para políticas monetárias restritivas. Claro está que a relevância das reservas obrigatórias para servir este propósito perdeu-se quando os agregados monetários deixaram de ser os objectivos dos Bancos Centrais. Este mecanismo está bem consubstanciado no multiplicador monetário definido sobre as reservas, tal como escrito seguidamente para M1.

$$\frac{M1}{R} = \frac{1+k}{r_{DO}+tr_{DP}+r_S} \qquad (5\text{-}1)$$

onde os símbolos utilizados significam: R, reservas totais do sistema; k, coeficiente de preferência do público por circulação monetária; r_i, taxas de reserva legais sobre depósitos à ordem, a prazo e, por último, taxa de reserva de segu-

[96] Que ao longo do texto também vamos, algumas vezes, designando de obrigatórias, sendo indiferente, pois, qualquer uma das duas designações já que significam precisamente o mesmo.
[97] Em geral o M3.

rança consoante $i = DO, DP, S$; t, o valor dos depósitos a prazo como proporção dos depósitos à ordem.

O aumento do multiplicador monetário por efeito da redução das taxas de reserva legais determina o acréscimo da volatilidade do objectivo intermédio face, por exemplo, a um choque na procura de moeda, com o que a condução da política monetária se torna mais difícil. Em termos práticos, isto significa a ampliação potencial dos desvios da quantidade de moeda em circulação relativamente ao objectivo do Banco Central. Vamos ilustrar este argumento a partir da figura abaixo, admitindo que M^* é o objectivo da autoridade monetária para a oferta de moeda.

Figura 5-7: Choque na Procura de Moeda Face a Taxas de Reserva Legais Reduzidas

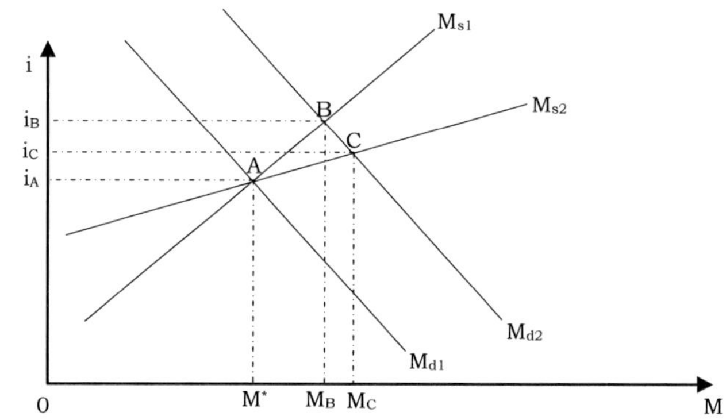

A curva M_{s2} representa a oferta de moeda quando as taxas de reserva legais são menores que as que se encontram subjacentes à curva M_{s1}; por outro lado, M_{d1} e M_{d2}, são as curvas da procura de moeda. No caso de aquele choque se verificar, na forma de um deslocamento da procura para M_{d2}, a quantidade de moeda em circulação sobe para M_c ou M_B, consoante a sua oferta é dada por M_{s2} ou por M_{s1}, respectivamente. Portanto, é no primeiro caso, em que a oferta é mais elástica, que os desvios em relação a M^* são mais acentuados, e identificados com maior volatilidade potencial na quantidade de moeda em circulação.

Mas as reservas legais servem ainda como instrumento de política monetária quando esta é conduzida do lado da procura, situação em que os objectivos prosseguidos pelas autoridades monetárias são taxas de juro. Desde logo, porque a procura de liquidez pelas OIFM será neste caso grandemente influenciada pelas obrigações de constituição das reservas obrigatórias, ditadas estas, como sabemos, pelo Banco Central; em suma, o Banco Central é não só decisivo na oferta de liquidez como também na sua procura, tornando-a, pela sua própria influência, mais estável e previsível, conseguindo com isso reforçar o seu controlo sobre as suas variáveis objectivo, minimizando desvios explicáveis por erros nas previsões quanto às necessidades de liquidez do sistema. Adicionalmente, mantêm esse papel quando a sua constituição é feita segundo a cláusula de média, pois então elas apresentam-se como um mecanismo automático de estabilização das taxas de juro de mercado, de novo contribuindo para minimizar desvios entre os valores observados e os pretendidos pelo Banco Central. Quando se aplica este regime, o cumprimento da obrigação da sua constituição apura-se a partir da média aritmética dos saldos diários das reservas efectivamente constituídas junto do Banco Central. Porque se trata de uma média, em qualquer dos dias desse período podem estar abaixo ou acima do valor exigido; só no último dia de constituição é que a média apurada nesse instante tem que se apresentar com um valor pelo menos igual ao das reservas obrigatórias a constituir. Uma das possíveis implicações que daí resulta é que se, porventura, a média apurada até ao penúltimo dia de constituição for inferior ao das reservas obrigatórias que se devem constituir, então no último dia os Bancos do sistema terão que procurar a liquidez necessária para cumprirem com a média capaz de satisfazer as suas obrigações, sob pena de sofrerem penalizações, de onde se espera o aumento das taxas de juro *overnight* cotadas no mercado monetário inter-bancário.

A capacidade de estas reservas cumprirem com esta função depende positivamente do período de constituição das mesmas, sendo contudo claro que tem que haver um limite razoável para a extensão desse período sob pena de, efectivamente, deixar de haver reservas obrigatórias. O BCE aplica este sistema, e fixou em cerca de um mês o período de constituição das reservas obrigatórias. Neste enquadramento, a importância das reservas legais será tanto maior quanto menos o Banco Central deseje depender dos mecanismos ocasionais de regularização, e mais dos mecanismos automáticos.

5.1.1.4.2. A Constituição das Reservas Legais e Taxas Aplicáveis

Há que distinguir entre o período de apuramento e o período de constituição, ou manutenção, das reservas obrigatórias. O primeiro é aquele para o qual se identificam os montantes dos passivos monetários sobre os quais incidem as respectivas taxas de reserva mínimas legais. O segundo é aquele em que as reservas assim apuradas são efectivamente constituídas.

As relações temporais entre estes dois períodos são, pelo menos teoricamente, as seguintes: a) constituição contemporânea de reservas, se os dois momentos referidos forem simultâneos em toda a sua extensão; b) constituição semi-desfasada, em que há momentos coincidentes entre ambos, mas ambos possuem também momentos distintos, sendo claro que o período de apuramento precede o de manutenção que, ademais, se prolongará após o termo daquele; c) constituição desfasada, quando não há qualquer coincidência temporal entre ambos os períodos. Do ponto de vista efectivo, o primeiro regime é inviável já que é indispensável haver informação prévia sobre as variáveis relevantes para que se possam calcular as reservas a constituir.

O regulamento do BCE nº 1745/2003 de 12 de Setembro, alterado pelos regulamentos nº 1052/2008 de 22 de Outubro, e nº 1358/2011 de 14 de Dezembro, estipula o regime aplicável nesta matéria às instituições bancárias que actuam na Zona Euro. As responsabilidades a considerar para a aplicação das reservas legais devidas são os depósitos e os títulos de dívida emitidos. Excluem-se as responsabilidades para com outras OIFM não isentas destas reservas, assim como as devidas a Bancos Centrais nacionais da Zona Euro e ao BCE, na condição de as OIFM demonstrarem a sua existência efectiva; contudo, na eventualidade de esta evidência não ser disponibilizada, admite-se uma dedução padrão ao valor das reservas a constituir, calculada essa sobre as responsabilidades com maturidades que não excedam os dois anos. Adicionalmente às reservas obrigatórias calculadas, cada OIFM abate EUR 100000 a título de uma dedução *lump-sum*.[98] As taxas de reserva aplicáveis são as que figuram no quadro abaixo.

Quadro 5-8: Taxas de Reserva Legais e Deduções Aplicáveis na Zona Euro [99]

	Responsabilidades	**Responsabilidades**
Data de Início	Depósitos *overnight*, depósitos até 2 anos, títulos de dívida emitidos com maturidade máxima de 2 anos.	Depósitos com maturidades superiores a 2 anos, *repos*, títulos de dívida com maturidade superior a 2 anos
1 de Janeiro de 1999	2%	0%
18 de Janeiro de 2012	1%	0%
	Deduções Padrão	
	Títulos de dívida emitidos com maturidade máxima de 2 anos	
1 de Janeiro de 1999	10%	10%
2 de Janeiro de 2000	30%	30%
	Dedução *Lump-Sum*	
1 de Janeiro de 1999	EUR 100000	

[98] Significa que é igual para todas as OIFM e independente de qualquer factor que as possa distinguir.

[99] Fonte:ECB.

Quadro 5-10: Passivos Sujeitos à Constituição de Reservas Obrigatórias na Zona Euro[100]

(stock levels as at the end of January 2011; EUR billions)	
(A) Liabilities to which a 2% reserve ratio is applied	
Deposits (including overnight deposits, deposits with an agreed maturity up to two years and deposits redeemable at a period of notice of up to two years)	9,840.2
Debt securities issued with a maturity of up to two years (including money market paper)	651.6
Sub-total (A)	10,491.8
(B) Liabilities to which a zero reserve ratio is applied	
Deposits (including deposits with an agreed maturity of over two years and deposits redeemable at a period of notice of over two years)	2,780.6
Debt securities issued with a maturity of over two years	4,356.0
Repurchase agreements	1,395.8
Sub-total (B)	8,532.4
Total reserve base (A)+(B)	**19,024.1**

Janeiro de 2011

Já para os Bancos incorporados na Reserva Federal, as taxas de reserva obrigatórias são as que constam do Quadro 5-11.

Quadro 5-11: Taxas de Reserva Mínimas Obrigatórias Aplicadas pelo FED

Responsabilidades	Taxas de Reserva Obrigatórias - %	Data de Início de Vigência
Valor Líquido de Contas de Transacção[101]		
Entre USD 0 e USD 12.4 milhões	0	27-12-2012
Entre USD 12.4 e USD 79.5 milhões	3	27-12-2012
Superior a USD 79.5 milhões	10	27-12-2012
Depósitos a Prazo não Pessoais	0	27-12-1990
Responsabilidades denominadas em Euros	0	27-12-1990

O período de apuramentos refere-se aos dados do balanço das OIFM no segundo mês anterior àquele em que começa cada novo período de constituição, estendendo-se este último por cerca de um mês. O período de constituição inicia-se no dia da liquidação da operação principal de refinanciamento que tem

[100] Fonte: ECB (2011, p.102).

[101] Total das contas de transacção constituídas por depósitos à ordem, contas ATS (*automatic transfer service*), contas NOW (*negotiable orders of withdrawl*), contas com transferências pré-autorizadas, aceites bancários inelegíveis, e obrigações emitididas por filiais que se vençam no prazo máximo de sete dias, menos montantes em dívida por outras instituições de depósitos e valores em vias de cobrança. Para pormenores detalhados consultar *Instructions for the Preparation of the Report of Transaction Accounts, Other Deposits, and Vault Cash – Reporting Form FR 2900, Federal Reserve Board.*

lugar imediatamente após a reunião mensal do Conselho de Governadores do BCE.[102]

Quadro 5-12: Períodos de Constituição e de Apuramento das Reservas Obrigatórias para 2013[103]

Relevant Governing Council meeting	Start of the maintenance period	End of the maintenance period	Reserve base data for credit institutions reporting monthly	Reserve base data for credit institutions reporting quarterly	Length of the maintenance period (days)
10 January 2013	16 January 2013	12 February 2013	November 2012	September 2012	28
7 February 2013	13 February 2013	12 March 2013	December 2012	September 2012	28
7 March 2013	13 March 2013	9 April 2013	January 2013	December 2012	28
4 April 2013	10 April 2013	7 May 2013	February 2013	December 2012	28
2 May 2013	8 May 2013	11 June 2013	March 2013	December 2012	35
6 June 2013	12 June 2013	9 July 2013	April 2013	March 2013	28
4 July 2013	10 July 2013	6 August 2013	May 2013	March 2013	28
1 August 2013	7 August 2013	10 September 2013	June 2013	March 2013	35
5 September 2013	11 September 2013	8 October 2013	July 2013	June 2013	28
2 October 2013	9 October 2013	12 November 2013	August 2013	June 2013	35
7 November 2013	13 November 2013	10 December 2013	September 2013	June 2013	28
5 December 2013	11 December 2013	14 January 2014	October 2013	September 2013	35

Figura 5-8: Ilustração do Processo de Constituição das Reservas Obrigatórias no BCE [104]

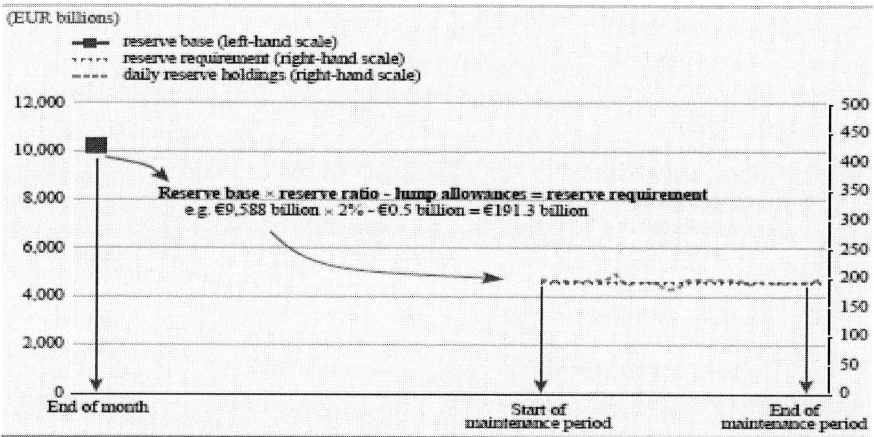

As reservas legais são remuneradas pelo BCE de acordo com uma taxa de juro indexada à taxa de juro marginal das operações principais de refinanciamento. A mesma prática foi adoptada pelo FED em Outubro de 2008, passando a partir daí a remunerar as reservas obrigatórias[105] e as excedentárias deposita-

[102] Este calendário pode ser alterado pelo Conselho de Governadores face a circunstâncias extraordinárias (artigo 7, nº 2 do Regulamento (EC) nº 1745/2003 de 12 de Setembro.

[103] Fonte: http://www.bportugal.pt/en-US/PoliticaMonetaria/Documents/calendario_rm_e.pdf.

[104] Fonte: ECB (2011, p.105).

[105] Nos termos da regulamentação emitida pelo FED, as reservas obrigatórias podem estar depositadas no Banco Central ou em caixa dos Bancos (FED, 2012b).

das no FED a uma taxa de juro indexada à taxa objectivo para os fundos federais e que, nesta data, [106] é de 0.25%. [107] Nem sempre os Bancos Centrais estiveram disponíveis para pagar juros sobre estas importâncias, principalmente porque isso implicava o aumento dos seus custos e a inerente redução das receitas para o Tesouro por quem esses lucros são apropriados. Contudo, face à desregulação do sistema bancário a partir da década de 70 do século XX, o imposto implícito para os Bancos sujeitos à constituição de reservas legais tornou-se mais óbvio face à distorção dos mecanismos concorrenciais [108] relativamente a instituições financeiras nacionais e não nacionais não sujeitas à mesma obrigação. O montante desse imposto é crescente com o custo de oportunidade das reservas obrigatórias e dos montantes sujeitos a constituição.[109]

Os juros vencidos pelas reservas obrigatórias das OIFM da Zona Euro são calculados a partir da fórmula que a seguir se apresenta.[110]

$$J_t = \frac{H_t n_t r_t}{360} \quad \text{e} \quad r_t = \sum_i^{n_t} \frac{MR_i}{n_t} \tag{5-2}$$

onde J_t são os juros vencidos relativos ao período de manutenção t; H_t é a média diária das reservas legais referidas ao mesmo período; n_t é o número de dias de calendário desse período de manutenção; r_t é a taxa de juro que remunera as reservas obrigatórias do período em referência, expresso como número fraccionário; i representa cada um dos dias do período de manutenção e, finalmente, MR_i é a taxa marginal de juro da operação principal de refinanciamento liquidada na data mais próxima do dia i, quer lhe seja anterior ou posterior. Em suma, a taxa de juro que remunera as reservas obrigatórias é uma média das taxas de juro das operações principais de refinanciamento vencidas ao longo de cada um dos períodos de manutenção.

[106] 26 de Dezembro de 2012.

[107] Taxa de juro objectivo máxima para os fundos federais, cujo intervalo fechado se situa hoje entre os 0% e os 0.25%. A autoridade para estabelecer estas taxas de juro é do Conselho de Governadores do Fed, e as regras que o mesmo estabeleceu para este efeito constam da *Regulation D (Reserve Requirements of Depository Institutions, 12 CFR Part 204)*.

[108] Isto traduz-se na ineficiente afectação dos recursos económicos, a que acrescem processos de repercussão, total ou parcial, destes encargos sobre terceiros, seja a montante, seja a jusante das instituições bancárias obrigadas à constituição das mesmas.

[109] Feinman (1993, p. 571) calculou o valor desse imposto implícito para o caso dos E.U.A. e 4º trimestre de 1992 em USD 700 milhões, baseado em reservas legais de USD 23.5 mil milhões e uma taxa de juro dos fundos federais de 3%.

[110] Fonte: artigo 8, nº 1 do Regulamento (EC) nº 1745/2003 de 12 de Setembro. Ainda, a condução da política monetária definida centralmente pelo Conselho de Governadores da zona euro é executada descentralizadamente pelo sistema de Bancos Centrais nacionais. Assim, as reservas obrigatórias constituem-se com os depósitos correspondentes nos Bancos Centrais nacionais.

As OIFM que ao longo do período de manutenção não atinjam um valor médio para os respectivos saldos diários de reservas pelo menos igual ao que estão obrigados, sofrem uma penalização. Esta é igual a 2.5% acima do valor da taxa média de juro activa em vigor nas facilidades permanentes durante o período de manutenção em que a falta se verificou, aplicando-se ao saldo médio diário em falta. A fórmula para o cálculo da penalização é a que a seguir se indica. [111]

$$P_t = \frac{D_t n_t}{360} \sum_{i=1}^{n_t} \frac{MLR_i + 2.5}{n_t} \tag{5-3}$$

onde P_t é o montante da penalização devida por falhas na constituição das reservas obrigatórias referentes ao período de manutenção *t*; D_t é a média diária das reservas legais em falta para o mesmo período; n_t é o número de dias de calendário do período de manutenção; *i* representa cada um dos dias do período de manutenção e, finalmente, MLR_i é a taxa de juro activa das facilidades permanentes em vigor no dia *i* expressa como um número fraccionário.

Quadro 5-13: Taxas de Juro Aplicadas pelo BCE às Reservas Obrigatórias e Taxas de Penalização [112]

Start of the maintenance period	End of the maintenance period	Minimum reserves remuneration rate	Penalty rate for deficiencies*	Length of the maintenance period (days)
14 November 2012	11 December 2012	0.75%	4.00%	28
10 October 2012	13 November 2012	0.75%	4.00%	35
12 September 2012	9 October 2012	0.75%	4.00%	28
8 August 2012	11 September 2012	0.75%	4.00%	35
11 July 2012	7 August 2012	0.75%	4.00%	28
13 June 2012	10 July 2012	1.00%	4.25%	28
9 May 2012	12 June 2012	1.00%	4.25%	35
11 April 2012	8 May 2012	1.00%	4.25%	28
14 March 2012	10 April 2012	1.00%	4.25%	28
15 February 2012	13 March 2012	1.00%	4.25%	28
18 January 2012	14 February 2012	1.00%	4.25%	28
14 December 2011	17 January 2012	1.00%	4.25%	35
9 November 2011	13 December 2011	1.25%	4.50%	35

*2.5 percentage points above the ECB's average marginal lending rate during the reserve maintenance period. In the event of a repeated infringement of the reserve requirement by an institution (more than two infringements within a 12-month period), the penalty rate applied will be 5 percentage points above the average marginal lending facility interest rate.

5.1.1.5. *As Estratégias de Comunicação*

As estratégias de comunicação são um instrumento de política monetária cada vez mais valorizado, a ponto de recentemente o Conselho de Governadores do FED ter deliberado reforçar este mecanismo fundamental para a gestão das expectativas dos agentes económicos.

No caso específico do BCE estamos em presença de um instrumento já bem consolidado, pois desde o início da Zona Euro que o respectivo Banco Central

[111] Fonte: Notice of the ECB on the Imposition of Sanctions for Breaches of the Obligation to Hold Minimum Reserves (2000/C 39/04).

[112] Fonte: http://www.bportugal.pt/en-US/PoliticaMonetaria/Documents/taxas_rm_e.pdf.

tem reconhecido o seu interesse e o tem consequentemente cultivado. O que aqui vamos agora fazer é expôr sucintamente os seus principais meios.

Os dois principais canais de comunicação empregues pelo BCE são a conferência de imprensa mensal, efectuada imediatamente após a conclusão da reunião do Conselho de Governadores, realizada pelo Presidente e pelo Vice-Presidente do BCE, e o Boletim Mensal. Nessa conferência, protagonizada principalmente pelo Presidente, este começa por fazer uma introdução àcerca da avaliação que esse Conselho acabou de realizar sobre os principais desenvolvimentos económicos e monetários relevantes para a formulação da estratégia de política monetária. Segue-se um período aberto às questões que os jornalistas queiram formular e que permitem a clarificação e melhor esclarecimento do pensamento do BCE e das medidas que ele acaba de tomar ou tem como provável vir a decidir em data futura. Uma vez que nestas conferências de imprensa estão presentes jornalistas das mais diversas origens, elas são um meio efectivo de transmissão do pensamento deste Banco Central, tanto mais que minutos após a sua conclusão os seus conteúdos ficam disponíveis na página oficial do BCE na *web*.

O Presidente do BCE comparece quatro vezes por ano perante a Comissão dos Assuntos Económicos e Monetários do Parlamento Europeu para explicar as posições da instituição e para responder às questões que os membros da Comissão lhe decidam colocar. Estas sessões são abertas ao público e, mais uma vez, as transcrições destas sessões são de seguida divulgadas nos sítios do Parlamento Europeu e do BCE para conhecimento geral.

Acresce que tanto o Presidente quanto os outros membros daquele Conselho têm inúmeras oportunidades para participar em conferências um pouco por toda a parte onde se pronunciam e, de novo, esclarecem a visão do respectivo Banco Central. A este título foram marcantes os discursos proferidos pelo anterior Presidente do BCE em várias ocasiões e contextos a partir de finais de 2008 pois nesses locais pôde reafirmar a visão do Banco quanto às tácticas decididas para enfrentar as dificuldades na Zona Euro na sequência tanto da falência do *Lehman Brothers* quanto da crise da dívida soberana nesta área monetária. Do mesmo modo, foi deveras marcante o discurso proferido pelo actual Presidente Mario Draghi em Agosto de 2012 quando afirmou que o BCE faria o que fosse necessário para sustentar a moeda única.

O Boletim Mensal surge cerca de uma semana depois da conferência de imprensa referida acima, e tem uma natureza abrangente, no sentido em que, para além de abundante informação estatística sobre as variáveis mais significativas, apresenta também textos desenvolvidos sobre temas pertinentes. É, portanto, uma publicação bastante técnica e, por isso mesmo, dirigida em primeiro lugar a indivíduos com formação apropriada, desde logo agentes financeiros e académicos.

Finalmente, convém frisar que a participação dos Bancos Centrais nacionais que integram o respectivo sistema é igualmente fundamental para reforçar a consecução desses propósitos ao nível de cada país membro.

5.1.2. *Os Objectivos Operacionais e Intermédios de Política Monetária*

A política monetária reveste-se de enorme complexidade devido tanto às múltiplas etapas que tem que percorrer como ao seu longo e intricado mecanismo de transmissão. Uma das consequências mais salientes que daí decorre é o tempo que a política monetária demora a produzir os efeitos desejados, a tal ponto que se arrisca a ser pró-cíclica em vez de anti-cíclica, como se pretenderia.

Além dos objectivos finais, há ainda dois outros tipos de objectivos. Pela ordem cronológica da sequência em que se relacionam temos os operacionais, ou funcionais, os intermédios e, por último, encontram-se os finais.

Os objectivos operacionais, ou funcionais, são aqueles que se encontram em primeiro lugar na sequência de causa e efeito que liga os instrumentos aos objectivos. São, portanto, os primeiros a reagir à activação dos instrumentos de política monetária. Consoante a política monetária seja conduzida do lado da oferta de moeda ou da procura de liquidez, assim estes objectivos serão uns ou outros. Na primeira das alternativas referidas, a base monetária é um tal objectivo; em caso contrário serão as taxas de juro de muito curto-prazo, taxas de juro *overnight*, cotadas no mercado monetário inter-bancário.

Desde meados dos anos 80 do século XX que a política monetária pretende influenciar a quantidade de moeda em circulação por via da procura de liquidez pelo sector monetário residente. Nestes termos, a EONIA (*Euro Overnight Index Average*) é o objectivo operacional do BCE, ainda que não oficialmente declarada como tal; por sua vez, para a Reserva Federal dos E.U.A. é a taxa de juro dos fundos federais.

Figura 5-9: Evolução da EONIA e da EFFR desde 2001 [113]

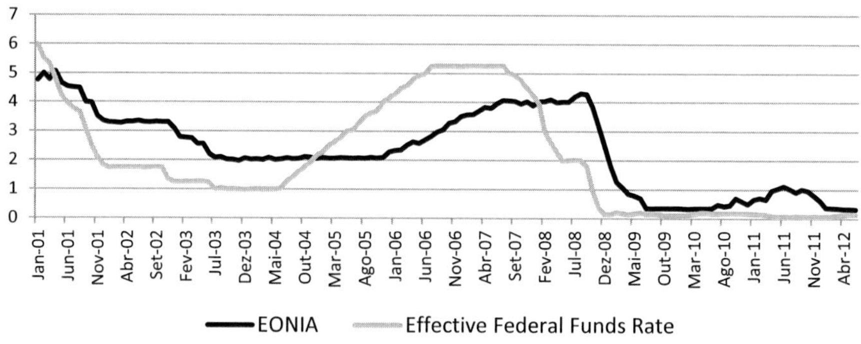

[113] Fonte: http://www.global-rates.com/interest-rates/eonia/eonia.aspx.

Os Bancos Centrais esperam que a consecução dos objectivos operacionais se transmita, da forma desejada, aos objectivos intermédios que se lhes seguem numa relação de causa e efeito. Se a base monetária for o objectivo operacional, um dos agregados monetários, como o M3, é escolhido como objectivo intermédio. Se, diversamente, o objectivo operacional for uma taxa de juro *overnight*, espera-se que as variações nestas se transmitam à curva de rendimento para prazos mais longos que o *overnight*.

A partir dos anos 80 do século XX a desregulação e a inovação financeira reduziram significativamente o vínculo entre a base monetária e o valor desses outros agregados monetários [114] a ponto de criar um nível suficientemente elevado de incerteza quanto ao impacto efectivo de alterações na base monetária na consecução dos objectivos finais. [115] O mesmo efeito debilitante ocorre em períodos de grande incerteza nos mercados financeiros, como aquele que agora atravessamos, altura em que os Bancos têm dúvidas sobre a solidez dos balanços dos seus congéneres, ao mesmo tempo que procuram reforçar os seus próprios níveis de liquidez para melhor absorverem choques inesperados. Todos estes factores levam à recomposição dos activos e passivos dos Bancos, com menos crédito concedido e mais reservas, que necessariamente se há-de reflectir no multiplicador monetário que deixa de evidenciar um comportamento estável, e passa a denotar instabilidade. Momentos de ruptura nos sistemas monetários têm o mesmo efeito; a adopção do euro pelos países da respectiva zona monetária em 2002 resultou na diminuição da preferência do público por liquidez, explicada pela desacumulação dos encaixes monetários necessária à conversão dos activos monetários pré-existentes na nova moeda, processo que de seguida haveria de ser gradualmente revertido. Na Zona Euro, o multiplicador monetário

[114] Ben Bernanke (ECB, 2006, p. 316) afirma que o aparecimento dos vários agregados monetários, e a diversidade dos seus conteúdos, se explica pelas tentativas continuadas de incorporar as inovações verificadas nas responsabilidades monetárias das OIFM.

[115] Aqui se inscreve, por examplo, o que ficou conhecido na literatura respectiva por *"the case of the missing money"* que exprime a sobre-estimação da procura de M1 em comparação com os seus valores efectivos, denotando a dificuldade de se estimar essa procura com o rigor desejável para efeitos da política monetária. A mesma instabilidade se verificou também com M2. Assim, o FOMC (*Federal Open Market Committee*) descontinuou a fixação formal de objectivos para as taxas de crescimento de M1 e de M2 em 1987 e em 2000, respectivamente. Contudo, nos anos mais recentes, fruto da crise financeiro iniciada em Agosto de 2007, e de taxas de juro próximas de zero, *zero bound interest rates*, alguns Bancos Centrais, com especial destaque para a Reserva Federal, puseram em prática políticas daquele tipo sob a designação de *Quantitative Easing* (QE). Estima-se, contudo, que não serão de grande efeito sobre o nível da actividade económica porque se terá caído naquilo que Keynes chamou de armadilha da liquidez, para além do reforço do motivo precaução na procura de moeda.

referente a M3 revelou uma grande estabilidade no período de 2005 a 2008 comparativamente com o valor anterior a 2011.

Figura 5-10: Multiplicadores Monetários na Zona Euro, E.U.A. e Japão[116]

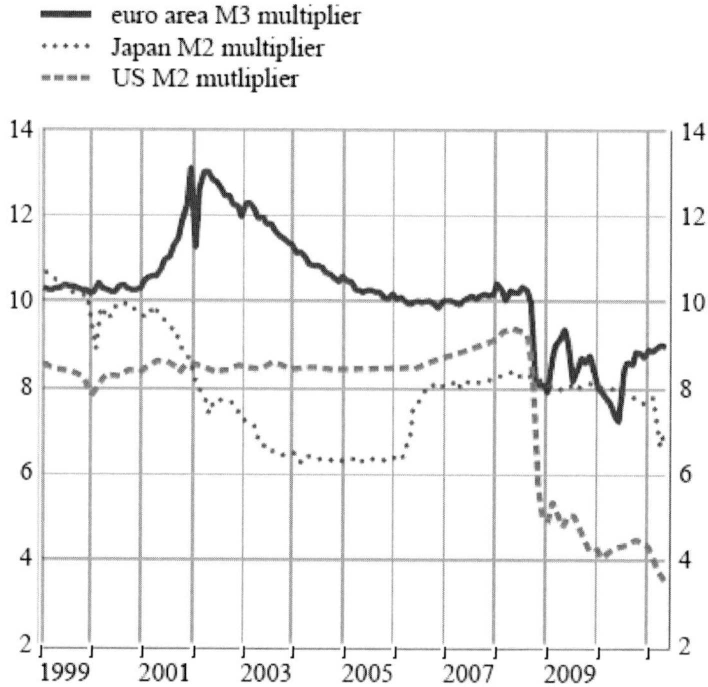

A figura que se segue decompõe as variações no multiplicador monetário de M3 na Zona Euro, avaliadas em termos percentuais, segundo as suas fontes circulação monetária (C) e reservas (R).

[116] Fonte: ECB (2011, p.66).

Figura 5-11: Decomposição das Variações do Multiplicador Monetário na Zona Euro[117]

5.1.3. *Objectivos Finais*

Contudo, os objectivos que verdadeiramente são procurados pelos Bancos Centrais na condução das suas orientações de política monetária não são nem os operacionais nem os intermédios, mas sim os chamados objectivos finais de política monetária.

Os objectivos finais possíveis, dos quais já fomos falando em momentos anteriores deste manual, são a estabilidade dos preços, o emprego e taxas de juro moderadas. A este propósito vale a pena relembrar o que se disse em relação ao BCE e ao FED.

Assim, o conjunto de objectivos formam entre si uma cadeia devidamente articulada, de tal modo que os objectivos operacionais e intermédios se podem entender como momentos na cadeia produtiva dos Bancos Centrais.

[117] Fonte: ECB (2011, p. 67).

5.1.4. *Requisitos a que Devem Obedecer os Objectivos*

Os objectivos devem ser seleccionados tendo em consideração a capacidade que revelam, ou não, para preencher um conjunto desejável de requisitos. Esses requisitos são em número de três, a saber:

1. Mensurabilidade, no sentido em que devem ser susceptíveis de quantificação sobre períodos de tempo curtos e com a baixa incidência de erros de mensuração.
   A quantificação oferece várias vantagens, tais como, a de permitir aos Bancos Centrais aferir se estão ou não a atingir os objectivos fixados, habilitando-os, sempre que for caso disso, a tomar em tempo útil medidas de correcção da trajectória da política monetária. É por esta mesma razão que se torna importante obter dados fiáveis e com a maior rapidez possível. Além disso, essa quantificação torna a política monetária mais transparente, ajudando os agentes económicos a moldar as suas expectativas de maneira consistente com ela. Por fim, é ainda importante porque fornece indicadores em função dos quais é possível avaliar os desempenhos das autoridades monetárias o que, por seu turno, afecta a credibilidade das mesmas.
   Deste ponto de vista as taxas de juro apresentam-se com vantagem em relação aos agregados monetários. Não só são recolhidas com maior frequência, diária até, como com mais fiabilidade do que a alternativa sujeita a revisões periódicas.
2. Controlabilidade, querendo significar que o comportamento quantificado das variáveis objectivo deve ser determinado pelos Bancos Centrais, subordinando-se aos valores por eles programados no quadro das suas competências de política monetária. Como se verá, e explicará, em momento apropriado deste manual, esse controlo não é imediato e constante, mas faz-se sentir sobre períodos comparativamente mais extensos nos quais as autoridades monetárias poderão corrigir desvios não planeados, portanto indesejados, entre os valores planeados e os efectivamente atingidos.
   Como já se indicou antes, e pelos motivos então indicados, há uma quebra no elo quantitativo de causalidade entre a base monetária e os agregados monetários, prejudicando a utilização destes na condução da política monetária e favorecendo o das taxas de juro.

Lauchlin Currie, com a publicação do seu livro em 1934, e re-editado no ano seguinte, com o título *The Supply and Control of Money in the United States*, exerceu uma grande influência na formulação e condução de políticas monetárias activas pelos Bancos Centrais, numa clara demarcação em relação à *real bills doctrine*[118]

[118] Esta doutrina via a moeda sobretudo na sua função facilitadora das trocas e, por isso, estipulava que a emissão de moeda pelos Bancos Centrais se deveria fazer na estrita medida do necessário para garantir essa função.

até aí dominante. Foi ele que aí escreveu "*The achievement of desirable objectives ...rests entirely upon the effectiveness of control. The achievement, for example, of the objective of a price level varying inversely with the productive efficiency of society demands a highly energetic central banking policy and a high degree of effectiveness of monetary control...Even for the achievement of the more modest objective of lessening business fluctuations by monetary means, the degree of control of the central bank is of paramount importance*" (Currie, 1935, pp.3-4).

3. Forte relação do objectivo intermédio com o objectivo final de política monetária, como os preços. Pretende-se que o objectivo intermédio constitua o determinante do comportamento do objectivo final. A teoria económica estabelece que a taxa de inflação é um fenómeno fundamentalmente monetário, o que quer dizer que é determinada por desequilíbrios entre a procura e a oferta de moeda no respectivo mercado. Por isso a escolha de um agregado monetário para esse efeito, como o M3, ou de uma taxa de juro de prazo mais longo do que a relativa ao *overnight.*
   É claro que o facto apontado na alínea anterior prejudica este outro requisito no que respeita à capacidade de a autoridade monetária transmitir aos agregados monetários, com segurança, as alterações necessárias para atingir os valores programados para o objectivo final.

Questões de Escolha Múltipla

Tendo em conta o seguinte excerto responda às três questões seguintes:

"Draghi voltou a cortar os juros para 1% e introduziu novas facilidades no financiamento aos bancos. Mas diz não à compra de dívida soberana."

Diário Económico, 9 de Dezembro de 2011

1. Qual das seguintes afirmações está correta?

☐ a) A taxa de juro a que se refere o excerto é a taxa de juro dos leilões de taxa fixa de cedência de liquidez das operações principais de refinanciamento do Eurosistema.

☐ b) A taxa de juro a que se refere o excerto é a *minimum bid rate* dos leilões de taxa variável cedência de liquidez das operações principais de refinanciamento do Eurosistema.

☐ c) A taxa de juro a que se refere o excerto é a EURIBOR.

☐ d) A taxa de juro a que se refere o excerto é a EONIA .

☐ e) Nenhuma das alíneas anteriores está correta.

2. No que se refere às novas facilidades no financiamento aos bancos, qual das seguintes afirmações não está correta?

☐ a) O BCE anunciou a condução de operações de cedência de liquidez por um prazo de três anos.

☐ b) Alargamento do leque de colaterais elegíveis para as operações com o BCE.

☐ c) Aumento da taxa mínima de reserva legal.

☐ d) Redução do nível de *rating* aceite para certos títulos.

☐ e) Possibilidade de os bancos centrais nacionais autorizarem, temporariamente, a aceitação como colaterais de outros ativos, nomeadamente empréstimos bancários.

3. Qual das seguintes afirmações está correta?

☐ a) O BCE está impedido pelos seus estatutos de comprar dívida soberana em mercado primário.

☐ b) O BCE não tem dívida soberana no seu balanço.

☐ c) O BCE tem comprado recentemente dívida soberana em mercado secundário.

☐ d) Duas das alíneas anteriores estão corretas.

☐ e) Nenhuma das alíneas anteriores está correta.

4. "O Banco Central Europeu surpreendeu os mercados ao anunciar uma redução da principal taxa de juro em 25 pontos base para 0.25%, provocando em reação uma queda acentuada do euro/dólar."

Nuno Coelho, 8/11/2013, Económico

A taxa de juro a que se refere o excerto é:

☐ a) A EONIA

☐ b) A EURIBOR.

☐ c) A taxa da facilidade permanente de depósito.

☐ d) A taxa da facilidade permanente de cedência de liquidez.

☐ e) Nenhuma das alíneas anteriores está correta.

5. O BCE:

☐ a) Reage automaticamente a desvios dos valores observados para o agregado M3 relativamente ao valor estabelecido como objetivo intermédio para a política monetária.

☐ b) Centra a sua estratégia de política monetária em variáveis exclusivamente monetárias.

☐ c) Tem uma estratégia de política monetária assente na manipulação do agregado M3 com vista à obtenção do objetivo de estabilidade da taxa de inflação.

☐ d) Toma em consideração os desenvolvimentos do agregado M3 com vista à obtenção do objetivo de estabilidade da taxa de inflação.

☐ e) Duas das alíneas anteriores estão corretas.

6. O redesconto:

☐ a) É utilizado como instrumento de política monetária pela Reserva Federal.

☐ b) Nos E.U.A., a taxa de redesconto é igual para as várias linhas de crédito convencionadas.

☐ c) É utilizado de forma extremamente flexível nos E.U.A.

☐ d) Faz parte do conjunto de instrumentos de política monetária utilizados pelo BCE.

☐ e) Duas das alíneas anteriores estão corretas.

7. Os instrumentos de política monetária:

☐ a) A utilizar pela autoridade monetária definem-se no âmbito da sua tática de política monetária.

☐ b) Utilizados pelo BCE são qualitativos.

☐ c) Escolhidos pela autoridade monetária devem reduzir-se a apenas um só.

☐ d) Utilizados pela Reserva Federal excluem as reservas mínimas legais.

☐ e) Nenhuma das alíneas anteriores está correta.

8. As operações principais de refinanciamento:

- [ ] a) Podem ser operações definitivas.
- [ ] b) Têm frequência semanal.
- [ ] c) Podem ser levadas a cabo através de procedimentos bilaterais.
- [ ] d) Têm prazo *overnight*.
- [ ] e) Duas das alíneas anteriores estão corretas.

9. A emissão de certificados de dívida pelo BCE:

- [ ] a) Só passou a estar prevista no contexto de resposta à recente crise financeira.
- [ ] b) Pode ser utilizada no âmbito de qualquer tipo de operações de mercado aberto que tenha como objetivo a absorção de liquidez.
- [ ] c) É levada acabo através de procedimentos bilaterais.
- [ ] d) Podem ser transacionados a prémio ou a desconto, dependendo das condições em vigor no mercado por outros títulos de igual maturidade.
- [ ] e) Nenhuma das alíneas anteriores está correta.

10. As facilidades permanentes:

- [ ] a) Têm uma utilização que não varia significativamente ao longo do período de manutenção das reservas legais.
- [ ] b) Perderam a sua relevância na recente crise financeira.
- [ ] c) Têm taxas estabelecidas a uma margem definida pelo BCE relativamente à EURIBOR.
- [ ] d) Têm taxas estabelecidas a uma margem definida pelo BCE relativamente à EONIA.
- [ ] e) Nenhuma das alíneas anteriores está correta.

11. As reservas mínimas obrigatórias são remuneradas pelo BCE:

- [ ] a) À taxa de juro do mercado monetário interbancário.
- [ ] b) Mas não pela Reserva Federal.
- [ ] c) À mesma taxa que remunera as reservas excedentárias.
- [ ] d) À taxa da facilidade permanente de depósito.
- [ ] e) Nenhuma das alíneas anteriores está correta.

12. No contexto de um Banco Central que tem a taxa de juro *overnight* como objetivo operacional:

- [ ] a) A condução da política monetária é mais fácil quando predomina a procura por reservas operacionais.
- [ ] b) A condução da política monetária é mais difícil quanto maior for a elasticidade da procura de liquidez em relação à taxa de juro.
- [ ] c) A dificuldade no cumprimento desse objetivo depende exclusivamente de incertezas do lado da procura de liquidez.

- [ ] d) A condução da política monetária é mais fácil quanto maior for a elasticidade da oferta e da procura de liquidez em relação à taxa de juro.
- [ ] e) Duas das alíneas anteriores estão corretas.

13. No âmbito da estratégia do BCE, a análise económica:

- [ ] a) Concentra-se num período de tempo mais longo do que o que é considerado na análise monetária.
- [ ] b) Toma em consideração a relação entre a procura e a oferta de bens e serviços.
- [ ] c) Não considera informação acerca dos mercados financeiros.
- [ ] d) Deixou de ser utilizada para as decisões de política monetária no contexto da recente crise financeira.
- [ ] e) Nenhuma das alíneas anteriores está correta.

14. Relativamente ao regime de constituição de reservas legais na Zona Euro, podemos afirmar que:

- [ ] a) Os depósitos com maturidade até 2 anos estão atualmente sujeitos a uma taxa de reserva mínima de 2%.
- [ ] b) O período de manutenção tem a duração aproximada de 1 ano.
- [ ] c) Estão a ele sujeitas todas as instituições financeiras a operar na Zona Euro.
- [ ] d) No apuramento das reservas legais efetivamente a ser mantidas, há uma dedução uniforme aplicável a todas as instituições sujeitas a este regime.
- [ ] e) Nenhuma das alíneas anteriores está correta.

15. No contexto de um banco central que tem a taxa de juro *overnight* como objetivo operacional:

- [ ] a) A maior ou menor dificuldade com que é obtido esse objetivo só decorre de incertezas do lado da procura de liquidez.
- [ ] b) Também consegue simultaneamente estabelecer a base monetária como objetivo operacional.
- [ ] c) A elasticidade da oferta de liquidez não é relevante.
- [ ] d) Há necessidade de prever a contribuição líquida dos fatores autónomos para a oferta de liquidez.
- [ ] e) Nenhuma das alíneas anteriores está correta.

16. Qual dos seguintes instrumentos de política monetária não é geral ou quantitativo?

- [ ] a) Operações de mercado aberto.
- [ ] b) Taxa mínima de reserva legal.
- [ ] c) Redesconto.
- [ ] d) Linhas especiais de crédito setorial.
- [ ] e) Facilidade permanente de depósito.

17. A principal função da cláusula de média na constituição das reservas obrigatórias na Zona Euro é:

- [ ] a) Assegurar aos depositantes que poderão ser ressarcidos.
- [ ] b) Assegurar o máximo de receita para o Banco Central.
- [ ] c) Limitar a flutuação da EONIA.
- [ ] d) Eliminar a flutuação da EONIA.
- [ ] e) Nenhuma das alíneas anteriores está correta.

18. No âmbito da execução da política monetária por parte do BCE, qual das seguintes afirmações está correta?

- [ ] a) As operações de *open-market* são normalmente executadas sob a forma de procedimentos bilaterais.
- [ ] b) Não há operações de *open-market* com frequência normalizada.
- [ ] c) Nas operações de *open-market* nunca são usadas transações definitivas.
- [ ] d) As operações principais de refinanciamento podem ser de cedência ou de absorção de liquidez.
- [ ] e) Nenhuma das alíneas anteriores está correta.

19. No âmbito da condução da política monetária por parte do BCE, qual das seguintes afirmações está correta?

- [ ] a) O agregado M3 constituiu um objetivo intermédio.
- [ ] b) O objetivo final é manter a taxa de inflação permanentemente abaixo mas próximo de 2%.
- [ ] c) A análise monetária e a análise económica fazem parte da tática do BCE.
- [ ] d) A estratégia do BCE engloba a definição do objetivo final.
- [ ] e) Duas das alíneas anteriores estão corretas.

20. No Eurosistema a função principal da reservas obrigatórias é:

- [ ] a) A obtenção de receita para o BCE.
- [ ] b) O controlo dos agregados monetários.
- [ ] c) A estabilização do sistema financeiro.
- [ ] d) A estabilização da taxas de juro de *overnight*.
- [ ] e) Nenhuma das alíneas anteriores está correta.

21. No âmbito da resposta Imediata do Banco Central Europeu (BCE) à recente crise dos mercados financeiros, qual das seguintes afirmações está correta:

- ☐ a) O BCE baixou a taxa de juro de referência.
- ☐ b) O BCE tornou-se mais exigente quando à notação de *rating* dos ativos colaterais admitidos nas operações de cedência de liquidez.
- ☐ c) O BCE dificultou o acesso dos bancos na utilização da facilidade permanente de cedência de liquidez.
- ☐ d) O BCE passou a conduzir as operações principais de refinanciamento através de leilão americano.
- ☐ e) Mais do que uma das alíneas anteriores está correta.

22. Relativamente à Intervenção do Banco Central Europeu (BCE) na recente crise financeira, qual das seguintes alternativas está correta:

- ☐ a) As medidas do BCE destinaram-se sobretudo ao sector bancário.
- ☐ b) O BCE apenas disponibilizou liquidez em Euros.
- ☐ c) O BCE manteve o mercado monetário interbancário numa situação estrutural de carência de liquidez, recusando o *frontloading*.
- ☐ d) O BCE decidiu passar a conduzir leilões de taxa variável nas operações principais de refinanciamento.
- ☐ e) Duas das alíneas anteriores estão corretas.

23. Relativamente à Intervenção do Banco Central Europeu (BCE) na recente crise financeira, qual das seguintes alternativas não está correta:

- ☐ a) O BCE desceu a taxas de juro de referência para mínimos históricos.
- ☐ b) O BCE aumentou os montantes disponíveis para a cedência de liquidez aos bancos comerciais.
- ☐ c) O BCE alargou o número de contrapartes com direito a participar nas operações de *open market*.
- ☐ d) O BCE tornou-se mais exigente quando à notação de *rating* dos ativos colaterais admitidos nas operações de cedência de liquidez.
- ☐ e) O BCE aumentou o prazo de maturidade de algumas operações de *open market* de cedência de liquidez.

"Espera-se que o BCE mantenha a sua taxa de juro inalterada em 1% na Quinta-Feira. Contudo, o aumento maior do que o esperado dos preços torna prováveis novos avisos do presidente Jean-Claude Trichet, de que o BCE actuará sobre quaisquer sinais de que a inflação esteja a ficar fora de controlo. ... O BCE anunciou que o seu programa de compra de dívida soberana, lançado no ano passado, como parte dos esforços da União Europeia para estabilizar o Euro – foi interrompido a semana passada pela primeira vez desde Outubro: As compras semanais atingiram cerca de três mil milhões de Euros no ano passado. ... Os economistas não vêem as taxas de juro da Zona Euro a subir antes do final deste ano."

Ralph Atkins, Finantial Times, 1 de Fevereirio de 2010.

Tendo em conta esta citação responda às 2 questões seguintes:

24. A taxa de juro de 1% do BCE que a notícia refere:

- [ ] a) É a taxa mínima de licitação dos leilões de taxa variável das principais operações de refinanciamento.
- [ ] b) A taxa a que os bancos comerciais se financiam junto do Banco Central quando recorrem aos leilões das operações principais de refinanciamento.
- [ ] c) É a taxa de juro marginal
- [ ] d) É a EONIA.
- [ ] e) Nenhuma das alíneas anteriores está correta.

25. Qual das seguintes afirmações está correta?

- [ ] a) O BCE tem comprado dívida soberana em mercado primário.
- [ ] b) O programa de compra de dívida soberana é um procedimento normal de política monetária do BCE.
- [ ] c) Na sequência da recente crise financeira, a descida da taxa de juro de referência do BCE fez imediatamente baixar a taxas de juro para prazos mais longos, pelo que a compra de dívida soberana não era essencial.
- [ ] d) O comportamento do BCE indicia que a os agentes não são muitas vezes neutros em relação ao risco, como admite a teoria das expectativas racionais, não se movendo ao longo do eixo de prazos de taxas de juro.
- [ ] e) Duas das alíneas anteriores estão corretas.

26. Qual das seguintes medidas não fizeram parte da resposta do BCE à recente crise financeira?

- [ ] a) Cedência de liquidez em dólares às OIFM.
- [ ] b) Compra de *covered bonds*.
- [ ] c) Diminuição do intervalo entre as taxas de juro das facilidades permanentes.
- [ ] d) Aumento do prazo de maturidade de certas operações de *open market*.
- [ ] e) Aumento da taxa de reserva legal sobre certas responsabilidades monetárias das OIMs aceites como contrapartes nas operações de *open market*.

Tendo em conta a seguinte notícia responda às duas questões seguintes.

"Bancos portugueses acorreram ao empréstimo de longo prazo do BCE".

"Dependência do BCE voltou a subir em Dezembro. Dados indicam que os bancos estão a usar as novas operações do BCE para alargar maturidade do financiamento."

Jornal de Negócios, 10 de Janeiro de 2011.

27. As novas operações do BCE a que a notícia se refere têm maturidade:

- [ ] a) De 6 meses e uma taxa de juro a anunciar.
- [ ] b) De 1 ano e uma taxa de juro igual à taxa de juro de referência.
- [ ] c) De 3 anos e uma taxa de juro igual à taxa de juro de referência.

- [ ] d) Definida por procedimentos bilaterais.
- [ ] e) Nenhuma das alíneas anteriores está correta.

28. A par destas novas operações o BCE anunciou a 8 de Dezembro de 2010.

- [ ] a) Um aumento da taxa mínima de reserva legal.
- [ ] b) Uma redução da taxa mínima de reserva legal.
- [ ] c) Uma redução da base de incidência da aplicação da taxa mínima de reserva legal de 2%.
- [ ] d) Uma maior exigência relativamente ao tipo de ativos aceite como colateral nas operações de *open market do Eurosistema*.
- [ ] e) Nenhuma das alíneas anteriores está correta.

Tendo em conta a seguinte notícia responda às duas questões seguintes.

"Os bancos italianos aumentaram significativamente a utilização de empréstimos do Banco Central para mais de €200 mil milhões no mês passado, deixando o país a contar com quase um quarto da liquidez total fornecida pelo guardião monetário do euro."

FT, 10 de Janeiro de 2011.

29. Qual das seguintes alternativas está correta?

- [ ] a) Os empréstimos do Banco Central mencionados são atribuídos sem garantias.
- [ ] b) O BCE apenas empresta e nunca absorve liquidez dos bancos.
- [ ] c) O BCE fornece liquidez aos bancos unicamente através de operações de *open-market*.
- [ ] d) Hoje em dia é consensual que numa situação de crise nos mercados financeiros o Banco Central deve estar preparado para fornecer liquidez aos bancos solventes necessitados.
- [ ] e) Nenhuma das alíneas anteriores está correta.

30. Qual das seguintes alternativas está correta?

- [ ] a) Numa situação de crise como a que vivemos a liquidez fornecida aos bancos italianos vai originar necessariamente inflação.
- [ ] b) Numa situação de crise como a que vivemos a liquidez fornecida aos bancos italianos vai originar necessariamente um aumento dos agregados monetários.
- [ ] c) Numa situação de crise como a que vivemos a liquidez fornecida aos bancos italianos vai originar necessariamente um aumento do multiplicador do M2.
- [ ] d) Numa situação de crise como a que vivemos a liquidez fornecida aos bancos italianos pode no futuro, ainda que não no presente, originar um aumento da base monetária.
- [ ] e) Nenhuma das alíneas anteriores está correta.

Questões de Resposta Aberta

1. Suponha que o Banco Central Europeu decidiu levar a efeito uma operação de absorção de liquidez, via leilão de tipo holandês, num montante máximo de 1250 milhões de euros, mediante a emissão de certificados de dívida. Suponha ainda que, na sequência do anúncio do leilão, os bancos A, B e C apresentaram as ofertas resumidas no quadro abaixo:

Taxa de Juro	Banco A	Banco B	Banco C
1,22	100	100	
1,24	200	200	150
1,25	400	300	300
1,28	400	200	200
1,30	300	150	150
1,33	200	150	100
1,36	100	100	

a) Qual o impacto desta operação na base monetária e no passivo do BCE?

b) Qual é a percentagem de colocação à taxa de juro marginal do leilão?

c) Qual o montante de liquidez cedido ao BCE pelo Banco A e a que taxa?

2. Suponha que o Banco Central Europeu decidiu levar a efeito uma operação de cedência de liquidez, através de um leilão rápido, num montante máximo de 1000 milhões de euros. Suponha que, na sequência do anúncio da operação, os bancos A, B e C apresentaram as ofertas resumidas no quadro seguinte:

Taxa de Juro	Banco A	Banco B	Banco C
0,97%	50	50	
0,98%	100	150	100
0,99%	300	150	100
1,00%	300	250	150
1,01%	350	250	200
1,02%	300	250	250
1,03%	100	100	150
1,05%			50

a) Qual é a taxa de juro marginal do leilão?

b) Qual o montante de liquidez obtida pelo Banco A?

c) Qual a taxa de juro a que o banco A obtêm a liquidez no caso do leilão ser do tipo holandês? E se o leilão for do tipo americano.

3. Suponha que o Banco Central Europeu decidiu levar a efeito uma operação de cedência de liquidez numa operação *swap* contra USD, através de um leilão de taxa variável, num montante de 1000 milhões de euros. O BCE fixa a taxa de câmbio à vista EUR/USD em 1.5000 (nota: o EUR é transacionado a prémio). Suponha que, na sequência do anúncio da operação, os bancos A, B e C apresentaram as ofertas resumidas no quadro seguinte:

Pontos *swap* (x 10 000)	Banco A	Banco B	Banco C
7,9	50	50	
7,8	100	150	100
7,7	300	150	100
7,6	300	250	150
7,5	350	250	200
7,4	300	250	250
7,3	100	100	150
7,2			50

a) Qual o valor dos pontos *swap* marginais?

b) Qual a percentagem de colocação aos pontos *swap* marginais?

c) Qual o montante de euros comprado pelo BCE, na data de vencimento da operação, se o método seguido for o de leilão holandês?

d) Qual o montante de dólares comprado pelo Banco A, na data de vencimento da operação, se o método seguido for o de leilão americano?

4. Na *home page* do *site* do Banco Central Europeu encontramos a seguinte informação:

Key figures at a glance

Marginal lending facility	0.3 %
Main refinancing operations (fixed rate)	0.05 %
Deposit facility	-0.2 %

Effective from June 2014

a) A que respeitam as três taxas de juro apresentadas?

b) Refira-se ao papel desempenhado pelos dois instrumentos representados no quadro para a condução da política monetária do Banco Central Europeu.

5. "A abordagem do BCE para a organização, avaliação e comparação da informação relevante na avaliação dos riscos para a estabilidade de preços baseia-se em duas perspetivas analíticas, referidas como os dois "pilares". Esta abordagem foi confirmada e melhor clarificada pelo Conselho do BCE em Maio de 2003."

A Política Monetária na Área do Euro, 2004

Indique e explique o papel dessas duas perspetivas analíticas.

6. O seguinte gráfico representa a evolução de determinadas taxas de juro relevantes no âmbito da condução da política monetária na Zona Euro. Legende e defina as taxas A, B, C e D.

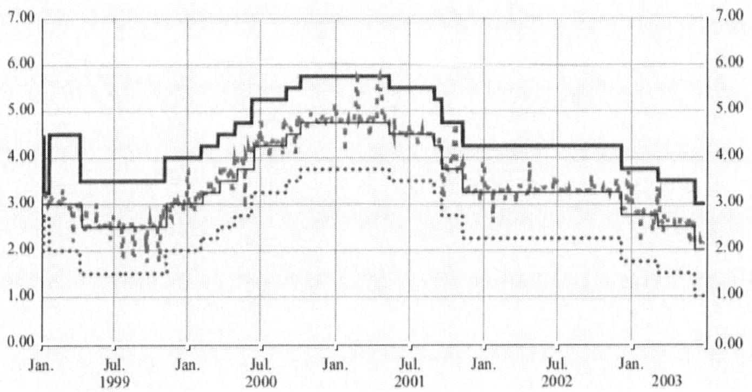

Fonte: BCE (2004), A política monetária do BCE

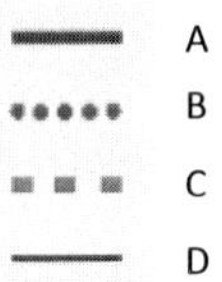

7. Comente o gráfico seguinte, explicando a razão de ser da sua configuração.

Gráfico 4.4 Recurso às facilidades permanentes num período de manutenção

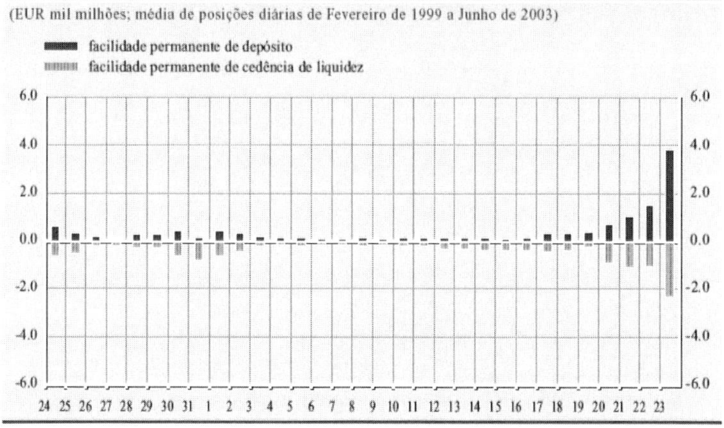

Fonte: BCE.

Nota: As barras de cima dizem respeito à facilidade permanente de depósito, enquanto as de baixo identificam a facilidade permanente de cedência de liquidez.

8. Explicite a função das reservas obrigatórias na Zona Euro. Qual o propósito da alteração recente da taxa mínima de reserva legal na Zona Euro?

9. "No Outono de 2008, após o colapso da Lehman Brothers, o BCE passou a ser menos exigente no colateral exigido nas operações de cedência de liquidez. Em particular, passou a aceitar como garantia obrigações emitidas pelos governos com *rating* igual ou superior a BBB nas operações conduzidas no mercado monetário em vez de aceitar apenas obrigações com *rating* A-, ou superior.

(...)

Embora a dívida grega cumpra os antigos critérios de elegibilidade exigidos pelo BCE, existe a forte possibilidade de ver o seu *rating* diminuído este ano. Tal cria o risco de que as obrigações gregas deixem de ser um ativo elegível num regime mais exigente imposto pelo BCE.

(...)

Já este ano, funcionários do BCE indicaram a intenção de "normalizar" a política no final de 2010 como parte da sua "estratégia de saída" (exit strategy) . Tal eliminou um dos elementos chave que apoiava a dívida grega."

Excerto de "The race is on for Greece before the ECB exits", Financial Times, 4 Fevereiro de 2010.

Comente o texto acima, no contexto das linhas de atuação na condução da política monetária pelo Banco Central Europeu.

10. Indique e explique de forma sucinta as principais medidas tomadas pelo Banco Central Europeu como resposta à recente crise financeira:

a) No período 2008-2010.

b) As medidas anunciadas em Dezembro de 2011.

6. A Condução da Política Monetária pelo Lado da Procura de Liquidez

"It has recently become common practice – indeed, virtually standard practice – for monetary policy analysis to be conducted in models that include no reference to any monetary aggregate. Although there have been a few protests, this general tendency is true of research conducted by both central bank and academic economists."

Bennett McCallum (2001)

Quando é esta a táctica escolhida para a condução da política monetária, o Banco Central tem como objectivo operacional um certo valor, ou intervalo de valores, para a taxa de juro *overnight*, esperando que a mesma se transmita a toda a estrutura de prazos das taxas de juro enquanto objectivos intermédios. Como já o escrevemos antes, para o BCE é a EONIA[119] e para o FED a taxa de juro efectiva dos fundos federais. As autoridades monetárias conseguem atingir este objectivo capitalizando nos mecanismos de mercado, em concreto, na procura estimada de reservas pelas OIFM e na oferta prevista de liquidez com origem nos factores autónomos. Os factores autónomos são todos aqueles que criam ou destroem liquidez mas que não dependem de decisões tomadas pelo Banco Central sendo-lhe, pois, exógenos. Em consequência, o Banco Central fornece, sempre com carácter residual, a liquidez necessária para que a solução de

[119] Muito embora não reconhecido oficialmente enquanto tal.

equilíbrio de mercado seja a taxa de juro que é o seu objectivo. Como se vê, uma vez que o Banco Central opera na base de previsões, a condução da política monetária está sujeita a erros, isto é, a desvios entre valores objectivo e valores efectuados, os quais necessitam de ser corrigidos para manter o rumo da política monetária. É no sentido da minimização de tais desvios que as reservas legais desempenham um papel significativo, particularmente se se lhes aplica a cláusula de média. Na verdade, quando elas são importantes permitem ao Banco Central estabilizar a procura, mas também a sua oferta. Todo este processo resulta claramente debilitado sempre que não haja reservas obrigatórias, ou estas sejam comparativamente de pouca monta, cabendo às reservas operacionais[120] a proporção maior na procura total de reservas pelas OIFM.

As reservas operacionais são as que os Bancos procuram para, no termo de cada dia útil, deterem os saldos necessários à liquidação das operações interbancárias de compensação de cheques. A manutenção de reservas implica sempre um custo de oportunidade que a boa gestão procura minimizar, procurando para tanto deter apenas as correspondentes ao seu nível óptimo. Para além desse custo, a procura destas reservas é fortemente influenciada pelas características institucionais e operacionais do sistema de compensação em vigor, e também pela estrutura de mercado em que actua o sistema bancário. Por exemplo, se as normas fixadas pelo Banco Central admitirem um certo período de tempo para os Bancos liquidarem as suas posições passivas na câmara de compensação, após a determinação dos correspondentes valores, eles não necessitam de manter saldos tão elevados quanto os que teriam de constituir se a liquidação fosse imediata, assim como o incentivo a constituírem-nas é tanto menor quanto menores as sanções a aplicar em caso de falta. Do mesmo modo, quanto menor o número de instituições bancárias existentes, menor será o valor dessas reservas.

6.1. A Oferta de Reservas e os Factores Autónomos de Liquidez

O propósito do Banco Central é que a oferta de liquidez no mercado Monetário interbancário iguale a sua procura para o valor objectivo da taxa de juro de muito curto-prazo, tido como o seu objectivo operacional. Para tal tem que injectar ou absorver liquidez tendo na devida conta o impacto líquido estimado dos factores autónomos de liquidez. Isto é, a intervenção do Banco Central é pelo montante igual à diferença entre a oferta total necessária para que o equilíbrio se dê à taxa de juro objectivo, e a oferta estimada dos factores autónomos, dada a procura estimada de liquidez. Vamos ilustrar através de uma figura o procedimento acabado de descrever.

[120] *Working balances.*

Figura 6-1: Procedimento do Banco Central para Atingir o Objectivo Operacional

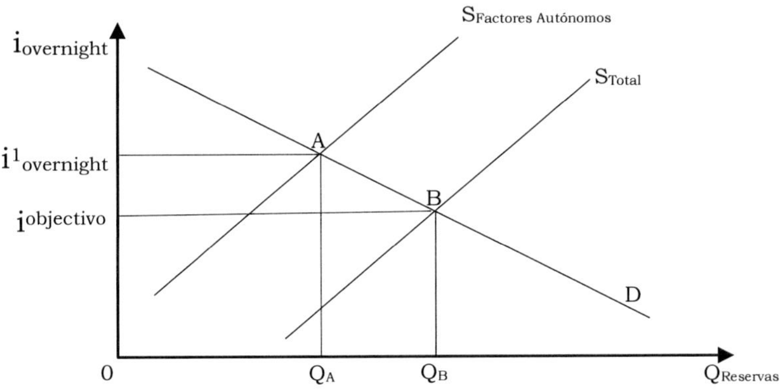

A figura anterior retrata o mercado interbancário de liquidez, com as respectivas curvas da procura e da oferta. A taxa de juro pretendida pelo Banco Central está também indicada. Se a oferta de liquidez fosse gerada exclusivamente pelos factores autónomos, o equilíbrio neste mercado aconteceria no ponto *A* para uma taxa de juro $i^1_{overnight}$, superior à desejada. Isso é um sinal de escassez relativa da oferta; portanto, para atingir o que se propõe, o Banco Central deve intervir neste mercado, injectando a liquidez necessária para arrastar a curva da oferta total até S_{Total}, para a qual o equilíbrio de mercado acontece em *B*, e onde se atinge a taxa de juro almejada. A oferta residual de liquidez realizada pelo Banco Central é igual, para cada valor alternativo da taxa de juro, à distância horizontal entre as duas curvas da oferta. Mas, na eventualidade de se trocarem as legendas entre as duas curvas da oferta, e tomando agora a taxa de juro $i^1_{overnight}$ como taxa de juro objectivo, a conclusão seria exactamente oposta à anterior: a oferta líquida de fundos pelos factores autónomos seria excessiva para a consecução do objectivo operacional, sendo necessário que o Banco Central absorva liquidez para que a oferta total se desloque para a esquerda e o equilíbrio no mercado aconteça no ponto *A*, com uma quantidade de liquidez de equilíbrio de Q_A. Esta mesma figura mostra que se o Banco Central cometer erros nas suas previsões seja quanto à procura de liquidez pelas instituições bancárias seja quanto à contribuição dos factores autónomos, a liquidez total oferecida será necessariamente distinta da adequada para a obtenção da taxa de juro objectivo.

Além de gerir a liquidez do sistema deste modo, o Banco Central preocupa-se em reforçar os efeitos das suas políticas através de outros mecanismos, nomeadamente através de estratégias de comunicação dirigidas a todos os agentes económicos.

Para melhor entendermos os termos da relação entre a oferta de liquidez pelo Banco Central e pelos factores autónomos, vamos formalizá-la, para o que partimos duma representação simplificada do balanço da autoridade monetária no qual destacamos as contas dessa com natureza monetária tal como as disponibilidades líquidas sobre o exterior (DLX), remetendo todas as demais para uma conta residual designada de diversos e registada pelo seu valor líquido. Os símbolos utilizados têm o significado que lhes foi dado no capítulo 3.[121]

Balanço Sintético do Banco Central

Activo	***Passivo mais Situação Líquida***
DLX	C
CAP	R
MRO[122]	FPD[125]
LTRO[123]	Diversos
FPE[124]	

Assumimos que o Banco Central injecta ou absorve liquidez, ΔR, por via dos instrumentos de política monetária que tem à sua disposição, dos quais consideramos apenas os principais no seio do BCE, e cujos movimentos são registados nas contas respectivas do seu balanço acima representado. Assim temos:

$$\Delta R = \Delta DLX + \Delta CAP + \Delta MRO + \Delta LTRO + \Delta FPE - \Delta C - \Delta FPD - \Delta Diversos \quad (6\text{-}1)$$

Os factores autónomos de liquidez são representados por FAL, tal que:

$$\Delta FAL = \Delta DLX + \Delta CAP - \Delta C - \Delta Diversos \quad (6\text{-}2)$$

Então, podemos re-escrever a Equação 6-1 da seguinte maneira:

$$\Delta R = \Delta MRO + \Delta LTRO + \Delta FPE - \Delta FPD + \Delta FAL \quad (6\text{-}3)$$

Uma vez que as decisões do Banco Central quanto aos níveis de liquidez que vai injectar ou absorver para a taxa de juro objectivo, são uma função da procura estimada de liquidez e da contribuição, igualmente estimada, dos factores autónomos de liquidez, podemos escrever, igualmente em termos planeados, também ditos *ex-ante*:

$$E(\Delta MRO + \Delta LTRO + \Delta FPE - \Delta FPD/I_t) = E(\Delta R/I_t) - E(\Delta FAL/I_t) \quad (6\text{-}4)$$

[121] Simplificamos a simbologia aqui, omitindo os asteriscos, na medida em que estão apenas em causa rubricas do Balanço do Banco Central.

[122] Operações principais de refinanciamento.

[123] Operações de refinanciamento a prazo largado.

[124] Facilidades permanentes, empréstimos do Banco Central às OIFM.

[125] Facilidades permanentes, depósitos das OIFM no Banco Central.

O símbolo *E* indica o valor esperado da variável entre parêntesis, formulado a partir da melhor informação disponível no início do período. Este vector de informação é indicado por I_t. Em particular, $E(\Delta MRO + \Delta LTRO + \Delta FPE - \Delta FPD/I_t)$ é o montante programado para aquele tipo de intervenção pela autoridade monetária. [126] Como resulta da equação anterior, esse montante será positivo (injecção de liquidez) ou negativo (absorção de liquidez) consoante a contribuição dos factores autónomos de liquidez seja insuficiente ou excessiva em relação à variação na oferta total de liquidez capaz de produzir aquela taxa de juro de equilíbrio no mercado monetário inter-bancário.

Ainda para o caso do BCE, o quadro que se segue diz-nos quais as contribuições para a liquidez do sistema bancário da respectiva zona de intervenção, em valores médios para o período entre 19 de Janeiro e 8 de Fevereiro de 2011.

Quadro 6-1: Contribuições para a Liquidez do Sistema Bancário da Zona Euro[127]

(EUR billions; daily average stocks from 19 January 2011 to 8 February 2011)

	Liquidity-providing Assets	Liquidity-absorbing Liabilities	Net contribution
Monetary policy operations of the Eurosystem			
Main refinancing operations	185.4	–	+185.4
Longer-term refinancing operations	318.2	–	+318.2
Other open market operations 1)	137.2	81.3	+55.9
Standing facilities	0.1	39.2	-39.2
Sub-total (a)	**604.9**	**120.5**	**+520.4**
Autonomous factors affecting the banking system's liquidity			
Banknotes in circulation	–	822	-822
Government deposits with the Eurosystem	–	101.2	-101.2
Net foreign assets	549.7	–	+549.7
Other factors (net)	–	-66.7	+66.7
Sub-total (b)	**549.7**	**856.5**	**-306.8**
Reserves = credit institutions' holdings on current accounts with the Eurosystem			
Required reserves (c)			+212.3
Excess reserves (d)			+1.3
Total (a)+(b) = (c)+(d)			**+213.6**

Source: ECB.
1) "Other open market operations" include securities held for monetary policy purposes and foreign currency liquidity operations. The latter operations actually absorbed liquidity.

[126] O valor da intervenção dos Bancos Centrais neste contexto é um valor esperado até ao momento que antecede a intervenção da autoridade monetária. A partir daí torna-se num valor efectivo.
[127] Fonte: ECB (2011, p.113).

Quadro 6-2: Metodologia e Cálculo da Liquidez Residual a Ser Injectada no Sistema pelo BCE Através de MRO

Metodologia Seguida pelo BCE para Estimar o Montante de Liquidez a Injectar Através das MRO[128]

As previsões do BCE quanto aos montantes de liquidez a injectar no âmbito das operações das MRO (Operações Principais de Refinanciamento) são apresentadas em dois momentos distintos. A primeira é publicada no dia em que o leilão é anunciado, enquanto a segunda é uma revisão daquela e surge no próprio dia do leilão.

Os elementos tidos em conta na metodologia de cálculo sistematizam-se em três grupos: a) as necessidades de liquidez estimadas provenientes das reservas obrigatórias, das reservas excedentárias e dos factores autónomos de liquidez; b) as previsões quanto à oferta de liquidez com origem nas outras operações de refinanciamento e nos outros instrumentos de política monetária; c) os excedentes ou défices acumulados no decurso do período de manutenção. Assume-se, ainda numa base previsional, que o recurso às facilidades permanentes será igual a zero.

A fórmula de cálculo para qualquer uma daquelas duas previsões, correspondentes aos dias t, quaisquer que eles sejam dos dois em causa, é a que se apresenta de seguida, em que o montante em causa é a variável dependente, representada por M_t^{bench}.

$$M_t^{bench} = \frac{1}{H_t - X_t}[D_t(RR + ER - \overline{CA}_t) + H_t(\overline{AF}_t + RR + ER) - H_t(L + P + F) - X_t M^{mat}]$$

As parcelas entre parêntesis recto estão relacionadas com os três grupos da sistematização a que acima se aludiu. Assim:

$$D_t(RR + ER - \overline{CA}_t) = \textit{Desequilíbrios de liquidez acumulados}$$

$$H_t(\overline{AF}_t + RR + ER) = \textit{Necessidades de liquidez estimadas}$$

$$H_t(L + P + F) - X_t M^{mat} = \textit{Necessidades de liquidez satisfeitas por outras fontes}$$

Significado dos símbolos:

H_t = Número de dias calculado desde, inclusivamente, o dia t até, inclusivamente, o dia anterior ao dia da maturidade da MRO para a qual se está a calcular este valor de liquidez. No caso de um leilão normal, esta variável é igual a 9 no dia do anúncio e de 8 no dia do leilão.

X_t= Número de dias calculado desde, inclusivamente, o dia t até, inclusivamente, o dia anterior ao dia da liquidação da MRO para a qual se está a calcular este valor de liquidez. No caso de um leilão normal, esta variável é igual a 2 no dia do anúncio e de 1 no dia do leilão.

D_t = Número de dias calculado desde, inclusivamente, o primeiro dia do período de manutenção de reservas até, inclusivamente, o dia $t - 1$.

RR= Valor da média diária das reservas obrigatórias a constituir para o período de manutenção relevante.

ER= Valor da média diária das reservas excedentárias para o período relevante de manutenção das reservas obrigatórias.

$\overline{CA}_t$ = Valor médio das reservas existentes desde o início do período de manutenção até ao dia $t - 1$, abrangendo a liquidez fornecida por meio do Programa de Activos Mobiliários (*Securities Markets Programme* (SMP)) até ao dia $t - 1$ para o cálculo relativo ao dia do anúncio do leilão. Este valor mantém-se para o cálculo realizado no dia do leilão.

$\overline{AF}_t$ = Estimativa para o valor médio diário das contribuições dos factores autónomos relativo ao período a que se refere H_t. No dia do anúncio do leilão esta estimativa é a publicada pelo BCE, $\overline{AF}^{publ}$, que abrange sempre o período de tempo entre, inclusivamente, o dia do anúncio do leilão e, inclusivamente, o dia anterior ao da maturidade da MRO para a qual se está a calcular o montante. Porém, no dia do leilão, a previsão revista pelo BCE, $\overline{AF}^{rev}$, abrange um dos dias, o do anúncio da operação, para o qual os factores autónomos *ex-post* são conhecidos, AF_{t-1}. Este último valor necessita de ser subtraído a $\overline{AF}^{rev}$ para que o valor estimado revisto, $\overline{AF}_t$ cubra tão só os dias para os quais a contribuição dos factores autónomos seja desconhecida.

L = Valor médio diário estimado para a liquidez a ser fornecida pelas operações de refinanciamento de prazo largado no período H_t.

P = Valor médio diário estimado para a liquidez a ser fornecida através das operações relativas aos Programas de Compras de Obrigações Cobertas (*Covered Bonds Purchase Programmes (CBPP)*) e do Programa de Activos Mobiliários (SMP) até ao dia, excluído ele, do anúncio da MRO, assumindo um valor inalterado para a SMP entre o anúncio da MRO e o respectivo dia de leilão.

[128] Fonte: http://www.ecb.int/mopo/implement/omo/pdf/How_to_calculate_the_benchmark.pdf?80020d528cc77ad9f6707d45b2b68f2a.

F = Liquidez média diária que o BCE prevê que seja fornecida ou absorvida por outras operações de política monetária, por exemplo, por operações irregulares de intervenção, no período H_t. M^{mat} = Montante da MRO que se vai vencer.
EXEMPLOS ILUSTRATIVOS
Exemplo I MRO anunciada a 4 de Outubro de 2010, com vencimento a 12 de Outubro. Pretende-se calcular o montante da MRO a ser leiloada a 5 de Outubro capaz de satisfazer as necessidades de liquidez das OIFM até ao respectivo vencimento. Sabe-se que as previsões quanto às contribuições médias diárias dos factores autónomos para o período em causa (4 a 12 de Outubro de 2010) ascende a EUR 331.5 biliões, enquanto as previsões para a média diária das reservas excedentárias indicam EUR 1.2 biliões. Considerando outra informação que deve estar disponível, calculamos o valor que nos interessa: $M^{bench}_{dia\ do\ anúncio\ da\ OPR} = \frac{1}{9-2}[26(211.9+1.2-235.9)+9(331.5+211.9+1.2)-9(316.7+124.3-56.5)-2*166.4]=73.6$ Vamos agora admitir que no dia do leilão as previsões quanto à contribuição dos factores autónomos baixou para EUR 329.3 biliões, e que a contribuição *ex-post* destes com data do dia anterior, 4 de Outubro, era de EUR 34.0 biliões. Assim, no dia do leilão a previsão relevante para os factores autónomos era de $\overline{AF}_{dia\ do\ leilão} = (9 * 329.3 - (2-1) * \frac{334}{8} = 328.7$. Então: $M^{bench}_{dia\ do\ leilão} = \frac{1}{8-1}[27(211.9+1.2-233.3)+8(328.7+211.9+1.2)-8(316.7+124.3-59.6)-1*166.4] = 81.6$

6.2. O Comportamento da Procura e da Oferta de Liquidez

O desvio entre os valores objectivo e efectivo da taxa de juro, enquanto instrumento operacional de política monetária, explica-se, como já foi dito antes, por erros de previsão quer quanto à oferta quer quanto à procura de liquidez. Num sistema em que as reservas obrigatórias são suficientemente importantes, a procura de liquidez é principalmente determinada pela necessidade de as constituir e, por isso, largamente independente da estrutura do sistema de pagamentos e de compensações interbancário. A oferta de liquidez, tendo em conta a maior ou menor previsibilidade dos factores autónomos de liquidez, é uma variável sob maior ou menor controlo do Banco Central. Vamos ilustrar, através das figuras apropriadas, o sentido e a magnitude de tais desvios.

Na figura abaixo consideramos uma oferta de liquidez constante por unidade de tempo, consonante com a não aplicação da cláusula de média, assim como com a ausência de outros estabilizadores automáticos. Consequentemente, as correcções serão feitas através de operações irregulares (*fine tuning*). O exercício consiste em saber qual o impacto dos erros de previsão da procura de liquidez.

Figura 6-2: Desvios Explicados pela Instabilidade da Procura de Liquidez

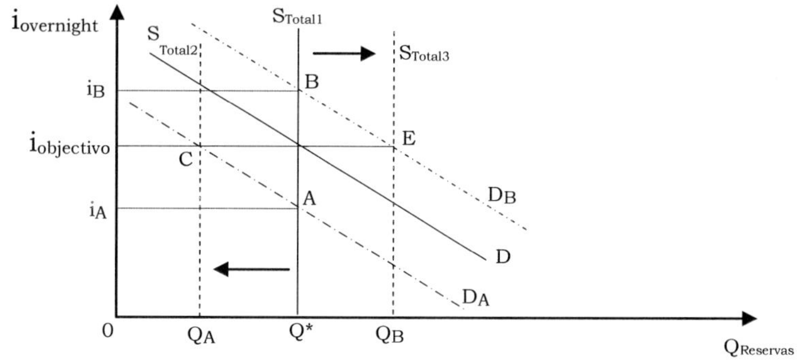

A procura de liquidez estimada pelo Banco Central é dada pela curva *D*, fixando a oferta total de liquidez em S_{Total1} para atingir a taxa de juro objectivo. No entanto, por força de variações inesperadas nos depósitos e, por consequência, no montante das reservas a manter, a procura de liquidez vem-se, de facto, a revelar como dada por D_A ou, em alternativa, por D_B. Na primeira alternativa, a taxa de juro formada no mercado é naturalmente menor que a planeada, i_A em vez de $i_{objectivo}$. O Banco Central intervém através de operações defensivas reduzindo a oferta de liquidez para S_{Total2}, com isso conseguindo restabelecer a taxa de juro de mercado no valor pretendido. As implicações e procedimentos seriam os contrários se a procura de reservas tivesse aumentado para D_B. A este propósito é conveniente reparar que a autoridade monetária ou controla a taxa de juro ou a quantidade de reservas, mas nunca ambas as coisas ao mesmo tempo. Se o que pretende é controlar a taxa de juro, deve então estar preparada para fornecer o nível de reservas que é procurado consistente com essa taxa de juro; se, diversamente, o que pretende é controlar o nível de reservas, então terá que aceitar a taxa de juro respectiva, nos casos presentes i_A ou i_B.

Para uma dada variação da procura de liquidez, a magnitude dos desvios da taxa de juro em relação ao seu objectivo é uma função negativa da elasticidade da curva da oferta. Do mesmo modo, a amplitude dos mesmos desvios face a erros de previsão quanto à oferta depende negativamente da elasticidade da procura de liquidez. Vejamos as duas figuras que se seguem, a primeira relativa às implicações da elasticidade da oferta, e a segunda no que se reporta ao mesmo elemento da procura.

Figura 6-3: Desvios nas Taxas de Juro Quando a Oferta de Liquidez é Elástica

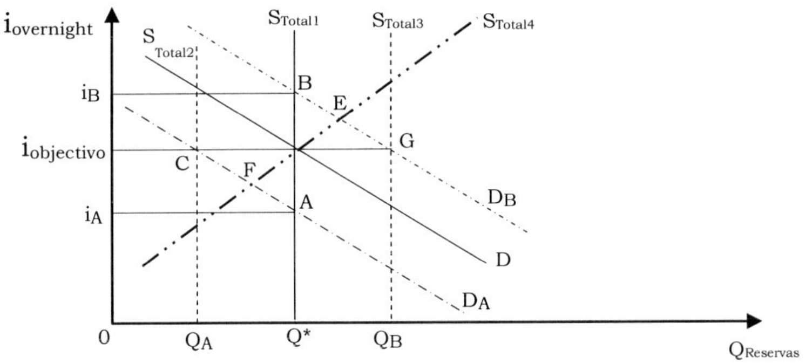

Reproduz-se aqui a informação contida na Figura 6-2 para efeitos de comparação de resultados. Todavia, agora assumimos que a oferta de liquidez é elástica e representada por S_{Total4}. Como se pode ver, para as mesmas deslocações da curva da procura, as correspondentes soluções de equilíbrio no mercadao são dadas pelas coordenadas dos pontos *E* e *F*, e, como se vê, o impacto sobre as taxas de juro é menor do que no caso anterior onde a oferta é perfeitamente inelástica. A volatilidade das taxas de juro resulta inferior.

Figura 6-4: Desvios nas Taxas de Juro em Função da Elasticidade da Procura

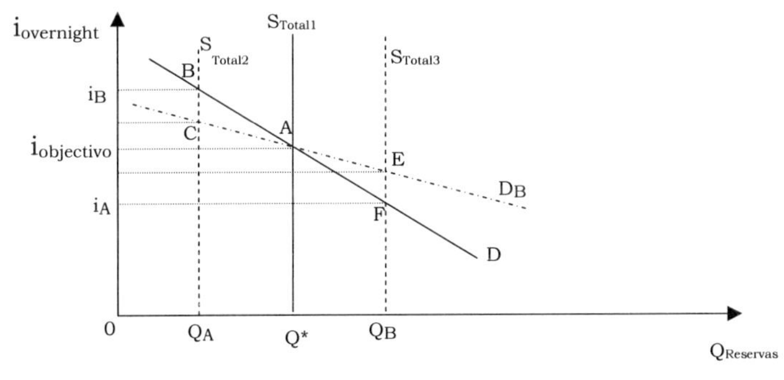

Agora admitimos que o choque é na forma de erros de previsão quanto à contribuição dos factores autónomos de liquidez, obrigando a que a oferta total de liquidez se desloque ou para S_{Total2} ou para S_{Total3}. Comparando os efeitos destes movimentos sobre a taxa de juro de mercado, conforme a curva da procura é mais ou menos elástica, D_B versus D, assim a mesma deslocação da oferta determinará movimentos nas taxas de juro com menor ou maior amplitude.

Torna-se claro que a condução da política monetária é tanto mais difícil quanto menores forem as elasticidades em relação à taxa de juro quer da procura quer da oferta de liquidez.

Questões de Escolha Múltipla

1. Qual dos seguintes itens não faz parte dos fatores autónomos de liquidez?

☐ a) C.

☐ b) DLX.

☐ c) CAP.

☐ d) LTRO.

☐ e) Diversos.

2. No contexto de um Banco Central que tem a taxa de juro *overnight* como objetivo operacional:

☐ a) A maior ou menor dificuldade com que é obtido esse objetivo só decorre de incertezas do lado da procura de liquidez.

☐ b) Também consegue simultaneamente estabelecer a base monetária como objetivo operacional.

☐ c) A elasticidade da oferta de liquidez não é relevante.

☐ d) Há necessidade de prever a contribuição líquida dos fatores autónomos para a oferta de liquidez.

☐ e) Nenhuma das alíneas anteriores está correta.

3. Qual das seguintes alternativas está correta?

☐ a) Num regime com predominância por reservas obrigatórias, a procura de reservas é mais previsível.

☐ b) Na Zona Euro a curva da procura de reservas torna-se mais inelástica à medida que se aproxima o final do período de manutenção das reservas obrigatórias.

☐ c) Num regime com predominância de reservas operacionais a curva da procura de reservas é mais elástica do que num regime em que predominam as reservas obrigatórias.

☐ d) Duas das alíneas anteriores estão corretas.

☐ e) Nenhuma das alíneas anteriores está correta.

4. Qual das seguintes alternativas corresponde a um fator autónomo de liquidez?

☐ a) OAL

☐ b) OCL.

☐ c) Reservas.

☐ d) DLX.

☐ e) Nenhuma das alíneas anteriores.

5. Qual das seguintes afirmações está correta?

- [ ] a) A procura de reservas por parte dos bancos é mais estável num sistema em que predomina a procura por reservas legais relativamente a um sistema onde predomina a procura por reservas operacionais.
- [ ] b) A elasticidade da curva da procura de reservas por parte dos bancos não é relevante para a volatilidade da taxa de juro *overnight*.
- [ ] c) Na Zona Euro, a curva da procura de reservas torna-se muito elástica próximo do final do período de manutenção de reservas.
- [ ] d) Na Zona Euro, os pedidos de acesso às facilidades permanentes de liquidez diminuem quando estamos próximo do último dia do período de manutenção de reservas.
- [ ] e) Duas das alíneas anteriores estão corretas.

6. A procura de reservas obrigatórias:

- [ ] a) Destina-se a compensações de pagamentos entre bancos.
- [ ] b) Tende a ser instável.
- [ ] c) Na presença da cláusula de média, tende a ser mais elástica relativamente à taxa de juro *overnight* quanto mais distante se está do último dia do período de manutenção (constituição).
- [ ] d) Porque estabelece limites para as taxas de juro *overnight*, ajuda no controlo da volatilidade das taxas de juro praticadas pelo banco central.
- [ ] e) Não existe no Eurosistema.

7. Num regime em que há predominância de reservas operacionais

- [ ] a) É impossível implementar ações de política monetária.
- [ ] b) Não se pode adotar a taxa de juro overnight como objectivo operacional de política monetária.
- [ ] c) Tenderá a haver maior volatilidade na taxa de juro *overnight*.
- [ ] d) A procura de reservas tenderá a ser mais elástica.
- [ ] e) Nenhuma das alíneas anteriores está correta.

8. Entre as razões que levam os bancos centrais a preocupar-se com a instabilidade da taxa de juro *overnight* só não se conta a seguinte:

- [ ] a) Uma falha do banco central a este nível pode afetar a sua reputação também a outros níveis, como seja a de supervisão financeira.
- [ ] b) Uma elevada volatilidade da taxa de juro *overnight* significa que a política monetária dificilmente poderá ser expansionista no futuro.
- [ ] c) O mercado interbancário é a principal fonte de financiamento do sector bancário, pelo que uma forte instabilidade daquela taxa pode ter efeitos significativos nos custos de financiamento.
- [ ] d) Caso a instabilidade seja transmitida, através da *yield curve*, à taxa de juro de longo prazo e aos preços dos ativos financeiros, pode influenciar o consumo e o investimento, ou seja, produzir efeitos reais.
- [ ] e) Uma elevada instabilidade da taxa de juro *overnight* é um sinal de má afetação da liquidez pelas instituições financeiras.

9. Qual das seguintes alternativas não está correta?

- [ ] a) Os fatores autónomos de liquidez são exógenos em relação às decisões dos bancos centrais.
- [ ] b) A procura de reservas operacionais é fortemente influenciada pelas caraterísticas institucionais e operacionais do sistema de compensação em vigor.
- [ ] c) Quanto menor o número de instituições bancárias existentes, maior deverá ser o valor das reservas operacionais.
- [ ] d) A Zona Euro é um exemplo de um sistema em que a procura por liquidez é sobretudo determinada pela procura por reservas legais.
- [ ] e) O propósito do BC é que a oferta de liquidez iguale a sua procura no mercado monetário interbancário para o valor objetivo da taxa de juro de muito curto prazo.

7. A Procura de Moeda

"As três subdivisões que acabamos de distinguir na preferência pela liquidez podem ser definidas pelas motivações que as determinam..."

John Maynard Keynes (1936, p. 177)

Com este capítulo o propósito é apresentar as teorias mais representativas da procura da moeda e extrair delas as ilações sobre o comportamento de algumas variáveis económicas importantes, tal como a taxa de inflação e, a partir daí, compreender as motivações subjacentes aos objectivos de política monetária e à respectiva condução pelos Bancos Centrais.

Vamos estudá-las seguindo a ordem cronológica pela qual foram surgindo. Assim, começaremos com a teoria quantitativa da moeda, prosseguindo com a teoria keynesiana e, por último, vamo-nos concentrar na abordagem neo-clássica, dita também de monetarista, da Escola de Chicago representada por M. Friedman.

7.1. A Teoria Quantitativa da Moeda

A teoria quantitativa da moeda tem as suas raízes no século XVIII (Hume, 1742),[129] mas continuou a desenvolver-se nos séculos XIX e inícios do século XX

[129] Traça-se as suas origens à Escola de Salamanca, a Copérnico (1517) e a Bodin (1568) por terem notado a existência de uma relação positiva entre o nível de preços e a quantidade de moeda em circulação, ouro e prata que chegavam das Américas recém-descobertas, muito embora não tenham desenvolvido qualquer modelo formal, tarefa que iria caber a autores posteriores. Todavia, a relação de causa e efeito foi claramente exposta nessas contribuições iniciais.

com John Stuart Mill e Irving Fisher, respectivamente. Apesar do tempo transcorrido desde as primeiras contribuições, permanece ainda nos dias de hoje altamente influente graças à reformulação a que foi sujeita por Milton Friedman. É uma teoria que postula soluções de equilíbrio de longo-prazo; no curto-prazo, durante o processo de ajustamento entre duas soluções consecutivas de equilíbrio de longo-prazo, na sequência de um qualquer choque, são admitidas mudanças nos valores das variáveis relevantes, incluindo as do rendimento real e da velocidade de circulação da moeda, para além, naturalmente, do nível de preços que é a variável de ajustamento por excelência. A teoria apresenta-se em duas versões, a versão transacções, e a versão Cambridge que tem a grande vantagem de dar lugar à especificação de uma função procura de moeda.

7.1.1. *A Versão Transacções*

Esta é a versão apresentada e desenvolvida por Irving Fisher (1911). A oferta nominal de moeda (M) é considerada uma variável exógena, na medida em que é controlada pela autoridade monetária.[130] Por período de tempo, a economia efectua um certo número de transacções (T) sobre bens e serviços, qualquer que seja a sua natureza, a um dado preço médio (P^T). Consequentemente, para que tal *stock* de moeda seja capaz de suportar o valor desse conjunto de transacções, importa que cada unidade monetária circule na economia com uma certa velocidade média de transacção no mesmo período de tempo (V^T). Deste enunciado segue-se naturalmente uma tautologia[131] que se escreve do seguinte modo, e a que Fisher (1911, cap. II) chama equação de troca:

$$MV^T \equiv P^T T \tag{7-1}$$

Tautologia porque é necessariamente verdade que a quantidade de moeda em circulação, multiplicada pela sua velocidade média de circulação, assumida como constante no longo-prazo, há-de ser igual ao valor das transacções no período. Partindo da identidade acima, podemos definir formalmente a velocidade transacções da moeda como sendo $V^T = \frac{P^T T}{M}$.

Evidentemente, esta formulação da teoria quantitativa da moeda não se apresenta como muito útil, pelo que foi reformulada na chamada versão Cambridge devida aos trabalhos de Marshall, Pigou e Keynes, antes de este último ter desenvolvido a sua própria teoria original.

[130] Está-se a admitir uma economia fechada. A alternativa, com outras implicações, seria a de uma economia aberta sob o regime do padrão-ouro, caso em que a quantidade de moeda em circulação seria igual aos saldos acumulados da balança de pagamentos em períodos passados.

[131] Fisher trata esta relação como uma igualdade.

7.1.2. *A Versão Cambridge*

Esta versão abandona a variável transacções em favor da variável do rendimento nacional definido em termos reais (Y).[132] Trata-se, evidentemente, de realidades bem diferentes. Por definição, o rendimento real é constituído por bens e serviços finais produzidos no período e avaliados a preços de mercado constantes, ao contrário das transacções que podem incidir sobre bens produzidos noutros períodos, independentemente do seu tipo, finais ou não finais. Além disso, aqui os bens e serviços elegíveis contam apenas uma vez, ao contrário da versão transacções onde eles surgem tantas vezes quantas as transacções de que são objecto. Os preços (P) são perfeitamente flexíveis em ambos os sentidos, pelo que o rendimento real é, em equilíbrio de longo-prazo, o de pleno emprego; qualquer valor do rendimento inferior ou superior a esse é transitório e, portanto, associado a processos de ajustamento no curto-prazo, e será eliminado por movimentos nos preços. Os preços são os dos bens e serviços considerados para efeitos do apuramento do rendimento nacional, e a velocidade de circulação da moeda (V) é redefinida em termos do rendimento, passando a designar-se de velocidade rendimento de circulação da moeda. Em equilíbrio de longo-prazo esta velocidade assume-se como constante. A oferta de moeda é também uma variável exógena. A versão rendimento da teoria quantitativa da moeda escreve-se da seguinte forma:

$$MV = PY \tag{7-2}$$

O rendimento nominal por período de tempo é representado pelo segundo membro da relação, *PY*. Assumindo-se que o mercado monetário se encontra em equilíbrio, ou seja, $M = M^d$, que significa que a oferta nominal de moeda é igual à sua procura, retira-se da equação (7-2) a função procura de moeda que identifica a versão Cambridge da teoria:

$$M^d = \frac{1}{V}\,PY = k\,PY \tag{7-3}$$

onde $k = \frac{1}{V}$.

A equação anterior exprime a procura nominal de moeda, representada como sendo uma certa proporção do rendimento nominal, situando-se no seu nível óptimo de longo-prazo estabelecido pelos agentes económicos. Mas, na

[132] O rendimento real só pode variar no longo-prazo como consequência da variação da dotação do país em recursos produtivos, da melhoria da sua tecnologia, e da promoção da eficiência paretiana. O impacto destas variáveis traduz-se em deslocações da curva fronteira de possibilidades de produção ou, então, em deslocações de combinações produtivas no interior para combinações produtivas localizdas sobre essa curva.

verdade, o que estes procuram é uma certa quantidade real de moeda e, concomitantemente, a quantidade nominal que, para os preços em vigor, seja necessária para atingir o poder real de compra desejado. A procura real de moeda é igual à procura nominal deflacionada pelo nível geral de preços, isto é: $\frac{M^d}{P} = kY$. A interpretação da especificação da procura nominal de moeda diz-nos que a procura de moeda depende positiva e proporcionalmente tanto do nível de preços como do rendimento real, quer para satisfazer os pagamentos decorrentes das transacções habituais, quer para beneficiar da utilidade que a posse de moeda faculta para outros propósitos, como seja o de reserva de valor que permite atender a outras necessidades.

Partindo da relação de equilíbrio no mercado monetário, e tomando agora o nível de preços como a variável dependente, obtemos a equação que exprime o nível geral de preços como função da oferta de moeda, de tal modo que a relação de causalidade vai do comportamento do *stock* de moeda para os preços:

$$P = \frac{M}{kY} \tag{7-4}$$

Assim, no longo-prazo, após transcorrido o exigível período de ajustamento, a taxa de inflação escreve-se como:[133]

$$\dot{p} = \dot{m} - \dot{k} - \dot{y} \tag{7-5}$$

Uma vez que no longo-prazo a velocidade rendimento de circulação da moeda é tida como constante enquanto o rendimento real se assume como estando ao seu valor de pleno emprego, que evolui gradualmente ao longo do tempo, no longo-prazo a taxa de inflação é fundamentalmente explicada pelo comportamento da oferta de moeda, variando na mesma proporção e sentido, tal que $\dot{p} = \dot{m}$. Esta relação traduz a equiproporcionalidade entre os preços e a quantidade de moeda em circulação, o que significa que a taxa de variação nos preços é exactamente igual à da oferta de moeda.

A equiproporcionalidade explica-se pelo processo de ajustamento admitido pela teoria quantitativa da moeda, começando pela ideia fundamental, já antes referida, que aquilo que os sujeitos económicos procuram é uma certa quantidade real de moeda igual a kY na formulação apresentada da função procura real de moeda. Assim, partindo de uma situação inicial de equilíbrio, a expansão da massa monetária em circulação provoca, num primeiro instante, o aumento dos encaixes monetários reais na posse do público acima do que é desejado e, con-

[133] A variável quando expressa em letra minúscula com um ponto sobre ela representa a taxa de variação percentual por unidade de tempo da variável em maiúscula que se lhe corresponde

sequentemente, o desequilíbrio dos respectivos portefólios pois estes passam a conter mais moeda do que é pretendido e, concomitantemente, segundo a lei de Walras, menos de outros activos. Mas no instante em que esse choque acontece, no muito curto-prazo, k aumenta para valores acima do seu óptimo de longo--prazo, o mesmo é dizer que V baixa. Assim sendo, o processo de reequilíbrio inicia-se com os sujeitos a procurarem reduzir k para o seu valor de equilíbrio, para o que é forçoso aumentar a velocidade rendimento de circulação da moeda. Estes movimentos resultam no acréscimo das despesas para que se possam livrar da moeda em excesso. Estes acréscimos na despesa são feitos em toda a sorte de activos, bens e serviços. Numa economia fechada não é globalmente possível, sem intervenção da autoridade monetária,[134] reduzir-se o *stock* de moeda em circulação, pelo que a única forma de os encaixes reais de moeda baixarem para os níveis pretendidos é através do aumento proporcional no nível geral de preços que só terminará quando k tiver regressado ao seu nível de equilíbrio de longo--prazo, assim implicando que o mesmo suceda aos encaixes reais na posse do público. No curto-prazo, e durante o respectivo processo de ajustamento, para além de k, também Y e P variam. Para exemplificar, quando o mercado monetário está em equilíbrio, $M = kPY$, e a quantidade de moeda duplica para $M' = 2M$, a nova solução de equilíbrio de longo-prazo nesse dito mercado é $M' = kP'Y$. Uma vez que no longo-prazo a moeda não afecta variáveis, então $M' = 2M = k(2P)Y$, tal que a procura real de moeda continua a ser exactamente a mesma: $\frac{2M}{2P} = \frac{M}{P} = kY$.

A referência a uma economia fechada é crítica para a obtenção deste resultado; numa economia aberta o sector externo funciona como uma válvula de escape e o processo de ajustamento não recai na totalidade sobre os preços, mas também na balança de pagamentos ou na taxa de câmbio consoante o regime cambial em vigor e as dimensões relativas das economias nacionais.

Como se infere das relações presentes, a oferta de moeda não tem qualquer impacto nas variáveis reais no longo-prazo, o rendimento e outras variáveis que lhe estão associadas, embora o possa ter no curto-prazo. Dito de outra maneira, a teoria quantitativa da moeda já estabelece a neutralidade da moeda.

Podemos representar as soluções de equilíbrio no mercado monetário, a inicial e a subsequente a uma expansão da oferta, através da figura que se segue.

[134] Retirando moeda de circulação.

Figura 7-1: Soluções de Equilíbrio no Mercado Monetário Conforme a Teoria Quantitativa

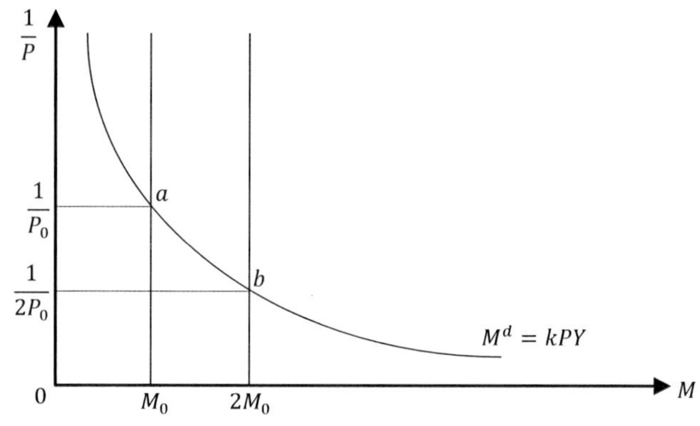

7.1.3. *A Preferência por Liquidez de Keynes*

Como já vimos em ponto anterior, Keynes começou por ser um discípulo de Marshall e da teoria quantitativa da moeda. Contudo, nos anos 30 do século passado daria contribuições originais muito marcantes e influentes para a teoria e política económicas. Nesta secção pretendemos apresentar a sua teoria da preferência por liquidez, isto é, a sua perspectiva sobre a procura de moeda.

Segundo ele, a procura de moeda explica-se por três motivos: a) motivo transacções; b) motivo precaução; c) motivo especulação. Compreende-se que estamos perante uma perspectiva que vê a moeda como um de vários activos na constituição de um portefólio tendo em conta tanto a utilidade que a sua posse oferece aos seus detentores, quanto a remuneração de activos alternativos. De facto, para Keynes a riqueza (W) poderia ser detida na forma de moeda (M) e de obrigações (B), de tal maneira que a procura do conjunto destes dois activos deverá ser igual à riqueza detida, numa relação assim expressa: $W = M^d + B^d$. Em equilíbrio, a procura é igual à oferta: $M^d + B^d = M^s + B^s$. Desta relação de equilíbrio retira-se também imediatamente que $M^s - M^d = B^d - B^s$, que traduz a bem conhecida lei de Walras que nos afirma que o excesso da oferta sobre um dado conjunto de mercados é necessariamente igual ao excesso da procura nos restantes mercados.

Pelo motivo transacções a moeda é percebida nos exactos termos da sua conceptualização (meio de troca geralmente aceite) compatível com o fácil decurso das transacções económicas, um autêntico lubrificante do sistema económico. Os motivos precaução e especulação vêem a moeda como reserva de valor, o primeiro explicado por necessidades futuras cuja satisfação só a moeda é capaz de optimizar, e o segundo como função negativa do respectivo custo de oportunidade tal como dado pela taxa de juro que remunera aplicações alternativas. Por precaução, e em grau que depende da medida da aversão ao risco, os indivíduos escolhem deter moeda nos seus portefólios de activos para acorrer a necessidades ditadas por circunstâncias tais como doenças, desemprego ou outras equivalentes; na verdade, para este efeito a moeda goza da vantagem relativa da sua liquidez. A quantidade de moeda procurada pelos motivos transacção e precaução é uma função positiva do rendimento.

A designação motivo especulação apela ao impacto das variações nas taxas de juro no preço das obrigações, e ao comportamento que se espera dos especuladores face às variações antecipadas naqueles preços. A relação entre o preço destes activos e as taxas de juro de mercado é inversa, como se ilustra através da fórmula que dá a valorimetria das perpetuidades: $P_B = \frac{C}{r}$, onde C é o cupão que se assume constante, e r a taxa de juro, como é habitual. Portanto, à medida que a taxa de juro sobe, o preço da obrigação vai baixando, e quanto mais ele baixa menores serão as expectativas de que este movimento prossiga; isto é, tanto maior será o número de especuladores que pensa que a probabilidade de continuar a baixar é diminuta, e tanto maior a de subida. Portanto, o preço da obrigação é suficientemente baixo para os induzir a comprá-las, levando-os a recompor os respectivos portefólios, trocando moeda por obrigações: diminui a procura de moeda e aumenta a de obrigações. No caso de descidas da taxa de juro os procedimentos são exactamente os opostos, porque as expectativas também o são, traduzindo-se a recomposição do portefólio em mais procura por moeda e menos procura por obrigações.

Um dos pressupostos essenciais da abordagem keynesiana é que o rendimento de equilíbrio se situa abaixo do de pleno emprego havendo, por isso, desemprego como situação normal. Em consequência, os preços são rígidos e os ajustamentos processam-se pela via quantidades, ou seja, via rendimento real. Consequentemente, alterações no rendimento são-no tanto em termos nominais quanto reais não se justificando, portanto, explicitar a distinção.

A função procura nominal de moeda pode-se então escrever como:

$$M^d = f(Y) + g(r) \tag{7-6}$$

A taxa de juro é uma variável monetária porque se forma no mercado monetário pela interacção entre a procura e a oferta de moeda, uma vez que é a ela que compete restabelecer o equilíbrio do mercado monetário na sequência da sua perturbação via, essencialmente, o comportamento da oferta de moeda. E, justamente, no âmbito do muito restrito mecanismo de transmissão aceite pelos keynesianos, a política monetária transmite-se ao mercado real por via da influência que a taxa de juro exerce sobre o investimento, *ceteris paribus*, e, através do multiplicador do investimento, no rendimento real.

Figura 7-2: Equilíbrio no Mercado Monetário na Perspectiva Keynesiana

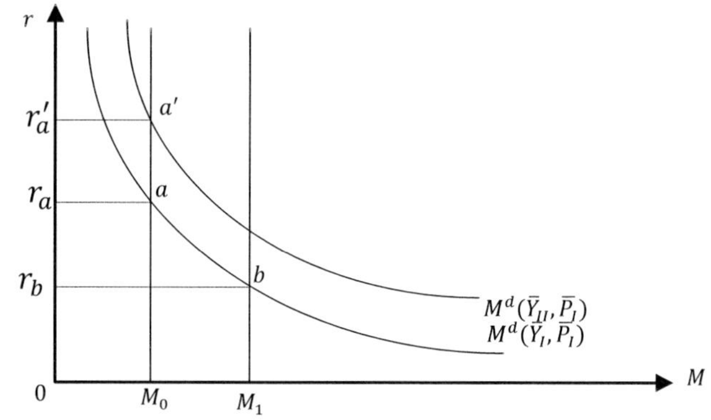

A figura anterior mostra as soluções de equilíbrio no mercado monetário, e o consequente comportamento da taxa de juro para uma dada procura de moeda M^d e para um dado nível da oferta nominal de moeda M, tal que $M_1 > M_0$. A procura é representada por curvas convexas que exprimem a relação negativa entre ela e a taxa de juro, assumindo-se, para cada uma delas, constantes o rendimento real e o nível geral de preços. [135]Assim, considerando-se dada a procura de moeda quando $Y=Y_I$, quando a oferta de moeda passa de M_0 para M_1, a taxa de juro deve baixar de r_a para r_b de modo a restabelecer-se o equilíbrio no mercado monetário. Neste sentido, do ponto de vista da formulação da política monetária, para se relançar uma economia através de taxas de juro reduzidas importaria ter políticas monetárias expansionistas, e o contrário deveria ser a regra da política monetária em períodos de expansão económica que ameaçassem gerar inflação. Mas, para uma mesma oferta de moeda, a taxa de juro de equilíbrio varia positivamente com a procura: é exactamente isso que se constata quando a procura de moeda se desloca para cima fruto do aumento do rendimento real para $\bar{Y}_{II}$ levando a taxa de juro de r_a para r'_a. Esta relação positiva entre o rendimento real e a taxa de juro, para um dado valor da oferta de moeda, é representada pela bem conhecida curva LM. Assim, se admitirmos que a função procura nominal de moeda se escreve como:

$$M^d = \alpha PY - \beta r \tag{7-7}$$

[135] Uma barra sobre uma qualquer variável significa que ela se assume constante ao longo de toda a curva. Portanto, ao longo de cada curva só a taxa de juro varia. Quando o rendimento varia, a curva da procura ora se desloca para cima quando aquele aumenta, ou para baixo quando ele diminui.

Escrevendo de seguida a condição de equilíbrio no mercado monetário:

$$M = \alpha PY - \beta r \tag{7-8}$$

e resolvendo agora em ordem a *r* obtemos a equação da curva LM que nos dá a relação entre a taxa de juro, o rendimento real e a oferta de moeda ou, dito de outra forma, combinações (Y, r) para cada valor de M, assumindo-se tudo o mais como constante. Já a taxa de juro de equilíbrio na economia depende da inter-acção com o mercado real, tal como representado pela curva IS,[136] o que significa que a taxa de juro e o rendimento real são determinados conjuntamente.

$$r = \frac{\alpha PY - M}{\beta} \tag{7-9}$$

Ou seja, a taxa de juro é uma função positiva do rendimento real e negativa da oferta de moeda: $\frac{\partial r}{\partial Y} = \frac{\alpha P}{\beta}$ e $\frac{\partial r}{\partial M} = -\frac{1}{\beta}$. Temos então a representação da curva LM na figura que se segue. A curva LM_2 está associada a uma oferta de moeda menor do que aquela que se encontra associada à curva LM_1; aliás, esta última apresenta uma secção inicial horizontal para ilustrar o que Keynes chamou de armadilha da liquidez. A relevância da armadilha da liquidez é que quando ela se encontra presente a política monetária deixa de ser um instrumento efectivo de política monetária na medida em que variações no *stock* de moeda não conseguem influenciar a taxa de juro.

Já a solução de equilíbrio para a taxa de juro no mercado monetário, conforme a ilustração dada pela figura anterior, é a proporcionada pela equação (7-9) assumindo-se, desta feita, que *M* é variável, enquanto *Y* e *P* são constantes.

Figura 7-3: Curva LM

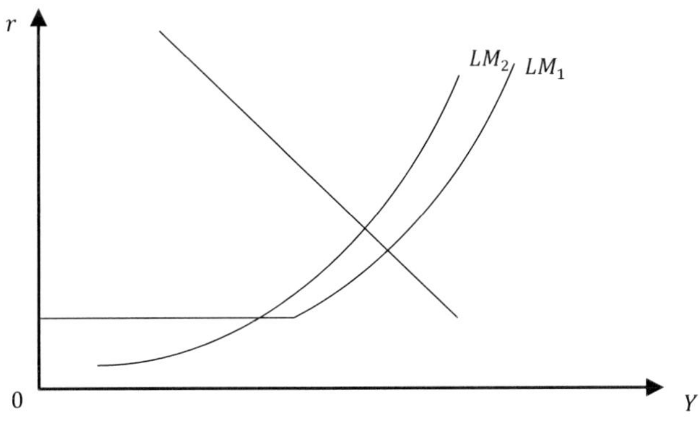

[136] Representativa das combinações para as quais há equilíbrio no mercado real e que o leitor amplamente conhece das disciplinas de macroeconomia.

7.1.4. *A Perspectiva Monetária de Friedman*

Friedman vincula esta sua marcante contribuição teórica (1968) à teoria quantitativa da moeda, muito embora esta associação seja vigorosamente contestada por autores como Patinkin (1972) que entendem estar ela muito mais próxima da teoria monetária keynesiana.

Na expressão de Friedman, a teoria quantitativa da moeda é, antes de mais, uma teoria da procura da moeda e não uma teoria do rendimento, nem sequer dos preços, pois tal exigiria elementos adicionais. Ora, o entendimento prevalecente (Patinkin, 1972) é o de que essa teoria pretende ser, antes de mais, uma explicação do comportamento do nível geral de preços. Na mesma linha interpretativa, Brunner e Meltzer (1972) entendem que a principal questão para Friedman é mostrar como uma teoria da procura de moeda pode dar lugar a uma teoria do rendimento e dos preços.

Os indivíduos e as empresas procuram moeda. Os primeiros porque, sendo titulares de riqueza, encontram nela um activo alternativo para a constituição de reserva de valor. Para as empresas, por outro lado, a moeda é um bem de capital imprescindível ao bom decurso do processo produtivo onde se combina com outros *inputs*, de capital ou não, para a produção dos respectivos bens finais.

A procura individual e agregada da moeda depende de um conjunto de determinantes, a saber: a) da riqueza total, que desempenha aqui um papel similar ao da restrição orçamental; b) da remuneração da moeda e de activos alternativos; c) do nível geral de preços, uma vez que estes determinam a quantidade nominal de moeda capaz de satisfazer a procura real de moeda; d) dos gostos e das preferências. O conceito de riqueza é amplo; de facto, consiste de todas as fontes capazes de gerarem fluxos periódicos de rendimentos ou de bens e serviços consumíveis. Nesta acepção é por demais evidente que o capital humano é uma forma de riqueza e que o rendimento nominal não é mais do que a remuneração periódica de todas as formas de riqueza, incluindo a moeda e o capital humano, a uma certa taxa de juro: $Y = rW$, onde Y é o rendimento nominal, W a riqueza e r essa taxa de juro. Contudo, como é fácil de inferir pelo modo como se exprime, este não é o rendimento periódico que habitualmente se calcula, mas sim o que Friedman apelida de rendimento permanente, que deve ser constante no curto-prazo. Consequentemente, Brunner e Meltzer (1972) interpretam esta perspectiva de Friedman como uma teoria da flutuação dos preços em torno da posição de longo-prazo de uma economia com um rendimento igual ao permanente, e não como uma teoria de curto-prazo. A riqueza é um *stock* enquanto o rendimento é um fluxo.

A composição dos activos do portefólio pelos quais os indivíduos distribuem a riqueza, é função dos gostos e das preferências compatível com a maximização do nível de utilidade, e dadas as restrições que houver na conversão entre eles. A função procura de moeda está, pois, associada à procura por um portefólio.

A remuneração da moeda é a taxa de juro que vencem os depósitos à ordem e ainda a variação no seu poder de aquisição de bens e de serviços, a qual depende negativamente do nível geral de preços (P). Do mesmo modo, o nível geral de preços afecta a remuneração real de todos os outros activos. Quanto à remuneração periódica de activos alternativos, a taxa de remuneração das obrigações é representada por r_B, enquanto a das acções o é por r_E. Por último, a remuneração nominal dos activos físicos, imobiliários ou não, é função da taxa de inflação esperada $\frac{1}{P}\frac{dP}{dt}$ tal que, conjuntamente com o nível geral de preços P, nos permite obter a respectiva taxa de remuneração real. A remuneração do capital humano, enquanto componente da riqueza, é representada por ω que exprime o rácio entre capital não humano e capital humano, ou seja, o inverso dos rendimentos provenientes do capital humano como proporção dos do capital não humano.

Os gostos e preferências, representados por μ, assumem-se como constantes ao longo de amplos horizontes temporais. Contudo, admite-se que face a circunstâncias particulares, como as resultantes de maiores níveis de incerteza ou da antevisão de circunstâncias em que a utilidade marginal da moeda deve aumentar, como as decorrentes da guerra, da doença, da idade, das férias, assim como de outros períodos sazonais, os gostos e preferências devam mudar. Consequentemente, μ deve ser considerado uma variável.

Tudo considerado, a função procura nominal de moeda de Friedman escreve-se como:[137]

$$M^d = f(P, r_B, r_E, \frac{1}{P}\frac{dP}{dt}, \omega, Y, \mu) \tag{7-10}$$

uma vez que $r = g(r_B, r_E)$.[138] As relações qualitativas são como seguem: $\frac{\partial M^d}{\partial P} > 0$; $\frac{\partial M^d}{\partial r_B} < 0$; $\frac{\partial M^d}{\partial r_E} < 0$; $\frac{\partial M^d}{\partial \frac{1}{P}\frac{dP}{dt}} < 0$; $\frac{\partial M^d}{\partial Y} > 0$; $\frac{\partial M^d}{\partial \mu} > 0$; $\frac{\partial M^d}{\partial \omega} < 0$.

Um outro aspecto importante é o pressuposto de que a função procura nominal de moeda acima escrita é homógenea do primeiro grau em P, o que equivale a admitir ausência de ilusão monetária. Assim sendo, podemos escrever a função procura real de moeda como:

$$\frac{M^d}{P} = f(r_B, r_E, \frac{1}{P}\frac{dP}{dt}, \omega, \frac{Y}{P}, \mu) \tag{7-11}$$

A procura de moeda que é relevante para esta perspectiva é a procura real. Ademais, Friedman postula que esta função é estável, que depende de um

[137] Atente-se que a Riqueza (W) está considerada nesta formulação uma vez que Y=rW, sendo r uma média ponderada de r_B e r_E.

[138] Pressuposto de Friedman (1956).

número parcimonioso de variáveis explicativas e que os factores que afectam a procura são independentes dos que atingem a oferta de moeda. Contudo, estabilidade não significa constância, mas tão só previsibilidade dos movimentos, pelo que não há nenhuma violação desse pressuposto quando se constata que a velocidade de circulação da moeda aumenta significativamente durante períodos de hiper-inflação. Por outro lado ainda, a procura de moeda é mais importante que a procura de outros activos pela circunstância de, em conjugação com a oferta de moeda, explicar o comportamento dos preços ao longo do tempo, no longo-prazo, como um fenómeno essencialmente monetário fruto de desequilíbrios no mercado monetário e de que é responsável a autoridade monetária: "*... substantial changes in prices or nominal income are almost invariably the result of changes in the nominal money supply*" (Friedman, 1970, p. 195). E, partindo da solução de equilíbrio no mercado monetário e da equação (7-11) chegamos à função que nos explica o comportamento dos preços:

$$P = \frac{M}{f(r_B, r_E, \frac{1}{P}\frac{dP}{dt}, \omega, \frac{Y}{P}, \mu)} \tag{7-12}$$

Uma crítica feita a Friedman, e que é por demais relevante nos dias de hoje, é a nula relevância que ele dá à capacidade da política orçamental para perturbar as condições de equilíbrio no mercado monetário (Brunner e Meltzer, 1972). Todavia, há desde pelo menos os anos sessenta uma série de trabalhos empíricos de autores considerados monetaristas (Friedman e Meiselman, 1963; Keran, 1969; Andersen e Jordan, 1968; DeLeeuw e Kalchbrenner, 1969) que revelam que alterações na carga fiscal suportada pelos contribuintes afectam tanto a despesa quanto o rendimento real, e mais aquela do que esta. Sendo assim, o mercado monetário seria afectado por alterações na quantidade real de moeda procurada implicando variações na taxa real de juro. Repare-se que o impacto da política orçamental no mercado monetário acontece não directamente, mas indirectamente através da sua capacidade para modificar um dos argumentos da função procura de moeda, precisamente o montante do rendimento permanente que fica na posse dos agentes económicos.

A especificação semi-logarítmica da função procura de moeda é frequentemente utilizada no contexto desta perspectiva teórica. Ela escreve-se assim:

$$M^d = kPY^\eta e^{-\alpha r} \tag{7-13}$$

Todas as variáveis se referem a um determinado período de tempo *t*. Devido às dificuldades de uma estimativa credível, *Y* exprime o rendimento real do período e não o permanente, *e* representa o número de Neper, *P* o nível geral de preços, *r* a taxa de juro, $\eta > 0$ a elasticidade rendimento da procura de moeda, $\alpha > 0$ a sensibilidade da procura de moeda a variações na taxa de juro,[139] e *k* é uma constante. Estabelecendo a condição de equilíbrio no mercado monetário tal que $M = M^d$, e depois de reduzir a expressão resultante a logaritmos, podemos diferenciar em ordem ao tempo para obtermos a expressão da taxa de inflação:

$$\dot{p} = \dot{m} - \eta\dot{y} + \alpha\frac{dr}{dt} \tag{7-14}$$

Ou seja, *ceteris paribus*, a taxa de inflação é tanto maior quanto: a) maior a taxa a que cresce a oferta de moeda; b) maior o aumento da taxa de juro e, c) quanto maior a contracção do PIB. E vice-versa.

A importância da sensibilidade da procura de moeda à taxa de juro é patente no valor pelo qual esta se deve ajustar para restabelecer o reequilíbrio do mercado monetário na sequência de um choque. Na verdade, quanto maior esta sensibilidade menor terá que variar a taxa de juro para aquele fim, e vice-versa. Vamos ilustrar esta ideia na figura seguinte.

Figura 7-4: Ilustração da Sensibilidade da Procura de Moeda a Variações na Taxa de Juro

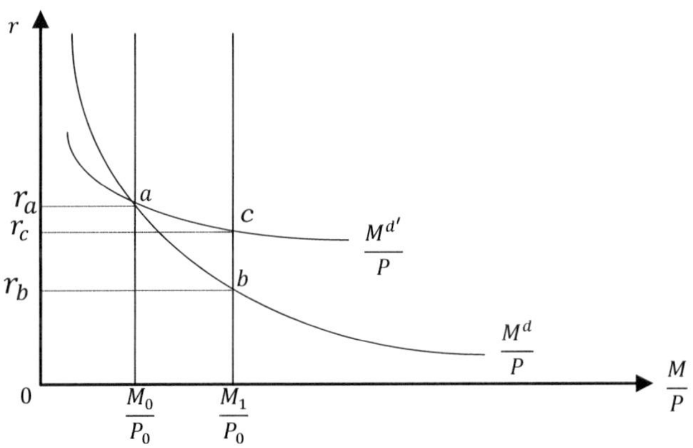

Assim, se admitirmos que a função procura real de moeda é a indicada pela linha convexa ac, a mesma variação na oferta real de moeda força a descida da taxa de juro para r_c, em vez de para r_b como seria o caso se a mesma curva fosse dada por ab. Portanto, esta última representação da procura real de moeda tem menor sensibilidade a variações na taxa de juro que aqueloutra.

[139] Efectivamente, não corresponde ao conceito de uma elasticidade, embora exprima uma relação que lhe é próxima. Assim, a sensibilidade da procura de moeda a variações na taxa de juro indica qual a variação na quantidade procurada de moeda por unidade de variação da taxa de juro.

A equação anterior admite que todo o processo de ajustamento a choques monetários acontece no mesmo período em que eles têm lugar. Sobre períodos de tempo curtos, como o trimestre ou mesmo, para este efeito, o ano, isso é altamente improvável pois o ajustamento é demorado. Neste caso podemos admitir que esse processo segue um mecanismo de ajustamento parcial à velocidade λ, tal que $\lambda \in [0,1]$. Assim:

$$\dot{p}_t = \lambda\left(\dot{m}_t - \eta\dot{y}_t + \alpha\frac{dr}{dt}\right) + (1-\lambda)\dot{p}_{t-1} \tag{7-15}$$

Por substituição recursiva sucessiva, e com o tempo n a tender para infinito, a equação (7-15) pode-se escrever como:

$$\dot{p}_t = \lambda\sum_{i=0}^{n}(1-\lambda)^i\left(\dot{m}_{t-i} - \eta\dot{y}_{t-i} + \alpha\frac{dr}{dt}\right) \tag{7-16}$$

A expressão anterior significa que a taxa de inflação em qualquer período de tempo é uma média, ponderada exponencialmente, dos choques monetários verificados nesse mesmo período e em períodos passados, de tal maneira que quanto mais recente é o choque tanto mais peso ele tem na formação da taxa de inflação no presente, e tanto menos quanto mais longínquo ele é.

Tendo em conta que a teoria assume que a procura de moeda é estável e independente dos factores que determinam a sua oferta, os desequilíbrios do mercado monetário e os seus efeitos, como a inflação e outros igualmente negativos, como os na taxa de câmbio e na balança de pagamentos, são, por via de regra, atribuíveis ao comportamento da oferta, tal como ela é determinada pelos bancos centrais.

7.2. Oferta de Moeda e Inflação

Existe uma vasta literatura empírica relativa à relação de longo-prazo existente entre o crescimento do *stock* nominal de moeda e a taxa de inflação.[140] Os estudos empíricos sobre este tema dividem-se basicamente em análises *cross-section*, que incluem um grande número de países e em que são comparadas as médias destas variáveis sobre um longo período de tempo (normalmente não inferior a 30 anos), e em análises de séries temporais baseadas em séries longas de alta frequência relativas a um único país.

No âmbito desta segunda classe de estudos, em 1976 Denis Karnosky publicou um artigo seminal[141] destinado a testar as teses monetárias segundo as quais a inflação, entendida como o aumento sustentado e continuado do nível geral de preços, é sempre e em toda a parte um fenómeno essencialmente monetário.

[140] De Grauwe and Polan (2005), por exemplo, oferecem um interessante resumo dessa literatura.
[141] Karnosky (1976).

A questão central em análise relaciona-se com a relação entre a inflação e a oferta do *stock* nominal de moeda, tomando como referencial a teoria quantitativa da moeda acabada de expôr.

Empiricamente a ideia de que a taxa de inflação resulta da expansão continuada do *stock* nominal de moeda, para além da variação na procura real de moeda, pode ser testada através da estimação de uma regressão em que a taxa de inflação depende de desfasamentos da taxa de crescimento do *stock* nominal de moeda:[142]

$$\Delta \ln P_t = \alpha + \sum_{i=0}^{n} \beta_i \Delta \ln M_{t-i} + \mu_t \quad (7\text{-}17)$$

Na Equação (7-17), P_t é o nível geral de preços no período t, M_{t-i} o *stock* nominal de moeda no período *t–i*, e μ_t um termo dc perturbação aletória que segue as hipóteses clássicas. Sob a hipótese monetarista, espera-se que $\alpha = 0$ e que $\sum_{i=0}^{n} \beta_i = 1$. Os factores não monetários, relegados para o termo de perturbação, podem ter um impacto transitório sobre a taxa de crescimento dos preços, mas não um impacto sistemático sobre a taxa de inflação. Karnosky (1976) estimou esta equação para os E.U.A. no período entre 1954-1976. Este período é interessante porque entre 1971 e 1976 a economia americana foi atingida por diversos choques não monetários como: implementação de controlos de preços no sector agrícola e aumento não esperado da procura externa; colapso do sistema monetário internacional de *Bretton-Woods*; embargo da OPEP que fez aumentar muito significativamente o preço do petróleo e consequentemente da energia, o que permite verificar se estes factores podem ou não ter um impacto duradouro sobre a taxa de inflação.

Os resultados da estimação mostram que a qualidade do ajustamento foi boa no sub-período entre 1954 e 1971, mas menos boa no sub-período 1971-1976, revelando que os factores não monetários tiveram um impacto sobre os preços. Interessa, no entanto, analisar se esses factores podem ou não ser uma causa do aumento continuado do nível geral de preços. Para Karnosky os factores não monetários podem ser agrupados em duas classes: *a*) factores que têm um impacto transitório sobre o nível geral de preços e sobre a taxa de inflação; *b*) factores que têm um impacto permanente sobre o nível geral de preços, mas um impacto apenas transitório sobre a taxa de inflação.

Considere-se a seguinte versão simplificada da equação da teoria quantitativa da moeda expressa em termos dinâmicos:

[142] A fundamentação subjacente a esta formulação é a procura real de moeda só variar de forma gradual e lenta ao longo do tempo, pelo que é dominante a influência da oferta.

$$\dot{p} = \dot{m} - \dot{y} \tag{7-18}$$

em que $\dot{p}$ é a taxa de inflação, $\dot{m}$ é a taxa de crescimento do stock nominal da moeda, e $\dot{y}$ é a taxa de crescimento do rendimento real. Assuma-se que a oferta de moeda cresce a uma taxa de 6% ao ano e que o rendimento real cresce a uma taxa de 4%.

Tendo em conta a Equação (7-18), os preços estão a crescer a uma taxa de 2% ao ano (ver Figura 7-5). Considerem-se agora os três casos seguintes:[143]

- *Caso I: Factores que têm um impacto permanente sobre a taxa de inflação*

Admita-se que a partir de t_1 o Banco Central passa a conduzir uma política monetária mais expansionista fazendo crescer a oferta de moeda à taxa de 8% ao ano. A consequência é um aumento da taxa de inflação de 2% para 4%. Conforme se pode constatar na Figura 7-5, uma política monetária expansionista tem como efeito um aumento permanente da taxa de crescimento dos preços, ou seja, gerou um aumento da inflação.

[143] Ver Karnosky (1976).

Figura 7-5: Efeito de uma Política Monetária Expansionista sobre a Taxa de Inflação

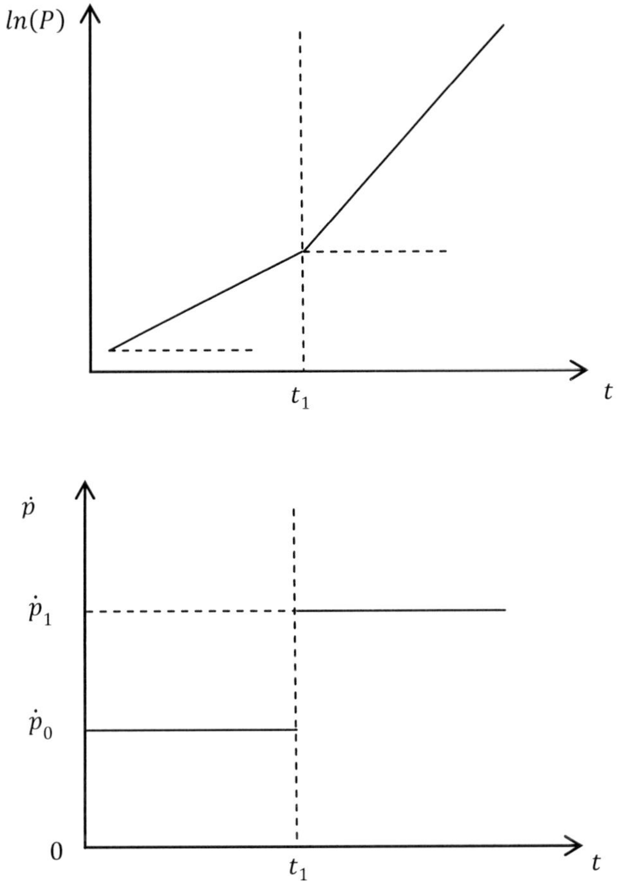

- *Caso II: Factores que têm um impacto transitório sobre o nível de preços e sobre a taxa de inflação*

Considere-se, agora, que o governo aplica uma política de controlo administrativo dos preços entre os momentos t_1 e t_2 com o objectivo de controlar a inflação (ver Figura 7-6), mas sem que a política monetária sofra qualquer alteração. Até t_1 os preços crescem à taxa de 2%, o que é compatível com a política monetária subjacente em vigor. Entre t_1 e t_2 o nível geral de preços cresce a uma taxa inferior à que é compatível com as condições no mercado monetário e, em especial, com a taxa de crescimento da oferta de moeda. Após a abolição do congelamento dos preços no momento t_2 os preços passam a crescer a uma taxa superior à determinada pela taxa de crescimento da oferta de moeda em virtude de um efeito de *catching-up*. A partir de t_3 os preços passam a crescer à taxa de crescimento de longo-prazo determinada pelas condições monetárias. Desta forma, o congelamento dos preços durante um determinado período de tempo não tem um efeito permanente sobre o seu nível nem sobre a sua taxa de crescimento pelo que não altera a taxa de inflação.

Figura 7-6: Efeitos de uma Política de Fixação dos Preços sobre a Taxa de Inflação

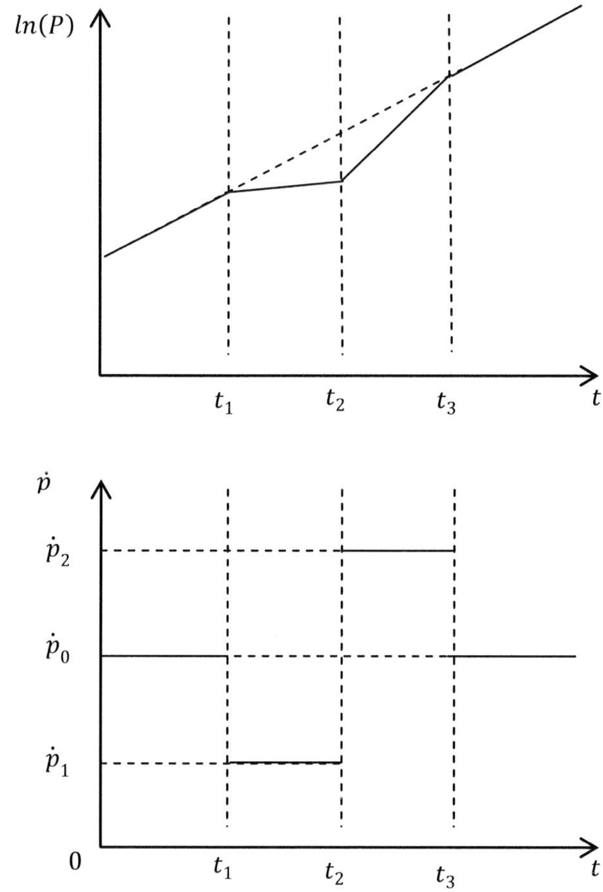

Adaptado de Karnosky (1976, p. 19)

- *Caso III: Factores que têm um impacto permanente sobre o nível de preços, mas um impacto apenas transitório sobre a taxa de inflação*

Considere-se a nossa situação base em que a taxa de inflação é igual a 2% e admita-se que no momento t_1 o governo decreta um aumento da taxa do IVA.

O nível de preços aumenta permanentemente, mas a sua taxa de crescimento aumenta apenas de forma transitória entre t_1 e t_2 (ver Figura 7-7). Assim, factores do lado dos custos, como o aumento dos impostos indirectos, o aumento do preço das matérias-primas (como o petróleo), ou um aumento único dos salários não acompanhado por um aumento da produtividade, nunca poderão ser uma causa de inflação. A inflação é um fenómeno essencialmente monetário, os factores reais apenas podem afectar temporariamente a taxa de crescimento dos preços.

Figura 7-7: Efeito de uma Política Monetária Expansionista sobre a Taxa de Inflação

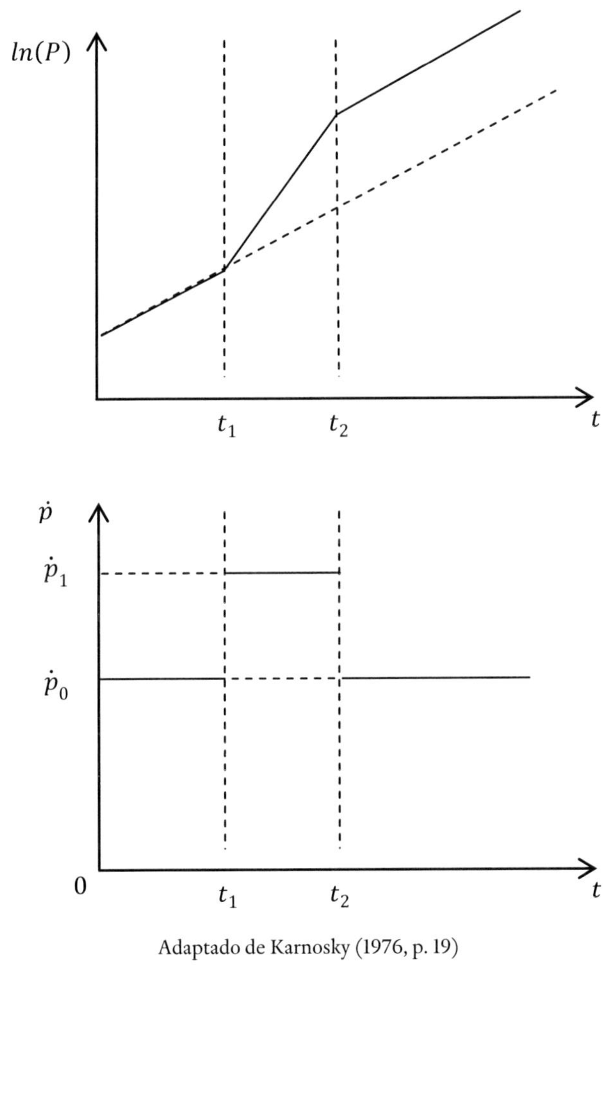

Adaptado de Karnosky (1976, p. 19)

A ideia subjacente à teoria quantitativa da moeda de que o aumento da taxa de crescimento do *stock* nominal de moeda se reflectirá de uma maneira proporcional nos preços no longo-prazo foi também confirmada, dentro desta classe de estudos, por autores como Lucas (1980), Geweke (1986), Stock e Watson (1988), Hallman *et al.* (1991), Boschen e Mills (1995), Dwyer and Hafer (1999), e Gerlach e Svensson (2004).

Relativamente aos estudos que usam a abordagem *cross-section*, a maioria tende a concluir pela existência de uma relação proporcional entre a taxa de inflação e a taxa de crescimento do *stock* nominal de moeda ao longo de um longo período de tempo (normalmente cerca de 30 anos), o que proporciona evidência em favor da teoria quantitativa da moeda. Apresentam-se como exemplos: Vogel (1974), Dwyer and Hafer (1999), e Lucas (1996).

Dois aspectos desta relação são, no entanto, dignos de nota. Primeiro, a relação proporcional entre a taxa de inflação e a taxa de crescimento do *stock* nominal de moeda não é tão evidente no curto-prazo, o que é explicado pela não neutralidade ou super-neutralidade da moeda neste prazo. Por exemplo, se tivermos em conta o horizonte temporal de um ano, o aumento da taxa de crescimento da massa monetária não está associado a um aumento proporcional da taxa de inflação (Dwyer, 1988). Segundo, esta relação esbate-se, também, quando se consideram apenas sub-amostras de países com baixas taxas de inflação (inferior a 4-5%) ou com baixas taxas de crescimento da oferta de moeda (De Grauwe e Polan, 2005, e De Grauwe, 2009). O que significa que a relação aproximadamente proporcional que normalmente se encontra num longo período de tempo entre a inflação e a taxa de crescimento da oferta de moeda pode, na perspectiva de alguns autores, ser determinada por países que têm simultaneamente uma taxa de inflação e taxa de crescimento do *stock* nominal de moeda muito elevadas. Assim, para autores como De Grauwe (2009) a evidência empírica mostra que num ambiente de baixa taxa de inflação, e onde as inovações financeiras são frequentes, a oferta de moeda não é um bom previsor da inflação futura.

Por estas razões, assim como por outras a seu tempo apresentadas neste manual, os Bancos Centrais têm dado cada vez menos atenção à taxa de crescimento do *stock* nominal de moeda nas suas decisões de política monetária. O FED norte-americano, por exemplo, não publica informações sobre os agregados monetários, e o *Federal Open Market Committee* raramente menciona os agregados monetários para justificar as suas decisões de política monetária. Já o BCE anuncia um valor de referência para a taxa de crescimento do M3 compatível com a estabilidade de preços no médio prazo[144] mas, de facto, não a tem em conta nas decisões

[144] O valor de referência para a taxa de crescimento do M3 fixado pelo BCE, tendo em conta a manutenção da inflação abaixo de 2%, é baseado nas previsões para a taxa de crescimento do produto potencial e na tendência da velocidade de circulação da moeda.

de política monetária, muito embora considere a análise monetária como parte integrante da sua estratégia de política monetária. A Figura seguinte ilustra a dinâmica da taxa de inflação e da taxa de crescimento de M3 nos países da Zona Euro entre 1991 e 2012. O coeficiente de correlação entre estas duas variáveis foi, neste período, de 0.35 (significativo para um nível de significância de 1%). Apesar de positiva, a relação entre estas duas variáveis foi muito mais fraca do que o previsto pela teoria quantitativa da moeda.

Figura 7-8: Efeito de uma Política Monetária Expansionista sobre a Taxa de Inflação

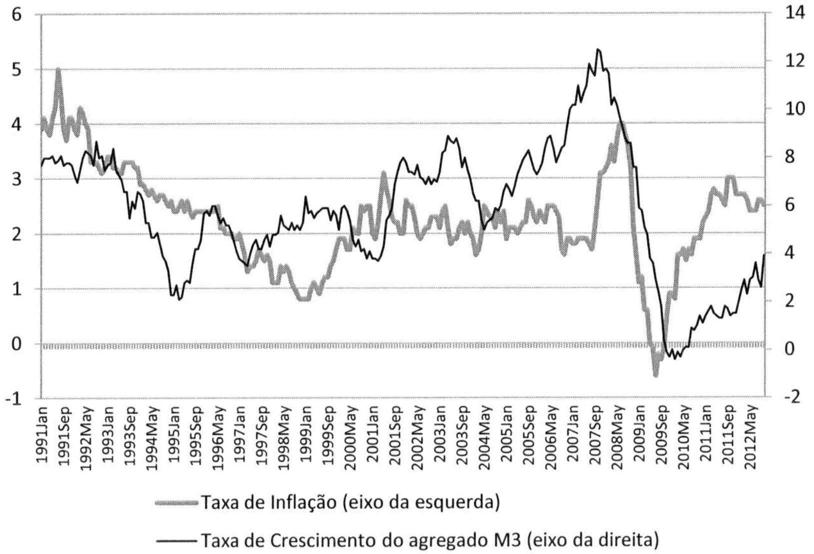

7.3. O Novo Modelo Keynesisano a Três Equações para a Taxa de Inflação

Tendo em conta que a perspectiva monetária da taxa de inflação se aplica para o longo-prazo, a perspectiva teórica hoje dominante, não apenas entre académicos como entre os Bancos Centrais, é o chamado novo modelo Keynesiano desenvolvido como um sistema de três equações a três variáveis independentes. As principais referências bibliográficas na sua génese são Rotemberg e Woodford (1997) e Goodfriend and King (1997), sendo mais tarde detalhadamente desenvolvido por Woodford (2003). Nas palavras de McCallum (2010), "... tornou-se a bíblia para uma geração de jovens académicos que muito provavelmente dominarão a economia monetária durante as próximas décadas".

Em síntese, podem-se apontar como suas principais características as seguintes:

1. É um modelo de equilíbrio geral relativamente simples formado por um sistema de três equações a três variáveis dependentes, a saber: a taxa de inflação, o rendimento real e a taxa de juro oficial.
2. As equações estruturais são derivadas a partir dos processos de optimização de agentes económicos racionais.
3. Integra, na equação relativa à formação da taxa de juro oficial, a função de reacção da autoridade monetária exposta segundo a regra de Taylor.
4. É um modelo sem moeda. Os agregados monetários, tal como a função procura de moeda, são excluídos neste modelo teórico, de maneira que a moeda é entendida como não tendo nenhuma influencia directa na formação seja da taxa de inflação seja do rendimento real.
5. É um modelo com incorporação de expectativas.
6. Entre as variáveis independentes encontram-se desvios das variáveis dependentes relativamente aos seus valores objectivo.

Trata-se, assim, de um modelo que se entende válido para o curto e médio prazos, perfeitamente adaptado à forma como desde há décadas é, de facto, conduzida a política monetária por via de decisões sobre o valor das taxas de juro oficiais em vez de o ser para a taxa de crescimento dos agregados monetários (*money growth target*). Como resultado, a quantidade de moeda em circulação é uma variável endógena determinada pela sua procura à taxa de juro oficial decidida esta última pelos Bancos Centrais. A sexta das características acima apontadas é vista na literatura da especialidade como um dos aspectos mais criticáveis nesta nova abordagem; na verdade, entre os valores considerados está o PIB potencial que, contudo, não sendo directamente observável, é quantificado fora de um modelo teórico e, em vez disso, por metodologias meramente arbitrárias, sejam elas tendências determinísticas ou pela aplicação de filtros sobre os dados observados como é o de Hodrick-Prescott a que a bibliografia empírica frequentemente recorre e que se apresenta com alguns problemas relevantes.

A versão padrão deste modelo, na sua modelização econométrica, apresenta-se de seguida.

$$\dot{p}_t = a_1 E_t(\dot{p}_{t+1}/I(t)) + a_2(y_t - \bar{y}_t) + e_{pt} \tag{7.19}$$

$$y_t = b_0 + b_1[i_t - E_t(\dot{p}_{t+1}/I(t))] + b_2 E_t(y_{t+1}/I(t)) + e_{yt} \tag{7.20}$$

$$i_t = \bar{i}_t + c_1(\dot{p}_t - \bar{\dot{p}}_t) + c_2(y_t - \bar{y}_t) + e_{it} \tag{7.21}$$

Os símbolos acima utilizados têm os seguintes significados:

$\dot{p}_t$ é a taxa de inflação em t; $E_t(\dot{p}_{t+1}/I(t))$ é a taxa de inflação esperada em t para o período seguinte, com base no melhor vector de informação disponível representado por $I(t)$; y_t é o valor do PIB real em t, enquanto $\bar{y}_t$ simboliza o PIB potencial no mesmo período, pelo que $(y_t - \bar{y}_t)$ é o correspondente *output gap*; i_t é a taxa de juro nominal cotada no período sinalizado; $[i_t - E_t(\dot{p}_{t+1}/I(t))]$ é a taxa real de juro esperada para $(t+1)$ com base no melhor vector de informação disponível em t; $E_t(y_{t+1}/I(t)$ é o rendimento real esperado para $(t+1)$; $\tilde{p}_t$ é a taxa de inflação objectivo do Banco Central pelo que $(\dot{p}_t - \tilde{p}_t)$ são os desvios da taxa de inflação verificada em relação ao seu objectivo; $\ddot{i}_t$ é a taxa de inflação esperada ou a a taxa de inflação objectivo do Banco Central, acrescida do valor da taxa de juro real de equilíbrio tal como percepcionada pelo Banco Central; e_{pt} é um choque do lado da oferta; e_{yt} é um choque do lado da procura e e_{it} é um choque de política monetária. Todos os e_{jt}, com $j = p, y, i$ são termos com as propriedades exigidas para erros brancos (*white noise*). Os restantes símbolos especificam parâmetros a estimar com os seguintes sinais esperados: $0 < a_1 < 1$; $b_1 < 0$; $a_2, b_2, c_1, c_2 > 0$. Com a excepção da taxa de juro, todas as variáveis estão em logaritmos. A primeira das equações expressa a chamada nova curva Keynesiana de Phillips que se deriva a partir da resolução do problema de optimização da empresa individual em concorrência monopolística, e pressupõe um certo grau de rigidez nos preços na medida em que se assume que em cada período uma fracção das empresas não re-optimiza os seus preços, mantendo-os constantes; por outro lado, o *output-gap* serve aqui para representar os custos marginais de produção das empresas que, sob certas condições, lhe são proporcionais. A segunda é uma curva da procura agregada dominada por expectativas, reflectindo o comportamento de optimização do consumidor racional e equilíbrio no mercado dos bens e serviços. Por fim, a terceira curva apresenta a regra de Taylor para os Bancos Centrais no instrumento taxa nominal de juro, especificando em que sentido e em função de que variáveis o Banco Central deve agir sobre a taxa de juro nominal.

Assim, neste modelo: a taxa de inflação varia positivamente com a taxa de inflação esperada mas menos do que ela em consequência da assumida rigidez nos preços e positivamente com o *output-gap*; o PIB varia negativamente com a taxa de juro real e positivamente com o valor antecipado para o PIB; a taxa de juro nominal fixada pelas autoridades monetárias varia positivamente quer com os desvios da taxa de inflação em relação ao seu valor objectivo, quer com o *output-gap*.

Questões de Escolha Múltipla

1. De acordo com a teoria quantitativa da moeda:

- [ ] a) Ela formula uma relação de equilíbrio de curto-prazo.
- [ ] b) No curto-prazo choques monetários alteram a velocidade rendimento de circulação e o próprio rendimento real.
- [ ] c) As versões transação e de Cambridge são essencialmente uma teoria dos preços.
- [ ] d) As versões transação e Cambridge são essencialmente uma teoria da procura de moeda.
- [ ] e) Duas das alíneas anteriores estão corretas.

2. Considerando a versão neo-clássica da teoria quantitativa da moeda devida a Friedman:

- [ ] a) A procura de moeda é uma procura por encaixes reais e não nominais.
- [ ] b) A moeda é apenas procurada por indivíduos e não por empresas.
- [ ] c) A moeda, para as empresas, é um bem de capital que se associa a outros inputs em ordem à obtenção do output final.
- [ ] d) O capital humano não é um activo alternativo à posse da moeda na constituição de um portefólio.
- [ ] e) Duas das alternativas anteriores estão corretas.

3. A função procura real de moeda keynesiana, tem os seguintes determinantes:

- [ ] a) Rendimento real e taxa de juro real.
- [ ] b) Rendimento nominal e taxa de juro real.
- [ ] c) Rendimento real e taxa de juro nominal.
- [ ] d) Rendimento nominal e taxa de juro nominal.
- [ ] e) Rendimento permanente.

4. Na perspetiva Keynesiana da preferência por liquidez:

- [ ] a) A subida observada na taxa de juro leva os especuladores a quererem vender títulos mobiliários.
- [ ] b) A descida da taxa de juro leva os especuladores a quererem comprar títulos mobiliários.
- [ ] c) Quanto mais a taxa de juro sobe mais os especuladores entendem que a probabilidade de continuar a subir é cada vez menor e, portanto, cada vez mais compram títulos mobiliários.
- [ ] d) A teoria de Walras não se aplica.
- [ ] e) O reequilíbrio no mercado monetário depois de observado um choque é reposto por variações nos preços.

5. Para Keynes a procura de moeda:

- ☐ a) Não depende do nível de incerteza existente num dado momento na economia.
- ☐ b) Depende do nível de rendimento.
- ☐ c) Depende da taxa de juro por um motivo de *especulação*.
- ☐ d) É considerada constante.
- ☐ e) Duas das alíneas anteriores estão corretas.

6. A teoria da procura de moeda de Friedman:

- ☐ a) Não considera a presença de custo de oportunidade.
- ☐ b) Admite a possibilidade da taxa de inflação esperada influenciar a procura de moeda.
- ☐ c) Não contempla a influência de taxas de juro.
- ☐ d) Enfatiza a função da moeda como meio de troca.
- ☐ e) Nenhuma das alíneas anteriores está correta.

7. De acordo com a perspetiva monetarista:

- ☐ a) Os preços podem ser afetados permanentemente por fatores não monetários.
- ☐ b) A inflação resulta de desequilíbrios no mercado de bens e serviços.
- ☐ c) A inflação é constante.
- ☐ d) Fatores reais podem afetar permanentemente quer o nível de preços quer a sua taxa de variação.
- ☐ e) Duas das alíneas anteriores estão corretas.

8. A teoria Keynesiana da preferência por liquidez tem em comum com a perspectiva de Friedman:

- ☐ a) Serem ambas, no essencial, teorias dos preços.
- ☐ b) Serem ambas, essencialmente, teorias da procura de moeda.
- ☐ c) Ambas conterem como argumento explicativo o rendimento real do período.
- ☐ d) Entenderem a procura de moeda enquanto um ativo entre vários que entra na constituição de um portefólio.
- ☐ e) Duas das alíneas anteriores estão corretas.

9. Para Friedman:

- ☐ a) A procura nominal de moeda varia exponencialmente com o nível geral de preços.
- ☐ b) A procura real de moeda varia linearmente com os preços.
- ☐ c) A procura real de moeda não varia com os preços.
- ☐ d) A função procura nominal de moeda é uma função homogénea do primeiro grau em P.
- ☐ e) Duas das alíneas anteriores estão corretas.

10. Para Friedman:

- [ ] a) O rendimento permanente é variável no curto-prazo.
- [ ] b) O conceito de riqueza é limitado a um conjunto restrito de ativos.
- [ ] c) O conceito de riqueza é amplo pois se refere a todos os ativos, qualquer que seja a sua natureza, capazes de gerarem rendimentos monetários ou em espécie periódicos.
- [ ] d) O valor da riqueza de um indivíduo corresponde ao valor atualizado para o presente, a uma certa taxa de juro, dos seus rendimentos periódicos.
- [ ] e) Duas das alíneas anteriores estão corretas.

11. Considerando a teoria quantitativa da moeda em qualquer das suas formulações, admita que a medida relevante do rendimento aumentou 5%. Indique a alternativa correta:

- [ ] a) *Ceteris paribus*, os preços aumentaram em consequência 5%.
- [ ] b) A autoridade monetária aumentou a oferta de moeda em 2% e, por consequência, os preços baixaram em 2%.
- [ ] c) A autoridade monetária aumentou a oferta de moeda em 7% e, por consequência, os preços não variaram.
- [ ] d) *Ceteris paribus*, os preços baixaram 5%.
- [ ] e) Em resultado, a oferta de moeda teve que variar pelo mesmo montante.

12. De acordo com a perspetiva monetarista, a inflação:

- [ ] a) Resulta de um excesso de procura de bens e serviços relativamente à oferta.
- [ ] b) É causada principalmente por oscilações na procura de moeda.
- [ ] c) É resultado de uma desadequada política orçamental.
- [ ] d) Pode ser causada por um aumento no preço das matérias-primas.
- [ ] e) Nenhuma das alíneas anteriores está correta.

13. Na perspetiva de Friedman, um aumento da taxa de crescimento da oferta de moeda:

- [ ] a) Apenas gera mais inflação no curto prazo.
- [ ] b) Afeta a taxa natural de desemprego no curto prazo.
- [ ] c) Tem efeitos nas variáveis reais, quer no curto quer no longo prazo.
- [ ] d) Não afeta a taxa de desemprego no longo prazo.
- [ ] e) Nenhuma das alíneas anteriores está correta.

14. Para Denis Karnosky:

- [ ] a) A taxa de inflação é determinada por fatores do lado dos custos dos fatores produtivos.
- [ ] b) A taxa de inflação deve ser especificada em função de desfasamentos da taxa de crescimento da procura de moeda.
- [ ] c) A taxa de inflação deve ser especificada em função de desfasamentos de variáveis que captem choques reais.
- [ ] d) Os fatores reais nunca têm impacto sobre o crescimento dos preços.
- [ ] e) Nenhuma das alíneas anteriores está correta.

15. De acordo com a teoria monetarista, a taxa de inflação:

- [ ] a) É um fenómeno essencialmente real.
- [ ] b) Depende positivamente da taxa de crescimento do rendimento real de longo prazo.
- [ ] c) É afetada permanentemente pelo aumento da taxa de IVA.
- [ ] d) Não tem ligação com a base monetária.
- [ ] e) Nenhuma das alíneas anteriores está correta.

16. Os episódios de controlos dos preços e do choque petrolífero nos anos 70:

- [ ] a) Provam que a visão monetarista da inflação está errada.
- [ ] b) Mostram que há choques não monetários que podem ter um efeito permanente na taxa de crescimento dos preços, como é o caso do choque petrolífero.
- [ ] c) Mostram que os preços podem ser permanentemente desviados da trajetória ditada pelas condições monetárias vigentes.
- [ ] d) Provam que a taxa de crescimento dos preços não pode ser afetada por fatores não monetários.
- [ ] e) Nenhuma das alíneas anteriores está correta.

17. Um controlo administrativo ditando o congelamento dos preços no âmbito do estudo de Karnosky:

- [ ] a) Representa um exemplo de um fator não monetário que pode afetar permanentemente o nível de preços.
- [ ] b) Dita que os preços, imediatamente após o levantamento do congelamento crescerão à mesma taxa que estavam a crescer anteriormente.
- [ ] c) Representa um exemplo de um fator não monetário que afeta temporariamente o nível de preços mas não a sua taxa de crescimento.
- [ ] d) Só terá efeito sobre os preços se a autoridade monetária mantiver congelada também a oferta de moeda.
- [ ] e) Nenhuma das alíneas anteriores está correta.

18. Segundo os monetaristas a inflação:

- [ ] a) É um fenómeno real.
- [ ] b) É provocada por flutuações da procura de moeda.
- [ ] c) É um fenómeno monetário.
- [ ] d) É provocada por um crescimento da oferta de moeda demasiado baixo.
- [ ] e) Nenhuma das alíneas anteriores está correta.

19. Segundo a Teoria Monetarista:

- [ ] a) Existem variáveis reais que podem ter um impacto permanente sobre o nível geral de preços.
- [ ] b) As variáveis reais nunca podem ter um impacto permanente sobre o nível geral de preços.
- [ ] c) A alteração permanente da taxa de crescimento da oferta de moeda tem um impacto de longo prazo transitório sobre a taxa de inflação.
- [ ] d) A alteração permanente da taxa de crescimento da oferta de moeda não tem impacto sobre a taxa de inflação, dado que esta é um fenómeno essencialmente real.
- [ ] e) Nenhuma das alíneas anteriores está correta.

20. Uma das premissas da teoria quantitativa da moeda (versão rendimento) é:

- [ ] a) A função reserva de valor é mais importante que a função meio de troca geralmente aceite.
- [ ] b) Apenas as moedas de ouro e prata têm valor.
- [ ] c) A procura de moeda é influenciada pelo rendimento.
- [ ] d) É sobretudo a qualidade da moeda que determina a sua procura.
- [ ] e) Nenhuma das anteriores.

8. Neutralidade e Super-Neutralidade da Moeda

> *"The policy trade-off is not a timeless one between permanently high unemployment and permanently high inflation but a dynamical one: a more inflationary policy permits a transitory increase of the employment level in the present at the expense of a (permanent) higher inflation and higher interest rates in the future steady state. Optimal aggregate demand depends upon society's time preference."*
>
> Edmund Phelps (1967, p. 256)

No capítulo precedente pudemos ver que o nível de preços e a taxa pela qual eles variam, signifique ela inflação ou deflação, são fenómenos essencialmente monetários, no sentido em que, no longo-prazo, são determinados por desequilíbrios no mercado monetário. A questão que este capítulo deseja tratar é o de saber se variações permanentes na quantidade de moeda em circulação, para além de terem o impacto que se notou nas variáveis nominais, também o têm sobre as variáveis reais, em particular no comportamento do PIB real e na taxa de desemprego. É a este propósito que se fala em neutralidade da moeda. Por neutralidade quer-se significar que variações permanentes na quantidade de moeda em circulação, a medida do respectivo *stock*, acontecidas de uma só vez,[145] não afectam os valores das variáveis reais no longo-prazo, embora se admita que o possam fazer no curto-prazo desde que constituam surpresas. No longo-prazo os preços relativos não variam pois todos eles se alteram na mesma proporção em resultado de choques monetários. Quando se fala em super-neutralidade

[145] Na expressão anglo-saxónica: "*one shot changes*".

pretende-se dizer que uma variação permanente na taxa de crescimento da oferta de moeda é igualmente incapaz de influenciar as variáveis reais e, portanto, apenas e exclusivamente o faz em relação às variáveis nominais; trata-se, pois, do conceito dinâmico de neutralidade. Constata-se haver um largo consenso entre as várias correntes teóricas quanto à neutralidade da moeda.

No domínio da teoria económica, esta não é uma preocupação recente. É colocada, pelo menos, desde a publicação da obra de David Hume com o título *Essays, Moral, Political and Literary* (1742), e prolongou-se por todo o século XX abrangendo todas as Escolas do pensamento económico, desde os neo-clássicos (Friedman, 1961), aos novos neo-clássicos (Lucas, 1972, 1973) e Sargent e Wallace (1976) e, por fim, aos novos modelos Keynesianos (Clarida *et al.*, 1999; Gali *et al.*, 2001).

Hume (1742, *Part* II, *Essay* III, *Of Money*) distingue claramente entre o curto e o longo-prazos. Este último é identificado como o período de tempo necessário para que o nível geral de preços se ajuste proporcionalmente à variação verificada na quantidade de moeda em circulação. No curto-prazo, os preços, incluindo os salários, são rígidos, ajustam-se gradualmente, e acréscimos na quantidade de moeda estimulam a produção "*...if we find that in every kingdom, into which money begins to flow in greater abundance than formerly, every thing takes a new face: labour and industry gain life; the merchant becomes more enterprising, the manufacturer more diligent and skilfull, and even the farmer follows his plough with greater alacrity and attention.*" (Hume, *ibid.*, II.III.6). Os preços não se ajustam imediatamente aos seus valores de equilíbrio após uma variação na quantidade de moeda em circulação: "*We must consider that though the high price of commodities be a necessary consequence of the increase of gold and silver, yet it follows not immediately upon that increase; but some time is required before the money circulates through the whole state, and makes its effect be felt on all ranks of people. At first, no alteration is perceived; by degrees the price rises ... till the whole at last reaches a just proportion with the new quantity of specie which is in the kingdom. In my opinion, it is only in this interval or intermediate situation, between the acquisition of money and rise of prices, that the increasing quantity of gold and silver is favourable to industry ... He (the workman) carries his money to market, where he finds every thing at the same price as formerly, but returns with greater quantity and of better kinds, for the use of his family* " (Hume, *ibid.*, II.III.7). E acrescenta " *From the whole of this reasoning we may conclude that it is of no matter of consequence, with regard to the domestic happiness of a state, whether money be in a greater or less quantity ... There is always an interval before matters be adjusted to their new situation; and this interval is as pernicious to industry, when gold and silver are diminishing, as it is advantageous when these metals are increasing*" (Hume, *ibid.*, II.III.9).

Após esta longa reprodução do pensamento de Hume compreendemos que ele perfilha a tese da neutralidade da moeda. Esta admite que pode haver efeitos reais no curto-prazo mas não no longo-prazo.

Friedman (1968) expõe a mesma perspectiva através da hipótese aceleracionista que formulou e que se consegue ilustrar com recurso à curva de Phillips. A essência da ilustração reside na distinção entre a curva de longo-prazo, vertical ao nível da taxa natural de desemprego, e para a qual, portanto, não há qualquer *trade-off* entre desemprego e inflação, mas tão só diferentes taxas de inflação para a mesma taxa de desemprego, e curvas de curto-prazo que exprimem uma relação negativa entre as duas variáveis de interesse, e que são, como o sabemos, as taxas de inflação e de desemprego. A cada curva de Phillips de curto-prazo corresponde uma e uma só taxa esperada de inflação, de tal maneira que quando esta se altera transita-se para uma nova curva de Phillips que estará para cima ou para baixo da inicial conforme as expectativas inflacionárias aumentam ou diminuem. O mecanismo de formação das expectativas é o do ajustamento parcial a um certo ritmo, velocidade, com base na experiência passada. Nos pontos de intersecção das curvas de Phillips de curto-prazo com a de longo-prazo a taxa de inflação esperada é exactamente coincidente com a que se verifica no período, e sempre que esta relação se verifica está-se no longo-prazo.[146] No curto-prazo o *tradeoff* é possível porque as autoridades conseguem surpreender os agentes económicos e, nesse sentido, criar uma divergência entre a taxa de inflação que eles antecipam e a que efectivamente se verifica, sendo esta superior àquela.[147] Como então se percebe, a não neutralidade da moeda no curto-prazo tem como base elementos de rigidez mas, ao contrário dos Keynesianos e dos modernos Keynesianos (Taylor, 1980; Gordon, 1982; Calvo, 1983; Blanchard *et al.*, 1987), não dos preços mas das expectativas inflacionárias dos agentes económicos em virtude do mecanismo adoptado para a sua formação. Contudo, à medida que o tempo passa os agentes económicos vão-se apercebendo gradualmente de qual é a verdadeira taxa de inflação, transitando para novas curvas de Phillips de curto-prazo e evoluindo para a curva de longo-prazo. Os agentes económicos são racionais e, por isso, aprendem com as suas experiências; por conseguinte, para que os decisores políticos consigam reduzir a taxa de desemprego para níveis inferiores ao da taxa natural têm que repetir os seus choques com uma rapidez crescente, acelerada, para se poderem manter à frente das expectativas que se baseiam sempre, em maior ou menor proporção, no passado, mas ajustando-se a novas informações a uma velocidade crescente. Portanto, os choques monetários só têm efeitos reais no curto-prazo, são temporários por natureza, e apenas acontecem porque os choques monetários são surpresas, ou seja, não antecipados em resultado do mecanismo de formação das expectativas.

[146] Por outras palavras, as expectativas inflacionárias são correctas.

[147] Para o caso da redução da taxa de desemprego.

Figura 8-1: Curva de Phillips Ilustrando a Hipótese Aceleracionista

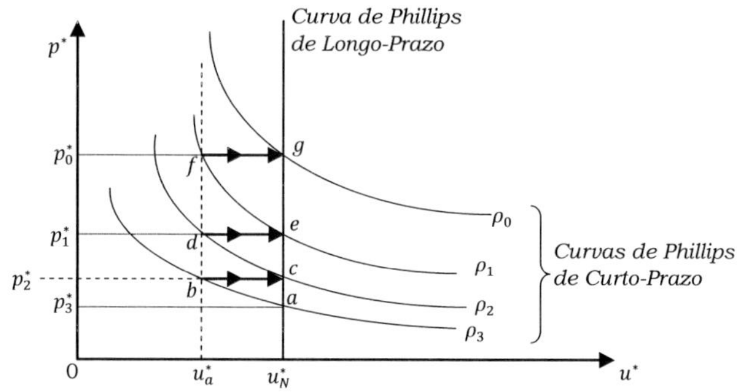

Para compreender a perspectiva de Friedman acabada de expôr vamos atentar na figura anterior. Assumimos que se parte de uma situação inicial de equilíbrio no ponto *a* caracterizado por uma taxa de inflação esperada ρ_3 exactamente igual à que de facto se verifica, p_3^*, de tal modo que a taxa de desemprego é precisamente a da taxa natural, u_N^*; está-se pois em equilíbrio de longo-prazo. As autoridades pretendem agora reduzir a taxa de desemprego para u_a^* e para isso aumentam a taxa de crescimento da oferta de moeda. Os agentes económicos, devido ao modo como formam as suas expectativas quanto à taxa de inflação, são surpreendidos e continuam a pensar que a taxa de inflação é ρ_3 quando realmente já é $p_2^* > \rho_3$. A taxa de desemprego reduz-se para u_a^*. Contudo, à medida que os agentes económicos vão aprendendo, vão-se apercebendo que estão a sub-estimar a taxa de inflação e vão progressivamente ajustando as suas expectativas ao seu verdadeiro valor. Em consequência, a curva de Phillips de curto-prazo vai-se deslocando para cima, traduzindo expectativas inflacionárias cada vez maiores e mais próximas da realidade, seguindo o caminho apontado pelas setas, até que quando o ajustamento estiver completo estarão situados no ponto *c* onde as expectativas inflacionários coincidem exactamente com a realidade. Neste ponto estar-se-á também sobre a curva de Phillips de longo-prazo e o resultado do choque monetário foi apenas mais inflação, com regresso ao nível inicial de desemprego. Se o Banco Central quiser evitar este resultado só o conseguirá repetindo essa surpresa a ritmos cada vez mais acelerados, levando o sistema a taxas de inflação cada vez mais altas com os custos a isso inerentes. Portanto, a proposta de Friedman aponta para uma política monetária que obedeça à regra que ele mesmo propõe e que será devidamente desenvolvida em capítulo próprio, consistente com a obtenção de baixas taxas de inflação.[148]

[148] A credibilidade dos Bancos Centrais é um elemento importante nos efeitos que a política monetária pode gerar, e é reforçada pela obediência a uma regra publicamente assumida (Goodfriend *et al.*, 1997, p. 232).

A pretensão de uma reduzida taxa de inflação explica-se pela maximização da eficiência nas transacções e pela minimização das distorções e ineficiências que valores elevados dessa variável introduzem no funcionamento da economia.

Formalmente podemos expôr esta hipótese da seguinte forma, começando por escrever a equação da taxa de inflação efectivamente em vigor:

$$p_t^* = \rho_t + f(u_t) \tag{8-1}$$

tal que $\frac{dp^*}{du} < 0$. Podemos escrever: $f(u_t) = -\alpha(u_t - u_N^*)$

Por outro lado, assume-se que as expectativas inflacionárias se formam adaptativamente, seguindo o processo descrito abaixo.

$$\rho_t = \theta p_t^* + (1-\theta)\rho_{t-1} \tag{8-2}$$

onde θ é a velocidade de ajustamento, com valores compreendidos no intervalo]0,1[.[149] Combinando as equações (8-1) e (8-2) conseguimos chegar à expressão para a taxa de inflação:

$$p_t^* = \theta p_t^* + (1-\theta)\rho_{t-1} - \alpha(u_t - u_N^*) \tag{8-3}$$

Para uma velocidade de ajustamento com valores compreendidos naquele intervalo, a redução na taxa de desemprego à custa do acréscimo da inflação obtém-se resolvendo aquela equação, de tal modo que:

$$(u_t - u_N^*) = -\frac{(1-\theta)}{\alpha}(p_t^* - \rho_{t-1}) \tag{8-4}$$

Se, pelo contrário, o ajustamento fosse instantâneo, tal que $\theta = 1$, teríamos:

$$p_t^* = \rho_t \quad \text{e} \; u_t = u_N^* \tag{8-5}$$

ou seja, os movimentos seriam ao longo da curva de Phillips de longo-prazo, pois jamais nos desviaríamos da solução de longo-prazo porque o choque de política monetária teria sido perfeitamente antecipado.

Para os modernos neo-clássicos, como Lucas (1972), estas mesmas conclusões se aplicam no curto e no longo-prazos; isto é, não-neutralidade no primeiro caso e neutralidade no segundo. Contudo, existe uma diferença fundamental no mecanismo de transmissão para que se produza o efeito de curto-prazo. Fruto do ciclo económico, no curto-prazo a economia, para além de sofrer choques monetários inesperados, também os sofre de natureza real como, por exemplo, deslocamentos da procura agregada. A informação sobre estes choques transmite-se aos agentes económicos via preços. Todavia, os preços, enquanto mecanismo de

[149] Intervalo aberto porque existe ajustamento que se prolonga por vários períodos.

informação, encontram-se prejudicados por excesso de ruído a ponto de ser difícil destrinçar de entre os seus movimentos aqueles que resultam de perturbações monetárias, isto é, variações no nível geral de preços, dos que são de natureza real, ou seja, alterações nos preços relativos. Face à dificuldade de descodificação da informação, os choques monetários são capazes de produzir efeitos reais no curto-prazo uma vez que os agentes económicos procuram cobrir o risco de interpretações erradas. Evidentemente, um corolário desta mesma perspectiva é que quando os choques são exclusivamente monetários a moeda é neutral, seja no curto seja no longo-prazos, mesmo quando esses choques são inesperados (Lucas, 1972, p.114).

Neste enquadramento o que se discute é se para haver efeitos reais no curto-prazo os choques monetários têm que necessariamente constituir surpresas ou se, pelo contrário, choques antecipados também podem produzir o mesmo tipo de efeitos. Sargent e Wallace (1976) estabelecem que a moeda só tem efeitos reais quando os choques de política monetária são surpresas.

Não obstante esta significativa variedade de perspectivas, em síntese pode-se dizer que, quer entre académicos quer entre autoridades monetárias, prevalece a aceitação da neutralidade da moeda no longo-prazo e da sua não neutralidade no curto-prazo, em conformidade, aliás, com a Nova Síntese Neoclássica (Goodfriend *et al.*, 1997, p.232). De facto, também para os novos Keynesianos a moeda é neutral. A diferença em relação às outras correntes de pensamento está nos mecanismos de transmissão e em algumas das implicações. No curto-prazo os choques monetários têm efeitos reais devido à rigidez dos salários sujeitos a revisões apenas sobre períodos discretos de tempo, e dos preços das mercadorias (Calvo, 1983), não importando que esses choques sejam ou não surpresas. Ajustamentos instantâneos nos preços ou não são possíveis em virtude de restrições institucionais, como os contratos no que se refere aos salários, ou porque fazê-lo carreia custos que as empresas evitam no quadro de mercados imperfeitamente concorrenciais.[150] São, pois, estas imperfeições de mercado que determinam este efeito.

A noção de que a política monetária influencia as variáveis reais no curto-prazo, em consequência da rigidez das expectativas ou de variáveis nominais, mas também das tácticas prosseguidas e da credibilidade dos compromissos assumidos pelas autoridades monetárias, está bem patente em alguns dos capítulos importantes deste livro, nomeadamente nos que se debruçam sobre os mecanismos de transmissão da política monetária, sobre as regras de política monetária e sobre a condução da política monetária em condições de armadilha de liquidez.

[150] Por exemplo, os "custos de menu" referidos por Mankiw (1985).

8.1. Uma Distinção Adicional

Na abordagem desta questão, alguns autores, entre eles Cagan (1969), fazem uma distinção crítica entre variação de uma só vez no *stock* de moeda e variações permanentes na sua taxa de crescimento, com o que nos transportam para a questão da super-neutralidade da moeda. Sem dúvida que este último caso é mais frequente que a alternativa considerada antes. As diferenças de perspectiva encontram-se no segundo tipo de choques, colocando a respeito destes a questão de a moeda continuar, ou não, a ser neutral no longo-prazo, como se aceita quando as variações são de uma só vez nos *stocks* de moeda. Neste outro enquadramento há um número significativo de autores que perfilham a ideia de que no longo-prazo a moeda não é neutral, com o que se rejeita a hipótese da super-neutralidade[151] (Cagan, 1969; Brock, 1974; Carmichael, 1982; Danthine e Smith, 1987), o que se explica por processos de ajustamento fundados, por um lado, na variação na quantidade real de moeda procurada e, por outro lado, nas variações das taxas de juro.

8.1.1. *A Procura Real de Moeda*

Se admitirmos que o Banco Central toma a decisão de, a título permanente, expandir a quantidade de moeda em circulação a uma taxa superior à vigente até aí, a quantidade real de moeda procurada diminui. Perante portefólios que deixaram de estar em equilíbrio, os indivíduos agem no sentido de promover o respectivo processo de reajustamento, reduzindo nele a participação da moeda e aumentando a de outros activos. Um pressuposto crítico para que a moeda não seja super-neutral no longo-prazo, é que o acréscimo da despesa não seja proporcional sobre todos os bens pela razão de eles não serem igualmente satisfatórios enquanto substitutos da moeda que a partir de então passou a existir em quantidades excessivas. Esta circunstância determina uma alteração permanente dos preços relativos com a consequente reafectação dos recursos produtivos entre as diversas actividades e alteração na composição do produto em benefício do capital. Em concreto, segundo Cagan (1969, p. 209), para tomar o lugar da moeda, o público prefere activos que sejam capazes de conservar a riqueza real de forma duradoura, fornecendo um fluxo de rendimento que se não deprecie com o tempo; por isso privilegiam o capital de onde aumenta o valor de equilíbrio da relação de longo-prazo entre capital e trabalho, do mesmo modo, aliás, que entre capital e os encaixes reais de moeda. Para manter a participação do capital nesse novo nível de equilíbrio o investimento por período de tempo deve também ser maior. Uma consequência final desta não super-neutralidade

[151] A hipótese é aceite no modelo de crescimento de Sidrauski (1967) e também, como vimos, por Friedman.

da moeda no longo-prazo é que ela se traduz no acréscimo do produto potencial da economia.

8.1.2. *A Taxa de Juro*

O argumento que aqui surge é o de que a expansão da moeda a uma taxa permanentemente mais alta reduz de igual modo a taxa de juro de equilíbrio e acresce aos fundos que os bancos têm disponíveis para conceder crédito.[152] Quer a economia esteja ou não a operar sob condições de pleno emprego, a consequência é o aumento relativo do investimento na composição do produto interno bruto. O consumo real pode mesmo diminuir se a economia estiver a operar sob condições de pleno emprego, implicando a reafectação de factores para a produção de capital.

8.2. O Que Se Verifica na Zona Euro

Em momento oportuno, esta matéria foi objecto de estudo empírico pelo BCE no âmbito dos países da Zona Euro, com os resultados obtidos publicados no *ECB Monthly Bulletin* de Outubro de 2002 (p. 43).

O exercício objecto de simulação econométrica consistiu em admitir um aumento inesperado e temporário de 100 pontos base (1.00%) na taxa de juro de referência do BCE, a vigorar durante dois anos. Para controlo da qualidade dos resultados, os testes foram conduzidos no quadro de três modelos metodológicos distintos, designados de AWM, NCB e NiGEM.[153] Os modelos consideram as inter-relações entre as variáveis económicas, pelo que os modelos consideraram igualmente acréscimos nas taxas de juro de mais longo-prazo em função do que estipula a teoria das expectativas puras da estrutura de prazos das taxas de juro,[154] assim como a apreciação do euro em conformidade com o que se espera da paridade a descoberto das taxas de juro.[155]

Os resultados propiciados pelos três modelos, distribuídos ao longo dos três primeiros anos, encontram-se expressos no quadro abaixo (ECB, 2002, p.45).

[152] Em linguagem técnica a apresentar no capítulo relativo aos canais de transmissão da política monetária, trata-se, respectivamente, do canal do custo do capital e do canal do crédito. Se a expansão da moeda não tiver impacto na liquidez dos Bancos para conceder crédito, este efeito desaparece. O exemplo seria uma emissão monetária destinada a financiar acréscimos na despesa do Estado.

[153] Para pormenores sobre os mesmos consultar ECB (2002, p. 44).

[154] Assumiu-se um aumento de 20 pontos nestas taxas de juro.

[155] Assumiu-se uma apreciação do euro de 2%.

Quadro 8-1: Resultados das Simulações Testando a Neutralidade da Moeda na Zona Euro

MODELOS ECONOMÉTRICOS	PIB REAL			NÍVEL DE PREÇOS		
	ANO 1	ANO 2	ANO 3	ANO 1	ANO 2	ANO 3
AWM	-0.34	-0.71	-0.71	-0.15	-0.30	-0.38
NCB	-0.22	-0.38	-0.31	-0.09	-0.21	-0.31
NiGEM	-0.34	-0.47	-0.37	-0.06	-0.10	-0.19

Embora os resultados sejam quantitativamente divergentes, qualitativamente são idênticos. Tal como se esperaria da teoria, a subida das taxas de juro oficiais conduz a uma contracção do PIB real e dos preços. Porém, no que concerne à variável real o impacto maior sucede no segundo ano, e depois dilui-se ao longo do tempo, acabando por se esgotar ao fim de cinco ou sete anos. O impacto é, pois, temporário. Mas já no que respeita aos preços, os impactos parecem ser mais lentos nos anos iniciais, acentuando-se gradualmente à medida que o tempo decorre, e permanecem activos; portanto, os efeitos são permanentes sobre a variável nominal. Conclusão, independentemente da metodologia empregue, os resultados são consistentes com a aceitação da hipótese da neutralidade da moeda.

Questões de Escolha Múltipla

1. Qual das seguintes alternativas está correta?

- [ ] a) Neutralidade da moeda significa que variações permanentes na quantidade de moeda em circulação acontecidas de uma só vez, não afetam o valor das variáveis reais no curto prazo.
- [ ] b) Super-neutralidade é um conceito dinâmico de neutralidade.
- [ ] c) Os economistas neoclássicos não aceitam o conceito de neutralidade da moeda.
- [ ] d) Duas das alíneas anteriores estão corretas.
- [ ] e) Nenhuma das alíneas anteriores está correta.

2. Qual das seguintes alternativas está correta?

- [ ] a) A política monetária nunca pode ter efeitos reais no longo prazo.
- [ ] b) A super-neutralidade da moeda implica que uma variação na taxa de crescimento do *stock* nominal de moeda não tem efeitos reais no longo prazo.
- [ ] c) Uma política monetária expansionista tem sempre como efeito uma descida das taxas de juro seja qual for o horizonte temporal considerado.
- [ ] d) Para a maior parte dos Bancos Centrais, a moeda não tem efeitos reais no curto prazo.
- [ ] e) Nenhuma das alíneas anteriores está correta.

3. Na perspetiva de Friedman:

- [ ] a) Há um *trade-off* entre inflação e desemprego no longo prazo.
- [ ] b) A política monetária, mesmo que seja antecipada, consegue reduzir a taxa de desemprego no curto prazo.
- [ ] c) O ajustamento das expectativas inflacionárias implica a neutralidade da moeda.
- [ ] d) A não neutralidade da moeda no curto prazo tem como base a rigidez dos preços.
- [ ] e) Nenhuma das alíneas anteriores está correta.

4. De acordo com Cagan:

- [ ] a) Rejeita-se a hipótese da super-neutralidade da moeda no longo prazo.
- [ ] b) Os bens e serviços são todos igualmente atrativos como substitutos da moeda.
- [ ] c) Na sequência de um aumento permanente da taxa de crescimento da oferta de moeda, o público prefere, como substitutos de moeda, ativos com um fluxo de rendimento em termos de unidades monetárias fixo.
- [ ] d) A relação de equilíbrio de longo-prazo entre capital e trabalho não é afetada pela política monetária.
- [ ] e) Duas das alíneas anteriores estão corretas.

5. Qual das seguintes alternativas não está correta?

- [ ] a) Para Friedman, a Curva de Phillips é vertical no longo prazo.
- [ ] b) Para Friedman, os efeitos reais da política monetária que podem ocorrer no curto prazo dependem da rigidez das expectativas.
- [ ] c) Para Friedman, a redução da taxa de desemprego para níveis inferiores ao da taxa natural implica choques monetários com uma rapidez crescente.
- [ ] d) Para Cagan, a política monetária pode ter impacto permanente sobre os preços relativos e por essa via ter efeitos reais no longo prazo.
- [ ] e) Na situação de pleno emprego a política monetária expansionista nunca pode ter efeitos reais.

9. A Moeda e a Formação das Taxas de Juro no Longo-prazo

> *"As an empirical matter, low interest rates are a sign that monetary policy has been tight – in the sense that the quantity of Money has grown slowly; high interest rates are a sign that monetary policy has been easy – in the sense that the quantity of Money has grown rapidly. The broadest facts of experience run in precisely the opposite direction from which the financial community and academic economists have all generally taken for granted."*
>
> Milton Friedman (1968b, p. 7)

Em 1967 Milton Friedman, na sua comunicação à *American Economic Association*, expressa a ideia de que a política monetária não pode reduzir permanentemente a taxa de desemprego para um valor inferior à "taxa natural de desemprego", determinada esta unicamente por factores do lado da oferta da economia, nem manter baixas[156] as taxas de juro a não ser por um período de tempo reduzido. A perspectiva monetarista associada a Friedman teve, a partir daí, uma significativa influência na forma como os Bancos Centrais passaram a conduzir a política monetária.[157]

Embora o nível das taxas de juro deva ser explicado em termos da relação entre a oferta e a procura reais de moeda, ele não é determinado de forma simples unicamente com base na taxa de crescimento da oferta real de moeda.

[156] No caso de uma política monetária expansionista, e vice-versa para o caso de uma política monetária restritiva.

[157] Ver, também, Friedman (1968a; 1968b).

Apesar de, sob determinados pressupostos que a seguir serão explicitados, considerar válida a argumentação keynesiana no que ao curto-prazo diz respeito, Friedman argumenta que esta perspectiva falha ao não considerar os efeitos de médio prazo da política monetária sobre o nível das taxas de juro. Para Friedman, a evidência empírica contradizia a visão Keynesiana geralmente aceite nos anos sessenta do século passado que associava taxas de juro baixas com políticas monetárias expansionistas, e taxas de juro altas com políticas monetárias restritivas. O autor apresentou os casos proeminentes da época, Brasil, Argentina e Chile, como exemplos de associação entre políticas monetárias expansionistas e taxas de juro altas, e o caso da Suíça e dos Estados Unidos da América entre 1929 e 1933 (período em que as taxas de juro desceram muito rapidamente ao mesmo tempo a que se assistiu a uma queda sem precedentes na quantidade de moeda oferecida), para ilustrar a associação entre políticas monetárias restritivas e taxas de juro baixas.

Esta aparente contradição explica-se porque podem ocorrer quatro efeitos na sequência de uma alteração da taxa de crescimento do *stock* nominal de moeda, que Friedman (1968a; 1968b) designou de: *i*) efeito liquidez; *ii*) efeito rendimento; *iii*) efeito preço; *e iv*) efeito de antecipação dos preços.

O efeito liquidez é o efeito imediato sobre as taxas de juro que ocorre na sequência de uma alteração da política monetária. Tome-se o exemplo de uma política monetária expansionista.[158] Quanto maior a quantidade de moeda oferecida menor terá que ser a taxa de juro para induzir as pessoas a procurarem aquela quantidade de moeda, reconduzindo o mercado monetário a uma nova solução de equilíbrio. Para aumentar a quantidade de moeda na economia, o Banco Central compra, por exemplo, obrigações do tesouro às OIFM levando a um aumento do seu preço e a uma diminuição das *yields*. Os bancos comerciais, dispondo agora de mais reservas excedentárias, aumentam a oferta de crédito, o que pela via do mecanismo do multiplicador monetário irá aumentar a oferta de moeda e fazer baixar as taxas de juro.[159]

Porém, a verificação deste efeito está dependente de o choque monetário constituir uma surpresa de maneira a que não produza um impacto imediato

[158] Uma política monetária restritiva teria os efeitos inversos.

[159] Friedman (1968a) designa esta explicação para a redução das taxas de juro no curto-prazo na sequência de uma política monetária expansionista como a explicação "através dos fluxos". Podemos ter, ainda, uma outra explicação, agora "através dos *stocks*". Assim, um aumento da taxa de crescimento da oferta de moeda causa uma perturbação na composição dos portefólios das pessoas. As pessoas verificarão que têm em seu poder mais moeda do que aquilo que planearam. Consequentemente, irão tentar substituir moeda por outros activos financeiros (por exemplo obrigações), o que levará a um aumento do seu preço e a uma descida da taxa de juro. Note-se que o efeito através dos fluxos e o efeito através dos *stocks* operam na mesma direcção.

sobre o nível geral de preços que mantenha a oferta real de moeda constante, apesar de o *stock* nominal ter variado. Efectivamente, na análise neo-clássica representada por Friedman e outros, é importante e decisiva a distinção entre valores nominais e valores reais, sendo estes os relevantes.

Esta situação está ilustrada na Figura 9-1. Admita-se uma situação inicial de equilíbrio no mercado monetário sobre o ponto 0. A oferta real de moeda é $\frac{M_0}{P_0}$, e a taxa de juro de equilíbrio é i_0. Considere-se, agora, que a autoridade monetária conduz uma política monetária expansionista que faz aumentar o *stock* nominal de moeda de M_0 para M_1. Se no imediato os preços permanecerem ao nível inicial assiste-se então a um aumento do *stock* real de moeda. O novo equilíbrio no mercado monetário ocorre sobre o ponto 1, e a taxa de juro baixa para i_1.

O segundo efeito é o designado efeito rendimento, o qual só existirá na condição de previamente se tiver produzido o efeito liquidez. A descida das taxas de juro origina um aumento do consumo e do investimento. Supondo que os preços permanecem ao nível inicial, o aumento do rendimento nominal é totalmente devido ao aumento do *output* real. A consequência será um aumento da procura de crédito (para um dado nível de taxa de juro), assim como um aumento da procura real de moeda implicando a subida da taxa de juro.

O aumento do consumo e do investimento podem reflectir-se, ainda que parcialmente, numa subida dos preços, inicialmente a um ritmo moderado, e cada vez mais intenso quanto mais a economia se aproxima do pleno emprego. O aumento dos preços origina uma descida da oferta real de moeda, de maneira que se assiste a um deslocamento desta curva para a esquerda. Mantendo-se constante a procura real de moeda para o nível mais alto do rendimento real, a taxa de juro nominal de equilíbrio no mercado monetário volta a subir. Este é o designado efeito preço. Na Figura 9-1, na sequência do efeito rendimento, a curva da procura real de moeda desloca-se para a direita, da posição M_0^d para a posição M_1^d. A subida dos preços origina, também, uma redução do *stock* real de moeda de $\frac{M_1}{P_0}$ para $\frac{M_1}{P_1}$. O ponto de equilíbrio passa a situar-se em 3, ao qual está associada uma taxa de juro i_3 mais alta do que a inicial (i_0), contrariando o efeito inicial de descida provocado pela expansão monetária.

Figura 9-1: A Relação entre Moeda e as Taxas de Juro

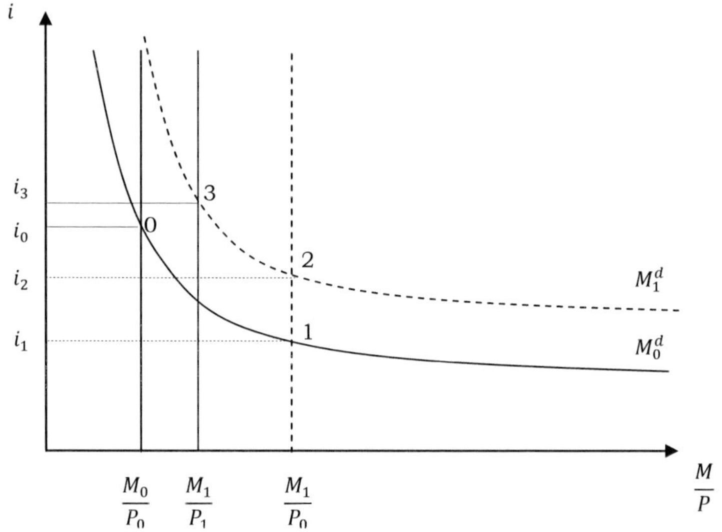

Pode, ainda, existir o designado efeito de antecipação dos preços. Se as pessoas anteciparem que a nova política monetária em vigor tem um carácter permanente, e não é apenas temporária, então revêem as suas expectativas inflacionárias, aumentando-as. Como consequência, e em virtude do efeito de Fischer, as taxas de juro nominais voltam a aumentar. A equação de Fischer escreve-se, na sua versão *ex-ante,* que é a relevante na decisão quanto à taxa de juro a cobrar no contrato de mútuo que se está a negociar, da seguinte forma:

$$(1+i) = (1 + r)(1 + \rho) \qquad (9\text{-}1)$$

onde os símbolos têm os significados habituais.

Assim, para manter uma determinada remuneração real, os investidores exigem um aumento da taxa de juro nominal na sequência do aumento da taxa de inflação esperada.

A Figura 9-2 documenta a existência de uma relação próxima entre a taxa de inflação e as taxas de juro, que é apenas interrompida após o início da recente crise financeira.

Figura 9-2: A Relação entre a Taxa de Inflação e as Taxas de Juro na Zona Euro

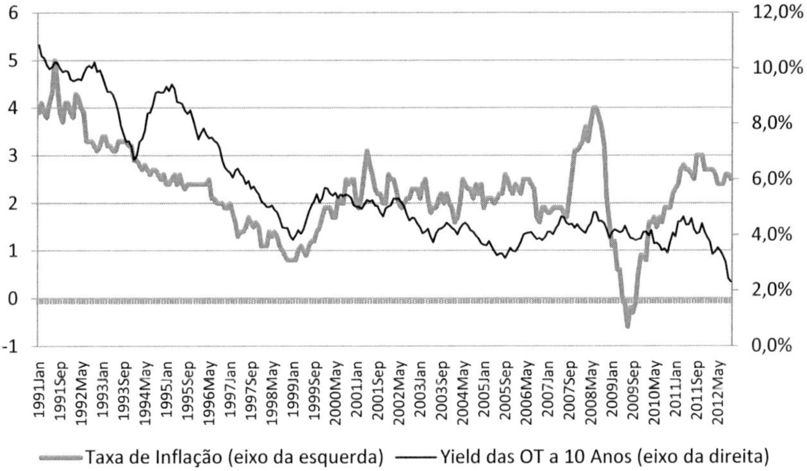

Fonte: BCE

Chama-se entretanto a atenção que o efeito liquidez só acontece se a alteração da política monetária tiver constituído uma surpresa para os agentes económicos. Se assim for, o impacto inicial não será sobre os preços, mas se, ao contrário, ela tiver sido esperada, os seus efeitos imediatos serão sobre os preços havendo apenas efeito preço e, eventualmente, um efeito sobre as expectativas inflacionárias.

Tendo em conta os quatro efeitos aludidos, no pressuposto de que o impacto inicial da mudança de política monetária não é totalmente sobre os preços, o efeito líquido da alteração da política monetária sobre as taxas de juro no longo--prazo em comparação com o valor inicial da taxa de juro, é à partida ambíguo, e depende da magnitude relativa de cada um dos efeitos individuais.

A Figura 9-3 ilustra o impacto hipotético de uma política monetária expansionista, aplicada no momento t_0, sobre as taxas de juro. No caso a), o efeito liquidez domina os efeitos rendimento, preço, e expectativas inflacionárias. A taxa de juro desce no imediato, de um valor inicial i_0 para i_1, devido ao efeito liquidez, e sobe posteriormente devido aos efeitos rendimento, preço, e expectativas inflacionárias equilibrando-se ao nível i_3 que é mais baixo do que o inicial. Neste caso, a política monetária expansionista faz baixar as taxas de juro quer no curto quer no longo-prazo. No caso b), o efeito liquidez é dominado pelos efeitos rendimento, preço, e expectativas inflacionárias. A taxa de juro desce no imediato, de um valor inicial i_0 para i_1, devido ao efeito liquidez, e sobe posteriormente devido aos efeitos rendimento, preço, e expectativas inflacionárias equilibrando-se ao nível i_3 que é mais elevado do que o inicial. Neste caso a política monetária expansionista faz baixar as taxas de juro no curto-prazo, mas origina uma subida das mesmas no longo-prazo.

Figura 9-3: Efeito de Curto e de Longo-prazo da Política Monetária sobre as Taxas de Juro

a) Magnitude do Efeito liquidez Maior do que o dos Outros Três Efeitos

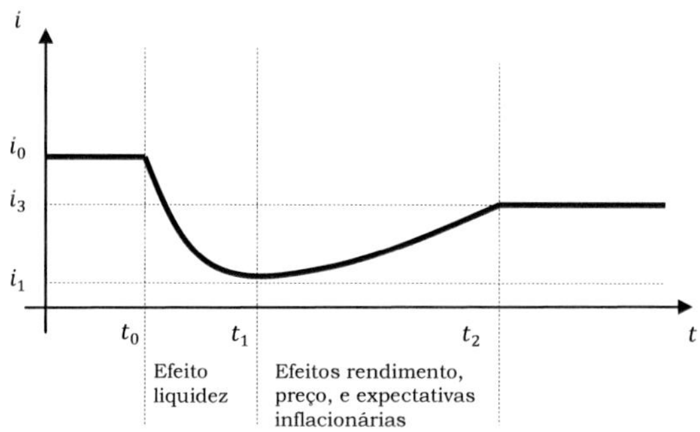

b) Magnitude do Efeito liquidez Menor do que o dos Outros Três Efeitos

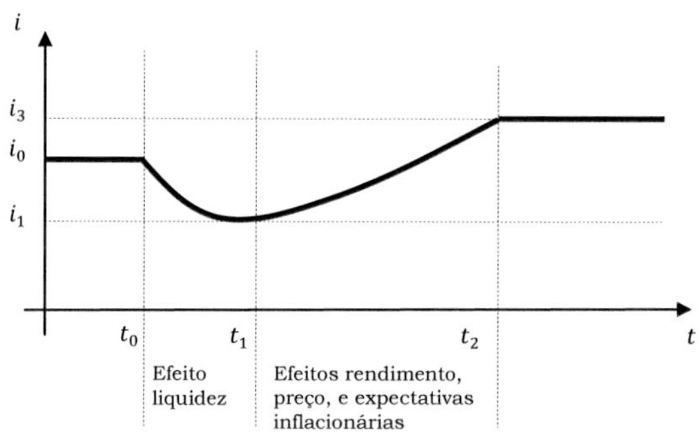

c) Magnitude do Efeito liquidez Igual ao dos Outros Três Efeitos

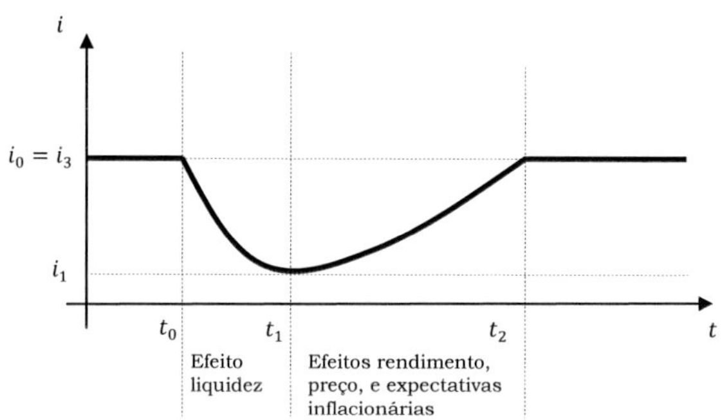

No caso c), o efeito liquidez é exactamente neutralizado pelos efeitos rendimento, preço, e expectativas inflacionárias. A taxa de juro desce no imediato de um valor inicial i_0 para i_1, devido ao efeito liquidez, e sobe posteriormente devido aos efeitos rendimento, preço, e expectativas inflacionarias equilibrando-se ao nível inicial $i_3 = i_0$. Neste caso, a política monetária expansionista faz baixar as taxas de juro no curto-prazo, mas não tem efeitos no longo-prazo.

Diferentemente, a taxa de juro no longo-prazo será sempre superior à taxa de juro inicial se não houver os efeitos liquidez e rendimento, como consta da Figura (9-4).

Friedman (1968) refere que a descida inicial das taxas de juro devido ao efeito liquidez dura cerca de seis meses, e que demora cerca de 18 meses para que a taxa de juro regresse ao nível inicial. O período que demora até atingir o ponto de equilíbrio de longo-prazo (ponto 3 nas Figura 9-1 e 9-3) pode chegar aos 20 ou 30 anos, e é mais longo para as taxas de juro de longo-prazo do que para as de curto-prazo. Este período de tempo depende da rapidez com que as pessoas alteram as suas expectativas relativamente à subida dos preços. Em países com experiencias recentes de fenómenos inflacionários, as expectativas ajustam-se mais rapidamente, pelo que não só o caso b) se afigura como o mais provável, como, ainda, o tempo que demora a atingir-se o valor de equilíbrio de longo--prazo para as taxas de juro é menor.

Pode inclusive acontecer que, no caso da política monetária expansionista ser totalmente antecipada e o ajustamento das expectativas ser muito rápido, as taxas de juro comecem a subir imediatamente (ver Figura 9-4).

Figura 9-4: Efeito Liquidez Menor do que o Efeito Expectativas Inflacionarias num Contexto de Rápido Ajustamento das Expectativas

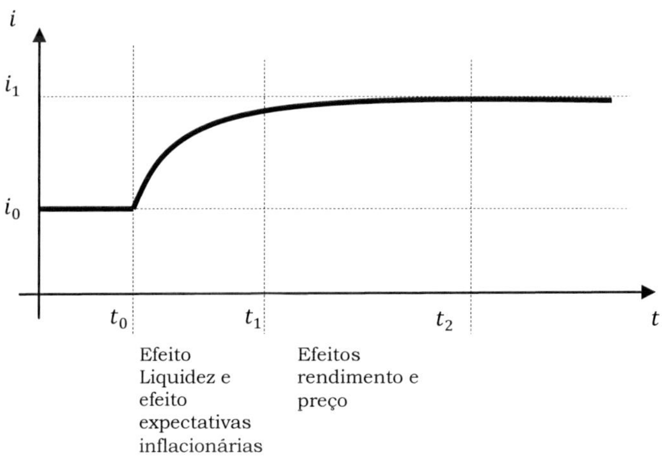

Portanto, para Friedman (1968a, p. 7): "*These considerations not only explain why monetary policy cannot peg interest rates; they also explain why interest rates are such a misleading indicator of whether monetary policy is 'tight' or 'easy'. For that, it is far better to look at the rate of change of the quantity of money.*"

A Figura 9-5 mostra a dinâmica da taxa de crescimento do agregado M3 e das taxas de juro das obrigações do tesouro com maturidade a dez anos desde 1981 até 2012. A evidência fornecida pela figura enquadra-se realmente na ideia de Friedman que associa uma diminuição da taxa de crescimento da taxa de crescimento do *stock* nominal de moeda a uma diminuição das taxas de juro no longo-prazo.

Figura 9-5: A Relação entre as Taxas de Juro e a Taxa de Crescimento da Moeda na Zona Euro

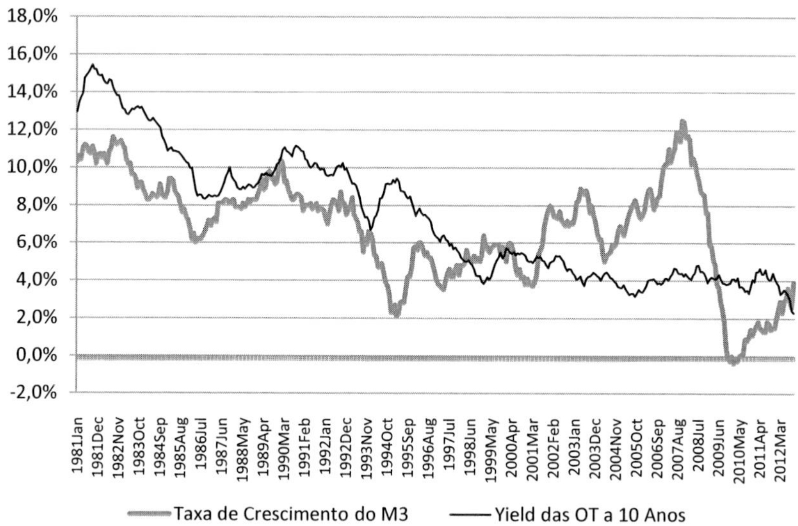

Fonte: BCE

Questões de Escolha Múltipla

1. De acordo com a perspetiva Keynesiana, um aumento da oferta de moeda:

☐ a) Provoca um aumento da taxa de juro.

☐ b) Provoca uma redução da taxa de juro, mas apenas após um ajustamento do nível de preços.

☐ c) Só reduzirá a taxa de juro se também afetar o rendimento real.

☐ d) Conduz a uma redução da taxa de juro, tudo o resto constante.

☐ e) Nenhuma das alíneas anteriores está correta.

2. Na perspetiva de Friedman, por forma a reduzir a taxa de juro:

☐ a) A autoridade monetária deve sempre diminuir a oferta de moeda.

☐ b) A autoridade monetária nunca deve diminuir a oferta de moeda.

☐ c) Pode ser recomendado que a autoridade monetária reduza a taxa de crescimento da oferta de moeda quando aquele objetivo está estabelecido para o longo prazo.

☐ d) Nunca é recomendado que a autoridade monetária aumente a oferta de moeda quando aquele objetivo está estabelecido para o curto prazo.

☐ e) Nenhuma das alíneas anteriores está correta.

3. Segundo a teoria de Friedman, por forma a alcançar o objetivo de diminuição da taxa de juro no longo-prazo, a autoridade monetária deve:

☐ a) Insistir sempre em políticas monetárias expansionistas.

☐ b) Conduzir uma política monetária expansionista se, em valor absoluto, a magnitude do efeito liquidez for maior do que magnitude combinada do efeito rendimento, preço, e expectativas inflacionárias.

☐ c) Conduzir uma política monetária expansionista se a magnitude do efeito rendimento for maior do que a magnitude do efeito expectativas inflacionárias.

☐ d) Fazer o mesmo que o proposto pela teoria Keynesiana.

☐ e) Nenhuma das alíneas anteriores está correta.

4. De acordo com a teoria monetarista:

☐ a) Um aumento da oferta de moeda leva a uma diminuição da taxa de juro.

☐ b) A política monetária não afeta a taxa de juro.

☐ c) O efeito que a política monetária tem sobre a taxa de juro é o mesmo que o previsto na teoria Keynesiana.

☐ d) Uma política monetária expansionista pode resultar tanto num aumento como numa diminuição da taxa de juro.

☐ e) O efeito rendimento e o efeito liquidez são semelhantes.

5. De acordo com a teoria monetarista:

- ☐ a) O efeito liquidez diz respeito à diminuição (aumento) da taxa de juro, no curto prazo, na sequência do aumento (diminuição) da oferta de moeda.
- ☐ b) A política monetária não afeta a taxa de juro no longo prazo.
- ☐ c) O efeito que a política monetária tem sobre a taxa de juro é o mesmo que o previsto na teoria Keynesiana.
- ☐ d) Uma política monetária expansionista origina sempre a descida das taxas de juro no longo prazo.
- ☐ e) Duas das alíneas anteriores estão corretas

6. Segundo a teoria de Friedman, por forma a alcançar o objetivo de diminuição da taxa de juro no longo-prazo, a autoridade monetária deve:

- ☐ a) Aumentar sempre a oferta de moeda.
- ☐ b) Pode ter de diminuir a oferta de moeda, em determinadas circunstâncias.
- ☐ c) Diminuir sempre a oferta de moeda.
- ☐ d) Fazer o mesmo que o proposto pela teoria Keynesiana.
- ☐ e) Duas das alíneas anteriores estão correctas.

7. Segundo a teoria de Friedman, por forma a alcançar o objetivo de diminuição da taxa de juro no longo-prazo, a autoridade monetária deve:

- ☐ a) Insistir em políticas monetárias restritivas.
- ☐ b) Conduzir sempre políticas monetárias expansionistas.
- ☐ c) Fazer o mesmo que o proposto pela teoria Keynesiana.
- ☐ d) Comprar sempre dívida pública em mercado secundário.
- ☐ e) Duas das alíneas anteriores estão corretas.

8. Qual das seguintes afirmações não está correta:

- ☐ a) Segundo a perspetiva monetarista, o efeito liquidez decorrente da contração da oferta nominal de moeda determina uma subida das taxas de juro.
- ☐ b) Segundo a perspetiva keynesiana, uma política monetária expansionista fará aumentar as taxas de juro.
- ☐ c) Segundo a perspetiva monetarista, se o efeito liquidez dominar os efeitos rendimento, preço e expectativas inflacionárias, uma política monetária expansionista deverá fazer baixar as taxas de juro.
- ☐ d) Segundo a perspetiva monetarista, se o efeito liquidez é dominado pelos efeitos rendimento, preço e expectativas inflacionárias, uma política monetária restritiva deverá fazer baixar as taxas de juro.
- ☐ e) Segundo a perspectiva monetarista, o efeito preço e o efeito rendimento afectam as taxas de juro no mesmo sentido.

9. De acordo com a perspetiva monetarista, na sequência de uma diminuição da oferta de moeda:

☐ a) O efeito rendimento contribui para uma diminuição da taxa de juro.

☐ b) O efeito preço contribui, através de um aumento do nível de preços, para um aumento da taxa de juro.

☐ c) Os feitos liquidez e rendimento contribuem para um aumento da taxa de juro.

☐ d) O efeito antecipação de preços (expectativa de inflação) contribui para uma descida da taxa de juro.

☐ e) Duas das alíneas anteriores estão corretas.

10. De acordo com a perspetiva monetarista da relação entre a oferta de moeda e as taxas de juro:

☐ a) O efeito liquidez não existe.

☐ b) O efeito rendimento e o efeito expectativas de inflação funcionam em sentido oposto.

☐ c) A direção do efeito preço não se consegue prever teoricamente.

☐ d) O efeito liquidez é semelhante ao efeito previsto pela teoria Keynesiana.

☐ e) Nenhuma das alíneas anteriores está correta.

10. A Estrutura de Prazos das Taxas de Juro

> *"The influence of the expectational theory seems to have been confined mainly to academic economists. The view most common among those close to debt markets seems to be the older one, that interest rates generally move up and down together because of over-lapping among debt markets. Some also have emphasized the role of "arbitrage" of specialists in debt markets in bringing about such behavior."*
>
> J. M. Culbertson (1957, p. 487)

Actualmente os objectivos intermédios dos Bancos Centrais dos países industrializados, incluindo o BCE, são as taxas de juro de médio e longo-prazos. Importa, pois, analisar a relação que existe entre as taxas de juro de muito curto-prazo do mercado monetário, e as taxas de juro de prazos mais longos. Este capítulo inicia-se com a exposição dos princípios básicos gerais atinentes a esta temática; na secção 10.1 faz-se a apresentação das diversas teorias explicativas desta estrutura.

A estrutura de prazos das taxas de juro[160] exprime a relação entre as taxas à vista de remuneração de instrumentos financeiros num determinado momento do tempo (por exemplo, as *yields* das obrigações do tesouro), e os respectivos prazos, mantendo todos os outros factores, como o risco de crédito, liquidez e tratamento fiscal, constantes. Por consequência, para uma mesma estrutura de prazos, a única coisa que distingue esses instrumentos, e responde pela diferença entre as respectivas taxas de juro, é o prazo. O conceito de estrutura de prazos

[160] Também conhecida, e designada por alguns autores, de estrutura temporal das taxas de juro.

aplica-se, portanto, quer ao mercado monetário, onde pontuam taxas de juro de curto-prazo, quer ao mercado de capitais relacionando funcionalmente o prazo até à maturidade com a respectiva *yield to maturity*.[161]

Embora a estrutura de prazos de taxas de juro possa ser analisada para quaisquer tipos de obrigações, com a condição de se manterem constantes as demais determinantes das taxas de juro, habitualmente comparam-se as *yields* das obrigações do tesouro com diferentes maturidades. Esta escolha está relacionada com a liquidez e profundidade do mercado da dívida pública, o que permite obter uma melhor informação sobre os preços e, consequentemente, sobre as *yields*.

A representação gráfica da estrutura de prazos das taxas de juro é designada por curva de rendimento (*yield curve*). A curva de rendimento pode ter uma qualquer forma, mas as mais referidas do ponto de vista da tipificação teórica são as curvas ascendentes, descendentes e horizontais. Mas são também perfeitamente possíveis curvas de rendimento com inclinações distintas em diferentes pontos do seu traçado. Para cada um dos três primeiros casos apontados diz-se que a respectiva estrutura de prazos é crescente, decrescente e horizontal. Isso significa que as taxas à vista aumentam, diminuem ou mantêm-se constantes com o prazo até ao vencimento (ver Figura 10-1 a) a c)). Além das estruturas de prazos mencionadas, a literatura refere igualmente com frequência as que se apresentam com bossas, quer descendentes, quer ascendentes como se representam na Figura 10-1 d).

A forma da curva de rendimento é determinada fundamentalmente por dois factores: a taxa de inflação esperada (pela via do efeito de Fisher) e a conjuntura económica.

Em termos empíricos é mais frequente observarem-se curvas de rendimento crescentes, porque os activos com maturidades mais longas têm associado um risco de taxa de juro maior, sendo por isso normalmente menos líquidos. Além disso, durante a fase de abrandamento, ou mesmo de recessão económica, período em que o Banco Central expande a liquidez do sistema bancário e baixa a taxa de juro de muito curto-prazo, a curva de rendimento tende a ser positivamente inclinada. Diversamente, próximo dos picos das fases de expansão económica, a política monetária tende a ser contraccionista e observam-se frequentemente curvas de rendimento decrescentes.

[161] Para uma melhor compreensão deste conceito ver o Capítulo 11 do manual de Fernandes *et al.* (2013), *Mercados, Produtos e Valorimetria de Activos Financeiros.*

Figura 10-1: Os Vários Perfis da Curva de Rendimento

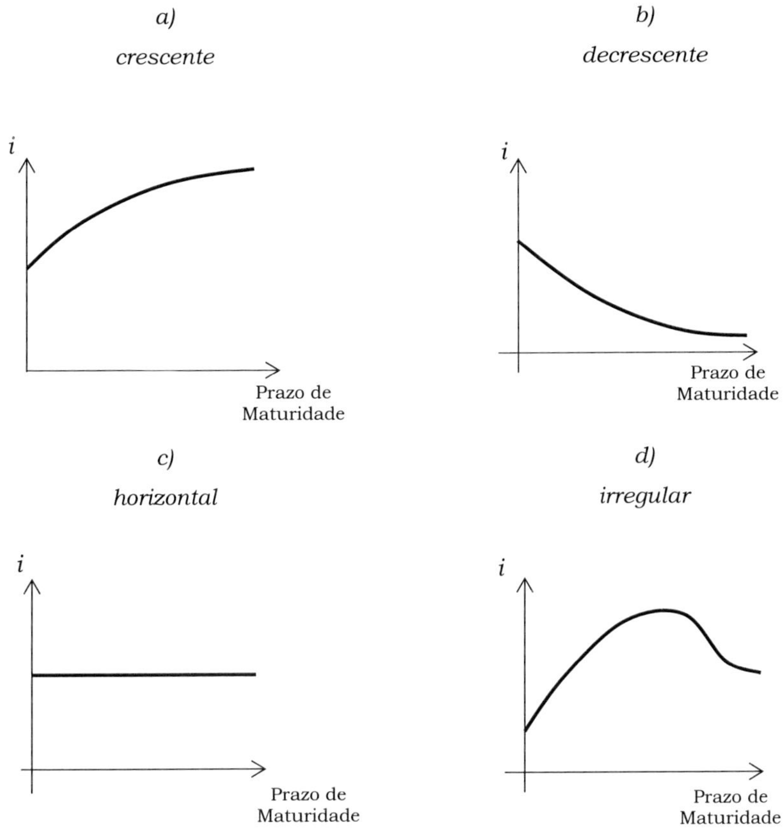

A Figura 10-2 ilustra a curva de rendimento da Zona Euro em 17 de Janeiro de 2013 formada a partir das obrigações denominadas em euros e emitidas pelo governo central de países pertencentes à Zona Euro com *rating* AAA,[162] e com um mínimo de um milhão de euros de volume de transacção diário.[163] A curva de rendimento para a Zona Euro estimada pelo BCE inclui obrigações com maturidades que vão desde os três meses até aos 30 anos.[164] Nesta data, a curva de rendimento é crescente até à maturidade de 22 anos. Conforme se pode ver a

[162] O BCE disponibiliza ainda dados para a curva de rendimento baseada em obrigações dos Governos Centrais da Zona Euro qualquer que seja o *rating*.

[163] Ver para mais pormenor a nota técnica em:
http://www.ecb.int/stats/money/yc/html/index.en.html

[164] O BCE não considera maturidades inferiores a três meses em virtude da maior volatilidade das *yields* destas obrigações, nem maturidades superiores a 30 anos, dado que estas obrigações têm uma procura meramente residual sendo portanto pouco líquidas (ECB – Monthly Bulettin – Feb. 2008).

partir dos dados disponibilizados pelo BCE para a curva de rendimento diária desde 2004,[165] ela é crescente, embora com algumas irregularidades.

Figura 10-2: A Yield curve da Zona Euro em 17 de Janeiro de 2013

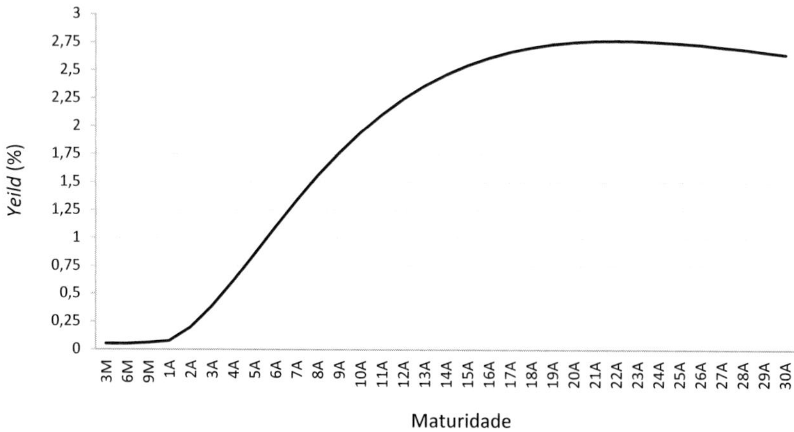

Fonte: BCE – http://www.ecb.int/stats/money/yc/html/index.en.html

10.1 Teorias Explicativas da Estrutura de Prazos das Taxas de Juro

Há duas teorias principais que explicam a estrutura de prazos das taxas de juro: a teoria da segmentação dos mercados e a teoria das expectativas. Por seu lado, a teoria das expectativas surge segundo três versões, que são: *a*) a teoria das expectativas puras, ou não enviesadas; *b*) a teoria do prémio de liquidez e, *c*) a teoria do *habitat* preferido. As duas últimas versões acabadas de enunciar são formas enviesadas da teoria das expectativas.

10.1.1. *A Teoria da Segmentação dos Mercados*

Segundo a teoria da segmentação dos mercados[166] os investidores têm preferências marcadas por determinadas maturidades das quais tendem a não sair. Essas preferências tanto podem resultar de determinações legais decorrentes de regulação que tenham, por exemplo, em vista garantir uma correcta composição dos capitais da empresa, compatibilizando os prazos dos activos com as maturidades dos passivos, como de decisões próprias assentes em preferências estritamente pessoais ou, então, nas características do negócio. Os investidores não pretendem de facto, segundo esta perspectiva, maximizar a sua taxa de rentabilidade, mas antes minimizar riscos como parece poder concluir-se da

[165] http://www.ecb.int/stats/money/yc/html/index.en.html.

[166] Ver Culberston (1957).

observação do comportamento de alguns investidores institucionais, tal como as companhias de seguros, os fundos de pensões e os fundos de investimento especializados no curto-prazo.

A consequência é a de que os segmentos do mercado financeiro (maturidades) são independentes entre si, com as respectivas taxas de juro determinadas pela relação entre a oferta e a procura de fundos (o mesmo é dizer pela procura e oferta de activos financeiros) em cada um deles. Assim, uma curva de rendimento positivamente inclinada, como a da Figura 10-1 a), explica-se pelo facto de nos segmentos de curto-prazo a procura de fundos (oferta de activos financeiros) em relação à oferta de fundos (procura de activos financeiros) ser menor do que nos segmentos de longo-prazo.

Uma consequência relevante é a capacidade dos poderes públicos para influenciarem a forma desta curva, gerindo os prazos das emissões de títulos.

Uma curva de rendimento ascendente é potenciada com fortes emissões de títulos de longo-prazo, em detrimento dos de curto-prazo, enquanto, naturalmente, curvas descendentes são geradas dando prioridade a emissões de curto-prazo que aumentem significativamente a oferta comparativamente à procura de títulos para esta maturidade.

10.1.2. *Teoria das Expectativas Puras*

Esta teoria, desenvolvida primeiramente por Irving Fisher e Friedrich Lutz nas décadas de trinta e de quarenta do século passado[167] assume que os investidores apenas se preocupam em maximizar a rentabilidade esperada das suas operações para os respectivos horizontes temporais de planeamento e, por isso, são neutros em relação ao risco. Consequentemente, não têm preferências por qualquer dos prazos disponíveis, movendo-se sem constrangimentos entre eles com o único intento de maximizarem a rentabilidade. Títulos com prazos diferentes são, assim, sucedâneos perfeitos. Assume-se, ainda, a ausência de custos de transacção e impostos.

A solução de equilíbrio é atingida quando, através da arbitragem entre prazos, as rentabilidades esperadas para os diversos prazos atingem valores tais que estes se tornam irrelevantes para efeitos de rentabilização. Isto é, para um certo período de tempo programado para o investimento, seja ele de 12 meses, a rentabilidade da operação é a mesma independentemente de se transaccionar um só título com maturidade de um ano ou dois títulos, cada um deles com uma maturidade de seis meses ou, em alternativa, quatro títulos com maturidades de três meses com datas valor encadeadas em sucessão umas nas outras por forma a

[167] Ver Lutz (1940). Ver, também, no âmbito desta teoria Meiselman (1962), Malkiel (1966), e Luckett (1967).

cobrirem a totalidade do horizonte temporal de planeamento. Portanto, é indiferente o investidor fazer aplicações sobre títulos de longo-prazo ou numa série de títulos de curto-prazo cobrindo exactamente o mesmo horizonte.

Considere-se o **exemplo 1**:

Um investidor pretende aplicar EUR 1000 pelo prazo de dois anos. À luz da teoria das expectativas puras, este investidor pode optar por duas vias alternativas:

(1) Adquire com os EUR 1000 disponíveis obrigações de cupão zero com maturidade de dois anos com uma taxa de juro anualizada de $r_{[0,2]}$. Se as mantiver até à maturidade o capital acumulado será igual a EUR 1000 $\times \left(1 + r_{[0,2]}\right)^2$.

(2) Adquire com os EUR 1000 disponíveis obrigações de cupão zero com maturidade de um ano com taxa de juro $r_{[0,1]}$, e, no fim do primeiro ano, reinveste o valor obtido em obrigações com maturidade de um ano à taxa de juro a um ano que é esperada no presente, $r^e_{[1,2]}$. No final do segundo ano irá receber

$$\text{EUR } 1000 \times \left(1 + r_{[0,1]}\right) \times \left(1 + r^e_{[1,2]}\right).$$

Devido ao processo de arbitragem sem restrições a desenvolver entre estas duas alternativas, em equilíbrio as duas estratégias conduzem ao mesmo resultado:

$$\text{EUR } 1\,000 \times \left(1 + r_{[0,2]}\right)^2 = \text{EUR } 1000 \times \left(1 + r_{[0,1]}\right) \times \left(1 + r^e_{[1,2]}\right) \quad (10\text{-}1)$$

Conforme se observa a partir da Equação (10-1), a taxa de juro de mais longo-prazo depende da taxa de juro de mais curto-prazo cotada no presente, e da expectativa para a taxa de juro de curto-prazo a vigorar no início do segundo ano e com maturidade também de um ano. Generalizando temos:

$$\left(1 + r_{[0,n]}\right)^n = \left(1 + r_{[0,1]}\right) \times \left(1 + r^e_{[1,2]}\right) \times \ldots \times \left(1 + r^e_{[n-1,n]}\right) \quad (10\text{-}2)$$

O que significa que:

a) Para uma operação que se estende no tempo ao longo de vários períodos, é indiferente para a remuneração obtida qual seja a combinação feita entre instrumentos de diferentes prazos; na verdade, as combinações de prazos possíveis são múltiplas e não se limitam a um período, ou equivalente.

b) As taxas de juro de prazos mais longos são função das taxas de juro cotadas e esperadas sobre prazos mais curtos.

c) As taxas de juro de prazos mais longos são uma média geométrica das taxas de juro correntes e esperadas para prazos mais curtos.

Admita-se que dispomos apenas dos seguintes dados (retirados da curva de rendimento para a Zona Euro (**exemplo 2**):

Prazo de Maturidade	*Yield-to-maturity* (%)	
	9-Nov-2007	*17-Jan-2013*
1 ano	3.88	0.08
2 anos	3.84	0.20
3 anos	3.82	0.39

Fonte: ECB – http://www.ecb.int/stats/money/yc/html/index.en.html

A questão fundamental que se coloca é saber quais são as expectativas dos investidores para as taxas de juro com maturidade de um ano que se vão verificar no futuro. Ora, como investir a dois anos, comprando uma obrigação com maturidade de dois anos, deve permitir obter o mesmo resultado de um investimento ao longo de dois anos sucessivos, então, tendo em conta o exemplo anterior, resolvendo a Equação (10-1) em ordem à expectativa que temos hoje para a taxa de juro a um ano a vigorar durante o segundo ano, $r^e_{[1,2]}$, obtemos:

$$r^e_{[1,2]} = \frac{\left(1+r_{[0,2]}\right)^2}{1+r_{[0,1]}} - 1 \tag{10-3}$$

Ou seja, de acordo com as curvas de rendimento em 9 de Novembro de 2007 e em 17 de Janeiro de 2013, $r^e_{[1,2]}$ é igual a $\frac{(1+3.84)^2}{1+3.88} - 1 = 3.80\%$, e a $\frac{(1+0.2)^2}{1+0.08} - 1 = 0.32\%$ respectivamente.

Da mesma forma, um investimento numa obrigação com maturidade de três anos deve proporcionar o mesmo rendimento que um investimento em obrigações com maturidade de um ano pelo período de três anos:

$$\left(1 + r_{[0,3]}\right)^3 = \left(1 + r_{[0,1]}\right) \times \left(1 + r^e_{[1,2]}\right) \times \left(1 + r^e_{[2,3]}\right) \tag{10-4}$$

Pelo que:

$$r^e_{[2,3]} = \frac{\left(1 + r_{[0,3]}\right)^3}{\left(1 + r_{[0,1]}\right) \times \left(1 + r^e_{[1,2]}\right)} - 1$$

Ora, tendo já calculado os valores para a taxa de juro esperada das obrigações com maturidade de um ano a vigorar no período um, $r^e_{[1,2]}$, de acordo com as curvas de rendimento em 9 de Novembro de 2007 e de 17 de Janeiro de 2013, $r^{e}_{[2,3]}$ é igual a $\frac{(1+3.82)^3}{(1+3.88)\times(1+3.80)} - 1 = 3.78\%$ e a $\frac{(1+0.39)^3}{(1+0.08)\times(1+0.32)} - 1 = 0.77\%$ respectivamente.

Este exemplo está representado na Figura 10-3. Conforme se pode observar, uma curva de rendimento decrescente reflecte expectativas de descida das taxas de juro, enquanto uma curva de rendimento crescente tem subjacente expectativas de subida das taxas de juro à luz da teoria das expectativas puras.

Figura 10-3: As Expectativas Subjacentes à Curva de Rendimento

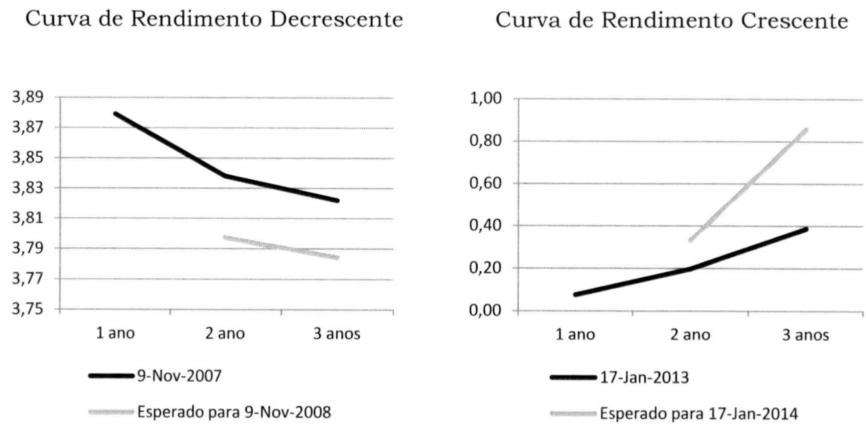

De facto, os mecanismos de mercado são tais que as expectativas que o mercado forma em relação às taxas de juro futuras são capazes de alterar a curva de rendimento. Uma descida esperada dessas taxas implica uma subida esperada do preço dos títulos obrigacionistas de mais longo-prazo que desencadeia a sua compra financiada pela venda de títulos de mais curto-prazo e, portanto, da descida dos seus preços e concomitante subida das taxas de juro relativas aos prazos mais curtos, assim se estabelecendo uma curva de rendimento descendente. Em conclusão, a inclinação da curva de rendimento só se modifica se as próprias expectativas do mercado relativas às taxas de remuneração se alterarem.

Caso esta teoria, que actualmente beneficia de uma grande receptividade,[168] for correcta, então é um previsor fiável do comportamento futuro das taxas de juro e, igualmente, da taxa de inflação e, neste sentido, é um precioso instrumento de trabalho para as famílias e para as empresas.

[168] Existe, contudo evidência empírica contraditória em relação à sua validade (ver por exemplo Shiller et *al.*, 1983, e Mankiw e Summers 1984).

10.1.3. *Teoria do Prémio de Liquidez*

Esta também se pode chamar de teoria das expectativas enviesadas porque assume que para além das expectativas sobre as taxas de juro futuras há outros factores que influenciam a forma da curva de rendimento. Esta percepção assenta, em larga medida, na observação empírica de que há uma tendência para aquelas curvas serem ascendentes, pelo que a expectativa seria de subida das taxa de juro à vista de mais curto-prazo no futuro de acordo com a teoria das expectativas puras. Contudo, não se observa uma tendência de aumento das taxas de juro à vista de curto-prazo. O gráfico seguinte mostra que na Zona Euro não se verifica realmente uma tendência bem definida para as taxas de juro do mercado monetário.

Figura 10-4: As taxas de Juro do Mercado Monetário da Zona Euro

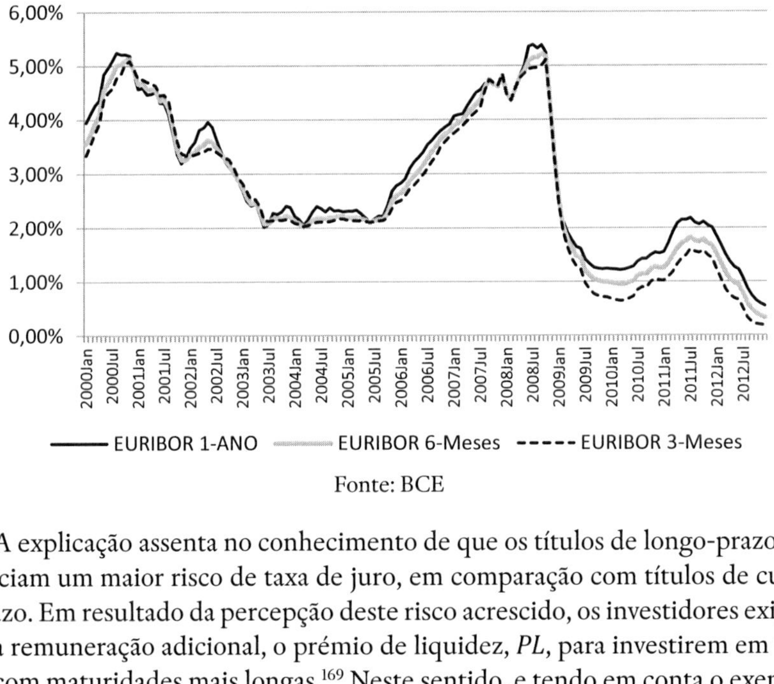

Fonte: BCE

A explicação assenta no conhecimento de que os títulos de longo-prazo evidenciam um maior risco de taxa de juro, em comparação com títulos de curto-prazo. Em resultado da percepção deste risco acrescido, os investidores exigem uma remuneração adicional, o prémio de liquidez, *PL*, para investirem em títulos com maturidades mais longas.[169] Neste sentido, e tendo em conta o exemplo 1, a taxa de juro esperada exprime-se da seguinte maneira:

$$\left(1 + r_{[0,2]}\right)^2 = \left(1 + r_{[0,1]}\right) \times \left(1 + r^e_{[1,2]} + PL\right)$$

$$r^e_{[1,2]} = \frac{\left(1+r_{[0,2]}\right)^2}{\left(1+r_{[0,1]}\right)} - 1 - PL \qquad (10\text{-}5)$$

[169] Ver Hicks (1946).

E generalizando, a Equação (10-5) vem agora modificada pelos prémios de liquidez:

$$\left(1 + r_{[0,n]}\right)^n = \left(1 + r_{[0,1]}\right) \times \left(1 + r^e_{[1,2]} + PL_2\right) \times \ldots \times \left(1 + r^e_{[n-1,n]} + PL_n\right) \qquad (10\text{-}6)$$

Conforme se pode constatar das equações anteriores, a introdução do prémio de liquidez complica a leitura das expectativas sobre as taxas de juro no futuro a partir da curva de rendimento. Para conseguirmos saber quais as expectativas para as taxas de juro no futuro subjacentes a uma curva de rendimento, necessitamos de saber quais os prémios de liquidez associados a cada prazo.

É este prémio de liquidez o responsável por introduzir uma tendência para as curvas de rendimento surgirem com inclinação positiva e, adicionalmente, sugere uma explicação plausível para que essa tal inclinação cresça a taxas decrescentes com a maturidade. É que o risco preço não é muito diferente entre títulos a 20 e a 30 anos, mas já o é entre títulos de curto e de mais longos prazos.

Portanto, no quadro desta teoria alternativa, a curva de rendimento pode ser ascendente com expectativas de redução ou manutenção das taxas de juro de mais curtos prazos no futuro, e só será descendente se a quebra das expectativas sobre as taxas de juro não for suficientemente compensada pela subida do prémio de liquidez. A figura que se segue ilustra algumas destas conclusões.

Figura 10-5: A Curva de Rendimento na Teoria do Prémio de liquidez

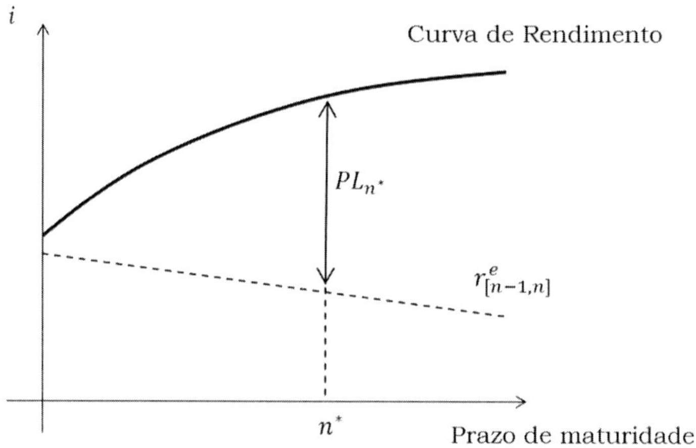

10.1.4. *Teoria do Habitat Preferido*

A teoria do habitat preferido é também conhecida por teoria compósita da estrutura de prazos uma vez que procura conjugar as três anteriores numa só.

Segundo os proponentes desta teoria relativamente recente,[170] os investidores procuram o seu *habitat* preferido considerando uma multiplicidade de factores que os influenciam tais como: maturidades, níveis de preferência pelo risco, regimes fiscais, etc. Assume-se que os investidores têm preferências por certos segmentos caracterizados pela conjugação entre aqueles elementos, mas que estão disponíveis para transitar entre eles caso recebam remunerações suficientemente apelativas. Assim, a teoria prevê a existência de prémios de liquidez nos prazos de maturidade onde exista uma carência de procura de obrigações. Estes prémios de liquidez tanto podem existir nos segmentos de curto como de mais longo-prazo. Esta circunstância torna impossível, sem termos conhecimentos dos diferentes prémios de liquidez, a inferência das expectativas para as taxas de juro à vista futuras a partir da observação da curva de rendimento.

10.2. Adequação das Teorias e Implicações para A Condução da Política Monetária

Em mercados financeiros desenvolvidos e em circunstâncias normais, a evidência empírica favorece a teoria do *habitat* preferido com maior relevância das expectativas em detrimento da hipótese da segmentação dos mercados financeiros. Efectivamente, existe nos mercados financeiros um elevado grau de substitutabilidade entre activos com diferentes maturidades e os investidores movem-se efectivamente ao longo da estrutura de prazos de taxas de juro em busca das maiores rentabilidades. Contudo, a evidência de que os investidores têm também preferência por certos prazos de maturidade implica que a taxa de juro para uma determinada maturidade não reflicta apenas a expectativa para a evolução das taxas de juro mas também inclua um prémio de liquidez que deriva das condições de oferta e procura de obrigações para essa maturidade.

Neste caso, o Banco Central ao determinar as taxas de juro de muito curto-prazo do mercado monetário, pela via das operações regulares de *open-market*, consegue também afectar as taxas de juro de mais longo-prazo determinantes do investimento e do consumo.

Contudo, em situações de crise nos mercados financeiros, o aumento da incerteza conduz muitas vezes à segmentação dos mercados financeiros em compartimentos estanques. Isso aconteceu, efectivamente, na sequência da recente crise financeira iniciada nos Estados Unidos da América em Agosto de 2007 e em particular após a falência do banco de investimento americano *Lehman Brothers* em Setembro de 2008. A incerteza associada à verdadeira situação de liquidez e de solvência dos bancos fez com que estas instituições se mostrassem muito relutantes a ceder fundos no mercado monetário, fazendo disparar

[170] Ver Modigliani e Sutch (1967).

as taxas de juro para prazos superiores ao *overnight*. Desta maneira, o mercado financeiro ficou desligado ao longo da estrutura de prazos de taxas de juro; por exemplo, o BCE apesar de baixar a sua taxa de juro de referência e, em certa medida, ter conseguido reduzir a taxa de juro *overnight* (EONIA), deixou de ter tracção nas taxas de juro de prazos mais longos. Esta dificuldade com o mecanismo de transmissão da política monetária obrigou o BCE a intervir directamente no mercado de dívida de mais longo-prazo através de operações não convencionais de política monetária para afectar directamente as taxas de juro nesses segmentos.

Questões de Escolha Múltipla

1. Segundo a teoria das expectativas puras (racionais):

☐ a) O mercado financeiro está dividido em segmentos estanques.

☐ b) Os agentes são avessos ao risco.

☐ c) A *yield curve* é sempre horizontal.

☐ d) Uma *yield curve* positivamente inclinada reflete expectativas de subida das taxas de juro de curto prazo no futuro.

☐ e) Nenhuma das alíneas anteriores está correta.

2. Qual das seguintes teorias da estrutura de prazo das taxas de juro considera obrigações que diferem apenas na sua maturidade como substitutas perfeitas?

☐ a) Teoria das expectativas puras.

☐ b) Teoria da preferência por liquidez.

☐ c) Teoria do *habitat* preferido.

☐ d) Teoria da segmentação dos mercados.

☐ e) Duas das alíneas anteriores estão corretas.

3. No âmbito das teorias explicativas da estrutura de prazo das taxas de juro:

☐ a) Para a teoria da segmentação dos mercados a *yield curve* é sempre ascendente.

☐ b) A teoria das expectativas puras descreve bem a realidade em situação de crise nos mercados financeiros.

☐ c) A teoria do prémio de liquidez torna a leitura das expectativas quanto à evolução futura das taxas de juro mais difícil quando comparada com a teoria das expectativas puras.

☐ d) Para a teoria do *habitat* preferido os investidores não têm em conta a rentabilidade oferecida pelos títulos.

☐ e) Nenhuma das alíneas anteriores está correta.

4. De acordo com a teoria do prémio de liquidez (preferência pela liquidez):

☐ a) Obrigações com diferentes prazos de maturidade são substitutas perfeitas para os investidores.

☐ b) Uma taxa de juro a prazo é um previsor não enviesado da taxa de juro à vista esperada para o correspondente momento no futuro.

☐ c) A estrutura de prazo das taxas de juro pode ser crescente ou constante, mas nunca decrescente por causa do prémio de liquidez.

☐ d) Os investidores são avessos ao risco, pelo que preferem investir em obrigações de longo prazo para assegurar a sua rentabilidade.

☐ e) Nenhuma das alíneas anteriores está correta.

5. Perante uma curva de rendimento constante, podemos afirmar que:

- ☐ a) Se espera que a taxa de juro de curto prazo se vai manter constante no futuro, de acordo com a teoria do *habitat* preferido.
- ☐ b) Se espera que a taxa de juro de curto prazo vai diminuir no futuro, de acordo com a Teoria do prémio de liquidez (preferência pela liquidez).
- ☐ c) A taxa de juro a prazo é zero, de acordo com a teoria das expectativas puras.
- ☐ d) A procura por fundos no curto prazo é igual à procura por fundos no longo prazo, de acordo com a teoria da segmentação do mercado.
- ☐ e) Duas das alíneas anteriores estão corretas.

6. A teoria do *habitat* preferido:

- ☐ a) Prevê uma inclinação da curva de rendimento igual à que prevê a teoria da segmentação dos mercados.
- ☐ b) Prevê a existência de um prémio de risco igual ao prémio de risco previsto pela teoria da preferência pela liquidez.
- ☐ c) Considera que obrigações com diferentes prazos de maturidade são substitutas imperfeitas.
- ☐ d) Permite prever as taxas de juro de curto prazo futuras com base unicamente nas taxas de juro de longo prazo.
- ☐ e) Duas das alíneas anteriores estão corretas.

7. Segundo a teoria das expectativas puras:

- ☐ a) A estrutura temporal das taxas de juro é crescente.
- ☐ b) A estrutura temporal das taxas de juro é horizontal.
- ☐ c) Os agentes que investem no longo prazo não investem no curto prazo.
- ☐ d) Os agentes exigem um prémio de risco para investir por prazos mais longos.
- ☐ e) A taxa de juro de longo prazo incorpora as expectativas quanto à evolução das taxas de juro de curto prazo.

8. A estrutura temporal das taxas de juro representa a relação entre:

- ☐ a) Taxas de juro à vista em diferentes momentos do tempo.
- ☐ b) Taxas de juro para obrigações com diferentes *ratings*.
- ☐ c) Taxas de juro à vista e taxas de juro a prazo.
- ☐ d) Taxas de juro nominais à vista para produtos financeiros com diferentes maturidades.
- ☐ e) Duas das alíneas anteriores estão corretas.

9. A estrutura temporal das taxas de juro:

- [ ] a) Representa a evolução das taxas de juro ao longo do tempo.
- [ ] b) De acordo com a Teoria da Segmentação dos Mercados, depende das expectativas para as taxas de juro no futuro.
- [ ] c) Só tem significado se não for horizontal.
- [ ] d) Se for positivamente inclinada, então espera-se uma diminuição das taxas de juro de acordo com a Teoria das Expectativas Puras.
- [ ] e) Nenhuma das alíneas anteriores está correta.

10. Atente à seguinte curva de rendimento (*yield curve*) retirada do *site* do BCE no dia 15 de Janeiro de 2010 (o eixo vertical regista a taxa de juro e o eixo horizontal regista anos). Podemos afirmar que:

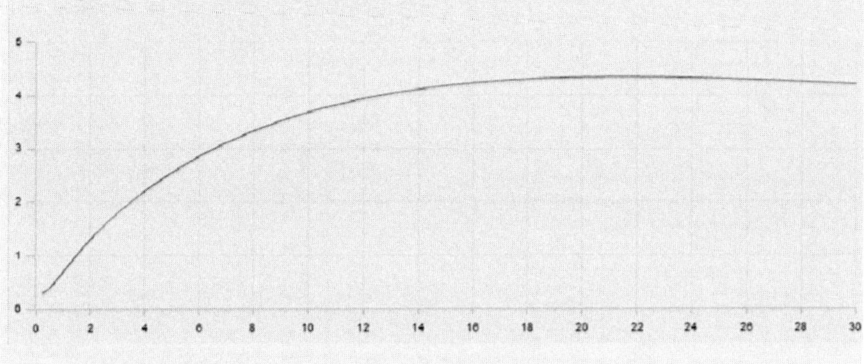

- [ ] a) As taxas de juro aumentaram nos últimos 30 anos.
- [ ] b) Considerando todas as teorias, espera-se que as taxas de juro de curto prazo vão aumentar.
- [ ] c) De acordo com a teoria das expectativas puras, a taxa de juro de curto prazo no futuro nunca deverá ultrapassar os 4%
- [ ] d) De acordo com a teoria da preferência por liquidez, é possível que se espere que as taxas de juro de curto prazo futuras sejam iguais às de hoje.
- [ ] e) Duas das alíneas anteriores estão corretas.

11. A Determinação das Taxas de Juro a Prazo

> *"There is much empirical work on forward foreign exchange rates as predictors of future spot exchange rates. [...] There is also a growing literature on whether forward rates contain variations in premiums.[...] There is a general consensus that forward rates have little if any power to forecast changes in spot rates. There is less consensus on the existence of time varying premiums in forward rates."*
>
> Eugene F. Fama (1984, p. 319)

Já atrás fizemos menção à distinção entre taxas de juro reais e nominais. Importa também distinguir entre taxa de juro à vista e taxa de juro a prazo. Assim, uma taxa de juro à vista (ou *spot*) é aquela taxa que vigora para operações cuja *data-valor* não excede a *data da transacção* em mais do que 2 dias úteis. Ora, a data-valor é a data na qual as operações previstas no contrato se realizam efectivamente, enquanto a data da transacção é a data em que as partes acordam entre si os termos do mesmo contrato. Neste contexto, é a taxa de juro implícita das obrigações de cupão zero com uma determinada maturidade e cotadas num determinado momento no mercado secundário.

A taxa de juro a prazo (ou *forward*) é a taxa que vigora para operações cuja *data valor* excede a *data da transacção* em mais do que 2 dias úteis (é uma taxa fixada hoje para operações que se realizam no futuro). Os prazos dos contratos a prazo são normalmente 30, 90, 180 ou 360 dias, mas podem ser contratados quaisquer outros prazos uma vez que estamos em presença de mercados informais.

Consideremos agora o problema da valorimetria das taxas de juro a prazo, tanto para operações passivas quanto para operações activas, como um processo de arbitragem entre duas alternativas disponíveis.

11.1. Para as Operações Passivas na Óptica do Banco[171]

Admita-se que uma empresa pretende efectuar uma aplicação financeira por um ano com início daqui a um ano, no montante de 1 milhão de euros. Esta é a importância que a empresa espera receber daqui a um ano e para a qual não tem aplicação durante os 12 meses subsequentes. A empresa quer evitar o risco de uma descida da taxa de juro, pelo que pretende assegurar no momento presente, t_0, a taxa de juro da aplicação. Para isso a empresa solicita a taxa de juro a prazo ao seu banco, $F_0^{[1.2]}$.

A questão que se coloca é a de saber como fixa o banco a taxa de juro a prazo no momento t_0 para aplicações entre o momento t_1 e o momento t_2, tal que $t_2 > t_1 > t_0$.

Para ilustrar esta questão considerem-se as duas seguintes estratégias alternativas capazes de engendrarem operações de arbitragem:

(1) No Mercado a Prazo:

A empresa contrata com o banco uma aplicação financeira de 1 milhão de euros à taxa de juro a prazo $F_0^{[1,2]}$ para vigorar entre o final de t_1 e o final de t_2.

(2) No Mercado à Vista:

A empresa solicita, no momento t_0, um empréstimo por uma ano à taxa de juro à vista, $r_{[0,1]}$, no montante de EUR $\frac{1\,000\,000}{1+r_{[0,1]}}$. Simultaneamente, efectua uma aplicação financeira por dois anos à taxa de juro à vista anualizada $r_{[0,2]}$ por aquele mesmo montante.

O Quadro 11-1 mostra para cada momento de tempo os *cash-flows* envolvidos nas estratégias (1) e (2).

[171] E activas na óptica da empresa.

Quadro 11-1: Cash-Flows em Euros Envolvidos nas Estratégias para a Aplicação de Fundos a Prazo

t	Estratégia 1 *Cash-Flows* para a Empresa	Estratégia 2 *Cash-Flows* para a Empresa
t_0	0	$+\frac{1\,000\,000}{1+r_{[0,1]}}$ (Decorrentes do empréstimo por um ano) $-\frac{1\,000\,000}{1+r_{[0,1]}}$ (Decorrentes da aplicação por dois anos) $=0$
t_1	+1 000 000 (decorrente do recebimento do cliente) -1 000 000 (decorrente da aplicação financeira)	+1 000 000 (decorrente do recebimento do cliente) $-\frac{1\,000\,000}{1+r_{[0,1]}}\left(1+r_{[0,1]}\right)=$ $-1\,000\,000$ (decorrente do vencimento do empréstimo a um ano)
t_2	$+1\,000\,000\left(1+F_0^{[1,2]}\right)$	$+\frac{1\,000\,000}{1+r_{[0,1]}}\left(1+r_{[0,2]}\right)^2$ (decorrente da aplicação financeira a dois anos)

Ora, em equilíbrio, em virtude das operações de arbitragem que se abrem, as estratégias (1) e (2) devem proporcionar à empresa o mesmo retorno pelo que:

$$1\,000\,000\left(1+F_0^{[1,2]}\right)=\frac{1\,000\,000}{1+r_{[0,1]}}\left(1+r_{[0,2]}\right)^2$$

$$\Leftrightarrow \qquad (11\text{-}1)$$

$$F_0^{[1,2]}=\frac{\left(1+r_{[0,2]}\right)^2}{1+r_{[0,1]}}-1$$

Ou seja, uma aplicação contratada no momento presente, t_0, para vigorar entre t_1 e t_2, deve originar os mesmos resultados independentemente da natureza das taxas de juro contratadas.

Se tal não se verificar, é possível explorar o diferencial de rentabilidade entre a estratégia (1) e (2), obtendo um ganho isento de risco (ou seja um ganho de arbitragem). Por exemplo, se:

$$1 + F_0^{[1,2]} > \frac{\left(1+r_{[0,2]}\right)^2}{1+r_{[0,1]}} \quad (11\text{-}2)$$

A empresa pode obter um ganho de arbitragem implementando a seguinte estratégia:

(1) No Mercado a Prazo:
A empresa contrata uma aplicação financeira a prazo de EUR 1 000 000 à taxa a prazo para $F_0^{[1,2]}$, a vigorar entre o final de t_1 e o final de t_2.

(2) No Mercado à Vista:
Solicita, no momento t_0, um empréstimo por dois anos à taxa de juro à vista $r_{[0,2]}$ no montante de $\frac{1\,000\,000}{1+r_{[0,1]}}$ euros. E, com o que recebe do empréstimo, efectua simultaneamente uma aplicação financeira por um ano à taxa de juro à vista $r_{[0,1]}$.

O Quadro 11-2 mostra para cada momento de tempo os *cash-flows* envolvidos na estratégia de arbitragem

Quadro 11-2: Cash-Flows em Euros Envolvidos na Estratégia de Arbitragem Quando

$$\left(1 + F_0^{[1,2]} > \frac{\left(1+r_{[0,2]}\right)^2}{1+r_{[0,1]}}\right)$$

	Estratégia 1	**Estratégia 2**	**Resultado Conjunto de Ambas as Estratégias**
t	***Cash-Flows* para a Empresa**	***Cash-Flows* para a Empresa**	***Cash-Flows* para a Empresa**
t_0	0	$+\frac{1\,000\,000}{1+r_{[0,1]}}$ (Decorrentes do empréstimo por dois anos) $-\frac{1\,000\,000}{1+r_{[0,1]}}$ (Decorrentes da aplicação por um ano)	0
t_1	-1 000 000 (decorrente da aplicação financeira)	$+\frac{1\,000\,000}{1+r_{[0,1]}}\left(1+r_{[0,1]}\right) =$ +1 000 000	0
t_2	$+1\,000\,000\left(1+F_0^{[1,2]}\right)$	$-\frac{1\,000\,000}{1+r_{[0,1]}}\left(1+r_{[0,2]}\right)^2$	$+1\,000\,000\left(1+F_0^{[1,2]}\right)- -\frac{1\,000\,000}{1+r_{[0,1]}}\left(1+r_{[0,2]}\right)^2 > 0$

A aplicação a prazo decorrente da estratégia (1) determina um aumento da oferta de fundos o que originará uma descida da taxa de juro $F_0^{[1,2]}$. Por outro lado, a contracção de empréstimos por dois anos à taxa de juro à vista $r_{[0,2]}$, decorrente da estratégia 2, origina um aumento da procura de fundos levando a um aumento da taxa de juro $r_{[0,2]}$. Ainda o aumento das aplicações financeiras a um ano, inerente à estratégia (2) leva a um aumento da oferta de fundos e a uma descida da taxa de juro $r_{[0,1]}$. Assim, antecipa-se que as possibilidades de arbitragem se extingam muito rapidamente pelo que a condição de equilíbrio expressa pela Equação (11-1) se deverá observar por via de regra.

Já se:

$$1 + F_0^{[1,2]} < \frac{\left(1+r_{[0,2]}\right)^2}{1+r_{[0,1]}} \tag{11-3}$$

A empresa pode obter um ganho de arbitragem implementando a seguinte estratégia:

(1) No Mercado a Prazo:
A empresa solicita um empréstimo a prazo de EUR 1 000 000 à taxa a prazo $F_0^{[1,2]}$ para vigorar entre o final de t_1 e o final de t_2.

(2) No Mercado à vista:
Solicita um empréstimo por um ano à taxa de juro à vista $r_{[0,1]}$ no montante de EUR $\frac{1\,000\,000}{1+r_{[0,1]}}$. E com o que recebe do empréstimo efectua uma aplicação financeira por dois anos à taxa de juro à vista anualizada $r_{[0,2]}$.

O Quadro 11-3 mostra para cada momento de tempo os *cash-flows* envolvidos na estratégia de arbitragem.

Quadro 11-3: Cash-Flows em Euros Envolvidos na Estratégia de Arbitragem Quando

$$\left(1 + F_0^{[1,2]} < \frac{(1+r_{[0,2]})^2}{1+r_{[0,1]}}\right)$$

t	Estratégia 1 ***Cash-Flows*** **para a Empresa**	Estratégia 2 ***Cash-Flows*** **para a Empresa**	Resultado Conjunto para Ambas as Estratégias ***Cash-Flows*** **Líquidos para a Empresa**
t_0	0	$+\frac{1\,000\,000}{1+r_{[0,1]}}$ (Decorrentes do empréstimo por um ano) $-\frac{1\,000\,000}{1+r_{[0,1]}}$ (Decorrentes da aplicação por dois anos)	0
t_1	+1 000 000	$-\frac{1\,000\,000}{1+r_{[0,1]}}(1 + r_{[0,1]}) =$ $-1\,000\,000$	0
t_2	$-1\,000\,000\left(1 + F_0^{[1,2]}\right)$	$+\frac{1\,000\,000}{1 + r_{[0,1]}}(1 + r_{[0,2]})^2$	$-1\,000\,000\left(1 + F_0^{[1,2]}\right)$- $+\frac{1\,000\,000}{1 + r_{[0,1]}}(1 + r_{[0,2]})^2 > 0$

A aplicação a prazo decorrente da estratégia (1) determina um aumento da procura de fundos o que originará uma subida da taxa de juro a prazo, $F_0^{[1,2]}$. Também, a contracção de empréstimos por um ano á taxa de juro à vista $r_{[0,1]}$, decorrente da estratégia 2, origina um aumento da procura de fundos levando a um aumento da taxa de juro $r_{[0,1]}$. Por outro lado, o aumento das aplicações financeiras a dois anos, inerente ainda à estratégia (2), leva a um aumento da oferta de fundos e a uma descida da taxa de juro $r_{[0,2]}$. Mais uma vez a estratégia de arbitragem origina movimentos de correcção das taxas de juro restabelecendo rapidamente o equilíbrio expresso na equação (11-1).

Assim, verificamos que um investidor tem a possibilidade de escolher, em t_0, uma taxa de juro a prazo implícita na curva de rendimento (membro da direita da equação (11-1), para vigorar entre t_1 e t_2, e que é igual à expectativa dos investidores para a taxa de juro à vista que irá vigorar entre o momento t_1 e t_2, ou escolher uma estratégia baseada na contratação de um taxa de juro a prazo explicita, por exemplo contratada junto do seu banco. Conforme já se explicou, em equilíbrio, estas duas estratégias devem originar o mesmo resultado.

11.2 Para as Operações Activas na Óptica do Banco[172]

Admita-se, agora, que uma empresa pretende contrair um empréstimo daqui a um ano, pelo período de um ano, no montante de 1 milhão de euros destinados a cobrir uma necessidade de tesouraria. A empresa não quer correr o risco de uma subida na taxa de juro, pelo que pretende assegurar no momento presente, t_0, a taxa de juro para o empréstimo que prevê vir a contrair. Para isso, a empresa solicita ao seu banco a taxa de juro a prazo $F_0^{[1,2]}$.

Para ilustrar a forma como é determinada a taxa a prazo para as operações activas considerem-se as duas seguintes estratégias alternativas sobre as quais é possível o desenvolvimento de operações de arbitragem:

(1) No Mercado a Prazo:
A empresa solicita um empréstimo ao banco no montante de 1 milhão de euros à taxa de juro a prazo $F_0^{[1,2]}$.

(2) No Mercado à Vista:
A empresa contrai em t_0 um empréstimo por dois anos à taxa de juro à vista anualizada, $r_{[0,2]}$, no montante de EUR $\frac{1\ 000\ 000}{1+r_{[0,1]}}$. E, simultaneamente, efectua uma aplicação financeira por um ano à taxa de juro à vista $r_{[0,1]}$ pelo montante recebido de empréstimo.

O Quadro 11-4 mostra para cada momento de tempo os *cash-flows* envolvidos nas estratégias (1) e (2).

[172] Passivas na óptica da empresa.

Quadro 11-4: Cash-Flows em Euros Envolvidos nas Estratégias para a Obtenção de Fundos a Prazo

t	**Estratégia 1** ***Cash-Flows* para a Empresa**	**Estratégia 2** ***Cash-Flows* para a Empresa**
t_0	0	$+\frac{1\,000\,000}{1+r_{[0,1]}}$ (Decorrentes do empréstimo contraído por dois anos) $-\frac{1\,000\,000}{1+r_{[0,1]}}$ (Decorrentes da aplicação por um ano)
t_1	+1 000 000 (decorrente do contrato a prazo) -1 000 000 (decorrente do pagamento de uma dívida que se vence neste momento)	$+\frac{1\,000\,000}{1+r_{[0,1]}}\left(1+r_{[0,1]}\right)$ $= +1\,000\,000$ (decorrente da aplicação por um ano) -1 000 000 (decorrente do pagamento de uma dívida que se vence neste momento)
t_2	$+1\,000\,000\left(1+F_0^{[1,2]}\right)$ (decorrente do recebimento pela empresa da importância necessária à amortização do empréstimo) $-1\,000\,000\left(1+F_0^{[1,2]}\right)$ (decorrente da amortização da operação a prazo)	$+\frac{1\,000\,000}{1+r_{[0,1]}}\left(1+r_{[0,2]}\right)^2$ (decorrente do recebimento pela empresa da importância necessária à amortização do empréstimo) $-\frac{1\,000\,000}{1+r_{[0,1]}}\left(1+r_{[0,2]}\right)^2$ (decorrente da amortização do empréstimo à vista a dois anos)

Da mesma forma, em equilíbrio, as estratégias (1) e (2) devem proporcionar à empresa o mesmo retorno pelo que:

$$-1\,000\,000\left(1+F_0^{[1,2]}\right) = -\frac{1\,000\,000}{1+r_{[0,1]}}\left(1+r_{[0,2]}\right)^2$$

$$\Leftrightarrow \qquad (11\text{-}4)$$

$$F_0^{[1,2]} = \frac{\left(1+r_{[0,2]}\right)^2}{1+r_{[0,1]}} - 1$$

Já se a empresa desejasse contrair um empréstimo daqui a apenas dois anos, pelo período de um ano, no montante de 1 milhão de euros, e não quisesse correr o risco dessa variação adversa de taxa de juro, poderia optar entre as duas estratégias seguintes:

(1) No Mercado a Prazo
A empresa solicita um empréstimo ao banco no montante de 1 milhão de euros à taxa de juro a prazo $F_0^{[2,3]}$.

(2) No Mercado à Vista:
A empresa contrai em t_0 um empréstimo por três anos à taxa de juro à vista anualizada, $r_{[0,3]}$, no montante de EUR $\frac{1\,000\,000}{\left(1+r_{[0,2]}\right)^2}$. E, simultaneamente, efectua uma aplicação financeira por dois anos à taxa de juro à vista anualizada no montante do financiamento à vista.

O Quadro 11-5 mostra para cada momento de tempo os *cash-flows* envolvidos nas estratégias (1) e (2).

Quadro 11-5: Cash-Flows em Euros Envolvidos nas Estratégias para a Obtenção de Fundos a Prazo

t	**Estratégia 1** ***Cash-Flows* para a Empresa**	**Estratégia 2** ***Cash-Flows* para a Empresa**
t_0	0	$+\frac{1\,000\,000}{(1+r_{[0,2]})^2}$ (Decorrentes do empréstimo por tês anos) $-\frac{1\,000\,000}{(1+r_{[0,2]})^2}$ (Decorrentes da aplicação por dois anos)
t_1	0	0
t_2	-1 000 000 (decorrente do pagamento da dívida) +1 000 000 (decorrente do contrato a prazo)	$-1\,000\,000$ (decorrente do pagamento da dívida) $+\frac{1\,000\,000}{(1+r_{[0,2]})^2}(1+r_{[0,2]})^2 =$ $+1\,000\,000$ (decorrente do vencimento da aplicação financeira pelo prazo de dois anos)
t_3	$+1\,000\,000\left(1+F_0^{[2,3]}\right)$ (decorrente do recebimento pela empresa da importância necessária à amortização do empréstimo) $-1\,000\,000\left(1+F_0^{[2,3]}\right)$ (decorrente da liquidação da dívida contraída a prazo)	$+\frac{1\,000\,000}{(1+r_{[0,2]})^2}(1+r_{[0,3]})^3$ (decorrente do recebimento pela empresa da importância necessária à amortização do empréstimo) $-\frac{1\,000\,000}{(1+r_{[0,2]})^2}(1+r_{[0,3]})^3$ (decorrente da liquidação da dívida contraída à vista)

Da mesma forma, em equilíbrio, as estratégias (1) e (2) deverão proporcionar à empresa o mesmo retorno pelo que:

$$-1\,000\,000\left(1+F_0^{[2,3]}\right)=-\frac{1\,000\,000}{\left(1+r_{[0,2]}\right)^2}\left(1+r_{[0,3]}\right)^3$$

$$\Leftrightarrow \tag{11-5}$$

$$F_0^{[2,3]}=\frac{\left(1+r_{[0,3]}\right)^3}{\left(1+r_{[0,2]}\right)^2}-1$$

Ainda, se a empresa desejasse contrair um empréstimo daqui a um ano, e por um período de dois anos, no montante de 1 milhão de euros, e não quisesse correr o risco de variação adversa de taxa de juro, poderia optar pelas duas estratégias seguintes:

(3) No Mercado a Prazo
A empresa solicita um empréstimo ao banco no montante de 1 milhão de euros à taxa de juro a prazo $F_0^{[1,3]}$

(4) No Mercado à Vista:
A empresa contrai em t_0 um empréstimo por três anos à taxa de juro à vista anualizada, $r_{[0,3]}$, no montante de EUR $\frac{1\,000\,000}{\left(1+r_{[0,1]}\right)}$. E, simultaneamente, efectua uma aplicação financeira por um ano à taxa de juro à vista $r_{[0,1]}$ no montante de EUR $\frac{1\,000\,000}{\left(1+r_{[0,1]}\right)}$.

Em equilíbrio, as estratégias (1) e (2) devem propiciar à empresa o mesmo retorno pelo que:

$$-1\,000\,000\left(1+F_0^{[2,3]}\right)^2=-\frac{1\,000\,000}{\left(1+r_{[0,1]}\right)}\left(1+r_{[0,3]}\right)^3$$

$$\Leftrightarrow \tag{11-6}$$

$$\left(1+F_0^{[2,3]}\right)^2=\frac{\left(1+r_{[0,3]}\right)^3}{\left(1+r_{[0,1]}\right)}$$

Generalizando, podemos escrever a seguinte fórmula para o cálculo das taxas de juro a prazo, centradas no presente, t_0, e para vigorarem no futuro, em função de taxas de juro à vista observadas em t_0:

$$\left(1+F_0^{[n-j,n]}\right)^j=\frac{\left(1+r_{[0,n]}\right)^n}{\left(1+r_{[0,n-j]}\right)^{n-j}} \tag{11-7}$$

Questões de Escolha Múltipla

1. Uma taxa de juro a prazo (*forward*):

- ☐ a) Só pode ser obtida no mercado a prazo.
- ☐ b) Depende das expectativas quanto às taxas de juro futuras, mas não das taxas de juro no presente.
- ☐ c) Pode ser calculada a partir da estrutura de prazos das taxas de juro.
- ☐ d) É superior à taxa de juro à vista (*spot*).
- ☐ e) Duas das alíneas anteriores estão corretas.

2. Considere os seguintes valores para as taxas de juro: ${}_0F_{[1,2]} = 10\%$ e $S_{[0,2]} = 7{,}47\%$. Neste contexto:

- ☐ a) A estrutura temporal das taxas de juro é decrescente.
- ☐ b) $S_{[0,1]} = 5\%$.
- ☐ c) ${}_0F_{[0,2]} = 5\%$.
- ☐ d) ${}_0F_{[0,1]} = 5\%$.
- ☐ e) De acordo com a teoria do habitat preferido, espera-se um aumento das taxas de juro.

3. No quadro da teoria das expectativas puras, considere os seguintes elementos relativos a taxas de juro *spot* e *forward* no momento atual:

- **r[0,1] = 5%**
- **r[0,3] = 6,25%**
- **F_0[2,3] = 7,766%**

Tendo em conta estes elementos, é correto afirmar que:

- ☐ a) É expectável que, dentro de um ano, a taxa de juro *spot* para operações a 2 anos seja inferior a 6,5%.
- ☐ b) A taxa de juro *forward* F_0[1,2] é aproximadamente igual a 6%.
- ☐ c) A taxa de juro *spot* para operações a 2 anos é igual a 5,625%.
- ☐ d) Não é possível identificar o tipo de inclinação (positiva ou negativa) da *yield curve* no período de 1 a 3 anos.
- ☐ e) Nenhuma das alíneas anteriores está correta.

Enunciado comum às duas questões seguintes.

No quadro do modelo das expectativas puras, suponha que, num determinado momento, são conhecidos os seguintes elementos:

- **r[0,2] = 5% (taxa de juro *spot* para operações a 2 anos).**
- **r^e[1,2] = 5,5% (taxa de juro *spot* esperada para operações a 1 ano dentro de 1 ano).**
- **$_0$F[2,3] = 4,75% (taxa de juro *forward* para operações a 1 ano dentro de 2 anos).**
- **Só existem obrigações com maturidade de 1, 2, 3, ... anos.**

4. Qual das seguintes afirmações está correta?

☐ a) A taxa de juro *spot* para operações a 1 ano é aproximadamente igual a 4,25%.

☐ b) A taxa de juro *forward* para operações a 2 anos dentro de 1 ano é aproximadamente igual a 5,25%.

☐ c) O mercado espera que, daqui a um ano, a taxa de juro *spot* para operações a 2 anos seja superior à atualmente vigente.

☐ d) As afirmações b) e c) estão corretas.

☐ e) Todas as afirmações anteriores estão corretas.

5. Para o intervalo temporal até 3 anos (inclusive), a *yield curve*

☐ a) É positivamente inclinada.

☐ b) É negativamente inclinada.

☐ c) Começa por ser negativamente inclinada e torna-se depois positivamente inclinada.

☐ d) Começa por ser positivamente inclinada e torna-se depois negativamente inclinada.

☐ e) Todas as afirmações anteriores estão incorretas.

Enunciado comum às duas questões seguintes.

No quadro do modelo das expetativas ou puras, suponha que, num determinado momento, são conhecidos os seguintes elementos:

- **r[0,1] = 4,5% (taxa de juro *spot* para operações a 1 ano).**
- **r^e[1,2] = 5,5% (taxa de juro *spot* esperada para operações a 1 ano dentro de 1 ano).**
- **$_0$F[1,3] = 5,75% (taxa de juro *forward* para operações a 2 ano dentro de 1 ano).**
- **Só existem obrigações com maturidade de 1, 2, 3, ... anos.**

6. Qual das afirmações seguintes está correta?

- [ ] a) A taxa de juro *spot* para operações a 3 anos é aproximadamente igual a 5,33%.
- [ ] b) A taxa de juro *forward* para operações a 1 ano dentro de 2 anos é aproximadamente igual a 6%.
- [ ] c) O mercado espera que, dentro de 2 anos, a taxa de juro *spot* para operações a 1 ano seja superior à atual.
- [ ] d) Todas as afirmações anteriores estão corretas.
- [ ] e) Todas as afirmações anteriores estão incorretas.

7. Para o intervalo temporal até 3 anos (inclusive), a yield curve:

- [ ] a) Começa por ser positivamente inclinada e torna-se depois negativamente inclinada.
- [ ] b) É positivamente inclinada.
- [ ] c) É negativamente inclinada.
- [ ] d) Começa por ser negativamente inclinada e torna-se depois positivamente inclinada.
- [ ] e) Não pode ser traçada com os dados apresentados, pois os mesmos são insuficientes.

Enunciado comum às duas questões seguintes.

No quadro do modelo das expetativas puras, suponha que num determinado momento são conhecidos os seguintes elementos:

- **r[0,3] = 5% (taxa de juro *spot* para operações a 3 anos).**
- **r^e[1,3] = 5,5% (taxa de juro *spot* esperada para operações a 2 anos dentro de 1 ano).**
- **$_0$F[1,2] = 5% (taxa de juro *forward* para operações a 1 ano dentro de 1 ano).**
- **Só existem obrigações com maturidade de 1, 2, 3, ... anos.**

8. A taxa de juro *spot* para operações a 1 ano – r[0,1] – é aproximadamente igual a:

- [ ] a) 4%.
- [ ] b) 4,33%.
- [ ] c) 4,5%.
- [ ] d) 5%.
- [ ] e) Nenhuma das alíneas anteriores está correta.

9. É expectável que, dentro de 2 anos, a taxa de juro *spot* para operações a 1 ano se encontre a um nível:

- ☐ a) Igual ao atual.
- ☐ b) Inferior ao atual.
- ☐ c) Superior ao atual.
- ☐ d) Inferior ao atual em 2 pontos percentuais.
- ☐ e) Superior ao atual em 2%.

10. Para o intervalo temporal até 3 anos (*inclusive*), a *yield curve*:

- ☐ a) É vertical.
- ☐ b) É horizontal.
- ☐ c) É negativamente inclinada.
- ☐ d) É positivamente inclinada.
- ☐ e) Tem um comportamento que não é possível de determinar com os dados apresentados.

12. Os Canais de Transmissão da Política Monetária

"The monetary policy transmission mechanism refers to the process through which these decisions affect the economy in general and, in particular, the level of prices. In a very simplified framework, monetary policy is transmitted, via the central bank's intervention in the Money markets, to bank lending and deposit rates. Subsequently, changes in these interest rates affect decisions on consumption and investment, which, in turn, ultimately determine the level of prices."

ECB Monthly Bulletin – Maio 2010, p. 85

Os efeitos sobre os objectivos finais de política monetária despoletados pela activação dos respectivos instrumentos, produzem-se através dos chamados canais de transmissão da política monetária. Trata-se de mecanismos assaz numerosos assentes numa grande diversidade de relações económicas que decorrem em simultâneo, com implicações diferentes, envolvendo a participação de agentes económicos muito distintos, e que se cruzam e entre-cruzam entre si em processos bastante intrincados abarcando inúmeras variáveis. Isto significa, desde logo, que os impactos das políticas monetárias definidas e executadas pelos Bancos Centrais apenas acontecem após períodos de tempo relativamente longos e variáveis o que, também por si só, os torna incertos. Acresce que estes canais de transmissão não são activados exclusivamente pela política monetária, mas igualmente por choques que a esta são exógenos, com a consequência de tornarem mais difícil e incerta a condução da política monetária que, então, resulta perturbada por esses elementos. Uma das possíveis consequências destes factos é a necessidade de as autoridades monetárias recorrerem às designadas medidas não convencionais de política monetária para recuperarem, tanto quanto possível, os efeitos que procuram. A figura que se apresenta seguidamente resume as relações entre as muitas variáveis económicas pelas quais a política monetária se vai transmitindo aos objectivos, através dos canais que correspondem à sistematização das ditas relações e que no conjunto formam os mecanismos de transmissão.

A figura está dividida em duas partes através de uma linha vertical a tracejado. Do lado esquerdo temos os efeitos da condução da política monetária por via dos seus instrumentos que afectam, em primeira linha, os objectivos operacionais por influência das taxas de juro oficiais. [173] E do lado direito temos um conjunto indicativo de factores fora do controlo do Banco Central, igualmente capazes de influenciar as mesmas relações económicas, percorrendo os mesmos canais de transmissão e, neste processo, introduzindo ruído na condução da política monetária.

Figura 12-1: Representação Estilizada dos Canais de Transmissão de Política Monetária[174]

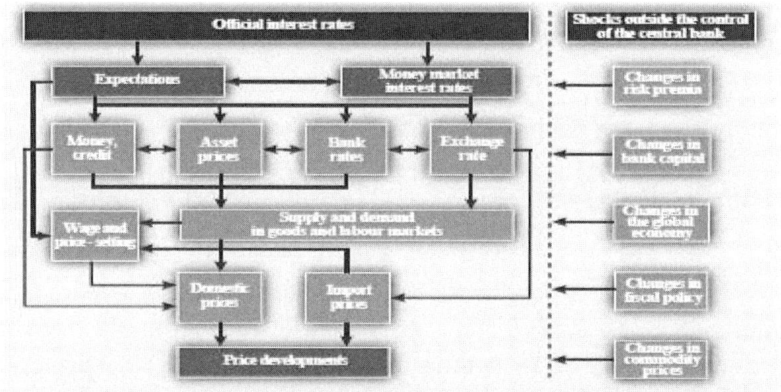

Alguns desses factores exógenos são de extrema actualidade. Por exemplo, alterações nos mercados financeiros por virtude quer de modificações nos requisitos impostos pela regulação à estrutura do capital bancário, quer dos níveis de confiança prevalecentes com reflexos no prémio de risco exigido pelos detentores de excesso de fundos, quer mesmo pela inovação financeira em termos de novos produtos [175] e da crescente mobilidade internacional do capital

[173] Para o BCE são a taxa de juro praticada nas MRO e nas facilidades permanentes, com destaque para a primeira.

[174] Fonte: ECB (2011, p.59).

[175] Por exemplo, o crescimento da securitização. Em contrapartida, há exemplos de inovação financeira que aparentemente não terão tido grande impacto nos mecanismos de transmissão. Entre

Ou alterações na política fiscal, com mudanças tanto na tributação como na despesa pública ou, ainda, choques reais sobre a oferta com implicações nos preços dos *inputs*, ou mudanças na legislação laboral; também o próprio regime cambial adoptado, assim como as características demográficas do país, ou o seu grau de desenvolvimento económico influenciam significativamente o comportamento dos agentes económicos. Muitos outros exemplos se poderiam dar. Entre os factores acabados de referir há-os que são meramente conjunturais, mas outros têm a ver com a estrutura institucional em que assenta o modelo de economia. A consequência é que o mecanismo de transmissão da política monetária não é uma realidade imutável quanto aos canais que o compõem, ao tempo necessário à transmissão da política monetária e à intensidade e duração dos seus efeitos.

Seguindo aquela figura vamos descrever o conteúdo e a articulação destes canais de transmissão. No final procederemos à desejável sistematização destas inter-relações incluindo-as nos diversos canais de transmissão identificados pela literatura económica. Vale a pena recordar aqui que a política monetária, para produzir os efeitos que lhe são imputados sobre os respectivos objectivos, exige que, no curto-prazo, os preços nominais, incluindo os salários, e as expectativas quanto à taxa de inflação sejam rígidos, pois de outro modo não haveria alterações nas taxas de juro e nos salários reais esperados. E, consequentemente, é de variações nas taxas de juro reais esperadas que estaremos aqui a falar.

As alterações nas taxas de juro oficiais, que advêm da utilização dos instrumentos de política monetária, provocam desde logo dois efeitos directos: a) alterações nas taxas de juro do mercado monetário e, b) alterações nas expectativas dos agentes económicos quanto aos valores de algumas variáveis económicas. Espera-se que as alterações nas taxas de juro oficiais se transmitam directamente às taxas de juro do mercado monetário inter-bancário e, depois, aos seus clientes, famílias e empresas. [176] Espera-se este resultado porque mudanças nas taxas de juro oficiais implicam alterações no custo de financiamento dos bancos que estes procuram repercutir sobre a clientela. Naturalmente que este vínculo é tanto mais forte quanto menores forem as maturidades das operações às quais as taxas de juro se aplicam; por exemplo, o comportamento das *yields* da dívida pública a 5, 10 ou mais anos dependem, principalmente, das expectativas do público quanto ao comportamento futuro de outras variáveis, económicas

estes encontra-se a redução da importância das reservas obrigatórias nos E.U.A. e a introdução das contas sweep na capacidade de a Reserva Federal controlar a taxa de juro objectivo (Kuttner *et al.*, Maio 2002, p.15).

[176] A dimensão e rapidez desta transmissão sobre as taxas de juro dependem de vários factores, entre eles a estrutura de mercado em que actua o sector bancário e, portanto, dos níveis de concorrência que estão presentes. A rapidez deste ajustamento também pode depender do sentido em que as taxas de juro variarem.

ou não, quais sejam, por exemplo, a taxa de crescimento real da economia, os valores da dívida pública em percentagem do PIB, a estabilidade política e social do país em causa. Por outro lado, alterações nas taxas de juro de curto-prazo levam igualmente a alterações nas taxas de juro de mais longo-prazo pois, como tivemos a oportunidade de ver no capítulo da estrutura de prazos das taxas de juro, a teoria das expectativas puras diz-nos isso mesmo, ou seja, que as taxas de juro de mais longo-prazo são função das taxas de juro spot de mais curto-prazo e das expectativas quanto aos seus valores no futuro.

Portanto, se imaginarmos que há uma subida das taxas de juro oficiais, e que esta é uma orientação de política monetária a manter, observamos tanto acréscimos nas taxas de juro *spot* de mais curto-prazo, seja o *overnight*, quanto nas de mais longo-prazo, seja a 1, 2 e mais meses na medida em que as expectativas quanto às cotações futuras das taxas de juro a mais curto-prazo tenham resultado alteradas. Além disso, o comportamento das taxas de juro vai, de várias maneiras associadas à análise de risco, influenciar a oferta de crédito das instituições bancárias, assim como a procura de crédito.

Por virtude da relação que existe com a taxa de inflação, as alterações de política monetária expressas nas taxas de juro oficiais podem igualmente afectar as expectativas do público quanto à evolução futura daquela variável. Este efeito depende da credibilidade do Banco Central quanto ao seu empenho e eficácia em manter a taxa de inflação em torno de determinado valor. Esta credibilidade é maior quando ele se acha publicamente vinculado a um objectivo, quantitativamente expresso, para a taxa de inflação, e historicamente o tenha sido capaz de atingir. Se, portanto, nestes termos, as expectativas inflacionárias estiverem bem ancoradas na credibilidade do Banco Central, não é de esperar alterações nas expectativas inflacionárias. Mas se é o oposto que acontece, a ausência de credibilidade, ou de objectivos, do Banco Central quanto à taxa de inflação, as expectativas quanto a esta devem-se ajustar, [177] repercutindo-se então não apenas nas taxas nominais de juro cotadas no mercado, o efeito de Irving Fisher, mas também nos salários e nos preços dos bens. Prosseguindo com o nosso exemplo ilustrativo, estes deveriam aumentar a um maior ritmo perante reduções nas taxas de juro oficiais que indicam uma política monetária expansionista.

Por último, quando as expectativas estão bem ancoradas a objectivos credibilizados pelos Bancos Centrais, os próprios agentes económicos são capazes de antecipar futuras decisões de política monetária, descontando-as no presente e, por esta forma, reforçando a condução da mesma política. Segundo a evidência empírica disponível, é exactamente isso que tem sucedido na Zona Euro em

[177] E quanto maior for a velocidade de ajustamento das expectativas inflacionárias tanto menor o impacto da política monetária sobre as variáveis reais.

relação às alterações decididas pelo Conselho de Governadores do BCE nas taxas de juro das operações principais de refinanciamento. Ou seja, as taxas de juro de mercado reagem antes das medidas serem tomadas, por antecipação das mesmas, em vez de se verificarem após elas. A figura abaixo ilustra este processo, tomando a evolução média das taxas de juro de mercado alguns dias antes e depois das alterações de 25 pontos base nessa taxa de juro oficial decididas em 3 de Fevereiro, 16 de Março e 27 de Abril de 2000.

Figura 12-2: Evolução Diária Média das Taxas de Juro de Mercado em Relação às Datas de Alteração da Taxa de Juro das MRO[178]

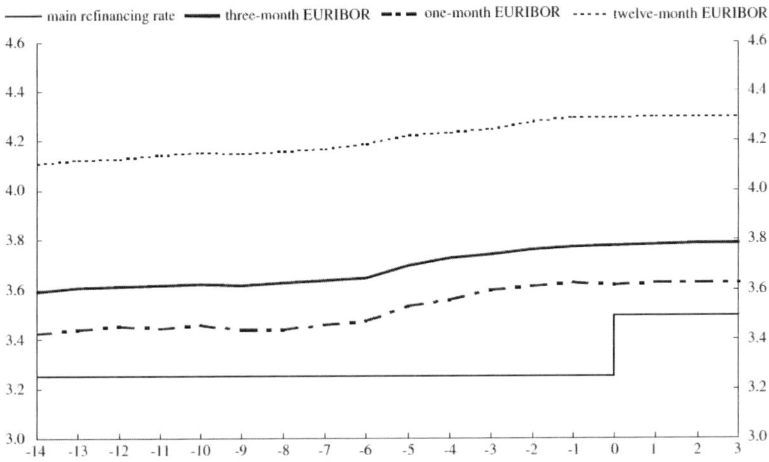

Source: ECB.
Note: Day 0 is the day of the increase of 25 basis points in the main refinancing rate. Interest rates are average rates 14 days before and 3 days after the increases of 25 basis points on 3 February, 16 March and 27 April 2000.

Mas as modificações nas taxas de juro vão-se repercutir na taxa de câmbio, sempre que esta integra um regime de taxas perfeitamente flutuantes, e, *ceteris paribus*, no preço dos activos financeiros cuja valorimetria depende delas, tais como as obrigações e as acções, para além dos activos imobiliários. Continuando com o exemplo ilustrativo, espera-se nesse contexto a apreciação da taxa de câmbio e a depreciação dos outros activos. As variações nas taxas de juro à clientela, assim como a variação no preço dos activos, incluindo aqueles que servem habitualmente de colateral prestado pelos clientes aos bancos que lhes concedem crédito, vão influenciar não só a oferta como também a procura de crédito. Prosseguindo com o nosso exemplo, deve-se esperar uma contracção nestas variáveis.

[178] Fonte: ECB (2000, p.48).

As variações nas taxas de juro têm um impacto directo sobre o mercado dos bens e do trabalho. Elas determinam mudanças nos níveis do consumo, da poupança e do investimento e, consequentemente, na procura e na oferta de trabalho. Taxas de juro mais altas significam que há projectos que deixam de ser rentáveis, apresentando-se com uma taxa interna de rentabilidade inferior à do custo do capital que agora aumentou.[179] Porque a taxa de juro aumenta, o custo de oportunidade de consumir no presente em alternativa a consumir no futuro também aumenta; logo, o consumo deve baixar por força deste efeito de substituição para todos os indivíduos, quaisquer que sejam os valores dos respectivos patrimónios líquidos. Mas, por outro lado, por força do efeito rendimento, o aumento das taxas de juro traduz-se num acréscimo de rendimento para os credores e decréscimo para os devedores cujos encargos com o serviço da dívida aumentam. Não há dúvida que o consumo dos devedores deve baixar; quanto aos credores o resultado líquido destes dois efeitos é incerto porque depende do peso relativo de cada um desses dois efeitos. No conjunto, credores e devedores, não será de todo inapropriado admitir-se que haverá uma contracção no consumo que se adiciona à contracção do investimento. Adicionalmente, a variação no preço dos activos traduz-se em variações no mesmo sentido da riqueza dos seus titulares; estamos agora a falar de um efeito riqueza que tem um impacto no mesmo sentido sobre o consumo. O acelerador financeiro não mantém uma relação exclusiva com as empresas mas, de igual modo, com as famílias reforçando o habitual canal da riqueza. A propósito destes canais acabados de mencionar, um dos activos que para nós assume especial importância é o da habitação própria. O impacto nos gastos das famílias e, por consequência, a eficácia da política monetária, é tanto maior quanto mais extensa for a fracção da população com casa própria, o efeito riqueza, ampliado com tanta mais rapidez quanto mais numerosos forem os que contraíram empréstimos a taxas de juro variáveis, o efeito rendimento.

Por último, o efeito da apreciação cambial é a perda de competitividade preço da produção nacional, tudo isto em conjunto conduzindo a uma redução da procura agregada que, por seu turno, deve conduzir a um ajustamento da oferta agregada no mesmo sentido, repercutindo-se no mercado dos factores, no do trabalho em particular e, por fim, nos preços e na taxa de inflação.

A contracção da actividade económica acabada de descrever transmite-se aos mecanismos de negociação de preços e de salários, tudo em conjunto conduzindo a uma baixa no ritmo de evolução da componente doméstica dos preços, quando não mesmo a uma quebra. No que concerne à componente importada

[179] O impacto do canal do custo do capital depende da intensidade na utilização dos factores de produção. Admite-se que é tanto maior quanto mais capital intensiva fôr a indústria.

dos preços as consequências são exactamente as mesmas, pois esse é o efeito directo que se deve esperar da apreciação da taxa de câmbio.

Em todos os países em geral, e em alguns em particular,[180] as empresas e as famílias dependem significativamente da banca para financiarem o investimento e o consumo. Ora, a oferta e a procura de crédito também são influenciadas pelas taxas de juro oficiais através do canal do crédito (Bernanke e Gertler, 1989). Este é o que relaciona as variações nas taxas de juro com o montante de crédito disponibilizado à economia.[181] Distinguimos nele três sub-canais: o canal da oferta de crédito pelos bancos (*bank lending channel*), o canal da capacidade para obter crédito, conhecido por canal do valor do balanço (*balance sheet channel*) e, como parte integrante do valor do balanço e da necessidade de recurso ao crédito bancário, ainda o canal da liquidez (*cash-flow channel*) que se refere à capacidade de as empresas gerarem liquidez e se auto-financiarem.

Comecemos pelo canal da oferta de crédito. As variações nas taxas de juro têm uma relação inversa com a liquidez dos Bancos, isto é, na capacidade destes para se financiarem nas diversas fontes normalmente utilizadas,[182] o que, por sua vez, determina os fundos que têm disponíveis para conceder crédito à clientela.[183] Da mesma maneira, as mudanças nas taxas de juro afectam o valor dos activos dos Bancos[184] e, por implicação, as suas posições de capital, forçando-os a recomporem a carteira de activos, nomeadamente a carteira do crédito, para se manterem em conformidade com a regulação relativa aos requisitos de capital e de alavancagem que, no mínimo, quantitativa e qualitativamente devem manter. Consequentemente, o canal da oferta de crédito é tanto menos sensível à

[180] Quando se comparam as fontes de financiamento das empresas europeias com as das norte-americanas, torna-se evidente que aquelas dependem significativamente mais dos Bancos do que as outras, pois cerca de 85% do seu financiamento tem aí a sua origem.

[181] Num mundo ideal, sem fricções, os mercados financeiros deveriam financiar todos os projectos com valores actualizados líquidos positivos. Todavia, não é isso que acontece devido a imperfeições de que é exemplo o risco comportamental e a selecção adversa fruto das assimetrias de informação entre credores e devedores potenciais. Nestes casos justifica-se a exigência de garantias e a cobrança de prémios pelo risco percebido.

[182] Depósitos dos clientes e outro passivo a curto-prazo por financiamento no mercado monetário inter-bancário e no próprio Banco Central. São rubricas do passivo dos balanços dos Bancos. Atente-se para a circunstância de que os depósitos dos clientes são negativamente influenciados por uma política monetária restritiva devido às consequências que imediatamente esta tem sobre a liquidez do sistema bancário, e que se propaga através do multiplicador do crédito.

[183] Activo dos balanços dos Bancos. A mesma influência quantitativa é exercida pela regulação bancária, inclusivamente no que respeita aos capitais próprios.

[184] O impacto das variações nas taxas de juro sobre o valor dos activos dos Bancos depende directamente das próprias maturidades desses activos.

política monetária quanto maior o nível de capitalização dos Bancos.[185] Depois, a evolução dessas mesmas taxas de juro afecta a probabilidade de as empresas e famílias satisfazerem as obrigações assumidas junto dos Bancos, ou seja, o risco de crédito que estes assumem quando concedem crédito. Para a avaliação do risco conta do mesmo modo o valor do colateral que pode ser prestado pela clientela. A análise do risco condu-los, conforme os casos, a restringirem ou a expandirem o crédito.[186]

A desregulação e a inovação financeira tiveram como resultado o enfraquecimento deste canal. Nos E.U.A. são exemplos do primeiro elemento que se acabou de apontar quer a diminuição da importância das reservas obrigatórias, quer o facto de terem passado a ser remuneradas, quer a eliminação da chamada *regulation Q* que impunha um limite às taxas de juro a que os bancos norte-americanos podiam remunerar os depósitos dos seus clientes.

Por outro lado, ainda as mesmas variações nas taxas de juro determinam a qualidade do balanço das empresas e, por conseguinte, o valor das garantias que estão em condições de oferecer aos Bancos e, portanto, a sua procura de crédito. Este é o canal do valor do balanço.[187] Uma vez que, como o sabemos, o valor dos colaterais se move inversamente com a taxa de juro, a subida destas degrada o valor dos balanços, e vice-versa. Este canal é ainda afectado pelo canal da liquidez (*cash-flow channel*). Efectivamente, o maior ou menor potencial das empresas para gerarem disponibilidades líquidas próprias, *cash-flows*, determina a maior ou menor capacidade para elas se auto-financiarem, ditando os montantes das necessidades por capitais alheios e, por fim, a disponibilidade de meios para o serviço da dívida. Quanto maior for essa capacidade tanto mais elas estarão em condições de obterem crédito junto da Banca usufruindo de baixos prémios de risco. Este canal depende das taxas de juro, porquanto elas afectam as condições gerais da economia. A propósito deste canal, a literatura nota que as flutuações endógenas no valor dos balanços são pró-cíclicas tendendo, por

[185] A este respeito alguns autores opinam que, por regra, os Bancos de pequena dimensão são menos bem capitalizados do que os grandes Bancos. Esta constatação traduz-se no facto de as fontes de financiamento alternativas serem em menor número e, além disso, exigirem prémios de risco mais elevados (Gambacorta, 2005).

[186] Especialmente em períodos de políticas monetárias restritivas colocam-se problemas de assimetria de informação entre os Bancos e os que lhes solicitam crédito, do tipo selecção adversa (os projectos de menor risco e, por isso, com menor taxa de rentabilidade esperada, são excluídos) e risco comportamental (o acréscimo no custo do capital em períodos de políticas monetárias restritivas estimula a assunção de projectos de elevado risco em virtude da maior taxa de rentabilidade esperada).

[187] Para além de *balance sheet channel*, na literatura anglo-saxónica este canal é ainda conhecido por *net worth channel* (Bernanke *et al.*, 1995, p.35), interpretado como a soma dos valores dos activos líquidos e dos activos transaccionáveis.

isso, a reforçar os ciclos económicos, naquilo que consubstancia a noção de acelerador financeiro.

A intensidade dos efeitos com origem no canal do valor do balanço na actividade das empresas depende razoavelmente da reputação de crédito que estas têm no mercado e esta, por outro lado, pode depender de outros factores, como seja a dimensão. Em geral, estarão em desvantagem relativa as empresas de pequena dimensão pois se não detiverem capitais próprios suficientes dificilmente serão capazes de encontrar fontes de financiamento alternativas ao crédito bancário. Pelo contrário, as de maior dimensão podem socorrer-se de outras fontes de financiamento como sejam a emissão de papel comercial, de obrigações e de outros produtos mais complexos. Consequentemente, a eficácia da política monetária por via deste canal depende da composição do tecido produtivo do país.

Em termos do mercado de crédito, a literatura aponta ainda o canal da percepção do risco pela Banca. Apesar das afinidades, exprime uma influência diversa do mecanismo de avaliação do risco apontado nos parágrafos anteriores. Agora, o que se pretende dizer é que por força das condições económicas mais ou menos favoráveis produzidas pela política monetária, a própria percepção do risco pelos Bancos se pode alterar, levando-os a reformular os correspondentes critérios de avaliação, senão mesmo a apetência pela assunção de riscos. Se assim acontecer, chegam a decisões diferentes perante situações concretas idênticas.

Tendo em conta todas estas interacções, o resultado esperado das orientações de uma política monetária de subida das taxas de juro é o que dela se espera, contracção da actividade económica conduzindo à redução da taxa de inflação para os valores que o Banco Central deseja.

12.1 A Sistematização dos Canais e Transmissão

Nesta secção propomo-nos sistematizar os canais de transmissão a que nos fomos anteriormente referindo, pois eles são bastante numerosos e, repetimo-lo, intrincados. Com a mesma intenção de tornar este assunto tão claro quanto possível procedemos igualmente à sua esquematização através de uma figura simples.

12.1.1. *Os Canais da Taxa de Juro*

Como percebemos da secção antecedente, os efeitos das decisões de política monetária transmitem-se às variáveis por elas afectadas como consequência da variação nas taxas de juro. Temos assim identificado o canal da taxa de juro, reconhecido já pela teoria keynesiana tal como consagrado pelo modelo IS-LM, sendo, nessa perspectiva, o que estabelece a ligação entre o mercado monetário e o mercado real através das variações que induz no investimento das empresas e das famílias.[188] Porém, enquanto este canal é muito limitado na concepção keynesiana, aqui ele é deveras amplo na medida em que a sua influência se faz sentir não só através do investimento mas igualmente através de uma vasta série de outras variáveis. Assim, o canal da taxa de juro é decomponível em canais específicos que se distinguem entre si pela natureza das variáveis afectadas e pelos efeitos observados, alguns dos quais já atrás nomeados. A devida esquematização, em termos necessariamente muito singelos, encontra-se na figura que se segue, e que se inicia desagregando o canal taxa de juro no canal doméstico e no canal taxa de câmbio.[189] O primeiro agrupa os ajustamentos nas variáveis económicas associadas ao comportamento dos residentes do país, ao passo que o canal taxa de câmbio agrupa os efeitos sobre a economia do país com origem na reacção dos residentes e dos não residentes às medidas de política monetária por via dos ajustamentos na taxa de câmbio de equilíbrio. Numa economia relativamente fechada, como é a da Zona Euro, no sentido em que a maioria das transacções económicas são intra-comunitárias, o canal mais proeminente é o doméstico, mas se pensarmos no Japão e em outras economias nas quais o sector externo tem um peso considerável nos respectivos PIBs, o canal da taxa de câmbio surge com uma importância acrescida.

O canal doméstico decompõe-se no:

a. *Canal Substituição* – a alteração na taxa de juro real afecta as decisões entre consumir no presente e consumir no futuro e, portanto, as poupanças efectuadas. O aumento da taxa de juro real reduz o consumo no presente e acresce à poupança, levando a incrementos futuros no consumo;
b. *Canal Rendimento* – as mesmas alterações nas taxas de juro afectam o rendimento disponível tanto de aforradores líquidos como de devedores líquidos e, por esta via, também os níveis de consumo. Além disso, deve-se notar que a este nível dá-se a redistribuição do rendimento real entre devedores e credores e, consequentemente, os resultados deste canal são de sinais antagónicos entre uns e outros.

[188] Habitação e bens de consumo duráveis a fonte aqui utilizada parece ser diferente.

[189] Alguma literatura tem uma perspectiva restrita do canal da taxa de juro, pois o concebe de acordo com o entendimento keynesiano tradicional: as variações induzidas pelas taxas de juro oficiais sobre as taxas de juro de mercado transmitem-se directamente à procura agregada e à taxa de inflação. O entendimento que adoptámos rompe com essa perspectiva com o fundamento de que todos os impactos sobre a procura agregada e o objectivo taxa de inflação têm como causa os ajustamentos nas taxas de juro, ainda que a influência delas possa ser indirecta, passando primeiro por outros canais antes de atingirem as variáveis objectivo. Este nosso entendimento encontra fundamento em Bernanke *et al.* (1995, p.28) onde escrevem "*We don't think of the credit channel as a distinct, free-standing alternative to the traditional monetary transmission mechanism, but rather as a set of factors that amplify and propagate conventional interest rate effects.*".

c. *Canal da Riqueza* – pelo impacto que tem sobre o preço dos activos mobiliários e imobiliários das famílias, as variações nas taxas de juro afectam a riqueza dos agentes económicos e, a partir daí, também os seus níveis de consumo e de poupança. Este canal tem as suas raízes teóricas no modelo do consumo do ciclo de vida desenvolvido por Ando e Modigliani (1963).
d. *Canal das Expectativas* – influencia as expectativas das empresas e das famílias relativas às taxas de juro de mais longo-prazo e à taxa de inflação, dependendo especialmente da credibilidade do Banco Central e da sua estratégia de comunicação. É capaz de exercer uma influência directa muito importante nos mecanismos de decisão sobre preços e salários.
e. *Canal do Custo do Capital* – as taxas de juro são, evidentemente, uma das componentes na formação do custo do capital, afectando a rentabilidade económica dos investimentos planeados, assim os incentivando quando a taxa real de juro desce, ou desencorajando-os sempre que aquela aumenta.
f. *Canal do Crédito* – as alterações nas taxas de juro influenciam quer a oferta de crédito pelos bancos quer a sua procura tendo em conta os efeitos sobre o valor dos balanços das entidades económicas intervenientes, e os ajustamentos que daí se espera que fluam. Temos assim que o canal do crédito se sub-divide em:
    i. *Canal da oferta de crédito (bank lending channel)*
    ii. *Canal do valor do balanço (balance sheet channel)*
    iii. *Canal da liquidez (cash-flow channel)* – a maior ou menor capacidade da empresa para gerar disponibilidades líquidas próprias facilita o seu acesso ao crédito em boas condições, mesmo em períodos de difícil conjuntura económica.
g. *Canal da Percepção do Risco* – refere-se à percepção e ao grau de aversão ao risco dos Bancos na concessão de crédito à clientela em função das alterações na conjuntura económica, levando-os a procederem a modificações nos parâmetros que utilizam na avaliação desse risco. Em geral, a percepção do risco é menor em períodos de baixas taxas de juro associadas à expansão da economia e à valorização dos activos, financeiros e não financeiros, num contexto de elevado optimismo.

Figura 12-3: Os Canais de Transmissão da Política Monetária

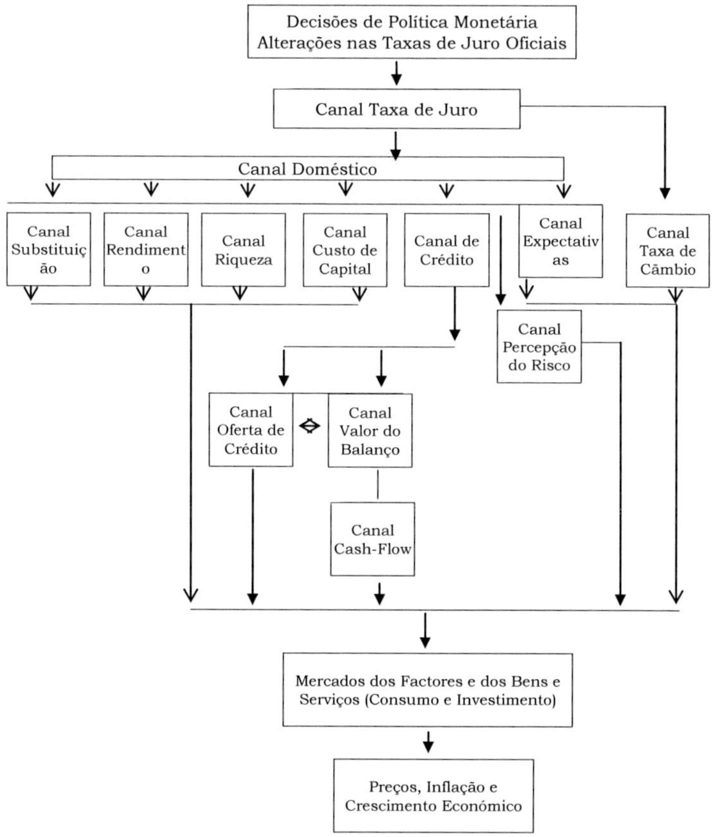

Note-se que os canais da oferta de crédito, do valor do balanço e da percepção do risco estão inter-relacionados. Uma política monetária restritiva reduz os *cash-flows* das empresas e das famílias; dos modos já conhecidos, isso diminui o nível de auto-financiamento e também a capacidade para garantir o serviço da dívida, a que se adiciona a redução no valor dos activos, tudo desembocando na diminuição do valor dos próprios balanços e num risco de crédito acrescido para os Bancos, com a consequência de o acesso às suas fontes de financiamento habituais se tornar mais difícil e caro, repercutindo-se, finalmente, no volume de crédito que têm disponível para oferecer. Em sentido inverso, limitações à capacidade de concessão do crédito bancário podem resultar na perda de valor dos balanços dos devedores por causa do acréscimo nos custos do capital alheio e, eventualmente, à alienação de activos para satisfazer compromissos que se vão vencendo, pondo em causa o normal decurso do negócio com reflexos nos *cash-flows* que podem ser gerados.

Questões de Escolha Múltipla

1. De acordo com o canal da oferta de crédito (*bank lending channel*), uma contração monetária:

- ☐ a) Origina um aumento da oferta de crédito.
- ☐ b) Afeta homogeneamente todos os agentes económicos.
- ☐ c) Produz maiores efeitos sobre os bancos menos capitalizados.
- ☐ d) Origina uma contração na procura de crédito bancário por parte dos agentes mais dependentes deste para financiar a sua despesa.
- ☐ e) Duas das alíneas anteriores estão corretas.

2. Na sequência de um aumento da taxa de juro, o canal da taxa de câmbio:

- ☐ a) Prevê um ganho de competitividade dos produtos domésticos.
- ☐ b) Prevê um aumento dos preços domésticos através dos bens de consumo importados.
- ☐ c) Não se espera afetar os custos de produção.
- ☐ d) Contribui para uma diminuição da taxa de crescimento dos preços.
- ☐ e) Duas das alíneas anteriores estão corretas.

3. Segundo o canal do valor do balanço (*balance sheet channel*):

- ☐ a) A política monetária só se transmite através dos bancos.
- ☐ b) A política monetária afeta apenas as pequenas empresas.
- ☐ c) As imperfeições nos mercados financeiros são irrelevantes.
- ☐ d) Duas das alíneas anteriores estão corretas.
- ☐ e) Nenhuma das alíneas anteriores está correta.

4. Tendo em conta o mecanismo de transmissão da política monetária, na sequência de uma expansão monetária numa economia aberta, a taxa de câmbio:

- ☐ a) Contribuirá, através dos preços das importações, para uma diminuição do nível geral de preços.
- ☐ b) Contribuirá para um aumento nos preços apenas através das importações de fatores de produção.
- ☐ c) Não afetará a procura no mercado de bens.
- ☐ d) Contribuirá para um aumento do nível geral de preços por mais que uma via.
- ☐ e) Nenhuma das alíneas anteriores está correta.

5. Os acordos de Basileia III impõem um acréscimo dos capitais próprios dos Bancos em relação aos ativos totais, não apenas quantitativo mas também qualitativo. Em consequência:

- ☐ a) Não há nenhum impacto nos efeitos da política monetária.
- ☐ b) Os efeitos sobre a eficácia da política monetária observam-se via canal do balanço.
- ☐ c) Os efeitos sobre a eficácia da política monetária observam-se via canal do capital.
- ☐ d) Os efeitos sobre a eficácia da política monetária observam-se via canal da oferta de crédito.
- ☐ e) Os efeitos sobre a eficácia da política monetária observam-se via canal dos *cash-flows*.

6. A regulação que impõe um limite máximo à taxa de juro que os Bancos estão autorizados a pagar aos seus depositantes foi revogada. Em consequência:

- ☐ a) Isso não tem nenhuma influência na condução da política monetária.
- ☐ b) A condução da política monetária é reforçada pelo impacto da medida no canal do capital.
- ☐ c) A condução da política monetária é enfraquecida através do canal do crédito, especificamente do canal da oferta de crédito.
- ☐ d) A condução da política monetária é reforçada através do canal do crédito, especificamente do canal do balanço.
- ☐ e) A condução da política monetária fortalecida através do canal do crédito, especificamente do canal da oferta de crédito.

7. A intensidade do impacto da condução da política monetária no canal da oferta de crédito:

- ☐ a) É independente da dimensão dos Bancos.
- ☐ b) É tanto menor quanto menor for a dimensão dos Bancos.
- ☐ c) É, em princípio, tanto menor quanto maior a dimensão dos Bancos.
- ☐ d) É tanto maior quanto maior a dimensão dos Bancos.
- ☐ e) Nenhuma das alíneas está correta.

8. Os empréstimos contraídos pelas empresas e pelas famílias são-no a taxas de juro variáveis. Sendo assim, os efeitos de uma alteração nas taxas de juro oficiais:

- ☐ a) Transmitem-se mais lentamente do que se os juros tivessem sido contratados a taxas fixas.
- ☐ b) Transmitem-se mais rapidamente do que se os juros tivessem sido contratados a taxas fixas.
- ☐ c) Para efeitos da condução da política monetária é indiferente se predominam contratos a taxas de juros variáveis ou fixas.
- ☐ d) Nenhuma das alíneas está correta.
- ☐ e) O canal da riqueza é afetado.

9. A eficácia da transmissão da política monetária através das taxas de juro:

☐ a) Verifica-se através de um único canal.

☐ b) Não é afetada pelas expectativas.

☐ c) Depende do grau de rigidez dos preços.

☐ d) Verifica-se apenas através do investimento empresarial.

☐ e) Duas das alíneas anteriores estão corretas.

10. O canal de transmissão de política monetária *"bank-lending"*:

☐ a) Explica contrações monetárias, mas não explica expansões monetárias.

☐ b) Funciona através da taxa de juro.

☐ c) Funciona através de uma contração da procura por crédito bancário.

☐ d) Funciona através de uma contração da oferta de crédito bancário.

☐ e) Duas das alíneas anteriores estão corretas.

13. Regras versus Discricionariedade na Condução da Política Monetária

"If there is anything about which modern macroeconomics is clear, however – and on which there is substantial consensus – it is that policy rules have major advantages over discretion in improving economic performance. Hence, it is importante to preserve the concept of a policy rule even in a environment where it is oractically impossible to follow mechanically the algebric formulas economists write down to describe their preferred policy rules."

John B. Taylor (1993, p. 197)

A questão da escolha entre discricionariedade e regras na condução da política económica, incluindo a monetária, não é um assunto recente, muito embora a partir de 1993 tenha suscitado um interesse acrescido devido à popularidade dos trabalhos da autoria de John Taylor nos quais ele propõe regras nos instrumentos.[190] Implícita ou explicitamente, é um assunto que esteve bem presente durante a primeira fase do padrão-ouro, terminada em 1914, e no próprio

[190] Desde Simons (1936) que a literatura económica distingue entre regras nos instrumentos (*instrument rules*) e regras nos objectivos (*target rules*). As primeiras referem-se aos instrumentos de política, como são a base monetária ou as taxas de juro oficiais, enquanto as outras se reportam aos objectivos finais, tais como a taxa de inflação e o emprego. Neste texto estamos a falar de regras nos instrumentos. Esta mesma distinção entre instrumentos e objectivos finais coloca-se quando se fala da independência dos Bancos Centrais, na medida em que esta se põe sobre cada um dos casos alternativos ou, então, sobre ambos conjuntamente.

regime de Bretton-Woods. Em 1936 Henry Simons publicou um artigo ainda hoje abundantemente citado defendendo a aplicação de regras que ele entendia deverem ser rígidas e de aplicação automática, isentas de qualquer grau de discricionariedade.[191]

A discricionariedade significa que os decisores económicos e, em particular, as autoridades monetárias, são livres de tomarem as suas decisões a cada momento, seguindo as opções que, em seu juízo, entendam ser as mais correctas para atingirem os objectivos com base na melhor informação disponível. O principal argumento é, pois, o da flexibilidade das políticas, capacitando-as para melhor enfrentarem choques inesperados. Já quando há regras nos instrumentos, as autoridades estão vinculadas, em maior ou menor grau, a ajustar o valor do respectivo instrumento de política à evolução das variáveis que são os seus objectivos finais segundo uma relação funcional, quantitativa e sistemática, ou seja, estável ao longo do tempo. Apesar dessa perspectiva favorável, o certo é que a experiência histórica não a parece sustentar; Bernanke (2003) refere, a propósito, que os resultados da aplicação da discricionariedade nos E.U.A. desde a década de 60 à de 80 não foram exemplares: elevadas taxas de inflação exibindo considerável volatilidade, e uma economia real instável culminando na recessão de 1981-1982.

As vantagens enunciadas para as regras correspondem à eliminação dos inconvenientes identificados na discricionariedade; em suma, resumem-se nas seguintes: a) evitar a manipulação oportunística dos instrumentos de acordo com o ciclo político dominado por preocupações eleitorais de curto-prazo; b) criar e transmitir ao público um referencial previsível e credível para a formação das respectivas expectativas de modo a reforçar o canal das expectativas na transmissão da política monetária; c) fornecer um indicador objectivo para avaliar o desempenho das autoridades monetárias e do qual depende a credibilidade das mesmas; d) evitar a inconsistência inter-temporal das decisões de política económica e, por fim, e) evitar erros na condução da política monetária que estimulem a instabilidade das variáveis reais e nominais. Todavia, para que as regras efectivamente possuam os efeitos publicitários que se lhes aconselham devem respeitar os seguintes importantes requisitos: quantitativas, simples,

[191] O interesse dos economistas nas regras de política económica data já de Adam Smith quando no seu tratado fundamental fala das vantagens da emissão de papel-moeda comparativamente aos sistemas baseados na moeda mercadoria, na condição de ser devidamente regulada. Este interesse prossegue no século XIX com Thornton e David Ricardo a propósito das crises financeiras nascidas da expansão monetária durante as guerras napoleónicas e, no início do século XX, temos autores importantes como Knut Wicksell e Irving Fisher que propõem a adopção de regras na condução da política monetária igualmente como meio para prevenir a ocorrência de processos híper-inflacionários semelhantes aos que se seguiram à Iª Guerra Mundial.

claras e transparentes quanto aos seus termos,[192] publicamente anunciadas e temporalmente estáveis. A desvantagem maior será, pelo menos na aparência, a rigidez, incapacitando-as para reagir a choques inesperados e a alterações nos próprios canais de transmissão da política monetária. Em consequência disto, elas não são regras óptimas porque não permitem aos Bancos Centrais reagir em termos óptimos a tais choques, contribuindo potencialmente para introduzir níveis acrescidos de volatilidade no PIB real e na taxa de inflação (Rogoff, 1985). A regra de Friedman de uma taxa de crescimento constante da quantidade de moeda em circulação é exemplo de uma regra rígida que obriga o Banco Central a seguir uma política monetária invariável independentemente da conjuntura económica.

Todavia, Kydland e Prescott (1977) demonstraram que as regras são superiores à discricionariedade. Eles provaram que as medidas que os decisores de política entendem ser as melhores a cada momento, e que tomam discricionariamente fundados no pressuposto de que dispõem de toda a informação relevante, inclusivamente a que se reporta ao tempo e à magnitude dos efeitos dessas mesmas medidas, assumindo-se também que existe uma função de utilidade social deles conhecida, ou são inconsistentes no tempo ou, se o não forem, são sub-óptimas no sentido em que falham na maximização dessa função de utilidade. A explicação deste resultado encontra-se na circunstância de os agentes económicos serem racionais e de ajustarem as suas expectativas e soluções óptimas individuais aos procedimentos presentes e antecipados das autoridades. Estes autores concluem que as regras permitem ultrapassar essa limitação.[193]

Taylor reconhece que as regras devem admitir, a vários níveis, um vasto espectro de possibilidades para intervenções dos decisores na presença de choques inesperados, negando-lhes portanto um carácter automático. Aliás, a própria concepção das regras é fruto de escolhas discricionárias quanto aos seus termos; por exemplo, a formulação funcional da própria regra, no sentido de ela dever estabelecer uma relação linear ou exponencial, a escolha das variáveis independentes, o conteúdo destas,[194] a metodologia da sua quantificação e a ponderação que lhes é dada, e também se o objectivo é definido em termos pontuais ou em termos de uma margem de flutuação consentida. Não surpreende,

[192] Instrumentos, objectivos, mensuração e ponderação destes, por exemplo.

[193] Esta linha de debate iniciada por Kydland e Prescott, foi depois prosseguida por muitos outros autores.

[194] Por exemplo, quanto à inflação, se é o IPC ou apenas a componente mais estável (*core inflation*) como sucede no FED. Quanto ao produto real, tanto pode ser o efectivo como o *output gap* que, por seu turno, pode ser calculado de diversas maneiras conduzindo a resultados significativamente divergentes, assim como o PIB efectivo que pode ser o do período, uma média móvel sobre um certo número de períodos passados, ou valores esperados.

pois, que a regra de Taylor se classifique dentro neste tipo. Contudo, esta interpretação é susceptível de críticas porque então as regras são sempre demasiado difusas para serem operacionalizadas, e também porque a reacção conjuntural das autoridades monetárias é sempre imprevisível, e tudo isto tem como consequência ferir os benefícios que se lhes apontam, a começar pela sua própria credibilidade. Em suma, a regra seria incompleta por ausência de regras para a sua adaptação, no tempo e no conteúdo, pelos decisores de política monetária. A verdade é que, tanto quanto se sabe, não há nenhum Banco Central que até aos dias de hoje tenha formulado e se tenha obrigado a seguir uma qualquer regra deste tipo[195] ou, pelo menos, que as tenha tornado públicas, o que é exactamente o mesmo de um ponto de vista prático.[196] As regras utilizadas têm sido as regras nos objectivos que os Bancos Centrais têm assumido publicamente como um fortíssimo compromisso, e para cuja consecução recolhem, tratam e interpretam um abundante leque de informação monetária e económica que os ajuda a decidirem discricionariamente sobre o valor do instrumento de política monetária.

Todos estes aspectos considerados, é legítimo pensar-se que a dicotomia entre discricionariedade e regras não é de todo correcta no sentido em que se não trata realmente de opções com naturezas diversas, mas antes de diferenças de grau ao longo de uma linha contínua em que a discricionariedade estrita e as regras à Simon ocupam os extremos (Fisher, 1988). Nesta acepção, as regras podem-se, pois, sistematizar entre simples, ou não condicionais, e flexíveis, também conhecidas por condicionais. A estas últimas admite-se um qualquer grau de discricionariedade, ao contrário das primeiras que são rígidas, possibilitando, segundo os seus defensores, ajustamentos mais satisfatórios na condução da política monetária às particulares condições da conjuntura económica. A credibilidade e a eficácia das regras condicionais nos instrumentos são reforçadas pela associação a uma regra nos objectivos seguida convincentemente pelo Banco Central.[197] Bernanke (2003) prefere o que chama de discricionariedade limitada

[195] Na melhor das hipóteses têm-nas interpretado como linhas de orientação (*guidelines*). Da transcrição das actas de algumas das reuniões do FOMC fica-se a saber que alguns dos governadores do sistema as têm seguido a título individual enquanto elemento que os auxilia a fundamentar as suas opiniões e propostas, o que, de resto, cabe exactamente no entendimento que o próprio Taylor possui àcerca delas (Taylor, 2000, pp.445-446).

[196] Como se sabe, as decisões quer do FOMC quer do Conselho de Governadores do BCE e da generalidade dos Bancos Centrais são tomadas segundo a regra da maioria absoluta, ou simples. Coisa bem diferente tem sucedido com as regras nos objectivos que são geralmente enunciadas tendo como referência uma taxa de inflação de 2%.

[197] É certamente este aspecto que Bernanke tem em mente quando qualifica a discricionariedade de limitada. Ou seja, o Banco Central é livre para gerir a conjuntura económica como melhor en-

(*constrained discretion*) enfatizando a vertente discricionária em detrimento das regras simples nos instrumentos, com forte vinculação a um compromisso firmado por referência a regras nos objectivos.

Uma última classificação diferencia as regras nos tipos *ad hoc* e óptimas em função do formalismo em que assenta a sua derivação. As regras óptimas são derivadas a partir de um processo explícito de optimização inter-temporal na forma da minimização de uma função perda (*loss function*) exibindo, portanto, uma considerável complexidade que as torna inadequadas como instrumentos de comunicação.[198] As regras não podem deixar de ter em consideração relações económicas fundamentais.

13.1 As Regras de Friedman e de Taylor

A regra de Friedman (1960) de crescimento da quantidade de moeda em circulação a uma taxa constante (a regra da taxa de crescimento de k%) tem os seus fundamentos em dois elementos principais. O primeiro é a perspectiva neo-clássica da teoria quantitativa da moeda da qual se retira que a taxa de inflação é um fenómeno essencialmente monetário, explicada por desequilíbrios neste mercado. Os choques reais só são capazes de influenciar directamente a taxa de inflação de forma temporária e transitória, ou indirecta e permanentemente pelo canal da procura real de moeda. Todavia, esta é entendida como fundamentalmente estável e apenas sujeita a variações graduais ao longo do tempo. O segundo é a hipótese aceleracionista da curva de Phillips que estipula que o *trade-off* entre taxa de inflação e taxa de desemprego só existe no curto-prazo, e que no longo-prazo esta corresponde sempre à taxa natural de desemprego. Sendo assim, no longo-prazo a escolha é entre valores maiores ou menores para a taxa de inflação, não tendo a política monetária qualquer influência sobre as variáveis reais, nomeadamente sobre o emprego que está condicionado pela taxa natural de desemprego. Acresce que por força do mecanismo das expectativas adaptativas, que é o assumido por esta hipótese, se as autoridades quiserem no curto-prazo reduzir a taxa de desemprego para níveis inferiores aos da sua taxa natural terão que produzir choques na taxa a que a oferta de moeda cresce a um ritmo cada vez mais rápido para serem capazes de continuar a surpreender os agentes económicos, gerando desta maneira a aceleração do processo inflacionário com todos os inconvenientes conhecidos. No pensamento de Friedman tem também uma grande influência a percepção de que a política monetária se

tender a cada momento, no respeito inalienável por um forte compromisso público em relação ao objectivo para a taxa de inflação.

[198] Uma vez que a sua derivação assenta em modelos relativamente complexos, uma das fraquezas que a literatura lhe aponta é a grande vulnerabilidade a erros na especificação dos modelos. Pelo contrário, as regras *ad hoc* surgem como mais robustas.

caracteriza por efeitos produzidos com desfasamentos temporais (*lags*) longos e variáveis. Por conseguinte, na visão de Friedman a solução correcta é a assunção do compromisso de uma taxa de crescimento constante da oferta de moeda em circulação, compatível com uma determinada taxa de inflação. Portanto, aqui teríamos não só uma regra rígida nos instrumentos mas igualmente nos objectivos.

Partindo, para simplificar, da exposição da teoria quantitativa de moeda, versão Cambrige, feita no capítulo 7, exprimimos a regra de Friedman por meio da equação abaixo.

$$m^* = k = \pi^* + y^* - v^* \tag{13-1}$$

Esta relação significa que a taxa de variação na quantidade de moeda em circulação por unidade de tempo iguala a taxa de inflação objectivo, π^*, ajustada pelas constantes que exprimem as variações esperadas no PIB real, y^*, e na velocidade rendimento de circulação da moeda, v^*.[199] Em suma, a quantidade de moeda em circulação deve crescer à taxa de inflação objectivo, pelo que se lhe tem que acrescentar o diferencial correspondente às duas últimas parcelas da expressão. A taxa proposta por Friedman para os E.U.A. foi de 4%.[200] Uma vantagem evidente desta regra é a sua simplicidade no que respeita à quantidade da informação exigida.

A regra de Friedman é facilmente ajustável por forma a que a quantidade de moeda reaja automaticamente a desvios em relação à inflação objectivo e à taxa de crescimento secular do rendimento real. A proposta de McCallum (1988) é a seguinte:

$$m^* = \pi^* + y^* - v^* - \propto (\pi - \pi^*) - \beta(y - y^*) \tag{13-2}$$

tal que $\alpha + \beta = 1$. Na perspectiva de McCallum, se esta regra tivesse sido empregue nos anos 30 e 70, a economia norte-americana teria tido um desempenho bastante superior àquele que foi efectivamente registado. Contudo, a aplicação sistemática e continuada destas regras ao longo do tempo é impossível por força da degradação do vínculo funcional entre a base monetária e os agregados monetários que, como já anteriormente se notou, levou ao abandono desta modalidade de condução da política monetária em favor das taxas de juro enquanto instrumento e objectivo operacional de política monetária.

[199] No sentido dos valores da tendência de longo-prazo das duas variáveis.

[200] Já em ocasião anterior neste manual fizemos referência a Friedman e a esta sua proposta de crescimento de 4%. Orphanides (2007, p. 3) lembra a este propósito que já em 1935 Carl Snyder, um estatístico da Reserva Federal de Nova York, havia feito esta mesma proposta para os E.U.A. baseado não na taxa de crescimento do rendimento real, mas nas suas estimativas quanto à evolução do comércio.

A regra de Taylor, e todas as demais que nesta têm as suas raízes e formam o conjunto conhecido por regras de Taylor, formalizam reacções nas taxas de juro de curto-prazo a desvios no vector taxa de inflação e variáveis reais em relação aos respectivos valores objectivo. Daí que se lhes aplique a designação de funções de reacção. É dada pela Equação (13-3).[201]

$$i_t = r^* + \pi^* + 0.5x_t + 1.5(\pi_t - \pi^*) \tag{13-3}$$

onde i_t é a taxa de juro nominal que constitui o instrumento de política monetária, r^* é a taxa de juro real de equilíbrio, π^* é o valor da taxa de inflação objectivo,[202] x_t o *output gap*, e $(\pi_t - \pi^*)$ o desvio entre a taxa de inflação verificada e o seu valor objectivo. Na sua formulação original, Taylor considera uma taxa real de juro de 2%, o mesmo valor que atribui ao objectivo da inflação; em consequência, em equilíbrio de longo-prazo, a taxa de juro oficial seria de 4%.[203]

Como se vê, existe uma relação positiva entre a variável dependente, o instrumento de política, e ambas as variáveis independentes, o que indica uma política monetária restritiva executada por meio de aumentos na taxa de juro nominal quando o *output gap* é positivo e também quando há tensões inflacionistas, e vice-versa perante um *output gap* negativo e taxas de inflação abaixo do valor pretendido. É esta relação que corresponde ao que Taylor identifica como a segunda característica fundamental da sua equação e que não é mais do que o seu carácter anti-cíclico.

Evidentemente, um aspecto controverso desta formulação é a escolha da variável *output gap* pois não é uma variável directamente observável, e os valores que para ela são estimados dependem criticamente das metodologias seleccionadas, sendo o mesmo válido para a taxa real de juro desejada tanto mais que esta pode variar ao longo do tempo. A crítica é reforçada pela circunstância de erros na sua mensuração conduzirem a erros potencialmente graves no sentido e na intensidade das políticas monetárias adoptadas. Aliás, em maior ou menor grau, o risco de haver erros de medição nas variáveis é transversal a todas

[201] Taylor (1993) escolhe 2% tanto para a taxa real de juro quanto para a taxa de inflação objectivo, implicando uma taxa de juro nominal oficial de equilíbrio de longo-prazo igual a 4%. Taylor (1993, p.202) alega que a evidência empírica revela que a política monetária prosseguida entre 1987 e 1992 pelo FED segue esta regra com grande aproximação.

[202] A taxa de juro nominal de equilíbrio é $i^* = r^* + \pi^*$.

[203] Na operacionalização da sua regra, Taylor sugere trabalhar-se com dados trimestrais, e calcular-se a taxa de inflação como uma média móvel ao longo de quatro trimestres. A utilização de valores alisados, como o são as médias móveis, ou mesmo valores anuais, quando as decisões de política são tomadas várias vezes ao ano, são preferíveis aos valores do período porque evitam alterações frequentes, súbitas e mesmo pronunciadas, em reacção a variações transitórias nas variáveis observadas, introduzindo níveis indesejados de volatilidade.

elas, mesmo à taxa de inflação e ao rendimento real *ex-post* que estão sujeitos à publicação de valores provisórios e, depois, à de valores revistos e definitivos. Por exemplo, se assumirmos que o *output gap* estimado sobreavalia o efectivo, então o Banco Central conduz uma política restritiva quando ela não é aconselhada[204] ou, pelo menos, com uma intensidade superior à correcta. Por isto mesmo há autores que defendem a não utilização desta variável.

Na formulação da regra acabada de dar, o coeficiente de ponderação dos desvios na inflação é o triplo do que é atribuído aos desvios no produto, o que naturalmente significa que as autoridades monetárias reagem com três vezes mais intensidade àquele do que a este. A primeira característica fundamental apontada àquela especificação é que o instrumento taxa de juro nominal reage mais do que proporcionalmente a variações na taxa de inflação, por outras palavras, a relação é de um para mais do que um, com a justificação de que para controlar a taxa de inflação em torno do seu objectivo importa fazer variar a taxa real de juro. Na formulação apresentada $\frac{\partial i}{\partial \pi} = 1.5$. Em equilíbrio, isto é, na ausência de desvios, exprimindo a ideia de que ambos os objectivos estão a ser atingidos, o Banco Central deve seguir uma taxa de juro nominal capaz, simplesmente, de assegurar a taxa real de juro de equilíbrio de longo-prazo.

A regra de Taylor é simples, mas também é *ad-hoc* porque a sua derivação não obedeceu aos princípios micro-económicos da optimização, incluindo aqui a determinação do valor dos coeficientes. A optimização da regra no que a este último aspecto diz respeito pode ser introduzida minimizando uma função perda do Banco Central, tal como a que de seguida se escreve (Taylor *et al.*, 2010, p.10).

$$L = E\{(\pi - \pi^*)^2 + \lambda y^2 + \upsilon(i - i^*)^2\}\ , \text{ com } \lambda, \upsilon \geq 0 \qquad (13\text{-}4)$$

Os três termos desta função representam os custos esperados de bem-estar associados aos desvios da taxa de inflação, do rendimento real e da taxa de juro nominal em relação aos seus valores de equilíbrio de longo-prazo. O problema do Banco Central é calcular os parâmetros da regra, minimizando aquela função perda sujeito à restrição imposta pelo modelo[205] e onde o seu instrumento de política monetária segue a regra.

A expressão de uma regra que, neste contexto, generaliza a regra simples de Taylor é como se segue (Taylor, 2010, p.10).

$$i_t = E_t[(1 - \rho)(r^* + \pi_{t+j}) + \rho i_{t-1} + \alpha(\pi_{t+j} - \pi^*) + \beta y_{t+k}]\ , \qquad (13\text{-}5)$$
$$\text{com } j, k, \alpha, \beta, \rho > 0$$

[204] O *output gap* estimado é positivo quando, de facto, é nulo ou mesmo negativo, apontando nesta última circunstância para uma conjuntura de recessão económica.

[205] Por exemplo, de expectativas racionais.

Esta regra operacionaliza-se tendo em atenção valores esperados da taxa de inflação futura e do *output gap*. Além disso, responde com alguma inércia à taxa de juro oficial do período anterior. A dificuldade de execução e de compreensão pelo público é significativamente maior porque as variáveis a que responde não são objectivas e, portanto, a sua transparência é menor. Aliás, esta formulação em função de valores esperados não é pacífica na literatura. Os que a defendem apontam os *lags* na transmissão da política monetária, mas outros autores entendem que se não devem contemplar valores esperados para além de um determinado prazo, um ano para a inflação e o próprio trimestre para o *output gap*, sob pena de gerar indeterminações nos modelos de expectativas racionais.

13.2. A Restrição de Taxas de Juro Nominais Próximas de Zero

Este é o caso conhecido na literatura anglo-saxónica pela expressão *zero lower bound* (ZLB) referida à taxa nominal de juro. Porque a moeda desempenha a função reserva de valor não é possível cobrar-se uma taxa de juro nominal negativa, o que significa que 0% é o seu limite inferior. Este facto coloca especiais dificuldades à condução da política monetária, exigindo dela medidas não convencionais (*non-standard measures*) na sua formulação e comunicação por forma a poder continuar a produzir os efeitos pretendidos. Há, pois, um limite inferior para o valor que a taxa de juro oficial está em condições de assumir quando a autoridade monetária procura estimular a economia, combatendo *output gaps* negativos e processos de deflação, através de baixas na taxa real de juro conseguidas por reduções na sua taxa de juro operacional. Na verdade, quando esta taxa de juro atinge zero por cento, a taxa real de juro é positiva e igual ao negativo da taxa de variação no nível geral de preços que, no caso considerado de deflação, é também ela negativa: $r_t = -\pi_t$. Uma taxa real de juro positiva assim determinada é recessiva, levando ao seu aumento período após período, numa espiral de agravamento das condições económicas, ou ciclo deflacionário que se auto-alimenta endogenamente. A questão que nos interessa agora abordar aqui é a de saber quais as consequências de uma tal situação sobre a formalização das regras de política monetária.

Uma das consequências, como muito bem se percebe, é a reformulação da própria regra, incorporando-lhe esse limite inferior para a variável dependente. Assim, a expressão da Equação (13-5) passa a escrever-se como (Taylor et al., 2011, p.841):

$$i_t = Max\{0; E_t[(1-\rho)(r^* + \pi_{t+j}) + \rho \breve{\imath}_{t-1} + \alpha(\pi_{t+j} - \pi^*) + \beta y_{t+k}]\} \quad (13\text{-}6)$$

A taxa de juro desfasada de um período é agora $\breve{\imath}_{t-1}$, significando aquela que teria vigorado no período anterior na ausência da ZLB com o propósito de não aumentar os efeitos desestabilizadores da ZLB. Uma outra adaptação tem a ver com o que se pode apelidar de acções preventivas destinadas a minimizar a probabilidade de alguma vez se atingir uma situação de ZLB. Quer isto dizer que o próprio objectivo fixado para a taxa de inflação deverá ser suficientemente alto para afastar aquele perigo e, na verdade, esta é a razão principal pela qual se tem generalizado a escolha da taxa de 2% pelos Bancos Centrais.[206]

[206] Uma série de estudos (Reifschneider e Williams, 1999) aponta ainda o facto de que quando a taxa de inflação objectivo é inferior a 2%, 1% por exemplo, observa-se um acréscimo de volatilidade na taxa de inflação e no produto real, desaconselhando-se, pois, valores tão baixos.

Questões de Escolha Múltipla

1. Os Bancos Centrais

- [ ] a) Têm regras nos objetivos.
- [ ] b) Seguem regras nos instrumentos.
- [ ] c) Praticam discricionariedade limitada.
- [ ] d) Seguem regras ótimas.
- [ ] e) Duas das alíneas anteriores estão corretas.

2. A flexibilidade na aplicação de regras pelos BC:

- [ ] a) Dá origem a regras incompletas.
- [ ] b) Reforça a eficácia das regras.
- [ ] c) Aproxima o regime das regras aos princípios defendidos por H. Simon.
- [ ] d) Aproxima o regime das regras aos princípios defendidos por M. Friedman.
- [ ] e) Nenhuma das alíneas anteriores está correta.

3. No contexto das regras de política monetária, qual das seguintes afirmações está correta?

- [ ] a) Friedman defende uma regra segundo a qual a autoridade monetária deve manter a oferta de moeda constante.
- [ ] b) A regra de Taylor é pro-cíclica.
- [ ] c) No caso de uma subestimação do *output gap*, a regra de Taylor leva o Banco Central a conduzir uma política monetária demasiado restritiva.
- [ ] d) A adoção de uma regra na condução da política monetária não exclui necessariamente qualquer margem para discricionariedade.
- [ ] e) Duas das alíneas anteriores estão corretas.

4. A regra de Taylor clássica:

- [ ] a) Estabelece uma taxa de juro nominal de 2% se a taxa de inflação observada estiver ao nível desejado de 2%.
- [ ] b) Serve para o Banco Central fixar o seu objetivo para a taxa de juro independentemente da taxa de juro real de longo prazo.
- [ ] c) Não pode ser utilizada eficazmente no combate à inflação.
- [ ] d) Privilegia reações ao *output gap*.
- [ ] e) Nenhuma das alíneas anteriores está correta.

5. Na utilização da regra de Taylor, a sobrestimação do valor do PIB potencial levará o Banco Central a:

- ☐ a) Subestimar o valor da taxa de juro real de longo prazo.
- ☐ b) Fixar uma taxa de juro nominal demasiado alta.
- ☐ c) Fixar uma taxa de juro nominal demasiado baixa.
- ☐ d) Fixar um valor para o parâmetro g demasiado baixo relativamente ao parâmetro h.
- ☐ e) Duas das alíneas anteriores estão corretas.

6. Quando se diz que a adoção de uma regra de política monetária não elimina totalmente a discricionariedade da autoridade monetária:

- ☐ a) Tal é falso.
- ☐ b) Está-se a referir ao facto da autoridade monetária poder alterar a regra adotada assim que entender.
- ☐ c) Tal só é válido no contexto de políticas monetárias sistemáticas.
- ☐ d) Está a referir-se à possibilidade de colocar a regra de lado em momentos de crise.
- ☐ e) Nenhuma das alíneas anteriores está correta.

7. Qual dos seguintes não é um argumento para a definição de regras de política monetária?

- ☐ a) Contribuição para a credibilidade da política monetária.
- ☐ b) Contribui para a transmissão de conhecimento sobre as atividades da autoridade monetária.
- ☐ c) Possibilidade de pedir contas aos decisores de política.
- ☐ d) Introduz inconsistência temporal à política monetária.
- ☐ e) Todas as alíneas anteriores são argumentos para a definição de regras de política monetária.

8. Se a taxa inflação estiver ao nível objetivo da autoridade monetária e o PIB real estiver ao nível de pleno emprego, a equação da regra de Taylor clássica indica que a autoridade monetária deve:

- ☐ a) Fazer crescer a oferta de moeda a uma taxa constante igual à soma da taxa de crescimento do PIB e da taxa de crescimento dos preços.
- ☐ b) Baixar a taxa de juro real.
- ☐ c) Estabelecer a taxa de juro nominal igual ao valor dado pela soma da taxa de inflação e a taxa de juro real de longo prazo.
- ☐ d) Fazer subir a taxa de juro nominal.
- ☐ e) Nenhuma das alíneas anteriores está correta.

9. Qual das seguintes alternativas está correta:

- ☐ a) O BCE segue explicitamente uma regra de política económica ao nível dos instrumentos de política monetária.
- ☐ b) Na regra de Taylor clássica a taxa de juro não responde a desvios do *output* em relação ao *output* potencial.
- ☐ c) A regra de Friedman tem com fundamento a hipótese aceleracionista da curva de Phillips.
- ☐ d) Duas das alíneas anteriores estão corretas.
- ☐ e) Nenhuma das alíneas anteriores está correta.

10. Caso siga uma regra de Taylor clássica, o Banco Central pode conduzir uma política monetária excessivamente restritiva no caso de sub-estimar o valor:

- ☐ a) Do produto efetivo.
- ☐ b) Do produto potencial.
- ☐ c) Da taxa de inflação esperada.
- ☐ d) Da taxa de juro real de longo prazo.
- ☐ e) De qualquer uma das variáveis anteriores.

14. A Política Monetária Com Taxas de Juro Oficiais Próximas de Zero

> *"The conventional instrument of monetary policy in most major industrial economies is the very short-term nominal interest rate, such as the overnight federal funds rate in the case of the United States. The use of this instrument, however, implies a potential problem: Because currency (which pays a nominal interest rate of zero) can be used as a store of value, the short-term nominal interest rate cannot be pushed below zero."*
>
> Ben S. Bernanke *et al.* (2004, p. 1)

14.1. Políticas Não Convencionais de Política Monetária

No capítulo anterior já se fez uma referência breve a esta problemática, caracterizando-a devidamente. Para as autoridades monetárias, o problema fundamental que se lhes coloca nesta circunstância é o de saber como passar a conduzir e a comunicar a política monetária para que ela produza os resultados pretendidos, em fases de recessão ou de depressão, quando a taxa de juro oficial é de 0% ou muito próxima deste valor. Os instrumentos de política monetária deixam, naturalmente, de ser os habituais, ditos de convencionais (*standard*), para passarem a privilegiar os não convencionais (*non-standard*). Ironicamente, esta dificuldade é em muito devida ao sucesso da política monetária no combate à inflação, baixando-a para os níveis aceitáveis que hoje em dia prevalecem. Este é um assunto que após 2007, e pelos factos bem conhecidos de todos, tem ocupado a mente quer dos responsáveis dos mais importantes Bancos Centrais quer dos economistas académicos cuja investigação sobre o tema se tornou mais necessária.

Nesta altura temos presente no nosso espírito que a escolha de uma taxa objectivo para a inflação de 2% serve, entre outros fins, o papel de medida preventiva para evitar esta armadilha da liquidez.

Segundo Bernanke (2004, p.85), as medidas não convencionais aconselháveis, pelo menos para os E.U.A. tendo em conta os mecanismos e práticas instituídos, são três:[207] 1) desenvolver as políticas de comunicação do Banco Central[208] para, capitalizando na credibilidade adquirida, surpreender os investidores assegurando-lhes que as taxas de juro de curto-prazo permanecerão baixas no futuro e a níveis inferiores ao que eles esperariam, agindo assim sobre as respectivas expectativas; 2) alterar, no mercado secundário, a oferta relativa quanto às maturidades das obrigações, concretizando o que se conhece por operações *twist,* o que implica mudar a composição da carteira de títulos do Banco Central; 3) injectar liquidez no sistema para além da que seria estritamente necessária para manter a taxa de juro oficial a 0%, o que envolve aumentar o valor do balanço do Banco Central através do que se convencionou chamar de *Quantitative Easing*. E, de facto, a Reserva Federal tem nos últimos anos executado todas estas tácticas.

No âmbito da primeira alternativa enunciada, as autoridades monetárias devem-se comprometer a manter as taxas de juro baixas no futuro. Como sabemos já de outras secções deste livro, as taxas de juro de mais longo-prazo são influenciadas pelas taxas de juro *spot* e esperadas de mais curto-prazo. Isto implica que a primeira das tácticas apontadas deve conduzir ao aumento dos preços dos activos, despoletando os efeitos positivos ambicionados sobre a actividade económica e a taxa de inflação por activação dos vários canais de transmissão da política monetária. Este compromisso em relação às taxas de juro pode ser incondicional ou condicional; entende-se pelo primeiro tipo aquele que é feito para um determinado período de tempo e que se mantém inalterado qualquer que seja a evolução dos indicadores económicos. Bernanke (2004, p. 85) desaconselha-o sob o pretexto de as condições económicas futuras exigirem do Banco Central outras orientações de política. Em vez disso, Bernanke propugna a assunção de compromissos condicionais, a manter, por definição, durante todo o período de tempo em que se continuem a verificar determinadas condições económicas, sendo abandonados automaticamente a partir do instante em que

[207] No âmbito da política monetária, pois neste contexto a política fiscal tem um papel igualmente bastante importante na estabilização do produto em torno da sua trajectória de equilíbrio de longo-prazo.

[208] Isto significa que as autoridades monetárias se devem preocupar em comunicar frequentemente com o público por meios vários, desde entrevistas e conferências de imprensa regulares até à disseminação de publicações escritas suficientemente informativas do funcionamento e dos objectivos por elas prosseguidos.

elas desapareçam. Uma das últimas medidas de maior saliência tomadas pela Reserva Federal no final de 2012 foi o compromisso de manter a taxa de juro dos fundos federais aos níveis em vigor na altura, entre 0% e 0.25%, enquanto a taxa de desemprego se mantiver acima de 6.50% e a taxa de inflação estiver bem ancorada em torno do objectivo de 2%.[209],[210]

A segunda medida apontada baseia-se no pressuposto de que o Banco Central detém uma parcela significativa das emissões de dívida pública, nas suas várias maturidades e que elas não são substitutos perfeitos entre si, significando que essas operações influenciam os preços de mercado dos títulos transaccionados. Assim, o Banco Central conseguiria alterar a configuração da estrutura de prazos das taxas de juro, pelo menos em alguns dos seus pontos, demonstrando a sua insatisfação e vontade de alterar as expectativas dos agentes económicos quanto a essas taxas. Um exemplo ilustrativo consiste no anúncio de um valor para a *yield* de um título de mais longo-prazo situado abaixo do nível cotado no mercado. Isto implica um compromisso ilimitado do Banco Central em o adquirir nas quantidades necessárias para fazer baixar a *yield* até ao valor publicamente anunciado. Ao fazer descer as taxas de juro de longo-prazo está, necessariamente, a forçar ajustamentos no mesmo sentido nas expectativas quanto às taxas de juro de curto-prazo. Mas se se pretender que o valor do balanço não sofra alterações, e se verifique apenas uma variação na composição da carteira, então aquelas compras devem ser financiadas pela venda de títulos de mais curto-prazo, do que resulta a subida nas taxas de juro *spot* de curto-prazo. É discutível a eficácia desta medida pois existe evidência empírica segundo a qual há grupos de títulos que são sucedâneos próximos entre si e, por essa razão, as intervenções do Banco Central segundo a modalidade aqui em causa não têm grande impacto na estrutura temporal das taxas de juro, correndo-se ainda o risco de o Banco Central ter que adquirir a quase totalidade dos títulos alvo sem qualquer impacto relevante.[211] Apesar destas dúvidas, o FED recorreu a esta medida não convencional por várias vezes, não apenas após 2007, como igualmente entre 1942 e 1951. De novo ela foi aplicada em 1961 no que foi desde então designado por Operação *Twist* destinada a aumentar as taxas de juro de curto-prazo, com o propósito de estimular a entrada de capitais provenientes do exterior, e a baixar ou, pelo menos, a não aumentar as de longo-prazo.

[209] Fonte: http://www.federalreserve.gov/newsevents/press/monetary/20130130a.htm.

[210] Já em 2001 o Banco do Japão se havia comprometido a manter a taxa de juro oficial a 0% enquanto se continuasse a registar deflação no país.

[211] Um outro risco que se aponta é que mesmo que a *yield* da obrigação alvo se modifique, pode não se transmitir ao resto da curva de rendimento e às taxas de mercado.

A terceira medida, o *Quantitative Easing*,[212] mais não é do que retomar a condução da política monetária pelo lado da oferta com o objectivo de gerar expectativas inflacionistas, e tendo como instrumento operacional a variação da base monetária executada com recurso a operações de mercado aberto. Mesmo com taxas de juro oficiais próximas ou iguais a 0%, acréscimos na liquidez do sistema[213] são teoricamente capazes de estimular a economia através de vários canais, desde logo o das expectativas sobre os preços[214] e das taxas de juro futuras,[215] o da oferta de crédito, na condição de ter correspondência na procura de crédito, e o da taxa de câmbio,[216] este último na medida em que pelo menos no curto-prazo a taxa de câmbio seja um fenómeno essencialmente monetário e responda a variações na oferta relativa de moeda.[217] Um outro canal que pode ser activado é muito sublinhado pela literatura económica, nomeadamente a monetarista, mas também pela de inspiração neo-Keynesiana (Tobin), relativa ao mercado monetário quando menciona os processos de ajustamento nos portefólios constituídos por base monetária e por outros activos face a desequilíbrios na composição da carteira relativamente aos valores óptimos. Contudo, este último mecanismo só deve funcionar na forma descrita se a base monetária e os títulos de dívida

[212] Táctica aplicada pelo Banco do Japão a partir de Março de 2001, com o compromisso da sua manutenção enquanto houvesse deflação. Fruto disso, as reservas em depósito junto do Banco Central do Japão passaram de 5 triliões de ienes para 30 a 35 triliões em Janeiro de 2004, quando as reservas obrigatórias se resumiam a 6 triliões de ienes. Contudo não teve qualquer sucesso na inversão do processo deflacionário e no crescimento do produto real já que também se não reflectiu no crescimento dos agregados monetários intermédios devido a bloqueios no canal de crédito com origem tanto nas condições dos Bancos como na dos potenciais devedores. Neste país a armadilha da liquidez prolonga-se desde 1995. Para Bernanke (2004, p. 20) o insucesso da medida no Japão fica-se em grande medida a dever à pouca agressividade na sua execução, não cuidando, em particular, de diversificar os títulos adquiridos em mercado aberto para ultrapassar a questão da perfeita substitutabilidade entre eles e a moeda, para além da pouca importância dada ao desenvolvimento das estratégias de comunicação capazes de reforçar o impacto da medida na formação das expectativas do público. A última medida relevante anunciada pelo Banco do Japão, já em Janeiro de 2013, foi o de fixar como objectivo final uma taxa de inflação próxima dos 2%.

[213] Em meados de 2010, o balanço da Reserva Federal era o triplo do valor de dois anos antes (Anderson *et al.*, 2010, p. 481).

[214] Afectando, naturalmente, a taxa real de juro que, convém frisá-lo de novo, é a essencial.

[215] A oferta de reservas acima do que é necessário para sustentar baixas taxas de juro de curto-prazo é equivalente à expressão de um compromisso para a sua manutenção no futuro. Nesta acepção é uma forma de reforço das estratégias de comunicação com acréscimo da credibilização das intenções do Banco Central implícitas no baixo valor da taxa de juro oficial.

[216] A desvalorização da taxa de câmbio num regime de paridades ajustáveis é outra das vias possíveis para superar a armadilha da liquidez. Contudo, é uma estratégia criticada com base no argumento de que o seu sucesso assenta em efeitos do tipo *beggar-thy-neighbor policies*.

[217] Pressupondo, pois, a transformação da base monetária em moeda através da concessão de crédito.

comprados pelo Banco Central não forem substitutos perfeitos,[218] porque se o forem a variação da participação relativa de cada um deles no portefólio não afecta a composição óptima. É esta a razão que explica a necessidade sentida pelos Bancos Centrais de serem autorizados a efectuarem compras em operações de mercado aberto de títulos de dívida nacionais com diferentes maturidades, mas também de títulos de dívida emitidos por outros governos, também por empresas privadas[219] e em disponibilidades líquidas sobre o exterior.[220] Não obstante, há autores (Auerbach *et al.*, 2004) que afirmam que mesmo quando essa perfeita substitutabilidade existe, a estratégia, quando executada sobre títulos da dívida pública, continua a ser útil devido ao estímulo fiscal que consegue gerar, a saber: os efeitos inflacionários despoletados pelo *Quantitative Easing* possibilitam a redução da tributação futura sobre os agentes económicos destinada a prover ao serviço da dívida. Daí decorrem efeitos expansionistas sobre a economia, para além de se eliminarem distorções na afectação dos recursos produtivos. Aquilo que parece essencial para que esta táctica resulte é a convicção entre o público de que a autoridade monetária está comprometida com uma certa taxa de inflação, pelo que se exige que a expansão da base monetária seja percebida como permanente e não transitória (Krugman, 1998, p.139);[221] por outras palavras, a política monetária só será ineficaz na presença da armadilha da liquidez quando as condições acabadas de referir não estão presentes. Porém, no entender de Auerbach *et al.*, para acontecer este efeito fiscal expansionista exige-se um crescimento muito substancial da massa monetária em circulação.

Uma crítica feita frequentemente a esta solução é que ela pode conduzir a taxas de inflação superiores às desejáveis. Contudo, o contra-argumento é que tal não acontecerá na condição de o Banco Central gerir as expectativas dos agentes económicos, comprometendo-se a retirar o excesso de liquidez logo que essa ameaça seja concreta, alicerçado na sua credibilidade, transparência e independência. Este compromisso, a assumir no momento próprio, significaria que o acréscimo de liquidez é temporário e não consegue gerar expectativas inflacionárias divergentes das metas estabelecidas pelas autoridades e por elas assumidas publicamente.

[218] Por exemplo, em situações de ZLB a base monetária e os títulos de dívida de curto-prazo denominados na mesma unidade monetária, como são os bilhetes do Tesouro, são substitutos próximos.
[219] Tais como papel comercial e ABCPs.
[220] Por outras palavras, só haverá armadilha da liquidez se os activos forem sucedâneos perfeitos entre si. Se o não forem outros canais de transmissão estarão em funcionamento.
[221] Se for entendida como transitória, então as expectativas dos agentes económicos são no sentido de no futuro os impostos terem de voltar a aumentar. O recente compromisso do Banco do Japão com a regra no objectivo de uma inflação a 2% é, portanto, uma forma de credibilizar a manutenção de um nível adequado de *Quantitative Easing* mesmo no período após o termo da deflação e, assim, garantir o funcionamento deste canal fiscal de transmissão da política monetária.

14.2. Medidas Ainda Menos Convencionais de Política Monetária

Existem alguns estudos que defendem que se os Banco Centrais aplicassem uma variante da regra de política monetária de Taylor sem restrições, a taxa de juro de referência do Banco Central deveria ser negativa dada a severidade da recessão que se seguiu à crise nos mercados financeiros.[222] A uma taxa de juro negativa, imagine-se de 5%, poder-se-ia pedir emprestado €100 e pagar apenas €95 ao fim de um ano. Isto incentivaria certamente as pessoas e as empresas a pedirem emprestado possibilitando um aumento do consumo e do investimento, e logo uma aumento da procura agregada.

O problema é que, como reconheceu Irving Fisher na década de 30 do século passado, a existência de notas e moedas em circulação que pagam uma taxa de juro igual a zero faz com que não seja possível fixar uma taxa de juro negativa sobre os depósitos bancários acima dos custos de transação (incluindo os custos de transporte) e de armazenamento (aluguer ou compra do espaço, manutenção e seguros) associados às notas e moedas,[223] sem que aja uma substituição de depósitos bancários por notas e moedas. Por isso, ninguém emprestaria a taxas negativas! Seria preferível aplicar os fundos em notas e moedas e guardá-las no cofre. Da mesma forma, a emissão de activos financeiros (bilhetes do tesouro, por exemplo) com taxas de juro implícitas negativas seria dominada como forma de reserva de valor pelas notas e moedas em circulação. Existiriam, assim, oportunidades de arbitragem para quem se pudesse financiar a taxas de juro nominais negativas e investir em notas e moedas.[224] Se as taxas de juro nominais associadas aos depósitos forem apenas ligeiramente negativas durante um curto período de tempo, a inconveniência e os custos associados à detenção de elevados volumes de notas e moedas pode permitir ultrapassar momentaneamente o problema do *zero lower bound*. Mas a situação não poderá persistir durante muito tempo.

De facto, podem ser aplicadas taxas de juro negativas sobre depósitos com a mesma facilidade com que são aplicadas taxas positivas. Por exemplo os bancos Norte Americanos têm aplicado taxas negativas a grandes depósitos à ordem não remunerados garantidos pela *Federal Deposit Insurance Corp* (FDIC) sob o programa *Transaction Account Guarantee* (TAG). A emissão de obrigações com taxas de juro negativas, também, não é problemática e a existência de 'dividendos negativos' (implicando um pagamento anual por parte do accionistas) não é tecnicamente difícil embora possa não ser actualmente legal. Por exemplo, as *yields* das *Treasury Inflation-protected Securities*, conhecidas como TIPS, têm sido

[222] Por exemplo no início de 2009 a taxa de juro de referência nos Estados Unidos deveria ter sido fixada no intervalo entre -5% e -7% (Ver Buiter, 2009).

[223] O BCE estima que os custos de transação associados aos pagamentos em notas e moedas seja, na Zona Euro, de cerca de 1.1% do PIB e de 2.3 cêntimos por transação.

[224] Ver Buiter (2009).

negativas desde Março de 2011, para a maturidade de cinco anos, e desde Agosto e Dezembro de 2011 para as maturidades de sete e dez anos respectivamente. Na Europa, as *yields* dos bilhetes de tesouro com maturidade de três meses tornaram-se negativas em meados de 2011 na Suíça, e em Agosto de 2012 na França. Neste momento, países com a Alemanha, a França, a Suíça e a Dinamarca emitem obrigações com taxas de juro negativas para maturidades até 10 anos. Em Abril de 2015 a Suíça tornou-se o primeiro país na história a emitir obrigações do tesouro a 10 anos com taxas negativas.

Já a imposição de taxas de juro negativas sobre as notas e moedas é consideravelmente mais problemático, ainda que não impossível. A dificuldade prende-se com o facto das notas e moedas serem emitidas sem maturidade e ao portador. Sem ser possível identificar o detentor da circulação monetária não é possível impor taxas de juro negativas sobre as notas e moedas porque os detentores não se revelariam.[225]

Existem, no entanto, três possibilidades para ultrapassar este problema: *i*) acabar com as notas e moedas; *ii*) aplicar um imposto sobre as notas e moedas; *iii*) dissociar a função de unidade de conta da moeda da sua função de meio de pagamento.

A primeira possibilidade consiste em acabar com as notas e moedas fazendo com que toda a moeda consista em instrumentos sujeitos a registo (como os depósitos) sobre os quais é fácil aplicar taxas de juro negativas.[226] A perda dos benefícios associados ao uso da moeda para as transações de baixo valor no mercado de retalho poderia ser compensada pela oferta a todos os residentes de uma conta gratuita pelo Banco Central, administrada através dos bancos comerciais ou dos correios. Uma outra alternativa seria manter, por exemplo, as moedas de €1 e €2 e eventualmente as notas de €5 para as transações de reduzido valor, e impossibilitar a sua troca ao par por depósitos bancários.[227]

Esta medida, para além de permitir que o Banco Central possa fixar taxas de juro negativas sem restrições, teria ainda a vantagem de desencorajar a evasão fiscal, certos tipos de criminalidade, e até a imigração ilegal, pela limitação que impõe à possibilidade de se fazerem pagamentos anónimos, em tempo real, não rastreáveis e repetidos, dificultando também o armazenamento secreto de grandes quantidades de dinheiro.[228]

[225] Ver Buiter e Panigirtzoglou (2003).

[226] Note-se que em 2013 segundo dados do BCE a circulação monetária (notas e moedas em circulação) representava apenas cerca de 9% da moeda em circulação (em sentido lato - M3), pelo que a abolição das notas e moedas poderia não ser problemática (ver Buiter, 2009, e Rogoff, 2014).

[227] Ver Buiter (2009) e Rogoff (2016).

[228] Ver Rogoff (2016).

A segunda hipótese implica aplicar um imposto sobre a circulação monetária replicando a existência de taxas de juro negativas. Esta ideia existe já desde finais do século XIX sendo atribuída pioneiramente ao economista e empresário germânico Silvio Gesell, e tendo sido apoiada por Irving Fisher durante a Grande Depressão. Este método requer que as notas cujo imposto tenha sido pago sejam carimbadas ou identificadas de alguma maneira. Este imposto desincentivaria a detenção de notas, uma vez que notas não marcadas só seriam aceites a desconto. Uma outra variante é atribuir às notas de banco uma data de expiração. A menos que o imposto seja pago e as notas carimbadas até à data da expiração, elas perdem o seu estatuto de moeda. Para que as notas não carimbadas não continuem a circular a par com notas carimbadas o governo deve impor uma penalidade associada à utilização de notas não marcadas, que pode passar pelo confisco, por multas e pela criminalização da sua utilização. Uma outra forma de impor um imposto sobre a circulação monetária, é referida por Gregory Mankiw[229] que a ouviu de um aluno num dos seus seminários. Considerando que todas as notas em circulação têm um número de série que acaba num algarismo entre 0 e 9, e que têm o ano de emissão impresso, uma vez por ano o governo poderia decretar que todas as notas que acabassem num algarismo seleccionado aleatoriamente entre 0 e 9 impressas nesse ano ou em anos anteriores perderiam o seu valor como moeda. Com este esquema o governo, na verdade estaria a impor uma taxa de juro negativa esperada de 10% sobre a moeda. As pessoas teriam incentivos a desfazerem-se da moeda (causaria um efeito de *babata quente*![230]), emprestando a uma taxa de juro negativa que não fosse menor ou igual a -10%, ou comprando bens duradouros.

Esta forma de permitir baixar para valores negativos as taxas de juro nominais, apresenta, no entanto, vários problemas, dos quais se elencam: *i*) os custos administrativos elevados associados às dificuldades técnicas da sua implementação; *ii*) o facto penalizarem significativamente as pessoas que dependem dos rendimentos dos depósitos, como os mais velhos; *iii*) a possibilidade das notas não carimbadas circularem como moeda contrafeita, o que implica a criminalização da sua utilização expondo o carácter muito intrusivo e pouco liberal deste método;[231] *iv*) o facto de levantar problemas de legalidade; *v*) a dificuldade das pessoas aceitarem taxas de juro negativas sobre a moeda – estas medidas seriam altamente impopulares.

O terceiro método consiste em estabelecer duas moedas; uma 'moeda bancária' do tipo dos depósitos à ordem que funcionaria como unidade de conta e

[229] Mankiw (2009).

[230] Ver, também, Ilgmanm e Menner (2011).

[231] Ver Buiter and Panigirtzoglou (2009).

uma 'moeda física' constituída por notas e moedas de baixo valor que poderia ser usada nas transações de retalho comuns.[232] O governo pode incentivar a utilização da 'moeda bancária' como unidade de conta pelos agentes privados impondo que todos os contratos que envolvam os Estado, incluindo o pagamento de impostos, sejam denominados e liquidados nesta moeda.

Estabelece-se de seguida uma razão de conversão (taxa de câmbio) variável no tempo entre estas duas formas monetárias. Isto permite que a taxa de juro associada à 'moeda bancária' que serve de unidade de conta possa descer sem limite para valores negativos desde que seja acompanha por uma desvalorização das notas e moedas, que passam a ser depositadas com descontos crescentes. Quando as taxas de juro deixarem de ser negativas os dois tipos de moeda podem voltar a ser transacionados ao par.

Assim, embora existam possibilidades teóricas para remover o *zero lower bond*, isso implicaria grandes transformações no sistema monetário existente. E se é verdade que o sistema monetário tem evoluído constantemente, muitas vezes fruto das circunstâncias históricas e políticas, ao ponto de não se puder dizer que o atual sistema seja natural ou que tenha sido cuidadosamente desenhado,[233] não deixa, também, de ser verdade que as consequências da aplicação destas reformas seriam em grande medida incertas, e sua previsível impopularidade torná-las-ia de muito difícil implementação.

14.3. A Resposta do BCE à Recente Crise Financeira

A forma de reação convencional dos Bancos Centrais a crises financeiras implica a redução das taxas de juro de referência, e a injeção de liquidez no sistema financeiro de modo a assegurar o acesso contínuo e ilimitado dos bancos solventes a liquidez contra a entrega de ativos adequados que funcionam como colateral.

A injeção de liquidez necessária ao bom funcionamento do mercado monetário é implementada através: *i*) do aumento da frequência da intervenção no mercado monetário interbancário através de operações de mercado aberto; *ii*) do aumento substancial dos montantes de liquidez cedidos ao mercado monetário; *iii*) da expansão do conjunto de ativos aceites como colateral nas operações reversíveis de cedência de liquidez; *iv*) do aumento dos prazos de maturidade das operações de mercado aberto de cedência de liquidez; e *v*) do aumento da cedência de liquidez através do canal redesconto, como nos Estados Unidos da América, ou através da facilidade permanente de cedência de liquidez, como na Zona Euro.

[232] Ver Buitter (2005) e Agarwall e Kimball (2015).

[233] Ilgmanm e Menner (2011).

O BCE foi primeiro Banco Central a reagir aos acontecimentos de Agosto de 2007 que precipitaram o início da crise financeira, intervindo nos mercados numa escala sem precedentes e assegurando de forma plena o papel de emprestador de último recurso para bancos solventes.[234]

Durante o período que se seguiu, o BCE procurou proporcionar toda a liquidez necessária ao bom funcionamento do mercado monetário através de um aumento muito substancial da liquidez cedida nas operações principais de refinanciamento, do aumento das operações extraordinárias de regularização, para assegurar que a EONIA se mantivesse perto da taxa de juro de referência, e do aumento do peso das operações de refinanciamento a prazo alargado de três e seis meses à taxa de juro de referência que vigorava desde junho de 2007.

Após o agudizar dos problemas no mercado monetário na sequência da falência do banco de investimento americano *Lehman Brothers* em 15 de setembro de 2008, o BCE inicia em outubro de 2008, de forma coordenada com outros Bancos Centrais,[235] uma sequência de descidas da taxa de juro de referência. Em oito meses a taxa das operações principais de refinanciamento baixou 325 pontos base, de 4.25% em outubro de 2008 para 1% em Maio de 2009, tendo-se mantido a esse nível até abril de 2011.

O BCE implementa, também, um conjunto de medidas extraordinárias de política monetária (nomeadamente no que se refere à gestão da liquidez) destinadas ao sector bancário, modificando o seu *framework* operacional, através de um programa designado de *Enhanced Credit Support*. Os principais elementos deste programa foram:

i. Adoção excecional tomada a 8 de outubro de 2008 do procedimento de leilão de taxa fixa para as operações principais de refinanciamento semanais com colocação total (*full allotment*), o que significa que os bancos comerciais podiam obter toda a liquidez solicitada à taxa fixa, desde que dispusessem de ativos elegíveis que servissem como colateral. Esta medida conduziu a um aumento significativo do volume total das operações de mercado aberto, visto que o montante colocado passou a ser determinado pelo montante agregado licitado pelos bancos.

ii. Aumento do prazo de maturidade das operações de cedência de liquidez. O montante de refinanciamento atribuído via operações de refinanciamento de longo prazo (LTROs) aumentou em cerca de 270 mil milhões

[234] Em 9 de agosto de 2007 os mercados financeiros foram abalados pelo anúncio do banco francês *BNP Paribas* da suspensão dos resgastes de três dos seus fundos de investimento fortemente expostos ao mercado imobiliário de *sub-prime* americano. Só nesse dia o BCE cedeu 95 mil milhões de euros a 44 bancos, ao que se somaram mais 109 mil milhões nos três dias seguintes.

[235] Nomeadamente com os Bancos Centrais do Canadá, Inglaterra, Suécia, Suíça, e com o FED.

de euros desde 2007, na sequência da implementação de uma série de operações de cedência de liquidez com prazo de maturidade até 6 meses, lançadas em setembro de 2008, e posteriormente condução excecional de três operações de refinanciamento de prazo alargado com maturidade de 12 meses.

iii. Ajustamento da liquidez no período de manutenção das reservas obrigatórias. O BCE passou a ajustar a distribuição de liquidez fornecida ao longo do período de manutenção das reservas obrigatórias, oferecendo liquidez no início do período de manutenção (*frontloading*), e reabsorvendo o excesso de liquidez resultante através de operações de *fine-tuning* diárias, gerindo, assim, as condições de liquidez até ao final do período de manutenção. O objetivo era manter constante a oferta total de liquidez ao longo de todo o período de manutenção, e satisfazer a variação da procura de liquidez por parte dos bancos sem colocar pressão sobre as taxas de juro de curto prazo.

iv. Provisão de liquidez em moeda externa, nomeadamente em dólares, contra ativos colaterais denominados em euros na base de *swaps* cambiais realizados com o FED.

v. Extensão da lista de ativos colaterais admitidos nas operações de refinanciamento de mercado aberto para melhorar o acesso dos bancos à liquidez oferecida pelo BCE, facilitando a transmissão da política monetária na Zona Euro. Para além de *covered bank bonds*, a partir de janeiro de 2007, passaram a estar incluídos nessa lista ativos não transacionáveis, compostos, em particular, por créditos (empréstimos bancários), tendo a sua utilização em 2007 atingido os 100 mil milhões de euros, ou seja, 1% do total dos ativos dados como garantia na Zona Euro. Em outubro de 2008, o Conselho do BCE passou a aceitar ativos com *rating* até BBB-, com exceção dos instrumentos de dívida titularizados (*asset-backed securities*) que mantiveram o limite de A-.

vi. Aumento do número de contrapartes admitidas nas operações de refinanciamento, que passaram a incluir, por exemplo o Banco Europeu de Investimento (BEI). Note-se que antes da crise participavam em média cerca de 360 instituições financeiras em cada leilão das operações principais de refinanciamento. Este número subiu para cerca de 800 após a crise.

vii. O BCE decidiu em maio de 2009 estabelecer um programa de compra definitiva de *covered bonds* denominadas em euros e emitidas na Zona Euro, com o objetivo de contribuir para a recuperação deste mercado. O BCE adquiriu cerca de 60 mil milhões de euros entre julho de 2009 e junho de 2010, sendo que 27% dessas aquisições foram feitas em mercado primário, e as restantes 73% em mercado secundário, o que representa cerca de 2.5% do total de *covered bonds*.

Estas medidas tiveram dois objetivos fundamentais. Primeiro, evitar a desalavancagem desordenada do setor bancário capaz de originar uma crise bancária. Segundo, ultrapassar os bloqueios criados pela crise no mecanismo de transmissão da política monetária, suportando o acesso a financiamento por parte dos bancos (evitando que problemas de liquidez se transformem em problemas de solvência), no sentido de manter o fluxo de crédito à economia.

No início de 2010, emergiram novas tensões nos mercados de obrigações soberanas de alguns países da Zona Euro, na sequência das dúvidas existentes sobre a sustentabilidade das finanças públicas gregas, e o problema grego alastrou-se, a partir do primeiro trimestre de 2010, por contágio aos países periféricos da Zona Euro, como a Irlanda, Portugal e, mais tarde à Espanha e à Itália. A continuação e o agravamento da crise económica, a par da emergência da chamada crise das dívidas soberanas, colocou novamente em risco a estabilidade do sistema financeiro, e dificultou o funcionamento do mecanismo normal de transmissão da política monetária, determinando a necessidade de novas medidas de política monetária.

Assim, em 10 de maio de 2010, o BCE anuncia o lançamento do *Securities Market Programme*, através do qual o Banco Central interveio nos mercados de dívida pública e privada para assegurar a profundidade e a liquidez nos segmentos disfuncionais, e restabelecer o mecanismo de transmissão da política monetária. Com este programa o BCE decidiu comprar cerca de 220 mil milhões de obrigações soberanas de países a braços com subidas significativas das *yields* nos mercados secundários independentemente do seu *rating*, o que inclui obrigações gregas, portuguesas, irlandesas, espanholas e italianas. Note-se que a compra de obrigações ao abrigo deste programa foi completamente esterilizada, o que significa que o BCE conduziu operações de absorção de liquidez de maneira a não fazer aumentar o valor do seu balanço.

O BCE reintroduziu, ainda, em outubro de 2011 os leilões de taxa fixa com colocação total nas operações de refinanciamento a prazo alargado, reestabeleceu a linha de crédito em dólares na base de *swaps* cambiais realizados com o FED, e em novembro de 2011 lançou um segundo programa de compra de *covered bonds*, num total de 40 mil milhões de euros.

Posteriormente, em dezembro de 2011, o BCE:

i. Desceu a taxa de juro de referência em 25 pontos base, regressando ao nível mais baixo em termos históricos até aí de 1%, depois de já ter descido em 25 pontos base em setembro.

ii. Implementou novas medidas extraordinárias (e temporárias) para reforçar o acesso do sector bancário a liquidez, e facilitar o funcionamento do mercado monetário na Zona Euro. Estas medidas enquadraram-se nos esforços continuados para suportar a liquidez do sistema bancário da Zona Euro, e sucederam-se à ação coordenada de diversos Bancos Centrais empreendida em 30 de novembro, destinada a providenciar liquidez ao sistema financeiro global. Neste sentido foram conduzidas duas LTROs, com uma maturidade de 36 meses (a primeira das quais realizada em dezembro de 2011), implementadas através de leilões de taxa de juro fixa, com colocação total. Foi, também, alargado de novo o leque de activos colaterais elegíveis para as operações com o BCE, através da redução do nível de *rating* aceite para certos títulos, e da possibilidade dos Bancos Centrais nacionais aceitarem, temporariamente, como colateral outros ativos como empréstimos bancários.

iii. Reduziu a taxa de reservas obrigatórias de 2% para 1% a partir de janeiro de 2012, o que permitiu a libertação de reservas excedentárias, e contribuiu para uma alteração importante da liquidez interbancária.

Estas medidas melhoraram substancialmente a liquidez do sistema bancário, permitiram assegurar o financiamento dos bancos a longo prazo, e ajudaram a evitar o completo colapso do crédito. Contudo, o aumento da liquidez interbancária não originou um aumento substancial do crédito concedido ao sector privado. Na verdade, os bancos acabaram por usar a liquidez obtida pela via das LTROs para comprar obrigações do tesouro, ou estacionaram-na em depósitos junto dos Bancos Centrais.

O ponto de viragem na condução da política monetária ocorreu em julho de 2012 quando Mario Draghi, numa conferência com investidores em Londres para assinalar o início dos Jogos Olímpicos, faz uma declaração contundente com impacto significativo nos mercados; "*Within our mandate, the ECB is ready to do whatever it takes to preserve the euro. And believe me, it will be enough.*"

Em setembro de 2012, o BCE anunciou um novo programa; *Outright Monetary Transactions* (OMT), através do qual o BCE compraria obrigações emitidas por países da Zona Euro com maturidades entre 1 e 3 anos em mercado secundário. O objetivo era assegurar o funcionamento apropriado do mecanismo de transmissão da política monetária em todos os países da Zona Euro. Note-se que, tal como no caso do *Securities Market Programme*, as OMT seriam totalmente esterilizadas.

A compra de obrigações ao abrigo deste programa estava dependente da verificação de algumas condições: *i*) os países teriam que ter solicitado assistência financeira ao através do *European Stability Mechanism / European Financial*

Stability Facility: *ii*) os países teriam que ter concluídas as revisões periódicas sobre o andamento das medidas a implementar no âmbito do memorando de entendimento subjacente ao programa de assistência financeira; *iii*) os países teriam que ter voltado a ter acesso aos mercados de dívida, emitindo e colocando com sucesso uma nova série de obrigações com maturidade de 10 anos.

Este instrumento apesar de não ter sido ativado, nem sequer regulamentado, ficando-se pelo plano das ideias, teve um impacto positivo na descida das *yields* das obrigações do tesouro dos países periféricos da Zona Euro, e consequente descida dos *spreads* em relação às *yields* da Alemanha e da França.

Estes programas acabaram por se refletir no valor do balanço do BCE que praticamente triplicou de janeiro de 1999, onde atingia 1 157 534 milhões de euros, para junho de 2012, atingindo 3 102 227 milhões de euros. Este aumento foi muito mais pronunciado a partir do início da crise, e reflete a resposta maciça da política monetária através de procedimentos não habituais destinados a apoiar o mecanismo de transmissão da política monetária numa situação de grande *stress* nos mercados financeiros.

Com as taxas de juro de referência muito próximas de zero, e face à dificuldade de estabilização da taxa de inflação abaixo, mas perto, de 2% no médio prazo, e da dificuldade da retoma económica na Zona Euro, o BCE vê-se obrigado a entrar no campo das medidas não convencionais de política monetária.

Em julho de 2013, o BCE adota o designado *forward guidance* na sua política de comunicação, anunciando que esperava que as taxas de juro de referência se fossem manter baixas ou inclusive descer por um período prolongado de tempo.

Em janeiro 2015 o BCE anuncia finalmente um programa de *quantitative easing – Expanded Asset Purchase Programme*, com início em março de 2015 e para durar pelo menos até setembro de 2016. O programa tinha as seguintes características: *a*) expansão dos ativos a comprar em mercado secundário, que passavam a incluir obrigações emitidas pelos governos centrais da Zona Euro, agências e instituições europeias; *b*) as compras combinadas de ativos deveriam ascender a 60 mil milhões de euros por mês, o que faria aumentar o valor do balanço do BCE de novo para os valores de 2012, ou seja de cerca de 3 triliões de euros; *c*) o programa era *open ended*, começou em março de 2015 e devia durar pelo menos até setembro de 2016; *d*) o programa estava desenhado para assegurar o mandato de estabilidade de preços na Zona Euro.

Note-se que, o programa foi implementado através de compras mensais de ativos (10 mil milhões de euros de *covered bonds* e *asset backed securities*, 44 mil milhões de euros de obrigações do tesouro e de agências governamentais (compradas na proporção da quota de capital de cada país no capital do BCE), e 6 mil milhões de obrigações supranacionais) efetuadas pelo BCE (14 mil milhões) e pelos Bancos Centrais dos países da Zona Euro (46 mil milhões).

Em dezembro de 2015 o BCE decidiu prolongar o programa de *quantitative easing* pelo menos até março de 2017, e a extensão da lista de ativos elegíveis para compras regulares pelos respetivos Bancos Centrais Nacionais aos instrumentos de dívida transacionáveis denominados em euros emitidos por administrações regionais e locais situadas na área do euro. O BCE baixou, ainda, a taxa de juro da facilidade permanente de depósito para -0.3%.

Com o objetivo de "reduzir ainda mais a restritividade das condições de financiamento, estimular a concessão de novo crédito e, desse modo, reforçar o dinamismo da retoma económica da área do euro e acelerar o regresso da inflação a níveis abaixo, mas próximo, de 2%", em março de 2016 o BCE anuncia um novo pacote medidas:

i. Descida da taxa de juro das operações principais de refinanciamento para zero.

ii. Descida da taxa de juro da facilidade permanente de depósito para -0.4% e da taxa de juro da facilidade permanente de cedência de liquidez para 0.25%.

iii. Aumento do volume de compras mensais ao abrigo do *Expanded Asset Purchase Programme* de 60 para 80 mil milhões de euros a partir de abril de 2016, e alargamento dos ativos elegíveis que passaram a incluir obrigações denominadas em euros emitidas por entidades não bancárias com nível de *rating* de investimento ao abrigo de um novo programa de compra de ativos do setor empresarial (*corporate sector purchase programme*).

iv. Lançamento em junho de 2016 de quatro novas operações de refinanciamento de longo prazo (LTRO) com maturidade de 4 anos, e com taxa de juro igual à da facilidade permanente de depósito.

Questões de Escolha Múltipla

Tendo em conta o seguinte excerto, e no contexto das medidas de política monetária em situação de *zero bound* (armadilha de liquidez) preconizadas por Ben Bernanke responda às duas questões seguintes:

"Baixas taxas de juro aumentam o medo de uma armadilha de liquidez ao estilo japonês. O Japão tem estado há muito tempo em tal armadilha. A suas obrigações a 10 anos atingiram em Outubro um mínimo para este ano de 0.97% e as taxas de juro persistentemente baixas dão pouco incentivo para os negócios e para as pessoas pedirem emprestado agora."

Richard Milne, Financial Times, 6 de Novembro de 2011

1. Qual das seguintes afirmações está correta?

☐ a) Numa situação de armadilha de liquidez a política monetária tem dificuldades em fazer baixar a taxa de juro real.

☐ b) A situação de armadilha de liquidez é um conceito teórico que até à data nunca se verificou em nenhum país.

☐ c) A política de comunicação do Banco Central perde importância numa situação de armadilha de liquidez.

☐ d) Duas das alíneas anteriores estão corretas.

☐ e) Nenhuma das alíneas anteriores está correta.

2. Qual das seguintes afirmações está correta?

☐ a) A política de manipulação da estrutura temporal das taxas de juro não deve ser usada na situação de armadilha de liquidez.

☐ b) A compra de obrigações soberanas de longo prazo e a venda de obrigações soberanas de curto prazo pode ser advogada numa situação de *zero lower bound.*

☐ c) Numa situação de *zero lower bound* não é recomendável que o Banco Central tente influenciar as expectativas dos agentes acerca das taxa de juro no futuro.

☐ d) Duas das alíneas anteriores estão corretas.

☐ e) Nenhuma das alíneas anteriores está correta.

3. Quando as taxas de juro atingem o *lower zero bound*:

☐ a) Não existem mais opções para a condução da política monetária.

☐ b) As medidas convencionais de política monetária não conseguem fazer baixar a taxa de juro real.

☐ c) A política de comunicação do Banco Central torna-se irrelevante.

☐ d) O Banco Central não deve tentar afetar as expectativas inflacionárias dos agentes económicos.

☐ e) Duas das alíneas anteriores estão corretas.

4. Quando as taxas de juro de aproximam do *zero lower bound*:

- ☐ a) O Banco Central não consegue fazer descer a taxa de juro real através de medidas convencionais de política monetária.
- ☐ b) As medidas tendentes a afetar as expectativas inflacionárias tornam-se ainda mais importantes.
- ☐ c) O *quantitative easing* não é uma opção.
- ☐ d) Duas das alíneas anteriores estão corretas.
- ☐ e) Todas as alíneas anteriores estão corretas.

5. A influência das expectativas por parte da autoridade monetária:

- ☐ a) Pode ser operacionalizada com um compromisso condicional sobre a taxa de juro oficial.
- ☐ b) Não é aconselhável quando há expectativas de deflação.
- ☐ c) Só é relevante numa situação de *zero lower bound*.
- ☐ d) É inexistente no âmbito de medidas de *quantitative easing*.
- ☐ e) Duas das alíneas anteriores estão corretas.

6. Numa situação em que a taxa de juro nominal atinge o *zero lower bound* qual das alternativas seguintes não está correta:

- ☐ a) A política monetária tradicional deixa de ter impacto sobre as taxas de juro reais e logo sobre a economia real.
- ☐ b) A política de comunicação para influenciar as expectativas dos agentes quanto à inflação futura é um instrumento que deve ser usado.
- ☐ c) A política de alívio quantitativo (*quantitative easing*) que faz aumentar o valor do balanço do Banco Central pode, pela via da diminuição das taxas de rentabilidade das obrigações do tesouro, ser uma opção.
- ☐ d) Pode ser defensável uma política destinada à alteração da estrutura temporal das taxas de juro, por exemplo, através da compra de obrigações do tesouro de longo prazo e venda das suas congéneres de curto prazo.
- ☐ e) Não são conhecidas alternativas viáveis à política monetária tradicional.

7. Uma operação de compra dívida pública de longo prazo e venda de dívida pública de curto prazo em igual montante por parte do Banco Central:

- ☐ a) Designa-se de *quantitative easing* (alívio quantitativo).
- ☐ b) Tem como objetivo alterar a estrutura de prazos das taxas de juro.
- ☐ c) Faz aumentar o valor do balanço do Banco Central.
- ☐ d) Nunca deve ser usada numa situação em que as taxas de juro atingem o designado *lower zero bound* (situação de armadilha de liquidez).
- ☐ e) Duas das alíneas anteriores estão corretas.

8. Quando a taxa de juro atinge o valor zero:

- ☐ a) Não há possibilidade da política monetária ser eficaz.
- ☐ b) Pode surgir uma dinâmica entre taxa de juro real e a pressão para a descida dos preços.
- ☐ c) Não é possível utilizar medidas que aumentem o valor do balanço do Banco Central.

- [ ] d) O banco central pode agir através da influência das expectativas.
- [ ] e) Duas das alíneas anteriores estão corretas.

9. Numa situação em que a taxa de juro nominal atinge o zero *lower bound*, o Banco Central:

- [ ] a) Nunca deve injetar liquidez no sistema bancário para além do que é necessário para manter a taxa de juro oficial a 0%.
- [ ] b) Nunca deve tentar alterar a estrutura de prazos das taxas de juro alterando a composição da sua carteira de títulos no que diz respeito às maturidades.
- [ ] c) Nunca deve criar uma supressa nos investidores relativamente ao compromisso de manutenção das taxas de juros mais baixas do que o esperado no futuro.
- [ ] d) Duas das alíneas anteriores estão corretas.
- [ ] e) Nenhuma das alíneas anteriores está correta.

10.O *quantitave easing*:

- [ ] a) Significa retomar a condução da política monetária pelo lado da oferta no sentido de gerar expectativas inflacionistas.
- [ ] b) É teoricamente capaz de estimular a economia pela via dos canais das expectativas sobre os preços, taxas de juro futuras, oferta de crédito e taxa de câmbio.
- [ ] c) Significa injetar liquidez no sistema bancário para além do que é necessário para manter a taxa de juro oficial a 0%.
- [ ] d) Conduz a um aumento do balanço do Banco Central.
- [ ] e) Todas as alíneas anteriores estão corretas.

15. A Balança de Pagamentos Como um Processo Essencialmente Monetário

"...the new approach to balance-of-payments theory, while basically Humean in spirit, places the emphasis not on relative price changes but on the direct influence of excess demand for or supply of money on the balance between income and expenditure, or more generally, between total acquisition and disposal of funds whether through production and consumption or through borrowing and lending, and therefore on the overall balance of payments."

Harry G. Johnson (1972, p. 1556)

A perspectiva monetária da balança de pagamentos foi desenvolvida por Robert Mundell, Harry Johnson e Jacques Polak nas décadas de 50 e 60 do século passado, estando muito associada à Escola de Chicago, e liga a dinâmica da balança de pagamentos ao mercado monetário.[236] De facto, para a perspectiva monetária da balança de pagamentos, esta é um fenómeno essencialmente monetário. Assim sendo, a perspectiva concentra-se nos efeitos dos desequilíbrios no mercado monetário sobre os saldos da balança de pagamentos. Esta, por seu turno, é entendida como a variação no saldo da balança dos ajustamentos oficiais por unidade de tempo, isto é, a variação por unidade de tempo nas DLX do balanço consolidado das IFM e que são, como bem já o sabemos, as reservas líquidas em

[236] Como seria de esperar, tem fortes raízes nos autores clássicos. Veja-se, a propósito, *The Price--Specie Flow-Mechanism* de David Hume.

meios de pagamento sobre o exterior. Em linguagem formal: ΔDLX, em termos de domínios discretos de variação, e $\int_{t_0}^{t_1} DLX\, dt$, em termos de domínios contínuos de variação. Porém, a literatura anglo-saxónica adopta sistematicamente a notação R no sentido daquelas mesmas disponibilidades. Note-se, porém, que a balança de pagamentos só é susceptível de sofrer desequilíbrios se o regime cambial em vigor fôr o de taxas de câmbio fixas, como o do padrão-ouro, ou de paridades ajustáveis, como foi o regime de *Bretton-Woods* ou, mais recentemente, o sistema monetário europeu que precedeu o euro.

A perspectiva monetária, como perspectiva neoclássica que é, é uma teoria de equilíbrio de longo-prazo que se alicerça no seguinte conjunto de pressupostos.[237]

1. O regime cambial é o de taxas de câmbios fixas ou de paridades ajustáveis.
2. A procura real de moeda, L, é uma função estável de um número limitado de variáveis. Significa isto que a função tem um comportamento regular e previsível face a essas variáveis, ou seja, é estável.[238] Este pressuposto não se aplica numa situação de armadilha de liquidez.[239]
3. A oferta de moeda é uma variável endógena do sistema determinada pelas preferências do público via saldo da balança de pagamentos. No âmbito de uma economia aberta, o Banco Central determina apenas a composição da oferta de moeda entre a componente crédito e a componente reservas sobre o exterior.
4. Todos os preços (incluindo os salários, as taxas de juro, o preço dos bens e serviços, etc.) são perfeitamente flexíveis, e o rendimento real de equilíbrio situa-se ao nível do pleno emprego.
5. No longo-prazo o Banco Central não consegue esterilizar o impacto de balanças de pagamentos deficitárias sobre a oferta de moeda, embora o possa fazer no curto-prazo enquanto possuir reservas suficientes em meios de pagamento sobre o exterior. Muito embora o consiga fazer no que respeita a supéravites da mesma balança, tal é incompatível e, por isso indesejável, com o bom funcionamento de um sistema monetário internacional assente em tais regimes cambiais.
6. No longo-prazo verifica-se a lei do preço único para os bens transaccionáveis que nos diz que existindo livre circulação de bens e de capitais, o preço dos bens deverá ser igual em toda a parte do mundo quando expresso numa mesma unidade monetária devido às operações de arbitragem.

[237] Ver por exemplo Johnson (1972; 1977) e Mussa (1974).
[238] Estável não significa constante, mas previsível.
[239] Mussa (1974, p. 337) e Whitman *et al.* (1975, p. 505).

Vamos admitir que a função procura de moeda segue a formulação semi-logarítmica apresentada e explicada no capítulo 7, tal que $M^d = kPY^{\eta}e^{-\alpha r}$. Quanto à oferta de moeda vamos considerar o seguinte balanço consolidado simplificado das IFM:

Balanço Consolidado e Simplificado das IFM

Activo	Passivo + Situação Líquida
• Disponibilidades Líquidas sobre o Exterior (**DLX**) • Crédito Interno (**CI**)	• Circulação Monetária (**C**) • Depósitos Totais (**DT**)

Desta maneira a oferta de moeda *M* pode-se exprimir, em termos aproximados, da seguinte maneira:

$$M = C + DT = DLX + CI \qquad (15\text{-}1)$$

Partindo da condição de equilíbrio no mercado monetário, logaritmizando a correspondente expressão e diferenciando-a depois em ordem ao tempo *t*, obtemos a expressão que se segue.

$$\frac{\frac{dDLX}{dt}}{M} + \frac{\frac{dCI}{dt}}{M} = \frac{dP}{P}\frac{1}{dt} + \eta\frac{dY}{Y}\frac{1}{dt} - \alpha\frac{dr}{dt} \qquad (15\text{-}2)$$

Finalmente, resolvendo a equação anterior em ordem à taxa de crescimento da oferta de moeda devido apenas à variação da sua componente externa, $\frac{\frac{dDLX}{dt}}{M}$, obtém-se a equação da balança de pagamentos, segundo a perspectiva monetária, como proporção da oferta de moeda:[240]

$$\frac{\frac{dDLX}{dt}}{M} = -\frac{\frac{dCI}{dt}}{M} + \frac{dP}{P}\frac{1}{dt} + \eta\frac{dY}{Y}\frac{1}{dt} - \alpha\frac{dr}{dt} \qquad (15\text{-}3)$$

A interpretação da equação (15-3) indica que, *ceteris paribus*, a balança de pagamentos é: *a*) uma função negativa do crédito interno, $\frac{\frac{dCI}{dt}}{M}$, onde o respectivo coeficiente é exactamente igual a -1, significando, *ceteris paribus*, que qualquer variação no crédito interno se traduz numa variação em sentido contrário, e pelo mesmo valor absoluto, da balança de pagamentos; este é o chamado *offset coefficient*; *b*) uma função positiva da taxa de inflação, $\frac{1}{P}\frac{dP}{dt}$, novamente com um

[240] Ver Frenkel *et al.* (1980)

coeficiente igual à unidade; *c*) uma função positiva da taxa de crescimento do rendimento real da economia, $\frac{dY}{Y}\frac{1}{dt}$, com uma magnitude que depende da elasticidade rendimento da procura real de moeda; e *d*) uma função negativa da variação da taxa de juro por unidade de tempo, $\frac{dr}{dt}$, cuja magnitude depende da sensibilidade da procura real de moeda a variações na taxa de juro.

Tendo em conta o que se acaba de expor, a perspectiva monetária da balança de pagamentos tem as seguintes implicações:[241]

i) Conforme se pode constatar a partir da Equação (15-3), o desequilíbrio da balança de pagamentos resulta do diferencial entre a taxa de crescimento da procura de moeda, e a taxa de crescimento do crédito interno, $\frac{\frac{dCI}{dt}}{M}$. Ou seja, para a perspectiva monetária os desequilíbrios da balança de pagamentos resultam de desequilíbrios no mercado monetário. Tal significa que os superávites da balança de pagamentos correspondem a um excesso de procura de moeda não acomodada pelo Banco Central através de um adequado acréscimo no crédito interno, enquanto os défices são o resultado de excessos na expansão do crédito interno em relação à evolução da procura de moeda. A perspectiva monetária não discrimina, no entanto, em que medida um desequilíbrio no mercado monetário é eliminado via balança corrente ou via balança de capitais[242] uma vez que os canais de transmissão admitidos por esta perspectiva teórica são muito amplos e, por consequência, os ajustamentos realizam-se tanto através de movimentos de bens e de serviços, quanto de capitais.

ii) Os desequilíbrios da balança de pagamentos são transitórios uma vez que, na ausência de esterilizações, funciona o mecanismo automático de ajustamento da balança de pagamentos. As intervenções das autoridades monetárias admitidas pela teoria são apenas aquelas que se destinam a apressar aquele ritmo de ajustamento. Um país pode suportar défices da balança de pagamentos mantidos por operações de esterilização levadas a cabo pelo Banco Central mas na condição de possuir reservas em meios de pagamento sobre o exterior com que os financie. Contudo, tal só é possível durante períodos limitados de tempo uma vez que essas reservas se haveriam naturalmente de esgotar. Da mesma forma, um país pode manter durante algum tempo supéravites da balança de pagamentos esterilizando o aumento das reservas cambiais pela via da condução de operações de absorção de liquidez no mercado monetário, que

[241] Ver Johnson (1972; 1977, p. 227).

[242] Whitman *et al.* (1975).

impede o aumento da taxa de crescimento do crédito interno mas, eventualmente no limite, ficará sem activos elegíveis.

iii) Os desequilíbrios da balança de pagamentos podem ser ultrapassados pela via da política monetária e da política orçamental sem necessidade de alterar a taxa de câmbio. A desvalorização e a revalorização das taxas de câmbio devem ter lugar apenas quando se conclui que a paridade oficial não é uma taxa de câmbio de equilíbrio e, por isso mesmo, a balança de pagamentos não tem condições para estar em equilíbrio sobre a dimensão temporal de um ciclo económico, isto é, défices compensando-se exactamente com superávites ao longo deste período de tempo.

iv) Uma vez que estes regimes cambiais estão naturalmente dotados de um mecanismos automático de ajustamento, alterações da taxa de câmbio como forma de ultrapassar um défice líquido da balança de pagamentos sobre o ciclo económico só são admissíveis se: 1) se estiver perante a eminência de um esgotamento das reservas, o que por si só indica que a paridade oficial em vigor não corresponde ao seu valor de equilíbrio; 2) houver rigidez de preços.

v) A imposição de quotas e de impostos às importações têm um efeito positivo sobre o saldo da balança de pagamentos. Todavia, este efeito é apenas temporário e resulta do desequilíbrio que induz no mercado monetário por via do aumento que gera nos preços.

vi) O crescimento do PIB origina um aumento da procura real de moeda na medida da respectiva elasticidade rendimento da procura, gerando, *ceteris paribus*, um desequilíbrio no mercado monetário que induz os agentes económicos a reduzir as despesas em toda a gama de bens e serviços, incluindo os importados, melhorando assim o saldo da balança de pagamentos.

vii) O aumento da taxa de juro interna reduz a procura real de moeda gerando um excesso de oferta de moeda que leva os agentes económicos a um aumento dos gastos em toda a gama de bens e serviços, incluindo os importados, provocando, por isso, a deterioração da balança de pagamentos.

15.1 A Formalização Geométrica do Modelo

Vamos, a partir deste ponto, ilustrar a perspectiva monetária da balança de pagamentos recorrendo ao instrumental geométrico. Para tanto convém, desde logo, tornar claro o conceito de procura excedente de moeda, simbolizada por DM^x. Ela exprime-se por meio da equação imediatamente abaixo.

$$DM^x = M^d - M^s \tag{15-4}$$

a qual, como se vê, pode tomar valores positivos, nulos ou negativos, consoante a procura nominal de moeda é superior, igual (situação em que o mercado monetário se encontra em equilíbrio) ou inferior à oferta nominal. Convém recordar que a procura nominal de moeda é o produto do nível geral de preços pela procura real de moeda em determinado instante do tempo: $M^d = PL(Y, r)$. Perante um qualquer desequilíbrio no mercado monetário, e como explicado já em outros pontos deste manual, o reequilíbrio é atingido fazendo variar a despesa relativamente ao rendimento. Assim, há um processo dito de acumulação quando a despesa baixa para valores inferiores ao do rendimento, consentâneo com o objectivo de um acréscimo nos encaixes reais de moeda; pelo contrário, temos desacumulação quando a quantidade real de moeda na posse do público excede a que ele procura pelo que a despesa se deve tornar superior ao rendimento. A adequada representação gráfica é a que se encontra imediatamente abaixo, desenvolvida sobre quatro quadrantes.

A linha a tracejado com inclinação de 45º é a bissectriz. A linha HH é a que estabelece, por unidade de tempo, a correspondência entre a procura excedente de moeda e os níveis de acumulação ou desacumulação. Como se vê, a linha HH apresenta-se com uma inclinação menor que a da bissectriz, o que quer dizer que o processo de ajustamento não é instantâneo, antes se prolongando por vários períodos até se completar. Quanto mais a inclinação de HH se aproximar de 45º, tanto mais rápido é o ajustamento do mercado monetário para a sua solução de equilíbrio, atingindo o seu valor máximo quando coincide com a própria bissectriz.

Figura 15-1: Acumulação versus Desacumulação

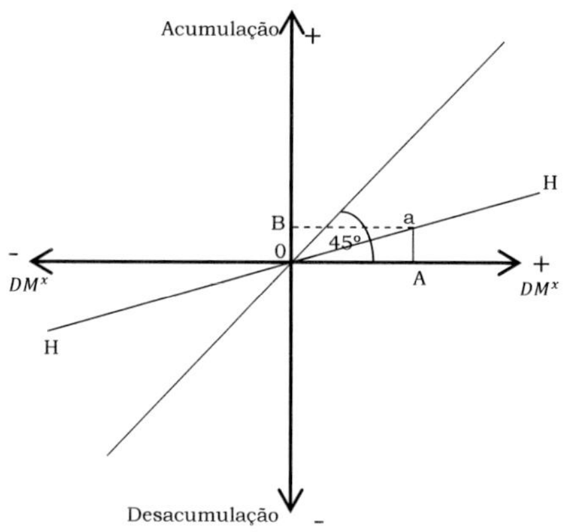

Suponhamos assim, a título de exemplo, que em certa altura a procura excedente por moeda era representada pelo segmento $\overline{OA}$ em consequência de uma contracção na sua oferta ou de um incremento na procura não acomodada pelo Banco Central. Logo, haverá acumulação pelo valor $\overline{OB}$ por unidade de tempo. Esta é uma situação representativa de desequilíbrio no mercado monetário e, também, de ajustamento a uma nova solução de equilíbrio, o que quer dizer que estamos perante um processo temporário e transitório no termo do qual haveremos de regressar à origem dos eixos.

Caso a procura excedente fosse negativa, a desacumulação apresentaria o valor que lhe está associado sobre o eixo das ordenadas para valores negativos.

Uma vez que estamos a considerar valores nominais, a procura nominal de moeda depende positivamente do nível geral de preços e, portanto, também a procura excedente de moeda. Para uma dada oferta nominal de moeda, por definição o mercado monetário encontra-se em equilíbrio para o nível geral de preços em que aquela procura excedente é nula. Somos assim capazes de ilustrar geometricamente a relação entre a oferta nominal de moeda, o nível geral de preços e a procura excedente. Em autarcia é o que fazemos na figura seguinte, onde, além disso, o posicionamento da linha no plano depende da taxa de câmbio, razão pela qual cada linha tem subjacente um valor para essa taxa.

Figura 15-2: Nível Geral de Preços, Procura Excedente e Oferta de Moeda

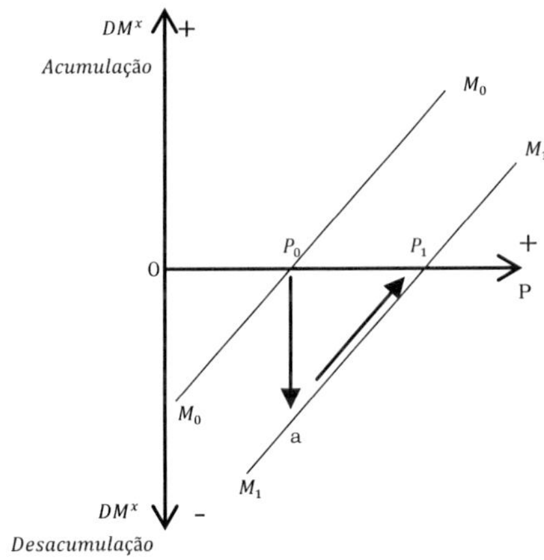

A linha ascendente M_0 representa uma certa oferta nominal de moeda. Valores inferiores são representados por linhas à esquerda, e por linhas à direita quando a oferta é maior, tal que $M_1 > M_0$. Quando a oferta é M_0, o nível geral de preços de equilíbrio é o representado por P_0; para valores inferiores existe um excesso de oferta, procura excedente negativa, e um excesso de procura para níveis gerais de preços à direita. Se assumirmos que a oferta aumenta para M_1, transitando-se para a curva ascendente com essa designação, esse nível geral de preços passa a ser de desequilíbrio porque, para ele, a oferta excede a procura de moeda, tal como surge indicado pelo ponto a. Em conformidade, e para a mesma procura real de moeda, o reequilíbrio no mercado monetário conduz ao aumento de P para P_1, que no contexto de uma economia fechada é proporcional à variação ocorrida na oferta de moeda.

Assente no instrumental acabado de desenvolver, vamos, no quadro da perspectiva teórica em que nos estamos a situar, e para o caso de economias abertas, ilustrar os efeitos de dois choques: a) uma variação na oferta de moeda; b) a desvalorização da taxa de câmbio de um dos países envolvidos. Para tanto, supomos que o mundo é constituído apenas por dois países, o A e o B, que mantêm relações económicas entre si e onde circulam as respectivas unidades monetárias que se relacionam pela respectiva taxa de câmbio em regime de paridades ajustáveis. Na figura que se segue, as linhas G_aG_a, para o país A, e G_bG_b, para o país B, têm exactamente os mesmo significados que a linha M_0M_0 da figura anterior. A linha de B surge invertida comparativamente à de A porque quando um dos países acumula (desacumula) o outro está a fazer exactamente o contrário. As magnitudes monetárias quantificadas sobre os eixos estão expressas na mesma unidade monetária, que tanto pode ser a de A como a de B, com recurso ao valor da taxa de câmbio.

Neste nosso exercício partimos de uma situação inicial de equilíbrio em que a procura excedente por moeda é nula em ambos os países ao nível geral de preços dado pela intersecção daquelas duas curvas sobre o eixo das abcissas. Em consequência, ambas as balanças de pagamentos estão em equilíbrio

Figura 15-3: Ilustração da Perspectiva Monetária da Balança de Pagamentos Face a um Choque na Oferta de Moeda

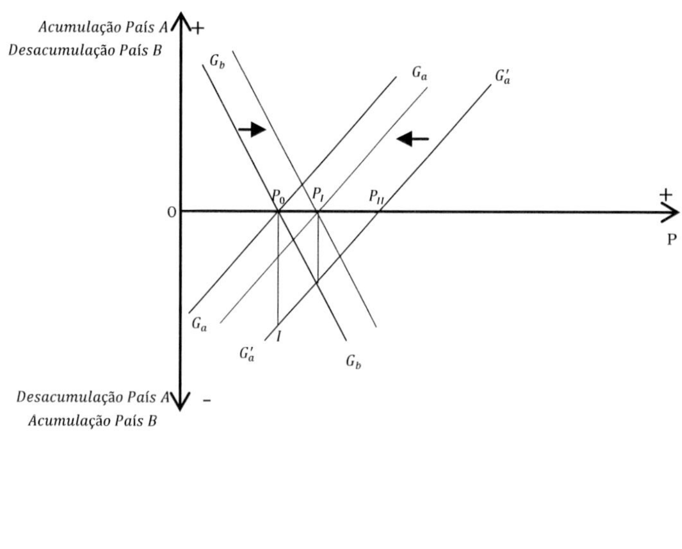

Agora as autoridades monetárias de A duplicam a quantidade de moeda em circulação; por isso, a respectiva linha desloca-se para a direita passando a ser denotada por $G'_a G'_a$. Para o nível de preços de partida, há um excesso de oferta de moeda em A comparativamente àquela que é procurada; a procura excedente é, pois, negativa, e assiste-se a um processo de desacumulação em A cujo valor é indicado pela coordenada de *I* sobre o eixo das ordenadas, e que é também de acumulação em B. Se A fosse uma economia fechada, o novo equilíbrio ocorreria em P_{II}, tal que $P_{II} = 2P_0$.[243] Deste processo resulta uma diminuição da quantidade de moeda em circulação em A, consequência dos défices da sua balança de pagamentos com as consequentes perdas da componente reservas, e um aumento em B, em consequência de supéravites na sua balança de pagamentos, tal que as respectivas curvas se deslocam, respectivamente, para a esquerda e para a direita, passando a ser representadas pelas linhas a tracejado. O novo equilíbrio encontra-se quando elas se intersectarem novamente sobre o eixo das abcissas, exprimindo: a) procura igual à oferta de moeda nos dois mercados monetários e, por consequência, b) balança de pagamentos em equilíbrio e, por fim, c) um nível geral de preços P_I que é menor que $2P_0$ mas superior ao inicial. Por conseguinte, acabámos de ilustrar o funcionamento do mecanismo automático de ajustamento da balança de pagamentos face a um choque do lado da oferta de moeda,[244] e o impacto sobre o nível geral de preços do choque monetário que é menor daquele que se verifica em autarcia.

Para concluir esta secção procedamos à análise dos efeitos de uma desvalorização cambial. Para esse fim repetimos a figura anterior naquilo que é estritamente necessário, tendo o cuidado de agora exprimir o nível geral de preços na unidade monetária do país que desvaloriza a moeda. Além disso, partimos de uma situação inicial de equilíbrio da balança de pagamentos, pelo que a desvalorização pode ter como fundamento, entre outros possíveis, o reforço dos meios de pagamento sobre o exterior do país que desvaloriza. Uma outra explicação plausível seria o apoio aos sectores exportador e de produção nacional dirigida ao mercado interno. E outras motivações decerto são possíveis. Igualmente poderíamos configurar uma desvalorização a partir de uma situação deficitária inicial, tendo em conta a escassez das reservas constituídas para financiar os défices da balança de pagamentos até ao momento da conclusão do processo de ajustamento.

[243] Este resultado seria ainda válido no contexto de economias abertas na condição de A ser uma grande economia aberta e B uma pequena economia. Por exemplo: EUA versus Portugal.

[244] O mecanismo automático de ajustamento acabado de descrever pressupõe que a paridade oficial corresponda ao valor da taxa de câmbio de equilíbrio. A não ser assim, o esgotamento das reservas em meios de pagamento sobre o exterior poderia acontecer ainda antes de se ter concluído o processo de ajustamento.

Figura 15-4: Efeitos de Uma Desvalorização Cambial Partindo de Uma Situação de Equilíbrio da Balança de Pagamentos

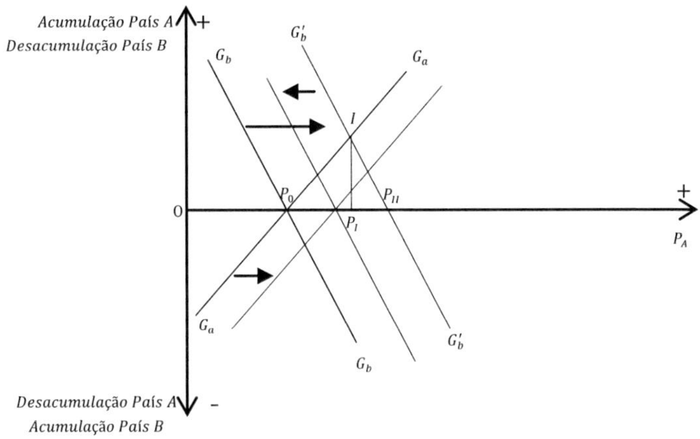

Em virtude da desvalorização da moeda de A por um montante de $\frac{P_0P_{II}}{0P_0}\%$, a linha relativa a B desloca-se para a direita, como assinalado na figura pela seta, pois uma unidade da moeda de B equivale agora a um número superior de unidades monetárias de A. Ao nível geral de preços P_0, o mercado monetário de B está agora em desequilíbrio pois a oferta é superior à procura nominal de moeda, sendo constantes os valores reais de ambas. Consequentemente, temos agora um défice da balança de pagamentos de B e a contrapartida de um superávite na balança de pagamentos de A. Então a curva G_b' desloca-se para a esquerda reflectindo a perda de massa monetária em circulação, via componente de reservas, enquanto G_a se passa a deslocar para a direita pelos mesmos motivos funcionais, ainda que de sinal contrário. As duas deslocar-se-ão nos sentidos assinalados até se intersectarem sobre o eixo das abcissas, entre P_0 e P_{II}, conforme a dimensão relativa deles; tanto mais próximo de P_{II} quanto comparativamente menor o país A. O que se observa como resultado final deste exercício é que os desequilíbrios da balança de pagamentos gerados pela desvalorização da moeda de A são meramente temporários, durando o tempo estritamente necessário até se completar o processo de ajustamento a um novo equilíbrio da balança de pagamentos, deixando tão só como resultado durável o acréscimo no nível geral de preços e das reservas de A. Atente-se que se A quisesse manter a vantagem competitiva que lhe foi proporcionada pela desvalorização, neutralizando acréscimos na massa monetária em circulação via superávites da balança e pagamentos nem assim conseguiria manter indefinidamente esse resultado; todo o esforço de ajustamento incidiria sobre B que teria que perder a quantidade de moeda necessária para regressar à linha original, e ao nível inicial dos preços, àquela nova taxa de câmbio. Desvalorizações repetidas tendentes a perpetuar a vantagem competitiva assim adquirida conduziriam à ruptura do regime cambial por esgotamento das reservas de B.

15.2. Os Pilares em que Deve Assentar um Sistema Cambial de Paridades Ajustáveis

Estes pilares, ou condições indispensáveis ao bom funcionamento de um tal regime, foram extensiva e intensivamente estudadas a propósito do regime de *Bretton-Woods*, sendo igualmente certo que apresentam claras conexões com o regime das taxas de câmbio fixas do padrão-ouro internacional.[245] Essas condições, em número de três, apresentam-se com um certo grau de complementaridade entre elas:

1. Liquidez;
2. Ajustamento;
3. Confiança

A liquidez é imperiosamente necessária uma vez que se não trata de um regime de taxas de câmbio perfeitamente flutuantes em que o valor da taxa de câmbio assegura a todo o momento, por definição, o equilíbrio da balança de pagamentos. A manutenção do regime impõe que os Bancos Centrais disponham de meios de pagamento sobre o exterior, próprios ou disponibilizados por entidades terceiras, especialmente junto do FMI, erguido pelos tratados à condição de gestor do sistema, para intervir na margem de flutuação máxima associada a défices da balança de pagamentos e significando, portanto, as depreciações máximas consentidas pelo regime.

O esgotamento das reservas traduz-se na impossibilidade de o país se manter no regime, verificando-se o colapso do regime cambial quando há esse esgotamento. Isto quer dizer que as perdas de reservas em meios de pagamento sobre o exterior só podem ser temporárias, devendo ser compensadas em outros

[245] Em nossa opinião, o que fundamentalmente distingue o padrão-ouro internacional de um regime de paridades ajustáveis é o seguinte: a) nos regimes com taxas de câmbios fixos, as paridades oficiais são fixadas de forma irrevogável, ao contrário das paridades ajustáveis que podem ser alteradas desde que haja acordo entre as partes nesse sentido, revalorizando-se determinadas moedas em contrapartida da desvalorização de outras; b) as margens de flutuação no padrão-ouro internacional são uma manifestação das chamadas leis naturais da economia, por outras palavras, são endógenas e, por isso também, potencialmente variáveis ao longo dos tempos; pelo contrário, nas paridades ajustáveis elas são fixadas administrativamente e daí que necessitem para a sua efectiva sustentação de intervenções oficiais no mercado cambial, tal como ilustrado em capítulo anterior deste livro. O EURO é um regime cambial de taxas de câmbio fixas sem margens de flutuação porque se encontra consubstanciado na adopção e uma única moeda, em vez de consentir a circulação simultânea de moedas nacionais.

períodos por superávites. Dito de outro modo, a balança de pagamentos deve encontrar-se equilibrada não ano após ano, mas ao longo de um ciclo económico onde desequilíbrios de sinal contrário se compensam entre si. Para tanto é fundamental que a paridade oficial tenha o valor que corresponda ao valor da taxa de câmbio de equilíbrio; se esta condição não for respeitada a balança de pagamentos não está equilibrada sobre esse período de tempo mais longo.

O mecanismo de ajustamento é precisamente aquele que assegura o reequilíbrio da balança de pagamentos de forma a evitar perdas ou ganhos continuados de reservas em meios de pagamento sobre o exterior. O primeiro elemento deste mecanismo é a própria escolha da taxa de câmbio oficial, que deve corresponder, como já se disse acima, ao valor da taxa de câmbio de equilíbrio. O segundo elemento é a não adopção sistemática de operações de neutralização, de tal modo que os países superavitários devem consentir o desenvolvimento de processos inflacionários que se traduzem em perdas de competitividade preço, enquanto os deficitários devem consentir reduções das pressões inflacionistas, incluindo recessões económicas com as quais reforçam a sua competitividade preço. Portanto, é elemento fundamental do mecanismo de ajustamento a partilha do esforço do reequilíbrio do sistema entre países superavitários e deficitários, não devendo o esforço ser colocado exclusivamente sobre estes de maneira a não o tornar económica e socialmente insustentável, minando as próprias bases de aceitação do regime cambial. Esta articulação que se faz naturalmente, pode não obstante ser reforçada através de coordenação de políticas económicas entre uns e outros, pois o mecanismo automático de reequilíbrio pode ser fortalecido e, portanto, apressado através da conjugação de políticas discricionárias expansionistas, da responsabilidade dos países superavitários, e contraccionistas, da responsabilidade dos países deficitários. É claro que países como a Alemanha se apresentam com uma forte aversão à inflação, tendendo a não corresponder ao que deles se espera no contexto deste mecanismo e tal foi, de facto, o que se observou durante a vigência do regime de *Bretton-Woods* que implodiu de facto em Agosto de 1971 quando o Presidente dos E.U.A., Richard Nixon, declarou a inconvertibilidade em ouro das reservas oficiais em USD detidas pelos Bancos Centrais internacionais. Para desincentivar essa falta de colaboração da parte dos países superavitários, o regime de *Bretton-Woods* contemplava uma cláusula punitiva, a chamada cláusula da moeda escassa, que permitia aos países deficitários, perante esterilizações efectuadas pelos países superavitários, impor restrições às importações deles provenientes.

Há, naturalmente, algum grau de substitutabilidade entre liquidez e ajustamento; quanto maior o nível de um tanto menos necessário é o outro.

A confiança no sistema é primordial. Quebras de confiança na sua sustentabilidade, traduzindo as dúvidas dos especuladores quanto à capacidade de os países participantes serem capazes de cumprir com o conjunto das suas obrigações,[246] pode despoletar ataques especulativos contra as moedas percebidas como fracas. Em boa verdade, estes ataques especulativos, que se podem ir repetindo sucessivamente ao longo do tempo, têm o potencial para tornar inevitável a desvalorização de uma moeda que, na ausência de tais pressões, não aconteceria. Consequentemente, o regime de *Bretton-Woods* consentia a aplicação de restrições à livre circulação internacional de capitais, mormente os de curto-prazo, embora isso fosse contrário a toda a filosofia em que o regime assentava, justamente com o fito de aliviar o sistema da incidência e da pressão de tais ataques especulativos. Mas também aqui se divisa a substitutabilidade entre confiança e os dois pilares antecedentes, pois quanto melhor aqueles funcionassem menor seria a probabilidade da ocorrência de ataques especulativos, e vice-versa.

[246] No sistema de *Bretton-Woods*, os países participantes, com excepção dos EUA, tinham a obrigação de manter as cotações de mercado das suas moedas dentro da margem de flutuação, para tanto tendo necessidade de níveis adequados de reservas. Os EUA tinham, por outro lado, a obrigação de converterem as reservas de USD detidas pelos Bancos Centrais de outros países em ouro à cotação oficial de USD 35.00 por onça *troy*.

Questões de Escolha Múltipla

1. De acordo com a perspetiva monetária da balança de pagamentos:

- [ ] a) *Superavits* da balança de pagamentos resultam de políticas monetárias excessivamente expansionistas.
- [ ] b) Desequilíbrios no mercado monetário traduzem-se em desequilíbrios na balança de pagamentos.
- [ ] c) Partindo de uma situação de equilíbrio no mercado monetário, um aumento da oferta de moeda leva a uma diminuição da despesa em bens e serviços.
- [ ] d) Há um défice da balança de pagamentos quando a procura de moeda cresce mais rapidamente que a oferta de moeda.
- [ ] e) Duas das alíneas anteriores estão corretas.

2. Em câmbios flexíveis:

- [ ] a) Após uma contração monetária, a balança de pagamentos ficará superavitária enquanto a autoridade monetária esterilizar.
- [ ] b) O efeito da política monetária sobre o rendimento será tanto mais duradouro quando maior for a mobilidade internacional de capitais.
- [ ] c) No caso de haver mobilidade internacional de capitais, uma política monetária expansionista gera um défice da balança de capitais.
- [ ] d) Uma política monetária expansionista gera um *superavit* da balança comercial, quer haja mobilidade de capitais ou não.
- [ ] e) Uma política monetária expansionista poderá levar a uma apreciação ou depreciação da moeda doméstica dependendo do grau de mobilidade internacional de capitais.

3. No modelo monetário simples da taxa de câmbio:

- [ ] a) A política monetária seguida no exterior não tem influência sobre a taxa de câmbio da moeda doméstica.
- [ ] b) Um regime de câmbios flexíveis gera desequilíbrios na balança de pagamentos.
- [ ] c) Câmbios fixos permitem que as autoridades monetárias controlem o valor das suas moedas, bem como as suas ofertas.
- [ ] d) A taxa de câmbio é determinada pelo encontro entre a procura e a oferta de moeda de um dado país, independentemente da procura e oferta de moeda no exterior.
- [ ] e) Nenhuma das alíneas anteriores está correta.

4. Segundo a perspetiva monetária, uma deterioração da balança de pagamentos de um país pode resultar de:

- [ ] a) Uma política monetária excessivamente expansionista.
- [ ] b) Um aumento dos preços domésticos.
- [ ] c) Um aumento do rendimento.
- [ ] d) Uma excessiva procura de moeda.
- [ ] e) Duas das alíneas anteriores estão corretas.

5. Qual das seguintes alternativas não é um pressuposto da perspetiva monetária da balança de pagamentos:

☐ a) Regime de câmbios flexíveis.

☐ b) A procura real de moeda é uma função estável de um número limitado de variáveis.

☐ c) Todos os preços são perfeitamente flexíveis.

☐ d) No longo prazo verifica-se a lei do preço único para os bens transacionáveis.

☐ e) No longo prazo o BC não esteriliza os efeitos da balança de pagamentos sobre a oferta de moeda.

6. Qual das seguintes alternativas está correta?

☐ a) Para a perspetiva monetária da balança de pagamentos, esta é um fenómeno essencialmente monetário.

☐ b) A perspetiva monetária da balança de pagamentos é uma teoria de curto prazo.

☐ c) Para a perspetiva monetária da balança de pagamentos os fatores reais nunca podem ser causa de alterações da balança de ajustamentos oficiais.

☐ d) Duas das alíneas anteriores estão corretas.

☐ e) Nenhuma das alíneas anteriores está correta.

7. Para a perspetiva monetária, a balança de pagamentos é:

☐ a) Uma função negativa do crédito interno.

☐ b) Uma função negativa da taxa de inflação.

☐ c) Uma função negativa da taxa de crescimento do rendimento real.

☐ d) Uma função positiva da variação da taxa de juro.

☐ e) Nenhuma das alíneas anteriores está correta.

8. Para a perspetiva monetária, qual das seguintes alternativas não está correta?

☐ a) Desequilíbrios da balança de pagamentos resultam de desequilíbrios no mercado monetário.

☐ b) Os desequilíbrios da balança de pagamentos são transitórios.

☐ c) A desvalorização da taxa de câmbio não é necessária para eliminar um défice da balança de pagamentos.

☐ d) Défices da balança de pagamentos devem ser ultrapassados pela imposição de quotas ás importações.

☐ e) Um país pode suportar durante algum tempo défices da balança de pagamentos suportados por operações de esterilização.

9. Para a perspetiva monetária, qual das seguintes alternativas está correta?

- [ ] a) O crédito interno tem um efeito proporcional na balança de pagamentos.
- [ ] b) A inflação tem um efeito menos do proporcional na balança de pagamentos.
- [ ] c) O impacto do rendimento real na balança de pagamentos depende da elasticidade rendimento da procura real de moeda.
- [ ] d) Duas das alíneas anteriores estão corretas.
- [ ] e) Nenhuma das alíneas anteriores está correta.

10. Para a perspetiva monetária, qual das seguintes alternativas está correta?

- [ ] a) Os ajustamentos da balança de pagamentos realizam-se apenas pela via de movimentos de capitais.
- [ ] b) Não são admitidas intervenções por parte da autoridade monetária no processo de ajustamento da balança de pagamentos em nenhuma circunstância.
- [ ] c) Desequilíbrios da balança de pagamentos podem ser ultrapassados pela via da política monetária e orçamental.
- [ ] d) Duas das alíneas anteriores estão corretas.
- [ ] e) Nenhuma das alíneas anteriores está correta.

16. A Determinação das Taxas de Câmbio em Regime de Taxas de Câmbio Perfeitamente Flutuantes

"Over time the exchange rate is determined by the interaction between goods markets and asset markets. This is so because the price level will rise to match the expansion in the nominal quantity of money until, in the long run, the monetary expansion is exactly matched by a price increase so that real balances and interest rates are unchanged and the spot and forward rate depreciate in the same proportion as the increase in the nominal quantity of money."

Rudiger Dornbush (1976b, p. 265)

A taxa de câmbio é um processo essencialmente monetário. No longo-prazo é determinada pelas condições observadas no mercado monetário, tendo como elemento essencial de partida a teoria das paridades dos poderes de compra transformada de uma relação entre preços para uma relação entre moedas. Mas, no curto-prazo, ela é essencialmente influenciada pelo mercado dos activos financeiros e, mais especificamente, pela mobilidade internacional dos capitais a curto-prazo em resultado de estes revelarem uma maior velocidade de ajustamento a choques do que aquela que é observável no mercado dos bens e dos serviços em virtude de contratos e de outros custos de transacção relevantes que impôem níveis apreciáveis de rigidez a este mercado. Para além do mercado monetário, são ainda pilares fundamentais da construção teórica destes modelos, no que ao curto-prazo respeita, a arbitragem de juros, seja a coberto seja a descoberto, e o papel dos especuladores.

Esta exposição segue substancialmente a apresentação de referência de Dornbusch (1976a,b).

16.1. A Taxa de Câmbio no Curto-Prazo

16.1.1. *A Paridade das Taxas de Juro*

Numa economia aberta e global onde circulam diferentes unidades monetárias remuneradas às suas próprias taxas de juro, e onde as operações de arbitragem se podem desenvolver sem restrições quer administrativas quer de acesso ao financiamento, os investidores fazem circular os capitais entre moedas até ao ponto em que elas oferecem a mesma taxa efectiva de remuneração. Isto acontece quando se atinge a solução de equilíbrio, tendo na devida conta as diferenças entre remunerações ditadas pelos custos de transacção, tais como comissões e impostos. Portanto, para a determinação desta taxa de juro efectiva relevam não apenas as taxas de juro praticadas nos mercados monetários respectivos, como igualmente os resultados financeiros colhidos no mercado cambial tendo em conta o diferencial entre as taxas de câmbio cotadas entre os momentos da realização do investimento e os da sua liquidação. Tudo isto significa que só há incentivos à circulação mundial de capitais de curto-prazo entre diferentes unidades monetárias quando o mercado não se encontra em equilíbrio, ou seja, quando, conforme o grau de aversão ao risco dos investidores, a paridade a coberto, ou a descoberto, das taxas de juro não se verifica. Quando isto acontece há oportunidades de obtenção de lucros que podem ser exploradas até se extinguirem, o que acontece quase instantaneamente dada a rapidez e dimensão das operações de arbitragem que são activadas.

Para se perceber em que consiste a paridade a descoberto das taxas de juro, vamos considerar o exemplo que se segue. Considere-se um investidor residente na Zona Euro que pretende aplicar EUR 1 000 durante um ano, ou o seu equivalente em USD. Este montante pode provir quer de capitais próprios quer de capitais alheios, tendo contudo aqueles o custo de oportunidade dado pela taxa de juro que remunera a unidade monetária. Assume-se, para facilitar a exposição, que as taxas de juro activas são iguais às taxas de juro passivas pelo que, para cada moeda e para cada prazo, estamos a lidar apenas com uma única taxa de juro. As taxas de juro para as moedas em causa são:

(1) Taxa de juro para o euro para o prazo da operação,[247] i_{EUR};

(2) Taxa de juro para o dólar para o prazo da operação, i_{USD}.

[247] Recordamos o leitor que independentemente da maturidade das operações financeiras, as taxas de juro são sempre dadas em termos anualizados.

Se o investidor aplicar EUR 1 000 na Zona Euro durante um ano obtém:

$$EUR\ 1\ 000\ \ (1 + i_{EUR}) \qquad (16\text{-}1)$$

Este é igualmente o valor em dívida no vencimento, capital mais juros, se se tratar de um financiamento em euros.

Já se o investidor decidir fazer aplicações em USD financiadas por euros terá que realizar em simultâneo as duas operações a seguir discriminadas: 1) conversão de EUR em USD à taxa de câmbio à vista $S_{EUR/USD}$,[248] vigente nesse momento; 2) aplicação em USD, e pelo mesmo prazo, à taxa de juro i_{USD}. Se decidir não cobrir a exposição ao risco cambial, deve proceder, no vencimento, à conversão do resultado da aplicação (capital mais juros) para euros à taxa de câmbio à vista que vigorará nessa altura. Contudo, no momento em que o investidor tem que tomar a decisão de investir em USD, ele naturalmente desconhece o valor da taxa de câmbio à vista que vai vigorar na data de vencimento da operação, daí a um ano, pelo que no seu processo de decisão o que ele de facto considera é a sua expectativa para a taxa de câmbio à vista cotada no mercado nessa altura, seja $S^{e}_{EUR/USD}$. Assim, numa base a descoberto, o resultado esperado da aplicação em USD, expresso em EUR é:

$$EUR\ 1\ 000 S_{EUR/USD}(1 + i_{USD})\frac{1}{S^{e}_{EUR/USD}} \qquad (16\text{-}2)$$

Admita-se que: *i*) não existem custos de transacção;[249] *ii*) não existem intervenções oficiais no mercado cambial, incluindo controlo de capitais, pelo que se está perante um sistema de câmbios perfeitamente flexíveis; *iii*) não existem outros constrangimentos ou imperfeições de mercado; *iv*) as operações em euros e em dólares são substitutos perfeitos quanto a liquidez, maturidade e risco. Então, para haver equilíbrio, no sentido habitual de indiferença entre alternativas, ambas devem propiciar o mesmo resultado. Assim:

$$EUR\ 1\ 000(1 + i_{EUR}) = EUR\ 1\ 000 S_{EUR/USD}(1 + i_{USD})\frac{1}{S^{e}_{EUR/USD}} \qquad (16\text{-}3)$$

A condição da paridade de juros a descoberto exprime, pois, que em equilíbrio as rentabilidades esperadas em duas quaisquer moedas são as mesmas.

[248] O que significa que 1 euro vale *S* dólares. Usamos também o código ISO em que cada moeda é designada por três letras – as duas primeiras identificam o país, a terceira a moeda. Por exemplo USD quer dizer United States Dolar (ver em http://www.xe.com/iso4217.htm a lista completa de siglas e símbolos para todas as moedas existentes.

[249] Os impostos são tratados como custos de transacção.

Resolvendo a Equação (16-3) em ordem à taxa de câmbio à vista obtém-se:

$$S_{EUR/USD} = S^e_{EUR/USD} \frac{1+i_{EUR}}{1+i_{USD}} \tag{16-4}$$

Exprimindo esta mesma relação sob uma forma ligeiramente diferente, mas onde importante informação contida na relação é mais evidente, temos:

$$\frac{i_{EUR}-i_{USD}}{1+i_{USD}} = \frac{S_{EUR/USD}-S^e_{EUR/USD}}{S^e_{EUR/USD}} \tag{16-5}$$

o que significa que a relação entre taxas de câmbio à vista e esperadas é função do diferencial entre as taxas de juro no mercado monetário. Concretamente, quando a taxa de juro do EUR excede a do USD espera-se a apreciação do USD no mercado à vista, e vice-versa. Por outro lado, em equilíbrio, a taxa de juro efectiva, no sentido que toma em conta não só as taxas de juro do mercado monetário mas ainda o efeito sobre as rentabilidades das alterações nas taxas de câmbio, escreve-se do seguinte modo:

$$i_{EUR} = i_{USD} + \frac{S_{EUR/USD}-S^e_{EUR/USD}}{S^e_{EUR/USD}} + \mathrm{i}_{\mathrm{USD}} \frac{S_{EUR/USD}-S^e_{EUR/USD}}{S^e_{EUR/USD}} \tag{16-6}$$

A equação (16-6) significa que, em equilíbrio, a taxa de juro efectiva que remunera uma operação financiada por euros é igual à soma da taxa de juro que remunera o USD, a moeda em que a aplicação é feita, mais a taxa de apreciação ou depreciação esperada para o EUR no mercado cambial, mais ainda o termo cruzado que figura como última parcela deste somatório.

Mas se, diversamente do caso acabado de apresentar e explicar, os investidores forem avessos ao risco,[250] presume-se que no seu processo de decisão efectuam, desde logo, a cobertura do risco cambial contratando a taxa de câmbio no mercado a prazo para a data da maturidade da operação programada para o mercado monetário, $F_{EUR/USD}$. Substituindo nas expressões anteriores a taxa de câmbio à vista esperada pela taxa de câmbio a prazo contratada, obtemos a relação com a qual se verifica a paridade a coberto das taxas de juro.

$$\frac{i_{EUR}-i_{USD}}{1+i_{USD}} = \frac{S_{EUR/USD}-\mathrm{F}_{\mathrm{EUR/USD}}}{\mathrm{F}_{\mathrm{EUR/USD}}} \tag{16-7}$$

Quando se verifica a paridade das taxas de juro, a coberto ou a descoberto, não há incentivos para promover a circulação internacional de capitais devido à ausência de ganhos esperados. Eles circularão apenas se o mercado estiver

[250] Ou se para eles a taxa de câmbio esperada fôr menos favorável do que aquela que pode ser contratada no mercado a prazo.

em desequilíbrio, situação em que as relações de igualdade estabelecidas pelas equações acima são substituídas por relações de desigualdade.

Admita-se, por exemplo, que a rentabilidade, em euros, de um investimento feito em dólares é maior que a rentabilidade de um investimento em euros. Se assim suceder então a relação entre as duas alternativas é a que se escreve agora:

$$EUR\ 1\ 000(1 + i_{EUR}) < EUR\ 1\ 000 S_{EUR/USD}(1 + i_{USD})\frac{1}{S^e_{EUR/USD}} \qquad (16\text{-}8)$$

A verificação da condição de paridade de juros a descoberto é, naturalmente, garantida pelos especuladores que, promovendo a circulação de capitais de euros para dólares, neste exemplo ilustrativo, apreciam o USD à vista, depreciam-no em termos de expectativas, provocam a subida da taxa de juro em euros porque é nesta moeda que se financiam, e a descida para a taxa de juro em dólares porque é nela que realizam as suas aplicações.

Todavia, resta a importante questão de se saber de que maneira os especuladores formam as suas expectativas quanto ao comportamento futuro das taxas de câmbio à vista. Há vários modelos possíveis de formação de expectativas, incluindo o das expectativas racionais. Uma vez que este último é de uma extrema complexidade, tanto teórica quanto de modelização, consideremos tão só os três modelos abaixo.[251]

16.1.1.1. Expectativas Estáticas (Random Walk)

Se os agentes económicos formularem as suas expectativas deste modo, então assume-se que:

$$S_t = S_{t-1} + \varepsilon_t \qquad (16\text{-}9)$$

e onde:

$$\begin{cases} E(\varepsilon_t) = 0 \\ Var(\varepsilon_t) = \sigma_\varepsilon^2 \\ Cov(\varepsilon_{t,}\varepsilon_n) = 0\,; \forall\, n \neq t \end{cases}$$

de tal modo que a previsão para qualquer período futuro é sempre igual ao valor da observação no presente:

$$E_t(\Delta S_{t+1}) = 0 \iff E(S_{t+1}) = S_t \qquad (16\text{-}10)$$

[251] Ver Frankel e Froot (1987).

Na sequência do desequilíbrio entre rentabilidades considerado na Equação (16-8), assente neste mecanismo de formação das expectativas, todo o ajustamento recai sobre as taxas de juro pois a taxa de câmbio à vista esperada para o futuro é a mesma que é cotada no presente. E, portanto, a outra implicação deste modelo de formação das expectativas é, em equilíbrio, a igualização das taxas de juro que remuneram as duas moedas.

16.1.1.2. Expectativas Adaptativas

Neste caso, as expectativas dos agentes económicos, incluindo as dos especuladores, fazem-se com base na observação dos valores do passado; são, portanto, *backward looking*, atribuindo uma ponderação a cada uma dessas observações, e, modelizando a velocidade de ajustamento das expectativas. Seja λ essa velocidade de ajustamento, tal que $0 \leq \lambda \leq 1$. Assim:

$$(16\text{-}11) \quad E_t(S_{t+1}) = \lambda S_t + (1-\lambda)S_{t-1}$$

pelo que $E_t(S_{t+1}) < S_t$ se $0 < \lambda < 1$.

Num cenário de desequilíbrio, tal com o descrito na Equação (16-8), a correcção faz-se com a contribuição de ajustamentos na taxa de câmbio esperada, sem ser necessário que as taxas de juro se igualem. No que respeita às taxas de câmbio, o que se espera é que perante uma apreciação de uma moeda no presente, ela também se aprecie no futuro mas menos do que proporcionalmente do que no presente; dito de outra forma, espera-se que se deprecie no futuro relativamente ao seu valor no presente. E vice-versa. Há estabilização das cotações no mercado cambial.

16.1.1.3. Expectativas Extrapolativas (Efeito de Band Wagon)

Considere-se agora que a variação da taxa de câmbio induz a revisão da taxa de câmbio esperada para o futuro, mas a variação é mais do que proporcional:

$$(16\text{-}12) \quad \begin{aligned} & E_t(\Delta S_{t+1}) = g\Delta S_t, \ \ com \ \ g > 0 \\ & ou \\ & E_t(S_{t+1}) = aS_t + \varepsilon_t \ \ com \ \ a > 1 \end{aligned}$$

Neste caso, perante o desequilíbrio considerado na Equação (16-8) um aumento da procura de dólares no presente origina a expectativa da sua apreciação futura. A consecução da paridade das taxas de juro exige um maior esforço de ajustamento das taxas de juro, para compensar o carácter desestabilizador das expectativas sobre a evolução das taxas de câmbio.

Esta estratégia é designada na gíria do mercado por *carry trade* e é usada pelos investidores internacionais para lucrar com desvios persistentes da paridade de juros a descoberto, fazendo aplicações nas moedas com taxas de juro mais altas e financiando-se nas moedas com taxas de juro mais baixas. Esta é uma estratégia não coberta e, portanto, especulativa.

Admita-se que, em determinado instante, o mercado monetário está em equilíbrio, que as expectativas acerca da cotação da taxa de câmbio à vista no futuro se formam segundo o mecanismo adaptativo e que, além disso, ocorre a paridade a descoberto das taxas de juro.

No curto-prazo, dados os níveis de preço e do rendimento real, a taxa de juro de equilíbrio é aquela que iguala a procura de moeda à oferta de moeda. Se à taxa de juro de equilíbrio inicial se criar um excesso de oferta de moeda a taxa de juro tende a descer. Se o contrário suceder, um excesso de procura de moeda em relação à oferta, a taxa de juro tende a subir para reequilibrar o mercado. Considere-se a representação do equilíbrio no mercado monetário na Figura 16-1. A situação inicial de equilíbrio no mercado monetário está representada no ponto 1. Admita-se agora que o Banco Central Europeu conduz uma política monetária restritiva originando um aumento da taxa de juro do euro de para i_{EUR}^1 para i_{EUR}^2. Tudo o resto constante, à taxa de câmbio inicial o investimento em euros torna-se lucrativo pois $\left((1+i^2{}_{EUR}) > \frac{1}{S_{EUR/USD}^e}(1+i_{USD})S_{EUR/USD}\right)$. Aumenta a procura por aplicações em euros e a procura por financiamento em dólares o que origina no presente a apreciação do euro mas com expectativas de depreciação futura na altura da liquidação da operação financeira.

Conforme se pode constatar a partir da Figura (16-1), o aumento do *stock* nominal de moeda, *ceteris paribus*, diminui a taxa de juro interna e causa a depreciação da moeda doméstica.

Figura 16-1: Mercado Monetário da Zona Euro

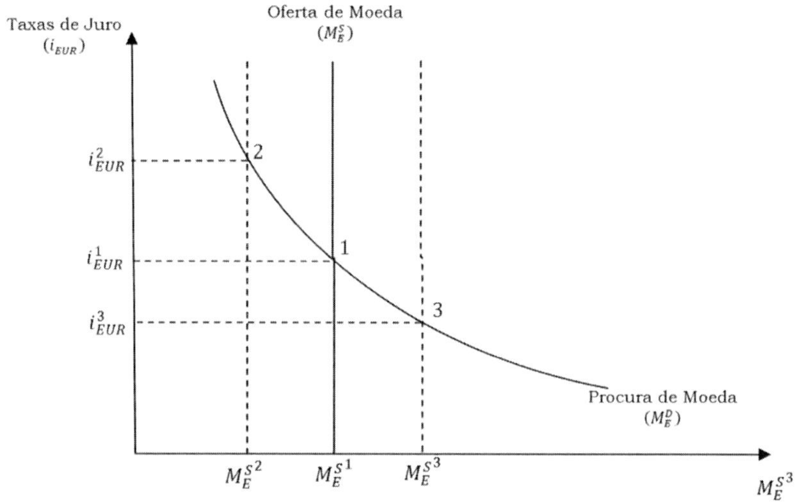

Conclui-se pois que, tudo o resto constante, uma política monetária restritiva origina o aumento da taxa de juro de uma moeda, e causa a sua apreciação no mercado cambial; ao invés, uma política monetária expansionista provoca a diminuição da taxa de juro da respectiva moeda, e causa a sua depreciação no mercado cambial.

16.1.2. *A Exposição do Modelo de Dornbusch*

Dornbusch publicou um extenso número de artigos sobre esta temática. Aqui vamo-nos basear em Dornbusch (1976b, 255-275). Em consonância com o que foi escrito acima, devido à rigidez no mercado dos bens e dos serviços, a paridade dos poderes de compra é irrelevante no curto-prazo. Neste horizonte temporal as influências provêem das condições no mercado monetário, da arbitragem das taxas de juro e, portanto, da especulação sobre as cotações futuras das taxas de câmbio à vista, assim como da mobilidade internacional dos capitais a curto-prazo. O autor assume o caso de um pequeno país e perfeita substitutabilidade dos activos denominados em quaisquer moedas.

No curto-prazo, as variáveis reais, tal como o rendimento, que entram na especificação da função procura real de moeda são constantes. Nestes termos, podemos exprimir a procura real de moeda como função unicamente da taxa nominal de juro *i*, tal que:

$$i = i(\frac{M}{P}, \dots) \tag{16-13}$$

A condição de paridade a coberto das taxas de juro pode, por outro lado, escrever-se como:[252],[253]

$$i = \delta + i^* \tag{16-14}$$

onde δ representa a paridade a coberto das taxas de juro, $\frac{F-S}{S}$.

Substituindo as expressões obtidas na equação (16-14) temos:

$$i\left(\frac{M}{P}, \dots\right) = i^* + \frac{F}{S} - 1 \tag{16-15}$$

Vamos agora diferenciar a equação (16-15) em ordem ao tempo, tendo em atenção o pressuposto de uma pequena economia aberta, o que tem como consequência que i^* é tratada como uma constante. Obtemos assim:

$$s^{\pi} = f^{\pi} + \frac{m^{\pi}}{\alpha} \tag{16-16}$$

O símbolo π colocado sobre cada uma das letras em minúsculas significa a taxa de variação percentual da variável em maiúscula que lhe corresponde. Esta última equação traduz as seguintes ideias: a) uma relação de proporcionalidade entre a variação na taxa de câmbio a prazo e a taxa de câmbio à vista, pois $\frac{\partial s^{\pi}}{\partial f^{\pi}} = 1$; b) uma vez que $0 < \alpha < 1$, a taxa de câmbio à vista varia mais do que proporcionalmente com variações na oferta de moeda, pois $\frac{\partial s^{\pi}}{\partial m^{\pi}} > 1$. Esta última constatação diz-nos que uma expansão na quantidade nominal de moeda em circulação provoca uma depreciação da taxa de câmbio a uma taxa que excede a da expansão do *stock* de moeda, e vice-versa.

Dornbusch assume seguidamente que a taxa de câmbio a prazo é um previsor não enviesado da taxa de câmbio à vista prevista pelos especuladores, ou seja, $E_t(S_{t+n}) = F_{t,t+n}$, e que estas expectativas se formam adaptativamente segundo a expressão fornecida pela próxima equação.

$$F = \lambda S + (1 - \lambda)S_{t-1} \tag{16-17}$$

com $0 < \lambda < 1$.

[252] Para simplificar, o que é muito comum na literatura, o autor ignora o denominador da expressão relativa às taxas de juro, $\frac{i-i^*}{1+i^*}$, considerando exclusivamente a expressão que faz o numerador.

[253] O asterisco * sobre uma variável significa aqui que essa mesma variável se refere ao outro país, o da moeda cotada.

A taxa de câmbio a prazo, que corporiza a expectativa quanto à taxa de câmbio à vista a ser cotada no futuro, varia menos do que proporcionalmente com a taxa de câmbio à vista, e a moeda de cotação está cotada a prémio no mercado a prazo. Determinado a taxa de variação percentual correspondente à equação (16-17), e substituindo a expressão resultante na equação (16-16), chegamos a expressão final que explica o comportamento da taxa de câmbio à vista no curto-prazo.

$$s^{\pi} = \frac{m^{\pi}}{(1-\beta)\alpha} \tag{16-18}$$

A introdução da formação das expectativas pelos especuladores acentua a volatilidade da taxa de câmbio à vista quanto mais λ tende para a unidade. Portanto, essa volatilidade é tanto maior quanto maior λ e menor α. De facto, quanto menor for este último parâmetro tanto mais a taxa de juro terá que se ajustar para conduzir ao reequilíbrio do mercado monetário perturbado por choques na oferta de moeda.

Sintetizando as implicações deste modelo no que se refere ao impacto de uma política monetária expansionista sobre a taxa de câmbio, os aspectos seguintes são de destacar. O primeiro é que sendo os dois activos considerados sucedâneos perfeitos entre si, a redução na taxa de juro que remunera o activo em cuja moeda se deu aquela expansão conduz necessariamente a que a moeda respectiva tenha que estar cotada a prémio no mercado a prazo por força da solução de equilíbrio manifesta na paridade a coberto das taxas de juro, independentemente do mecanismo de formação das expectativas. As demais implicações ficam dependentes do mecanismo adoptado para a formação das expectativas e, no caso das expectativas adaptativas, a redução na taxa de juro doméstica tem que ser compensada por uma expectativa de apreciação da taxa de câmbio, exactamente como resulta da equação (16-17) onde $0 < \lambda < 1$, tal que a depreciação na taxa de câmbio à vista é acompanhada por uma apreciação esperada menos que proporcional do que a da depreciação da taxa de câmbio à vista no presente. Por outro lado, quanto menor for a sensibilidade da procura real de moeda à taxa de juro, tanto mais esta terá que baixar para acomodar uma dada expansão da massa monetária em circulação, provocando uma tanto mais acentuada depreciação da taxa de câmbio à vista no presente e, para uma dada velocidade de ajustamento das expectativas, níveis mais elevados de apreciação da taxa de câmbio no futuro e, por outro lado, esta expectativa é tanto maior quanto menor for λ.

16.1.3. *Os Determinantes de Longo-Prazo das Taxas de Câmbio*

No longo-prazo, o comportamento das taxas de câmbio à vista é determinado pelas condições vigentes no mercado dos bens e dos serviços, de acordo com o que é postulado pela teoria das paridades dos poderes de compra. Porém, nas formulações surgidas na literatura, principalmente após a ruptura do regime de *Bretton-Woods*, ela é transformada de uma relação entre preços para uma relação entre moedas. Isto deve-se ao facto de também a taxa de câmbio ser agora interpretada como um fenómeno essencialmente monetário.

A teoria das paridades dos poderes de compra, cuja sistematização se deve ao economista sueco Gustav Cassel nos primórdios do século XX, desenvolve-se em duas versões: a) a versão absoluta e, b) a versão relativa.

16.1.3.1. Versão Absoluta

A condição de paridade dos poderes de compra (PPC) em termos absolutos, diz-nos que o preço de um mesmo cabaz de bens em todos os países deve ser o mesmo quando expresso na mesma moeda.[254] A PPC dá-nos, assim, o valor teórico de referência para a taxa de câmbio:

$$S_{EUR/USD} = \frac{P_{USD}}{P_{EUR}} \tag{16-19}$$

A PPC implica que a taxa de câmbio é igual aos preços relativos dos dois países. A PPC pode ser utilizada para prever a taxa de câmbio, bastando para isso prever a evolução dos preços. O problema é que os preços e a taxa de câmbio podem ser determinados sequencialmente, pelo que necessitamos de uma teoria para evolução dos preços no longo-prazo.

[254] A validade da PPC está sujeita a um conjunto de pressupostos. Quando estes não são totalmente verificados, a taxa de câmbio efectivamente verificada pode diferir da PPC. O principal pressuposto é o livre comércio internacional, pois este permite eliminar desvios causados pelos outros factores através da arbitragem de mercadorias. Os seguintes factores podem determinar desvios em relação à PPC: i) a existência de custos de transacção como os custos com transporte internacional dos bens, os impostos e outras barreiras ao comércio internacional; ii) a existência de bens que têm componentes não-transaccionáveis – por exemplo, um café servido num café inclui algumas componentes altamente transaccionáveis como os grãos de café e o açúcar, e algumas não-transaccionáveis como o trabalho do empregado; iii) a existência de concorrência imperfeita e obstáculos legais; iv) a existência de rigidez dos preços. A comparabilidade dos cabazes de bens e de serviços é outro factor relevante para este efeito, assim como a ausência de restrições à circulação mundial de capitais. Ver Fernandes (1982).

16.1.3.2. Versão Relativa

A versão relativa da PPC diz-nos que a variação esperada da taxa de câmbio será aproximadamente igual ao diferencial esperado entre a taxa de inflação doméstica e externa. Moedas de países com taxas de inflação comparativamente superiores devem-se depreciar relativamente às moedas de países com menores níveis de inflação e pelo diferencial entre as taxas de inflação. Assim:

$$\frac{S^e_{EUR/USD} - S_{EUR/USD}}{S_{EUR/USD}} = \dot{p}_{EUA} - \dot{p}_{EUR} \qquad (16\text{-}20)$$

A Caixa 16-1 ilustra uma aplicação simples da PPC tendo em conta um único bem homogéneo.

Caixa 16-1: *Os Índices Big Mac e Starbucks Tall Late*

Desde 1986 a revista *The Economist* tem usado um índice baseado na PPC para avaliar se as moedas estão subvalorizadas ou sobreavaliadas. O índice baseia-se num cabaz com um só bem homogéneo - o *Big Mac* da *MacDonald's* que é oferecido em 120 países.

Correspondentes em todo o mundo verificam os preços de um *Big Mac*, que são depois comparados com o preço nos EUA. O desvio percentual do preço (positivo ou negativo) nos Estados Unidos mede a sobre/sub apreciação da moeda local baseada no cabaz hambúrguer.

O Índice *Big Mac* é dado pela seguinte expressão:

$$\text{Índice } Big\ Mac = q^{Big\ Mac}_{País\ /EUA} - 1 = \frac{S_{moeda\ local/USD} \times P^{Big\ Mac}_{País\ x}}{P^{Big\ Mac}_{EUA}} - 1$$

- Um valor do índice superior à unidade significa que a moeda em causa está sobre-apreciada relativamente ao Dólar.
- Um valor do índice inferior à unidade significa que a moeda em causa está sub-apreciada relativamente ao Dólar.
- Um valor do índice igual à unidade significa que o valor da moeda é determinada pela PPC

A Figura seguinte mostra quais as moedas estão sobre- e sub-apreciadas em Janeiro de 2013, de acordo com o índice *Big Mac.*

Verifica-se, por exemplo, que o preço médio de um *Big Mac* nos E.U.A. era de $4.37em Janeiro de 2013 enquanto na Índia era apenas $1.67 à taxa de câmbio corrente. Desta forma, o Índice *Big Mac* mostra que a rupia esta sub-apreciada em relação dólar em cerca de 60%. Já o preço de um *Big Mac* na Venezuela era $9.08 à taxa de câmbio corrente, pelo que o peso venezuelano estava nesta data sobre-apreciado em relação ao dólar.

A revista *The Economist* apresenta por vezes o mesmo exercício com outros produtos globais, como por exemplo o índice calculado com base no preço de um *Starbucks Tall Late* em 2004.

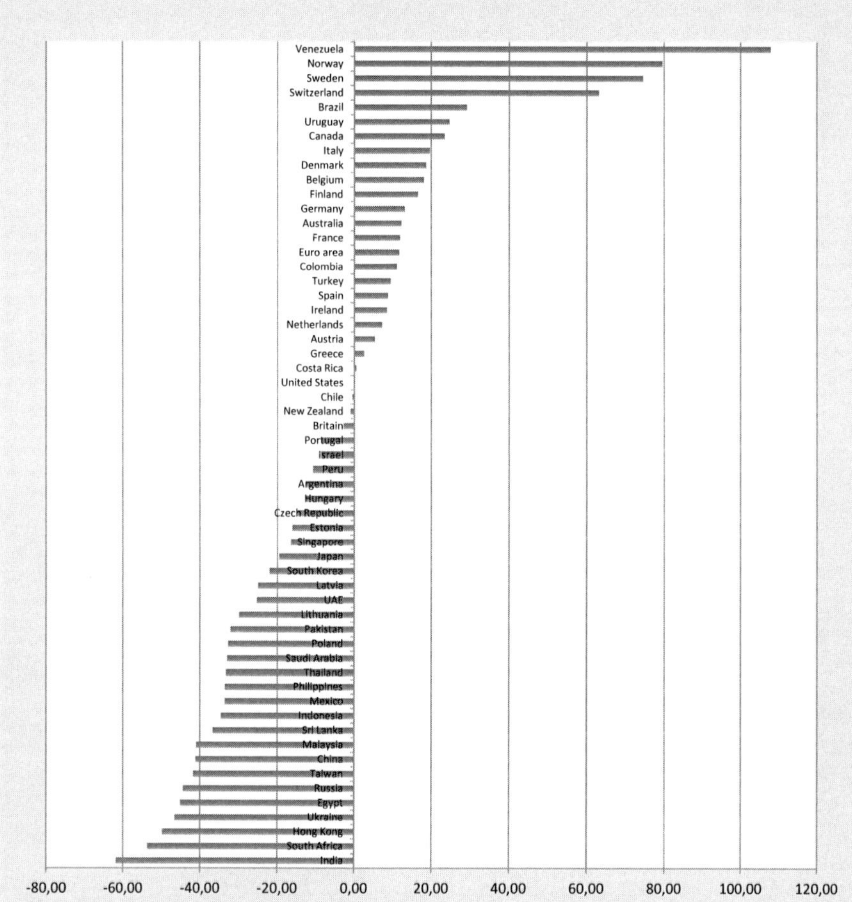

Ver os valores históricos deste índice em:
http://www.economist.com/content/big-mac-index

16.1.3.3. Oferta de Moeda e Taxa de Câmbio

Considere-se de novo a condição de equilíbrio no mercado monetário doméstico. No curto-prazo, os preços são relativamente rígidos, e o equilíbrio no mercado monetário é assegurado pela variação da taxa de juro, tal como vimos na secção anterior. No longo-prazo, os preços ajustam-se em resposta a uma alteração da oferta de moeda de forma a garantir o equilíbrio no mercado monetário, e a taxa de juro regressa ao valor inicial. Seja *P* o valor dos preços que satisfaz a condição de equilíbrio no mercado monetário quando o *output* e a taxa de juro estão ao nível dos seus valores de longo-prazo, $\overline{Y}$ e, $\overline{i}$ respectivamente.

$$P_{ZE} = \frac{M^S_{ZE}}{L_{ZE}(\overline{Y},\overline{i})} \tag{16-21}$$

o que implica que, tudo o resto constante, um aumento da massa monetária origina um aumento proporcional do nível de preços. Em termos dinâmicos:

$$\ln(P_{ZE}) = \ln\left(M^S_{ZE}\right) - \ln(L_{ZE})$$

$$\frac{d[\ln(P_{ZE})]}{dt} = \frac{d[\ln(M^S_{ZE})]}{dt} - \frac{d[\ln(L_{ZE})]}{dt} \tag{16-22}$$

$$\dot{p}_{ZE} = \dot{m}_{ZE} - \dot{l}_{ZE}$$

o que significa que a taxa de inflação da Zona Euro, $\dot{p}_{ZE}$, iguala a diferença entre a taxa de crescimento da oferta de moeda, $\dot{m}_{ZE}$, e a taxa de crescimento da procura real de moeda, $\dot{l}_{ZE}$.

Admitindo-se que se verifica, também, a condição de equilíbrio no mercado monetário nos E.U.A., e que verifica a PPC em termos absolutos (Equação (16-19)) podemos escrever:

$$S_{EUR/USD} = \frac{M^S_{ZE}/L_{ZE}}{M^S_{EUA}/L_{EUA}} \tag{16-23}$$

Considerando agora a paridade dos poderes de compra em termos relativos (Equação (16-21):

$$\frac{dS_{EUR/USD}}{S_{EUR/USD}} = \dot{p}_{EUA} - \dot{p}_{ZE} \tag{16-24}$$

A taxa percentual de variação da taxa de câmbio nominal, $\frac{dS_{EUR/USD}}{S_{EUR/USD}}$, é igual à diferença entre a taxa de inflação doméstica e externa, $\dot{p}_{ZE} - \dot{p}_{EUA}$. Ainda, tendo em conta que

$$\dot{p}_{ZE} = \dot{m}_{ZE} - \dot{l}_{ZE} \tag{16-25}$$

$$\dot{p}_{EUA} = \dot{m}_{EUA} - \dot{l}_{EUA} \tag{16-26}$$

Temos:

$$\frac{\Delta E_{EUR/USD}}{S_{EUR/USD}} = \left(\dot{m}_{EUA} - \dot{l}_{EUA}\right) - \left(\dot{m}_{ZE} - \dot{l}_{ZE}\right)$$

$$\Leftrightarrow \qquad (16\text{-}27)$$

$$\frac{\Delta E_{EUR/USD}}{S_{EUR/USD}} = \left(\dot{m}_{EUA} - \dot{m}_{ZE}\right) + \left(\dot{l}_{ZE} - \dot{l}_{EUA}\right)$$

O primeiro termo da Equação(16-27) reflecte o efeito de variações na oferta relativa de moeda sobre a taxa de câmbio. Tudo o resto constante, o país com o maior crescimento do *stock* de moeda verá a sua taxa de câmbio depreciar-se. Considere-se um aumento da taxa de crescimento do *stock* nominal de moeda doméstico. Ao nível dos preços iniciais passa a verificar-se um excesso de oferta de moeda em relação à procura. Este excesso de oferta de moeda origina um aumento dos gastos em toda a gama de bens e serviços, incluindo bens importados, levando a um aumento dos preços, a uma consequente diminuição da competitividade que se reflecte no aumento da procura por moeda estrangeira e na redução da sua oferta, conduzindo à depreciação da moeda que se expandiu à taxa mais elevada. De acordo com a PPC a competitividade é restaurada pela depreciação da taxa de câmbio. De acordo com a perspectiva monetária da balança de pagamentos a variação da taxa de câmbio é, assim, proporcional ao diferencial entre as taxas de crescimento das ofertas de moeda.

O efeito de variações na procura real de moeda encontra-se presente no segundo termo. Assim, o país no qual a procura real de moeda aumentar relativamente mais verá a sua moeda apreciar-se. De entre os vários factores que afectam a procura real de moeda, merecem particular destaque e relevância a taxa de juro, a inflação esperada e o crescimento real do produto. Um aumento do rendimento real doméstico ou uma descida da taxa de juro doméstica fazem aumentar a procura de moeda doméstica originando uma apreciação da taxa de câmbio. Um aumento do rendimento real externo ou uma descida da taxa de juro externa fazem aumentar a procura de moeda externa originando uma depreciação da taxa de câmbio. A procura real de moeda constitui assim uma das ligações entre a taxa de câmbio e o sector real, sendo que essa ligação se processa por via indirecta, ou seja, através do mercado monetário.[255]

[255] Ver Dornbush (1976b, p. 257).

16.1.4. *O Overshooting das Taxas de Câmbio*

Verifica-se que no curto-prazo as taxas de câmbio nominais são mais voláteis do que o previsto pela teoria monetária – as taxas de câmbio sobre ajustam-se (*overshooting*) em relação ao seu valor de equilíbrio de longo-prazo.

Considere-se a condição de equilíbrio no mercado monetário e a condição de paridade de juros a descoberto. Admita-se, ainda, que os preços domésticos não se alteram instantaneamente em resposta a um choque monetário não antecipado, antes ajustam-se gradualmente no tempo, e que o *output* é exógeno.

Admita-se que o *stock* nominal de moeda diminui no momento t^* de $M_{ZE}^{S^1}$ para $M_{ZE}^{S^2}$ (Figura 16-2 a)). As expectativas inflacionárias ajustam-se imediatamente na sequência da variação da oferta de moeda. Como os preços em euros são rígidos a diminuição do stock nominal de moeda origina, no curto-prazo, uma diminuição do stock real de moeda e consequentemente um aumento da taxa de juro do euro de i_{EUR}^1 para i_{EUR}^2 para repor o ajustamento no mercado monetário (Figura 16-2 b). À medida que os preços se ajustam para o valor de longo-prazo (Figura 16-2 c), a oferta real de moeda diminui para o valor inicial e a taxa de juro regressa ao seu valor inicial com ajustamento do mercado monetário a processar-se pela via dos preços. A consequência é que o aumento inicial das taxas de juro e a revalorização esperada para a taxa de câmbio no futuro determina no curto-prazo uma grande descida e um ajustamento gradual para o seu valor de longo-prazo, à medida que os preços se vão ajustando. Para repor a condição de paridade de juros a taxa de câmbio tem que se sobre ajustar relativamente ao valor de longo-prazo (Figura 16-2 d). No curto-prazo a variação do valor da moeda depende, não só da taxa de juro, como também da expectativa para o valor da moeda no futuro (dada pela equação de longo-prazo) – ver Equação (16-24) – um aumento da oferta de moeda tem no curto-prazo um duplo efeito sobre a taxa de câmbio.

Assim, uma diminuição permanente da oferta nominal de moeda doméstica causa uma apreciação proporcional da moeda doméstica no longo-prazo. Contudo, a dinâmica do modelo prevê uma grande apreciação inicial (consequência da rigidez de preços e de erros na formação das expectativas) seguida de uma pequena depreciação. Fenómeno que denominamos de *overshooting* das taxas de câmbio O *overshooting* ajuda a explicar a razão pela qual as taxas de câmbio são tão voláteis no curto-prazo.

Outra consequência importante é a de que enquanto os preços não se ajustarem, variações da oferta de moeda num país transmitem-se internacionalmente mesmo num sistema de câmbios flexíveis.[256]

[256] Dornbush (1976b, p. 273).

Figura 16-2: O Overshooting das Taxas de Câmbio

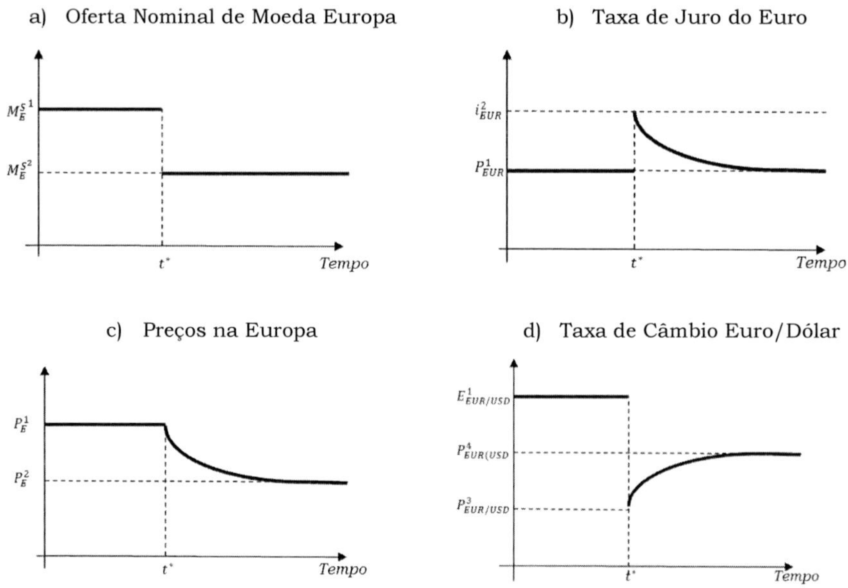

Questões de Escolha Múltipla

1. Na análise de longo prazo do modelo de Dornbusch:

- [ ] a) A taxa de câmbio não depende da oferta de moeda.
- [ ] b) A taxa de câmbio é exclusivamente influenciada pelo mercado monetário.
- [ ] c) Um aumento da massa monetária conduz a uma depreciação da moeda doméstica.
- [ ] d) A taxa de câmbio não varia.
- [ ] e) A oferta de moeda cresce à mesma taxa em todos os países.

2. Qual das seguintes alternativas não está correta?

- [ ] a) A taxa de câmbio é um processo essencialmente monetário.
- [ ] b) A paridade dos poderes de compra determina a taxa de câmbio no curto prazo.
- [ ] c) A taxa de câmbio é determinada no curto prazo pela arbitragem de juros.
- [ ] d) Quando não se verificam as condições de paridade a coberto e a descoberto existem incentivos à circulação internacional de capitais.
- [ ] e) A verificação da paridade de juros a descoberto depende do modo como se formam as expectativas quando a evolução da taxa de câmbio.

3. O *overshooting*:

- [ ] a) Ocorre no longo prazo.
- [ ] b) Ocorre porque os preços são perfeitamente flexíveis no curto prazo.
- [ ] c) Denota uma reação mais que proporcional da taxa de câmbio a uma variação da oferta de moeda no curto prazo.
- [ ] d) Ocorre porque não se observa a paridade das taxas de juro.
- [ ] e) Duas das alíneas anteriores estão corretas.

4. A depreciação de uma dada moeda resultante de um aumento da oferta de moeda nesse país é tanto maior quanto:

- [ ] a) Maior for a sensibilidade da procura de moeda à taxa de juro.
- [ ] b) Menor for a sensibilidade da procura de moeda à taxa de juro.
- [ ] c) Menor for o peso da taxa de câmbio corrente na formação das expectativas quanto à taxa de câmbio no futuro.
- [ ] d) Menor for o aumento da oferta de moeda.
- [ ] e) Duas das alíneas anteriores estão corretas.

5. Qual das seguintes afirmações está correta?

- ☐ a) O *overshooting* das taxas de câmbio ocorre no longo prazo.
- ☐ b) O *overshooting* das taxas de câmbio ocorre no curto e no longo prazo.
- ☐ c) No longo prazo a variação da taxa de câmbio nominal é proporcional ao diferencial entre a taxa de crescimento do stock nominal de moeda doméstica e externa, tudo o resto constante.
- ☐ d) Quanto maior a sensibilidade da procura de moeda em relação à taxa de juro maior o *overshooting*, tudo o resto constante.
- ☐ e) Nenhuma das alíneas anteriores está correta.

6. De acordo com o Modelo de Dornbusch:

- ☐ a) A taxa de câmbio é fixa.
- ☐ b) Fatores reais podem explicar o comportamento da taxa de câmbio no curto-prazo.
- ☐ c) A procura de moeda não tem influência sobre o comportamento da taxa de câmbio.
- ☐ d) A taxa de câmbio varia tanto como os preços no curto-prazo.
- ☐ e) Nenhuma das alíneas anteriores está correta.

7. À luz da perspetiva monetária, a depreciação da moeda de uma dado país pode resultar de:

- ☐ a) Uma diminuição da oferta de moeda doméstica.
- ☐ b) Um aumento da oferta relativa de moeda estrangeira.
- ☐ c) Uma diminuição da procura relativa de moeda estrangeira.
- ☐ d) Um aumento da procura de moeda doméstica.
- ☐ e) Nenhuma das alíneas anteriores está correta.

8. De acordo com o modelo de Dornbusch, no longo prazo:

- ☐ a) Não se observa a paridade dos poderes de compra.
- ☐ b) Não há equilíbrio no mercado monetário.
- ☐ c) Apenas fatores monetários afetam a taxas de câmbio.
- ☐ d) Um aumento da procura real de uma moeda, tudo o resto constante, leva a uma apreciação dessa moeda.
- ☐ e) Nenhuma das alíneas anteriores está correta.

9. O *overshooting* da taxa de câmbio será tanto maior quanto:

- ☐ a) Mais flexíveis forem os preços.
- ☐ b) Mais a expectativa da taxa de câmbio futura depender da taxa de câmbio corrente.
- ☐ c) Maior for a sensibilidade da procura real de moeda à taxa de juro.
- ☐ d) Maior for a sensibilidade da procura real de moeda ao rendimento real.
- ☐ e) Nenhuma das alíneas anteriores está correta.

10. Qual das seguintes alternativas não estão correta?

- ☐ a) *Carry trade* é uma estratégia que consiste em fazer aplicações em moedas com taxas de juro mais altas, financiando-se em moedas com taxas de juro mais baixas.
- ☐ b) O *carry trade* é uma estratégia especulativa.
- ☐ c) O carry trade decorre da existência de expectativas adaptativas.
- ☐ d) As alíneas a) e b) estão corretas.
- ☐ e) As alíneas a) e c) estão corretas.

SOLUÇÕES DOS EXERCÍCIOS PROPOSTOS

CAPÍTULO 1

Soluções das Questões de Escolha Múltipla

1. b)
2. b)
3. c)
4. c)
5. b)
6. b)
7. d)
8. b)
9. c)
10. a)

CAPÍTULO 2

Soluções das Questões de Escolha Múltipla

1. c)
2. b)
3. c)
4. b)
5. e)
6. e)
7. b)
8. a)
9. a
10. e)

CAPÍTULO 3

Soluções das Questões de Escolha Múltipla

1. e)
2. e)
3. e)
4. d)
5. a)
6. a)
7. c)
8. b)
9. e)
10. c)
11. d)
12. a)
13. c)
14. b)
15. b)
16. b)
17. c)
18. b)
19. b)
20. e)
21. b)
22. a)
23. d)
24. e)
25. a)

CAPÍTULO 3

Soluções das Questões de Resposta Aberta

1.

a)

$$\Delta CSNM = \Delta DO - \Delta R^L = (1 - r_{DO}^L) \times \Delta DO$$

$$\Delta DO = \frac{1}{k + r_{DO}^L} \times \Delta BM$$

$$\Delta CSNM = \Delta DO - \Delta R^L = (1 - r_{DO}^L) \times \frac{1}{k + r_{DO}^L} \times \Delta BM$$

$$m_{CSNM} = \frac{1 - r_{DO}^L}{k + r_{DO}^L}$$

b)

$$\Delta M_1 = \Delta C + \Delta DO = (k+1) \times \Delta DO$$

com $\Delta DO = \frac{1}{k + r_{DO}^L} \times \Delta BM$

vem: $\Delta M_1 = \frac{k+1}{k + r_{DO}^L} \times \Delta BM$

com $k = 0.5$ e $r_{DO}^L = 0.1$

$$\Delta M_1 = 2.5 \times 1\,000\,000 = 2\,500\,000$$

2.

a) O multiplicador dos depósitos à ordem é $m_{DO} = \frac{1}{r_{DO}^L + r_{DP}^L \times t + k} = 0{,}4717$

- k=2
- $r_{DO}^L = 0{,}06$
- $\frac{DO}{DO+DP} = 0{,}2 \Leftrightarrow DP = 4 \times DO \Rightarrow t = 4$
- $\Delta R_{DO}^L = \Delta R_{DP}^L \Leftrightarrow 0.06 \times \Delta DO = r_{DP}^L 4 \times \Delta DO \Rightarrow r_{DP}^L = 0{,}015$

$\Delta DO = 0{,}4717 \times 20000 =$9434

b) O multiplicador do crédito é $m_{CSNM} = \frac{(1 - r_{DO}^L) + t \times (1 - r_{DP}^L)}{r_{DO}^L + r_{DP}^L \times t + k} = 2.30188$

c) $\Delta R^L = \Delta R_{DO}^L + \Delta R_{DP}^L = r_{DO}^L \times \Delta DO + r_{DP}^L \times t \times \Delta DO =$

$= (0.06 + 0{,}015 \times 4) \times 9434 = 1132$

3.

a) Sabemos:

- $m_{CSNM} = \frac{1-r^L}{k+r^L} = 3{,}1(6)$
- $m_D = \frac{1}{1-r^L} \times m_{CSNM}$
- $\Delta R^L = r^L \times \Delta D$
- $\Delta D = m_D \times \Delta BM = \frac{1}{1-r^L} \times m_{CSNM} \times \Delta BM$

Sabemos, ainda, que $\Delta R = 830\ 000$ e que $\Delta BM = 5\ 000\ 000$, pelo que:

$$\Delta R^L = r^L \times \frac{1}{1-r^L} \times 3{,}1(6) \times 5\ 000\ 000 = 833\ 333$$

De onde se retira $r^L = 0{,}05$

Sabendo que $r^L = 0{,}05$, $\left(\frac{1-0.05}{k+0.05} = 3{,}1(6)\right)$ obtemos $k = 0.25$

b) $\Delta R^L = r^L \times \Delta D \Leftrightarrow \Delta D = \frac{\Delta R^L}{r^L}$
e

$\Delta M_1 = (k+1) \times \Delta D$

Pelo que: $\Delta M_1 = \frac{(k+1)}{r^L} \times \Delta R^L = \frac{(0.25+1)}{0.05} \times 5\ 000\ 000 = 125\ 000\ 000$

4.

a) O pagamento, pela Administração Central, de equipamento de saúde através da emissão de um cheque s/ a sua conta no Banco Central, e posterior depósito por parte do beneficiário do cheque num banco comercial dá origem aos seguintes movimentos.

BC	
	$\Delta R = 20\ 000$
	$\Delta DOAC^* = -20\ 000$

OIM	
$\Delta R = 20\ 000$	$\Delta DT == -20\ 000$

$\Delta D_1 = 25\% \times 20\ 000 = 5\ 000$

$\Delta D_2 = 5\% \times 20\ 000 = 1\ 000$

$\Delta D_3 = 70\% \times 20\ 000 = 14\ 000$

$\Delta R^L = 15\% \times 5\ 000 + 10\% \times 1\ 000 + 2\% \times 14\ 000 = 1\ 130$

Logo $R^X = 20\ 000 - 1\ 130 = 18\ 870$

O primeiro crédito será concedido pelo montante das reservas livres

b)

$\Delta BM = \Delta C + \Delta R$

$\Delta BM = 0.2 \times \Delta CSNM + (0.25 \times 0.15 + 0.05 \times 0.10 + 0.7 \times 0.02) \times \Delta DT$

$\Delta BM = 0.2 \times \Delta CSNM + 0.0565 \times \Delta DT$

$\Delta CSNM = \Delta DT - \Delta R = (1 - 0.0565) \times \Delta DT = 0.9435 \times \Delta DT$

$\Delta BM = (0.2 \times 0.9435 + 0.0565) \times \Delta DT$

Como a $\Delta BM = 20\ 000$

Obtemos:

$\Delta DT = 81\ 566.07$

$\Delta CSNM = 0.9435 \times 81\ 566.07 = 76\ 957.59$

$\Delta C = 0.2 \times 76\ 957.59 = 15\ 391.52$

5.

a) A alteração da taxa mínima de reserva legal origina uma variação positiva das reservas excedentárias e uma variação negativa das reservas legais:

$R^X = +5\ 000\ 000;$
$R^L = -5\ 000\ 000$

b)

b.1)

$\Delta C = 5\ 000\ 000 - \ 3\ 571\ 428 = 1\ 428\ 572$

E logo:

$$c = \frac{C}{D} = \frac{1\ 428\ 572}{3\ 571\ 428} = 0.4$$

$\Delta D = 111\ 111\ 111 - 1\ 000\ 000 = 11\ 000\ 000$

$\Delta C = 0.4 \times 111\ 111\ 111 = 4\ 444\ 444$

$\Delta R^L = 5\ 000\ 000 - 4\ 444\ 444 = 555\ 556$

Logo a nova taxa de reserva mínima legal ($r^{L'}$) é:

$$r^{L'} = \frac{555\ 556}{111\ 111\ 111} = 0.005$$

b.1)

$$\begin{cases} r^L \times 100\ 000\ 000 = x \\ r^{L'} \times 100\ 000\ 000 = x - 5\ 000\ 000 \end{cases}$$

Sabendo que $r^{L'} = 0.005$, então $r^{L} = 0.01$

c)

Antes da alteração da taxa mínima de reserva legal

OIFM

$R_D^L = 1\,000\,000$ $R^X = 0$ $CSNM = 99\,000\,000$	$DO = 100\,000\,000$

Depois da alteração da taxa mínima de reserva legal

OIFM

$R_D^L = 555\,556$ $R^X = 0$ $CSNM = 110\,555\,555$	$DO = 111\,111\,111$

CAPÍTULO 4

Soluções das Questões de Escolha Múltipla

1. c)
2. d)
3. d)
4. e)
5. e)
6. e)
7. d)
8. c)
9. d)
10. a)

CAPÍTULO 5

Soluções das Questões de Escolha Múltipla

1. a)
2. c)
3. d)
4. e)
5. d)
6. a)
7. a)
8. b)
9. e)
10. e)
11. e)
12. d)
13. b)
14. d)
15. d)
16. d)
17. c)
18. e)
19. d)
20. d)
21. a)
22. a)
23. d)
24. b)
25. d)
26. e)
27. c)
28. b)
29. d)
30. e)

CAPÍTULO 5

Soluções das Questões de Resposta Aberta

1.

a) Como se trata de uma operação de absorção de liquidez a base monetária irá diminuir, pelo montante das reservas (R), mas o valor do passivo do BCE mantêm-se, uma vez que aumenta o valor de OAL (ver secção 3.2).

b) Como se trata de uma operação de absorção de liquidez, ordenam-se as propostas por ordem crescente de taxa de juro. O BCE começará a absorver liquidez a taxas mais baixas.

Taxa de Juro	Banco A	Banco B	Banco C	Total Propostas a cada taxa de juro	Total acumulado
1,22	100	100		200	200
1,24	200	200	150	550	750
1,25	400	300	300	1000	1750
1,28	400	200	200	800	2550
1,30	300	150	150	600	3150
1,33	200	150	100	450	3600
1,36	100	100		200	3800

A taxa de colocação marginal é 1,25. A taxa marginal de colocação é a taxa à qual a liquidez a absorver se esgota. À taxa 1,25 o montante acumulado licitado excede o montante que o BCE se dispões a absorver (1250 milhões de euros).

À taxa de 1,25 o montante das propostas dos três bancos é de 1000 milhões de euros, a liquidez absorvida é de 500 milhões de euros (1250-750). Logo a percentagem de colocação à taxa de juro marginal é de 50%.

c) O montante de liquidez cedido ao BCE pelo Banco A é de 500 milhões de euros $(100 + 200 + 50\% \times 400)$ à taxa de 1,25%. Como se trata de um leilão holandês, toda a liquidez licitada é alocada à taxa de juro marginal.

2.

a) Como se trata de uma operação de cedência de liquidez, ordenam-se as propostas por ordem decrescente de taxa de juro. O BCE começará a ceder liquidez a taxas mais altas.

Taxa de Juro	Banco A	Banco B	Banco C	Total Propostas a cada taxa de juro	Total acumulado
1,05%			50	50	50
1,03%	100	100	150	350	400
1,02%	300	250	250	800	1200
1,01%	350	250	200	800	2000
1,00%	300	250	150	700	2700
0,99%	300	150	100	550	3250
0,98%	100	150	100	350	3600
0,97%	50	50		100	3700

A taxa de colocação marginal é 1,02. A taxa marginal de colocação é a taxa à qual a liquidez a colocar se esgota. À taxa 1,02 o montante acumulado licitado (1200 milhões de euros) excede o montante que o BCE se dispõe a ceder (1000 milhões de euros).

b) À taxa de 1,02 o montante das propostas dos três bancos é de 800 milhões de euros, a liquidez colocada é de 600 milhões de euros (1000-400). Logo a percentagem de colocação à taxa de juro marginal é de 600/800=75%. O montante de liquidez cedido pelo BCE ao Banco A é de 325 milhões de euros ($100 + 75\% \times 300$).

c) Se o leilão for do tipo holandês, toda a liquidez é cedida ao Banco A à taxa de juro marginal igual a 1,02.

d) Se o leilão for do tipo americano, o Banco A recebe 100 milhões de euros à taxa de 1,03 e 225 à taxa de juro marginal de 1,02.

3.

a) Como se trata de uma operação de cedência de liquidez, ordenam-se as propostas por ordem crescente de pontos *swap*. O BCE começará a ceder liquidez a taxas mais baixas.

Pontos *swap* (x 10 000)	Banco A	Banco B	Banco C	Total Propostas a cada taxa de juro	Total acumulado
7,2			50	50	50
7,3	100	100	150	350	400
7,4	300	250	250	800	1200
7,5	350	250	200	800	2000
7,6	300	250	150	700	2700
7,7	300	150	100	550	3250
7,8	100	150	100	350	3600

Os pontos de *swap* marginal são 7,4. Os pontos de *swap* marginal são os pontos aos quais a liquidez a colocar se esgota. A 7,4 pontos *swap*, o montante acumulado licitado (1200 milhões de euros) excede o montante que o BCE se dispõe a ceder (1000 milhões de euros).

b) Aos 7,4 pontos *swap* o montante das propostas dos três bancos é de 800 milhões de euros, a liquidez colocada é de 600 milhões de euros (1000-400). Logo a percentagem de colocação é de 600/800=75%.

c) Seguindo o método de leilão holandês o BCE compra, na data de vencimento, 1000 milhões de Euros.

d) Seguindo o método de leilão americano o Banco A compra, na data de vencimento, 487 739 500 dólares ($100 \times 1{,}50073 + 225 \times 1{,}50074$).

4.

a)

0.05 é e taxa de referência do BCE praticada nos leilões de taxa fixa das operações principais de refinanciamento da iniciativa do BCE, através das quais é cedida liquidez às OIFM numa base semanal.

0.3 é a taxa da facilidade permanente de cedência de liquidez, mecanismo para obtenção de liquidez pelo prazo de *overnight* despoletado pela iniciativa das OIFM.

-0.2 é a taxa da facilidade permanente de depósito, mecanismo através do qual as OIFM e por sua iniciativa podem aplicar liquidez em excesso pelo prazo de *overnight*. Nesta data, para desincentivar o depósito de liquidez no BCE, liquidez essa que de outra maneira poderia ser afeta à concessão de crédito, a taxa está fixada em valores negativos.

b) Ver seções 5.1.1.2.1.1 e 5.1.1.3

5. Ver secção 5.1

6.

A: Taxa da facilidade permanente de cedência de liquidez, mecanismo para obtenção de liquidez pelo prazo de *overnight* despoletado pela iniciativa das OIFM.

B: Taxa da facilidade permanente de depósito, mecanismo através do qual as OIFM e por sua iniciativa podem aplicar liquidez em excesso pelo prazo de *overnight*.

C: Taxa de juro de referência do mercado monetário do euro para o prazo *overnight* (EONIA). *A taxa EONIA é calculada diariamente como uma média ponderada das taxas de juro das operações de concessão de crédito efetuadas no mercado interbancário do euro sem garantia pelo prazo overnight, nos países pertencentes à União Europeia e à Associação Europeia de Comércio Livre (EFTA). As contribuições diárias são fornecidas por um painel de bancos de referência do mercado monetário do euro. A taxa EONIA é calculada com a colaboração do Banco Central Europeu e a entidade responsável pela gestão desta taxa é a European Banking Federation (EBF).* Fonte: Banco de Portugal.

D: Taxa de referência do BCE praticada nos leilões das operações principais de refinanciamento da iniciativa do BCE, através das quais é cedida liquidez às OIFM numa base semanal.

Ver, também, secção 5.1.1.3.

7. O gráfico mostra a dimensão do recurso às facilidades permanentes de cedência de liquidez e de depósito num período de manutenção das reservas obrigatórias. Uma vez que a constituição das reservas obrigatórias obedece ao princípio de cláusula de média (ver seção 5.1.1.4.2), as reservas só são efetivamente exigidas no último dia do período de manutenção. Assim, próximo do final do período de manutenção, défices ou *superavits* acumulados de reservas obrigatórias não podem ser compensados – a procura de reservas torna-se muito inelástica relativamente à taxa de juro do mercado monetário de muito curto prazo e aumenta o recurso às facilidades permanentes de cedência de liquidez e de depósito.

8. A principal função das reservas obrigatórias na Zona Euro é a da estabilização da taxa de juro de muito curto prazo do mercado monetário (Ver secção 5.1.1.4.1). O BCE reduziu a taxa mínima de reservas obrigatórias de 2% para 1% com efeitos a partir de 18 de Janeiro de 2012 com o propósito de aumentar a liquidez estrutural do sistema financeiro.

9. Nas operações reversíveis de cedência de liquidez o Eurosistema exige garantias. Compra ativos elegíveis sob a forma de acordo de reporte. Concede crédito sob a forma de empréstimos garantidos por penhor de ativos. Ora o colateral tem de satisfazer critérios de elegibilidade em termos de risco. Como resposta a crise e às necessidades de liquidez das instituições bancárias, o BCE desceu a qualidade do colateral exigido.

Se as OIFM não puderem utilizar a dívida grega como colateral, aqueles que detêm títulos de dívida pública gregos podem ter dificuldades em obter liquidez. As OIFM não desejam deter dívida pública grega em carteira.

O BCE pretende implementar uma estratégia de saída (*i.e.* voltar a uma forma de condução da PM semelhante à anterior à crise). O objetivo é evitar tensões inflacionistas, e garantir o funcionamento normal dos mercados financeiros evitando, por exemplo, o aparecimento de bolhas especulativas. O prolongamento da crise revelou, no entanto, que esta discussão sobre a necessidade de uma estratégia de saída foi prematura.

10.

a) Em resposta aos problemas de liquidez do sistema financeiro, gerados pela crise desencadeada no mercado de habitação de *sub-prime* nos Estados Unidos, o Banco Central Europeu (BCE) desceu, de forma coordenada com outros Bancos Centrais, a taxa de juro de referência (das Operações Principais de Refinanciamento) em 325 pontos base desde Outubro de 2008 para o valor de 1% (que vigorou até 13 de Abril de 2011), implementou um conjunto de medidas não habituais de política monetária com carácter excecional (nomeadamente no que se refere à gestão da liquidez) destinadas ao sector bancário, e modificou o *framework* operacional através de um programa designado de *Enhanced Credit Support*. Os principais elementos deste programa foram:

   i. Decisão excecional, tomada a 8 de Outubro de 2008, de adotar um procedimento de leilão de taxa fixa para as Operações Principais de Refinanciamento semanais com *full allotment*, o que significa que os bancos comerciais passaram a ter toda a liquidez solicitada à taxa fixa.

   ii. Aumento do prazo de maturidade das operações de cedência de liquidez. O montante de refinanciamento atribuído via operações de refinanciamento de longo prazo aumentou em cerca de 270 mil milhões de Euros desde 2007. Implementação de uma série de operações de cedência de liquidez com prazo de maturidade até 6 meses, lançadas em Setembro de 2008, e posteriormente condução excecional de operações de refinanciamento de prazo alargado com maturidade de 12 meses.

iii. Ajustamento da liquidez no período de manutenção das reservas obrigatórias (*frontloading*). O Eurosistema ajustou a distribuição de liquidez fornecida ao longo do período de manutenção das reservas obrigatórias, oferecendo liquidez no início do período de manutenção, reabsorvendo o excesso de liquidez resultante através de operações de *fine-tuning* diárias gerindo, assim, as condições de liquidez até ao final do período de manutenção. Desta forma a oferta total de liquidez mantém-se constante ao longo de todo o período de manutenção, e a variação da procura de liquidez por parte dos bancos pode ser satisfeita sem colocar pressão sobre as taxas de juro de curto prazo.

iv. Provisão de liquidez em moeda externa, nomeadamente em dólares, contra ativos colaterais denominados em Euros na base de *swaps* cambiais realizadas com a Reserva Federal (FED).

v. Extensão da lista de ativos colaterais admitidos nas operações de refinanciamento de *open-market* que passou a incluir covered bank bonds. O BCE reduziu ainda os *standards* mínimos de rating e exigidos aos ativos colaterais de A - para B BB - (com a e exceção de *asset-backed securities*).

vi. Aumento do número de contra partes admitidas nas operações de refinanciamento, admitindo, por exemplo o European Investment Bank (EIB).

b) Os resultados das medidas anteriores foram significativos, permitindo alguma estabilização dos mercados financeiros e do sistema bancário. Mas a continuação e o agravamento da crise económica, junto com a emergência da chamada "crise das dívidas soberanas" colocou novamente o sistema bancário sob elevado *stress*, determinado a necessidade de novas medidas. Nomedamente:

i. Continuação da descida das taxas de juro do BCE.

ii. Condução de operações de refinanciamento de longo prazo, com uma maturidade de 36 meses, incluindo a opção de pagamento antecipado após um ano. Estas operações foram conduzidas segundo leilões a taxa de juro fixa, com *full allotment*.

iii. Alargamento do leque de colaterais elegíveis para as operações com o BCE.

iv. Redução do nível de *rating* aceite para certos títulos.

v. Possibilidade de os bancos centrais nacionais autorizarem, temporariamente, a aceitação como colaterais de outros ativos, nomeadamente empréstimos bancários.

vi. Redução da taxa de reservas obrigatórias de 2% para 1%

CAPÍTULO 6

Soluções das Questões de Escolha Múltipla

1. d)
2. d)
3. d)
4. d)
5. a)
6. c)
7. c)
8. b)
9. c)

CAPÍTULO 7

Soluções das Questões de Escolha Múltipla

1. b)
2. e)
3. c)
4. c)
5. e)
6. b)
7. a)
8. e)
9. e)
10. e)
11. d)
12. e)
13. d)
14. e)
15. e)
16. c)
17. e)
18. c)
19. a)
20. c)

CAPÍTULO 8

Soluções das Questões de Escolha Múltipla

1. b)
2. b)
3. c)
4. a)
5. e)

CAPÍTULO 9

Soluções das Questões de Escolha Múltipla

1. d)
2. c)
3. b)
4. d)
5. a)
6. b)
7. a)
8. b)
9. a)
10. d)

CAPÍTULO 10

Soluções das Questões de Escolha Múltipla

1. d)
2. a)
3. c)
4. e)
5. b)
6. c)
7. e)
8. d)
9. e)
10. d)

CAPÍTULO 11

Soluções das Questões de Escolha Múltipla

1. c)
2. b)
3. b)
4. c)
5. d)
6. d)
7. b)
8. a)
9. c)
10. d)

CAPÍTULO 12

Soluções das Questões de Escolha Múltipla

1. c)
2. d)
3. e)
4. d)
5. d)
6. c)
7. c)
8. b)
9. c)
10. d)

CAPÍTULO 13

Soluções das Questões de Escolha Múltipla

1. e)
2. a)
3. e)
4. e)
5. c)
6. e)
7. d)
8. c)
9. c)
10. b)

CAPÍTULO 14

Soluções das Questões de Escolha Múltipla

1. a)
2. b)
3. b)
4. d)
5. a)
6. e)
7. b)
8. e)
9. e)
10. e)

CAPÍTULO 15

Soluções das Questões de Escolha Múltipla

1. b)
2. c)
3. e)
4. a)
5. a)
6. a)
7. a)
8. d)
9. d)
10. c)

CAPÍTULO 16

Soluções das Questões de Escolha Múltipla

1. c)
2. b)
3. c)
4. b)
5. c)
6. e)
7. e)
8. d)
9. b)
10. d)

BIBLIOGRAFIA

Agarwal, R e Kimball, M. (2015). "Breaking through the Zero Lower Bound." *IMF Working Paper*, WP 15/224.

Alves, Carlos F. (1996). *Taxas de Juro: Estrutura de Prazos e Modelos Dinâmicos*. Bolsa de Derivados do Porto – Instituto Mercado de Capitais, Porto.

Andersen, L., & Jordan, J. (1968). Monetary and Fiscal Actions: A Test of Their Relative Importance in Economic Stabilization. *Federal Reserve Bank of St. Louis Review* , 11-24.

Ando, A., e Modigliani, F. (1963). "The Life Cycle Hypothesis of Saving: Aggregate Implications and Tests. *American Economic Review.*" 53 (1), 55-84.

Auerbach, A., e Obstfeld, M. (2004). "The Case for Open Market Purchases in a Liquidity Trap." Mimeo, University of California, Berkeley.

Becker, William E. (Jr.) (1975). "Determinants of the United Currency-Demand Deposit Ratio." *Journal of Finance*, 30 (1), pp. 57-74.

Benevides, F.F. (2012). *No Tempo dos Franceses*, Marcador.

Bernanke, B. (2003). *Remarks of Governor Ben S. Bernanke Before the Money Marketeers of New York, New York University.* FED.

Bernanke, B. (2007). The Financial Accelerator and the Credit Channel. *discurso realizado na conferência "The Credit Channel of Monetary Policy in the Twenty-first Century".*
http://www.federalreserve.gov/newsevents/speech/bernanke20070615a.htm.

Bernanke, B., e Blinder, A. (1988). "Credit, Money and Aggregate Demand." *American Economic Review*, 78 (2), *Papers and Proceedings of the 100th Annual Meeting of the American Economic Association*, 435-439.

Bernanke, B., e Gertler, M. (1989). "Agency Costs, Net Worth, and Business Fluctuations." *American Economic Review*, 79 (1), 14-31.

Bernanke, B., e Gertler, M. (1995). "Inside the Black Box: The Credit Channel of Monetary Policy Transmission." *Journal of Economic Perspectives*, 9 (4), 27-48.

Bernanke, B., e Reinhart, V. (2004). "Conducting Monetary Policy at Very Low Short Term Interrest Rates." *American Economic Review*, 94 (2), 85-90.

Bernanke, Ben, Reinhart, Vincent, e Sack, Brian (2004). "Monetary Policy Alternatives at the Zero Bound: An Empirical Assessment." Brooking Papers on Economic Activity, 2, 1-100.

Blanchard, O., e Kiyotoki, N. (1987). "Monopolistic Competition and the Effects of Aggregate Demand." *American Economic Review*, 77 (4), 647-666.

Bodin, J. (1568). *Réponses aus Paradoxes du Sieur de Malestroict.* Paris.

Bordo, M. (1993). "The Gold Standard, Bretton Woods and Other Monetary Regimes: A Historical Appraisal." *Federal Reserve Bank of St. Louis Review*, 123-191.

Boschen, J. and Mills, L. (1995). "Tests of the Relation between Money and Output in Real Business Cycle Models." Journal of Monetary Economics, 22, 355-374.

Britannica, E. (n.d.). *Gresham's Law.* Retrieved Outubro 7, 2012, from http://www.britannica.com/EBchecked/topic/245850/Greshams-law.

Brock, W. (1974). "Money and Growth: The Case of Long-Run Perfect Foresight." *International Economic Review*, 15 (3), 750-777.

Brunner, K., & Meltzer, A. (1972). *Friedman's Monetary Theory.* Tepper School of Business.

Brunner, Karl (1961). "A Schema for the Supply Theory of Money." *International Economic Review*, 2 (1), 79-109.

Brunner, Karl, e Meltzer, Allan H. (1964). "Some Further Investigations of Demand and Supply Functions for Money." *Journal of Finance*, 2 (1), 240-283.

Buiter, W. (2005). "Overcoming the Zero Bound: Gesell vs. Eisler" Mimeo, European Bank for Reconstruction and Development, London.

Buiter, Willem, e Panigirtzoglou, Nikolaos (2003). "Overcoming the Zero Bound on Nominal Interest Rates with Negative Interest on Currency: Gesell's Solution." *Economic Journal*, 113 (490): 723-746.

Buiter, Willem (2009). "Negative Nominal Interest Rates: Three Ways to Overcome the Zero Lower Bound." *NBER Working Paper*, 15118.

Cagan, Phillip (1965). *Determinants and Effects of Changes in the Stock Money, 1875-1960*, New York, Columbia University Press.

Cagan, Phillip (1969). The Non-Neutrality of Money in the Long-Run: a Discussion of the Critical Assumptions and Some Evidence. *Journal of Money, Credit and Banking*, 1 (2), 207-227.

Calvo, G. (1983). "Staggered Prices in a Utility Maximizing Framework." *Journal of Monetary Economics*, 12 (3), 383-398.

Carmichael, J. (1982). Money and Growth: Some Old Theorems from a New Perspective. *Economic Record*, 386-394.

Clarida, R., Gali, J., e Gertler, M. (1999). "The Science of Monetary Policy: a New Keynesian Perspective." *Journal of Economic Literature*, 37, 1661-1707.

Cooper, George (2009). *A Origem das Crisis Financeiras.* Lua de Papel.

Copernicus, N. (1517). *Memorandum on Monetary Policy.*

Culbertson, J. M. (1957). **"The Term Structure of Interest Rates."** *Quarterly Journal of Economics*, 71 (4), 485-517.

Currie, L. (1934). *The Supply and Control of Money in The United States.* 2ª ed. 1935. Harvard University Press.

Danthine, J., e Smith, J. (1987). "On the Superneutrality of Money in a Stochastic Dynamic Macroeconomic Model." *Journal of Monetary Economics*, 20 (3), 475-499.

Degrauwe, Paul, e Polan, Magdalena (2005). "Is Inflation Always and Everywhere a Monetary Phenomenon?" *Scandinavian Journal of Economics*, 107 (2), 239-259.

DeLeeuw, F., & Kalchbrenner, J. (1969). Comment. *Federal Reserve Bank of St. Louis Review* .

Dornbush, Rudiger (1976a). "Expectations and Exchange Rate Dynamics." *Journal of Political Economy*, 84 (61), 1161-1176.

Dornbush, Rudiger (1976b). "The Theory of Flexible Exchange Rate Regimes and Macroeconomic Policy." *Scandinavian Journal of Economics*, 78 (2), 255-275.

Dwyer, G. P. Jr. and Hafer, R. W. (1999). "Are Money Growth and Inflation Still Related?" *Federal Reserve Bank of Atlanta Economic Review*, 84, 32-43.

ECB (2002). *Monthly Bulletin* (October).

ECB (2000). *Monthly Bulletin.*

ECB (2006). *The Implementation of Monetary Policy in the Euro Area.* ECB.

ECB (2006). *The Role of Money – Money and Monetary Policy in the Twenty First Century.* Fourth ECB Central Banking Conference.

ECB (2010). *Monthly Bulletin* (Maio).

ECB (2010). *Monthly Bulletin* (October)

ECB (2011a). *Monthly Bulletin* (November).

ECB (2011b). *The Monetary Policy of the ECB.*

ECB (2012a). *Manuel on MFI Balance Sheet Statistics.*

ECB (2012b). *Monthly Bulletin* (July).

Elwell, C. (2011). *Brief History of the Gold Standard in the United States.* Retrieved Outubro 13, 2012, from Congressional Research Service: http://www.fas.org/sgp/crs/misc/R41887.pdf.

Esteves, Rui P., e Ferramosca, Fabiano (2000). "O Mescanísmo dos Câmbios em Padrão-Ouro – Estabilidade Cambial e Violações dos Pontos de Ouro, 1854-1891." *Faculdade de Economia – Investigação – Trabalhos em Curso* 94.

Fama, E. (1984). "Forward and Spot Exchange Rates." *Journal of Monetary Economics*, 14, 319-338.

FED. (2012a). *Instructions for the Preparation of the Report of Transaction Accounts, Other Deposits, and Vault Cash – Reporting Form FR 2900.*

FED. (2012b). *Reserve Maintenance Manual.*

Federal Reserve Bank of Chicago (1961). *Modern Money Mechanics – A Work on Bank Reserves and Monetary Expansion.*

Federal Reserve Bank of New York. (n.d.). *Discount Window.* Retrieved Novembro 27, 2012, from http://www.newyorkfed.org/banking/discountwindow.html

Feinman, J. N. (1993). "Reserve Requirements: History, Current Practice, and Potential Reform." *Federal Reserve Bulletin* (June), 569-589.

Fergunson, Niall (2008). *The Ascent of Money.* Penguin Books, London.

Fernandes, A. (1982). The Determinants of the Exchange Rate: A Survey of Some Recent Developments in the Literature. *Studies in Economics and Finance*, 25-47.

Fernandes, A., Mota, P., Alves, C., & Rocha, M. (2013). *Mercados, Produtos e Valorimetria de Activos Financeiros.* Almedina.

Fischer, S. (1988). *Rules versus Discretion in Monetary Policy.* NBER Working-Paper nº 2518.

Fisher, I. (1911). *The Purchasing Power of Money.* MacMillan.

Frankel, Jeffrey A., e Froot, Kenneth (1987). "Using Survey Data to Test Some Standard Propositions Regarding Exchange Rate Expectations", *American Economic Review*, 77 (1), 133-153.

Frenkel, Jacob A. (1976). "A Monetary Approach to the Exchange Rate: Doctrinal Aspects and Empirical Evidence." *Scandinavian Journal of Economics*, 78 (2), 200-224.

Frenkel, Jacob A., Gylfason, Thorvaldur e Helliwel, John F. (1980). "A Synthesis of Monetary And Keynesian Approaches to Short-Run Balance--of-Payments." Economic Journal, 90 (359), 582-592.

Friedman, M. (1951). "Commodity--Reserve Currency." *Journal of Political Economy*, 59 (3), 203-232.

Friedman, M. (1956). The Quantity Theory of Money – a Restatement. In M. Friedman, *Studies in the Quantity Theory of Money*. Chicago University Press.

Friedman, M. (1960). *A Program for Monetary Stability*. Fordham University Press.

Friedman, M. (1968). The Role of Monetary Policy. *American Economic Review*, 1-17.

Friedman, M. (1970). A Theoretical Framework for Monetary Analysys . *Journal of Political Economy*, 193-238.

Friedman, M. (1971). A Monetary Theory of Nominal Income. *Journal of Political Economy* , 232-237.

Friedman, M. (1989). "Bimetallism Revisited." *Hoover Institution, Working-Paper nº E-89-24.*

Friedman, M., & Meiselman, D. (1963). The Relative Stability of Monetary Syability and the Investment Multiplier in the United States, 1897-1958. In *Stabilization Policies*. Englewood Cliffs: Prentice-Hall (for the Commission on Money and Credit).

Friedman, Milton (1968a). "Factors Affecting the Level of Interest Rates." Proceedings of the Conference on Savings and Residential Financing.

Friedman, Milton (1968b). "The Role of Monetary Policy." *American Economic Review*, 58 (1), 1-17.

Frost, Peter A. (1971). "Banks' Demand for Excess Reserves." *Journal of Political Economy*, 79 (4), 805-825.

Frost, Peter A. (1971). "Banks' Demand for Excess Reserves." *Journal of Political Economy*, 79 (4), 805-825.

Galí, J., Gertler, M., & Salido, J. (2001). European Inflation Dynamics. *European Economic Review*, 1237-1270.

Gambacorta, L. (2005). "Inside the Bank Lending Channel." *European Economic Review*, 49 (7) 1737-1759.

Gerlach, S. and Svensson, L. (2004). "Money and Inflation in the Euro Area: A Case for Monetary Indicators." *Journal of Monetary Economics*, 50, 1649-1672.

Geweke, J. (1986). "The Superneutrality of Money in the United States: Interpretation of the Evidence." *Econometrica*, 54, 1–21.

Goodfriend, M., e King, R. (1997). "The New Neoclassical Synthesis and the Role of Monetary Policy." In B. Bernanke, e J. Rotemberg, *NBER Macroeconomics Annual*, 231-296).

Gordon, R. (1982). "Price Inertia and Policy Ineffectiveness in the U.S. 1890--1980." *Journal of Political Economy*, 90 (6), 1087-1117.

Hallman, J., Porter, R. and Small, H. (1991). "Is the Price Level Tied to the M2 Monetary Aggregate in the Long Run?" *American Economic Review*, 81, 841-858.

Halm, G. (1956). *Economics of Money and Banking*. Richard D. Irwin, Inc.

Hess, Alan C. (1971). "An Explanation of Short-Run Fluctuations in the Ratio of Currency to Demand Deposits." *Journal of Money, Credit and Banking*, 3 (3), 666-679.

Hicks, J. R. (1946). *Value and Capital*. Oxford, Oxford University Press.

Hiscock, R., & Handa, J. (2013). "Long--Run Neutrality and Superneutrality of Money in South American Economies."

Applied Financial Economics, 23 (9), 739--747.

Hume, D. (1742). *Essays, Moral, Political, and Literary*. Obtido de Econlib: http://www.econlib.org/cgi.

Ilgmann, Cordelius e Menner, Martin (2011). "Negative Nominal rates: History and Current Proposals." *International Economics and Economic Policy*, 8: 383-405.

Johnson, Harry G. (1972). "The Monetary Approach to Balance-of-Payments Theory." *Journal of Financial and Quantitative Analysis*, 7 (2), 1555-1572.

Johnson, Harry G. (1977). "The Monetary Approach to Balance of Payments Theory and Policy: Explanation and Policy Implications." *Economica*, 44 (175), 217-229.

Karnosky, Denis S. (1976). "The Link Between Money and Prices – 1971--1976." Federal Reserve Bank of St. Louis, 17-23.

Keran, M. (1969). Monetary and Fiscal Influences on Economic Activity – The Historical Evidence. *Federal Reserve Bank of St. Louis Review* , 5-23.

Keynes, John M. (1936). *Teoria Geral do Emprego do Juro e da Moeda*. Ed. 2007, Relógio D'Água Editores.

Kohn, Donald (1976). "Currency Movements in the United States." *Federal Reserve Bank of Kansas City – Monthly Review*, Abril.

Krugman, P. (1998). "It´s Baaack: Japan´s Slump and the Return of the Liquidity Trap." *Brookings Papers on Economic Activity*, 2, 137-205.

Kuttner, K., & Mosser, P. (May, 2002). "The Monetary Transmission Mechanism: Some Answers and Further Questions." *Federal Reserve Bank of New York Economic Policy Review*, 15.

Kydland, E., & Prescott, E. (1977). "Rules Rather Than Discretion: The Inconsistency of Optimal Plans." *Journal of Political Economy*, 85 (3), 473-491.

Lucas, R. (1972). "Expectations and the Neutrality of Money." *Journal of Economic Theory*, 4, 103-124.

Lucas, R. (1973). "Some International Evidence on Output-Inflation Tradeoffs." *American Economic Review*, 63 (3), 326--334.

Lucas, R. E. Jr. (1980). "Two Illustrations of the Quantity Theory of Money." *American Economic Review*, 70, 1005-1014.

Luckett, D. G. (1967). "Multi-Period Expectations and the Term Structure of Interest rates." Quarterly Journal of Economics, 81 (2), 321-329.

Lutz, Friedrich. A. (1940). "The Structure of Interest Rates." *Quarterly Journal of Economics*, 55 (1), 36-63.

McCallum, B. (2010). Michael Woodford´s Contributions to Monetary Economics. In V. Wieland, *The Science and Practice of Monetary Policy Today* (pp. 3-8). Springer.

Malkiel, Burton G. (1966). *The Term Structure of Interest Rates*. Priceton University Press, New Jersey.

Mankiw, G. (1985). "Small Menu Costs and Large Business Cycles: a Macroeconomic Model of Monopoly." *Quarterly Journal of Economics*, 100 (2), 529-537.

Mankiw, Gregory N., e Summers, Lawrence H. (1984). "Do Long-Term Interest Rates Overeact to Short-Term Interest rates?" *NBER Workings Papers*, 1345.

Mankiw, Gregory (2009). "It May Be Time for the FED to GO Negative." *New York Times*, April 18.

Marshall, A. (1871). Money. In J. Whitaker, *The Early Economic Writings of Alfred Marshall (1975)*. MacMillan.

Marshall, A. (1887). Remedies for Fluctuations in General Prices. In A. Pigou, *Memorials of Alfred Marshall (1925)*. MacMillan.

Marshall, A. (1923). *Money, Credit and Commerce.* MacMillan.

Marshall, A., & Marshall, M. (1879). *The Economics of Industry*. MacMillan.

Martin, D. (1977). "The Impact of Mid-Nineteenth Century Gold Depreciation Upon Western Monetary Standards." *Journal of European Economic History*, 6 (3), 641-58.

McCallum, B. (1988). "Robustness Properties of a Rule for Monetary Policy." *Carnegie-Rochester Conference Series on Public Policy*, 29, 173-203.

McCallum, B. (1990). "Inflation: Theory and Evidence." In B. Friedman, e F. Hahn, *Handbook of Monetary Economics*, Amsterdam: North-Holland, 963-1012.

McCallum, B. (2001). "Monetary Policy Analysis in Models Without Money." Federal Reserve Bank of St. Louis, July/ /August, 145-160.

McCallum, B. (2010). Michael Woodford's Contributions to Monetary Economics. In V. Wieland, The Science and Practice of Monetary Policy Today (pp. 3-8). Springer.

Meiselman, D. (1962). *The Term Structure of Interest Rates*, Prentice-Hall.

Meltzer, A. (2006). "Commentary: Monetary Policy at Zero Inflation." *Monetary and Economic Studies, Special Edition*, 261-276.

Mill, J. (1848). *Principles of Political Economy*. Longmans, Green and Co.

Mishkin, F. (1996). "The Channels of Monetary Transmission: Lessons for Monetary Policy." *NBER Working Paper Series 5464.*

Modigliani, Franco, Sutch, Richard (1967). "Debt Management and the Term Structure of Interest Rates: An Empirical Analysis of Recent Experience." *Journal of Political Economy*, 75 (4), 569-589.

Modigliani, Franco, Sutch, Rihard (1967). "Debt Management and the Term Structure of Interest Rates: An Empirical Analysis of Recent Experience." *American Economic Review*, 56 (1/2), 178-197.

Mussa, M. (1974). "A Monetary Approach to Balance of Payments." *Journal of Money, Credit and Banking*, 6, 333-52.

Orphanides, A. (2007). *"Taylor Rules."* Finance and Economics Discussion Series, Board of Governors of the Federal Reserve System.

Patinkin, D. (1972). Friedman on the Quantity Theory and Keynesian Economics. *The Journal of Political Economy*, 883-905.

Phelps, Edmund S. (1967). "Phillips Curves, Expectations of Inflation and Optimal Employment over Time." *Economica*, 34 (3), 254–281.

Polo, M. (1818). *The Travels of Marco Polo, a Venetian, in the Thirteenth Century: Being a Description, by that Early Traveller, of Remarkable Places and Things, in the Eastern Parts of the World.* Londres: Traduzido e Publicado por William Marsden.

Reifschneider, D., & Williams, J. (1999). *"Three Lessons for Monetary Policy in a Low Inflation Era." Journal of Money, Credit and Banking*, 32 (4), 936-966.

Rogoff, K. (1985). The Optimal Degree of Commitment to an Intermediate Monetary Target. *Quarterly Journal of Economics*, 1169-1189.

Rogoff, K. (2002). "Dornbusch's overshooting model after twenty-five years." *IMF Working Paper*, WP/02/39.

Rogoff, K. (2016). *A Maldição do Dinheiro.* Gradiva.

Rogoff, Kenneth (2014). "Costs and Benefits to Phasing Out Paper Currency." *NBER Macroeconomics Annual Conference*, April.

Rotemberg, J., e Woodford, M. (1997). *An Optimization Based Econometric Framework for the Evaluation of Monetary Policy.* NBER Macroeconomics Annual.

Sargent, T., & Wallace, N. (1976). "Rational Expectations and the Theory of Economic Policy." *Journal of Monetary Economics*, 2, 169-183.

Schwartz, A. (1987). *Money in Historical Perspective.* University of Chicago Press.

Shiller, Robert J., Campbell, John Y., Schoenholtz, Kermit L., e Weiss, Laurence (1983). "Interpreting the Term Structure of Interest Rates." *Brooking papers on Economic Activity*, 1, 173-223.

Sidrauski, M. (1967). "Rational Choice and Patterns of Growth in a Monetary Economy." *American Economic Review*, 57 (2), 534-544.

Simmel, G. (1990). *The Philosophy of Money.* Edição revista por Trans. Tom Bottomore e David Frisby: Routledge.

Simons, H. (1936). "Rules versus Authorities in Monetary Policy." *Journal of Political Economy*, 44 (1), 1-30.

Skidelsky, R. (1995). *Keynes.* Oxford University Press, Oxford.

Stock, J. and Watson, M. (1988). "Interpreting the Evidence on Money Income Causality." *Journal of Econometrics*, 40, 161-182.

Svensson, L. (2001). "The Zero Bound in an Open Economy: A Foolproof Way of Escaping from a Liquidity Trap." *Monetary and Economic Studies, Special Edition*, 277-322.

Taylor, J. (1987). Aggregate Dynamics and Staggered Contracts. *Journal of Political Economy*, 1-23.

Taylor, John B. (1993). "Discretion versus Policy Rules in Practice." *Carnegie-Rochester Conference Series on Public Policy*, 39, 195-214.

Taylor, J. (1993). Discretion versus Policy Rules in Practice. *Carnegie-Rochester Conference Series on Public Policy*, 195-214.

Taylor, J., & Williams, J. (2011). Simple and Robust Rules for Monetary Policy. In B. Friedman, & M. Woodford, *Handbook of Monetary Economics, Vol. 3B* (829--845). Elsevier B.V.

Thornton, Daniel L. (2010). "Monetizing the Debt." *Federal Reserve Bank of St. Loius – Economic Synopses*, 14.

Ueda, K. (2005). "The Bank of Japan's Struggle with the Zero Lower Bound on Nominal Interest Rates: Exercises in Expectations Management." *International Finance*, 8 (2), 329-350.

Vogel, R. C. (1974). "The Dynamics of Inflation in Latin America, 1950-1969." *American Economic Review*, 64, 102-114.

Whitman, Marina V. N., Branson, William H., Fand, David I., Krause, Lawrence B., e Salant, Walter S. (1975). "Global Monetarism and the Monetary Approach to the Balance of Payments." *Brookings Papers on Economic Activity*, (3), 491-555.

Williams, J. (2010). "The Zero Lower Bound: Lessons from the Past Decade." NBER International Seminar on Macroeconomics, 367-375.

Woodford, M. (2003). *Interest and Prices: Foundations of a Theory of Monetary Policy.* Princeton University Press.